Julia Gillen

Kompetenzanalysen als berufliche Entwicklungschance

Eine Konzeption zur Förderung
beruflicher Handlungskompetenz

Dissertationen/Habilitationen

Bibliografische Information der Deutschen Nationalbibliothek
Die Deutsche Nationalbibliothek verzeichnet diese Publikation in der Deutschen Nationalbibliografie;
detaillierte bibliografische Daten sind im Internet über http://dnb.d-nb.de abrufbar.

Gedruckt mit Unterstützung der Helmut-Schmidt-Universität /&160;Universität der Bundeswehr Hamburg und der
IG Metall.

© W. Bertelsmann Verlag
GmbH & Co.KG, Bielefeld 2006

Gesamtherstellung:
W. Bertelsmann Verlag, Bielefeld

Gestaltung:
www.lokbase.de, Bielefeld
Umschlagsfoto:
photocase.de

Bestell-Nr.: 60.01.756
ISBN 3-76393472-3

Das Werk einschließlich aller seiner Teile ist urheberrechtlich geschützt. Jede Verwertung außerhalb der engen Grenzen des Urheberrechtsgesetzes ist ohne Zustimmung des Verlages unzulässig und strafbar. Insbesondere darf kein Teil dieses Werkes ohne vorherige schriftliche Genehmigung des Verlages in irgendeiner Form (unter Verwendung elektronischer Systeme oder als Ausdruck, Fotokopie oder unter Nutzung eines anderen Vervielfältigungsverfahrens) über den persönlichen Gebrauch hinaus verarbeitet, vervielfältigt oder verbreitet werden.

Für alle in diesem Werk verwendeten Warennamen sowie Firmen- und Markenbezeichnungen können Schutzrechte bestehen, auch wenn diese nicht als solche gekennzeichnet sind. Deren Verwendung in diesem Werk berechtigt nicht zu der Annahme, dass diese frei verfügbar seien.

Inhalt

1	**Einleitung**	**11**
1.1	Problemstellung und Zielsetzung	12
1.2	Aufbau der Arbeit und Phasen des Forschungsprozesses	15
1.3	Wissenschaftstheoretische Verortung	17
1.4	Forschungsmethodologischer Ansatz	21
2	**Betriebliche Weiterbildung als Feld der Kompetenzentwicklung**	**27**
2.1	Begriffliche und disziplinäre Verortung	27
2.1.1	*Einordnung betrieblicher Weiterbildung*	28
2.1.2	*Betriebliche Weiterbildung als wissenschaftlicher Gegenstandsbereich*	31
2.1.3	*Interessenlagen in der betrieblichen Weiterbildung*	33
2.2	Trends in der betrieblichen Weiterbildung	38
2.2.1	*Veränderungen in der betrieblichen Weiterbildung*	39
2.2.2	*Charakteristika moderner betrieblicher Arbeits- und Lernprozesse*	41
2.3	Funktion und Relevanz von Kompetenzanalysen	45
2.3.1	*Kompetenzanalysen im betrieblichen Kontext*	46
2.3.2	*Kompetenzanalysen außerhalb des betrieblichen Kontextes*	53
3	**Kompetenz, Kompetenzentwicklung und reflexive Handlungsfähigkeit**	**57**
3.1	Entstehung und Verbreitung der Begriffe Kompetenz und Kompetenzentwicklung	58
3.1.1	*Kompetenz und Kompetenzentwicklung – Konjunktur und Diskussion in den 1990er Jahren*	59
3.1.2	*Theoretisch-wissenschaftliche Traditionslinien des Kompetenzbegriffs*	63
3.2	Kompetenz im berufspädagogischen Diskurs	69
3.2.1	*Kompetenz und Qualifikation als Grundlage für den Subjektbezug*	69
3.2.2	*Ganzheitlichkeit als Merkmal beruflicher Handlungskompetenz*	71
3.2.3	*Handlungskompetenz als Fähigkeit und Bereitschaft*	75
3.3	Der Prozess der Kompetenzentwicklung und das Leitbild der reflexiven Handlungsfähigkeit	78
3.3.1	*Reflexive Handlungsfähigkeit als Ziel von Kompetenzentwicklung*	78
3.3.2	*Der Prozess der Kompetenzentwicklung in der pädagogischen Theorie*	89
3.4	Leitkriterien für die Entwicklung von Kompetenzen	98

3.4.1 Subjektbezug 99
3.4.2 Biographische Entwicklung 100
3.4.3 Interaktion 101
3.4.4 Kooperation 103
3.4.5 Erfahrung 104
3.4.6 Reflexion 105

4 Kompetenzanalysen – Systematisierung und Problematisierung 107
4.1 Systematisierung von Verfahren der Kompetenzanalyse . 108
4.1.1 Bestehende Ansätze zur Differenzierung von Kompetenzanalysen 108
4.1.2 Kompetenzanalyse im Spannungsfeld zwischen Anforderungs- und Entwicklungsorientierung 112
4.2 Beispiele für entwicklungsorientierte Verfahren der Kompetenzanalyse 117
4.2.1 Das Schweizerische Qualifikationsbuch 118
4.2.2 Der Bildungspass 120
4.2.3 Das Kompetenz-Handbuch im Job-Navigator 122
4.3 Problemaspekte bei der Analyse von Kompetenzen 126
4.3.1 Kompetenz zwischen objektiver Messbarkeit und subjektiver Konstruktion 126
4.3.2 Die Unterscheidung zwischen Kompetenz und Performanz 128
4.3.3 Situations- und Kontextbezug von Kompetenz 130
4.3.4 Differenzierung von Kompetenz 132
4.3.5 Gütekriterien bei der methodischen Erfassung von Kompetenzen 137

5 Empirische Analyse des Kompetenz-Handbuchs 142
5.1 Untersuchungsdesign 144
5.1.1 Auswahl des Untersuchungsgegenstands 145
5.1.2 Interviewgruppen und Rahmenbedingungen der Untersuchung 147
5.1.3 Methodisches Vorgehen 150
5.1.4 Grundannahmen für die Untersuchung des Kompetenz-Handbuchs 158
5.2 Untersuchungsergebnisse zum Kompetenz-Handbuch 164
5.2.1 Subjektbezug des Kompetenz-Handbuchs 165
5.2.2 Förderung der biographischen Entwicklung durch das Kompetenz-Handbuch 177
5.2.3 Interaktion im Verfahren des Kompetenz-Handbuchs 183
5.2.4 Kooperation in der Umsetzung des Kompetenz-Handbuchs 191
5.2.5 Erfahrungsbezug des Kompetenz-Handbuchs 198
5.2.6 Förderung der Reflexion durch das Kompetenz-Handbuch 202
5.2.7 Auffälligkeiten hinsichtlich der Interviewgruppen 207
5.3 Zusammenfassung der Ergebnisse 210
5.3.1 Einschätzung des Kompetenz-Handbuchs 211

5.3.2	*Weitere Untersuchungsergebnisse*	**214**
5.3.3	*Reflexion der methodischen Anlage der Untersuchung*	**219**

6 Der Beitrag von Kompetenzanalysen zur Förderung von Kompetenzentwicklung **222**

6.1	Merkmale kompetenzförderlicher Kompetenzanalysen	**223**
6.1.1	*Merkmal 1: Kompetenzreflexion*	**226**
6.1.2	*Merkmal 2: Kontinuität*	**230**
6.1.3	*Merkmal 3: Begleitete Selbststeuerung*	**233**
6.1.4	*Merkmal 4: Lernförderliche Rahmenbedingungen*	**236**
6.1.5	*Merkmal 5: Differenzierung der Analysemethoden und Kombination von Selbst- und Fremdeinschätzungen*	**239**
6.2	Kompetenzförderliche Kompetenzanalysen – Beispiel und Einordnung	**244**

7 Zusammenfassung und Desiderate **249**

Literatur **267**

Abbildungen

Abb 1	Phasen des Forschungsprozesses (eigene Darstellung)	*Seite 17*
Abb 2	Individuelle und betriebliche Interessenlagen bei Maßnahmen der betrieblichen Weiterbildung (eigene Darstellung)	*Seite 37*
Abb 3	Unterscheidungsraster für Verfahren der Kompetenzanalyse (eigene Darstellung)	*Seite 111*
Abb 4	Einordnung des Schweizer Qualifikationsbuchs in die Ansätze zur Unterscheidung von Kompetenzanalysen (eigene Darstellung)	*Seite 120*
Abb 5	Einordnung des Bildungspasses in die Ansätze zur Unterscheidung von Kompetenzanalysen (eigene Darstellung)	*Seite 122*
Abb 6	Einordnung des Kompetenz-Handbuchs in die Ansätze zur Unterscheidung von Kompetenzanalysen (eigene Darstellung)	*Seite 124*
Abb 7	Kompetenzmatrix (nach Dilger/ Sloane 2003, S. 11)	*Seite 135*
Abb 8	Bausteine des Job-Navigators (nach IG Metall o.J., S. 6)	*Seite 145*
Abb 9	Ablaufschema in der empirischen Untersuchung (eigene Darstellung)	*Seite 157*
Abb 10	Verfeinerte Darstellung der Ergebnisgenerierung in der empirischen Untersuchung (eigene Darstellung)	*Seite 165*
Abb 11	Verbindung von kontinuierlichem und reflexivem Lernen (eigene Darstellung in Anlehnung an das Modell des Lernens aus Erfahrung nach J. Dewey; vgl. Krüger/ Lersch 1993, S. 149)	*Seite 232*

Tabellen

Tab 1	Kompetenzanalysen zwischen Arbeit und Individuum (eigene Darstellung)	Seite 113
Tab 2	Matrix der Kompetenzbereiche (nach Faulstich 1997, S. 166)	Seite 133
Tab 3	Übersicht über die Interviewpartner (eigene Darstellung)	Seite 148
Tab 4	Ergebnisse bezüglich des Leitkriteriums Subjektbezug (eigene Darstellung)	Seite 176
Tab 5	Ergebnisse bezüglich des Leitkriteriums biographische Entwicklung (eigene Darstellung)	Seite 182
Tab 6	Ergebnisse bezüglich des Leitkriteriums Interaktion (eigene Darstellung)	Seite 190
Tab 7	Ergebnisse bezüglich des Leitkriteriums biographische Kooperation (eigene Darstellung)	Seite 197
Tab 8	Ergebnisse bezüglich des Leitkriteriums Erfahrung (eigene Darstellung)	Seite 202
Tab 9	Ergebnisse bezüglich des Leitkriteriums Reflexion (eigene Darstellung)	Seite 206
Tab 10	Synopse der problemorientierten Erweiterungen und möglicher Konsequenzen (eigene Darstellung)	Seite 215
Tab 11	Formen der Reflexion (eigene Darstellung)	Seite 229
Tab 12	Phasen der Kompetenzanalyse und das Merkmal der Kompetenzreflexion (eigene Darstellung)	Seite 230
Tab 13	Phasen der Kompetenzanalyse und das Merkmal der Kontinuität (eigene Darstellung)	Seite 232
Tab 14	Phasen der Kompetenzanalyse und das Merkmal der Begleitung ung Beratung (eigene Darstellung)	Seite 234
Tab 15	Phasen der Kompetenzanalyse und das Merkmal der lernförderlichen Rahmenbedingungen (eigene Darstellung)	Seite 239
Tab 16	Merkmale kompetenzförderlicher Kompetenzanalysen in den drei Verfahrensphasen	Seite 243

Tab 17 Kompetenzförderliche Kompetenzanalysen als Unterform entwicklungsorientierter Verfahren (eigene Darstellung) .... *Seite 248*

1 Einleitung

Die Diskussion um berufliches Lernen ist in den vergangenen Jahren durch die Begriffe Kompetenz und Kompetenzentwicklung wesentlich geprägt worden. Diese Begriffe werden insbesondere vor dem Hintergrund technologischer, betrieblicher und gesellschaftlicher Entwicklungen und den damit verbundenen Veränderungen für den Einzelnen diskutiert und in der nationalen und internationalen Bildungsdiskussion immer wieder thematisiert. Der Diskussion liegt die Erkenntnis zugrunde, dass in der beruflichen Bildung die Förderung lebensbegleitenden Lernens und beruflicher Aufstiegs- und Entwicklungswege über die bisherigen formellen Bildungssequenzen hinaus gestaltet werden müssen und dass die steigende Bedeutung informellen Lernens konzeptionell aufgegriffen werden muss. Da in diesem Kontext offensichtlich wird, dass Lernen nicht mehr nur überwiegend in formalisierten Lernarrangements, sondern zunehmend auch lebensbegleitend am Arbeitsplatz und im sozialen Umfeld stattfindet und zudem deutlich wird, dass herkömmliche Prüfungs- und Zertifizierungsformen nur noch bedingt dazu geeignet sind, diese neuen Formen des Lernens zu erfassen, stellt sich auf verschiedenen Ebenen die Frage, wie die auf diese Weise erworbenen Kompetenzen erfasst und anerkannt werden können.

Diese Frage wird derzeit mittels sehr unterschiedlicher Ansätze auf betrieblicher und außerbetrieblicher Ebene bearbeitet, so dass sich die Zahl der Verfahren zur Analyse von informell und formell erworbenen Kompetenzen ständig erhöht. Allerdings streben die meisten dieser Verfahren lediglich eine Anerkennung und Erfassung von Kompetenzen an und haben nicht die Zielsetzung einer darauf aufbauenden Kompetenzentwicklung. Insbesondere aus berufspädagogischer Perspektive ist eine Verknüpfung von betrieblich eingesetzten Kompetenzanalysen mit der Förderung von Kompetenzentwicklung jedoch von zentraler Bedeutung für die Gestaltung betrieblichen Lernens.

In der vorliegenden Arbeit wird ein Konzept zur Gestaltung von kompetenzförderlichen Kompetenzanalysen auf der Grundlage theoretischer und empirischer Analysen entwickelt. Damit soll ein Beitrag dafür geleistet werden, eine

Verbindung zwischen der Förderung von Kompetenzentwicklung und Kompetenzanalysen in diesem Feld herzustellen.

1.1 Problemstellung und Zielsetzung

Die Frage der Anerkennung und Analyse der Kompetenzen von Beschäftigten und Erwerbslosen steht heute im Blickpunkt bildungs- und beschäftigungspolitischer Diskussionen. So nimmt auf der europäischen Ebene die Erhebung und Bewertung von Kompetenzen eine zunehmende Bedeutung in der Diskussion ein, weil sich die Einsicht von der eingeschränkten Reichweite formaler Bildungsabschlüsse in den 1990er Jahren durchgesetzt hat. Der Frage der Zertifizierung und Bewertung des Lernens wird beispielsweise in der Mitteilung über lebenslanges Lernen der Europäischen Kommission (2001) eine zentrale Bedeutung beigemessen. Ähnlich stellt im europäischen „Memorandum über lebenslanges Lernen" die Bewertung des Lernens eine von sechs Schlüsselbotschaften dar, wobei eine Verbesserung der Methoden zur Bewertung von Lernbeteiligung und Lernerfolg, insbesondere im Bereich des non-formalen und informellen Lernens, gefordert wird (vgl. Kommission der Europäischen Gemeinschaft 2000).

Auch auf der betrieblichen Ebene wird die Bedeutung informell und formell erworbener Kompetenzen und Wissensbestände sowie ihrer Erfassung und Anerkennung zunehmend evident. Besonderes Interesse besteht dort einerseits hinsichtlich der Personalauswahl, also am Schnittpunkt zwischen Arbeitsmarkt und Unternehmen, sowie andererseits hinsichtlich der Verbesserung des internen Personalmanagements. Zugrunde liegt hier die Erkenntnis, dass die qualitative Verbesserung von Arbeitsabläufen auch vom Lernen in der Arbeit und einem Überblick über die vorhandenen Kompetenzen abhängt.

Auf der individuellen Ebene schließlich lassen sich ebenfalls Argumente ausweisen, die der Anerkennung und Erhebung von Kompetenzen zunehmende Bedeutung verleihen. So haben Kompetenzanalysen für den Einzelnen eine beschäftigungsbezogene und eine entwicklungsbezogene Relevanz. Der Aspekt der Beschäftigungsfähigkeit drückt sich für den Einzelnen darin aus, dass Kompetenzanalysen die Chance bieten, die eigenen Kompetenzen darzustellen und damit die Aussicht auf Arbeit zu erhöhen bzw. den Erhalt des Arbeitsplatzes zu sichern. Zudem kann über die Anerkennung von Kompetenzen und informellem Lernen für Bildungsbenachteiligte der Zugang zu institutionellen Ausbildungssystemen erleichtert werden. Die entwicklungsbezogene Relevanz von Kompetenzanalysen besteht – in Abhängigkeit von den verwendeten Verfahren – darin, dass durch den Erhebungsprozess selbst der individuelle Reflexionsprozess gefördert wird. Die Bewusstmachung der eigenen Fähigkeiten und das damit verbundene Selbstbewusstsein für die Steuerung des eigenen Kompetenzerwerbs sind dabei entscheidend. Auch kann die aktive Gestaltung der beruflichen Entwicklung, z.B. berufliche Veränderung, Neuorientierung oder Aufstieg, als entwicklungsbezogenes Argument genannt werden. So bieten Kompetenzanalysen die Möglichkeit, die Gestaltung des eigenen Arbeitsplatzes und Tätigkeitsbereichs aktiv mitzubestimmen oder berufliche Umbruchsituationen zu bewerkstelligen. Eine an der individuellen Kompetenzentwicklung orientierte Form der Kompetenzanalyse beinhaltet für die Beschäftigten

> *„die Chance, die eigenen Kompetenzen herauszufinden und weiter zu entwickeln, selbstverantwortlich nach Problemlösungen zu suchen, risikobereit zu sein beim Ausprobieren neuer Wege des Zusammenarbeitens, die Freiheit, die erworbenen Erfahrungen und Fähigkeiten vor dem Hintergrund der eigenen (Berufs-)Biographie zu bewerten und sie entsprechend in diese zu integrieren" (Wittwer 2002, S. 123).*

Obwohl also aus verschiedenen Perspektiven einschlägige Argumente für das Entwicklungspotenzial von Kompetenzanalysen angeführt werden können, zeigt sich derzeit, dass insbesondere im betrieblichen Kontext nur wenige Ansätze und Verfahren existieren, die wissenschaftlich fundiert neben der Kompetenzanalyse auch eine gezielte Kompetenzentwicklung als zentrale Zielsetzung konzeptionell verfolgen. Berufsbildungs- und Weiterbildungsforschung beschäftigen sich bislang besonders intensiv mit dem Begriff der Kompetenzentwicklung und verfügen insofern über theoretisch ausgewiesene Anknüpfungspunkte für die Fundierung von Kompetenzanalysen. Die Frage der Analyse von Kompetenzen wird dabei allerdings erst in den letzten Jahren eingehender erörtert. Zwar wird besonders im Bereich der Erstausbildung die berufliche Handlungskompetenz und die Förderung von Fach-, Sozial- und Humankompetenz seit den 1980er Jahren als Zielorientierung angenommen und bildet dort eine zentrale Grundlage praktischer und wissenschaftlicher Überlegungen. Die Erfassung und Anerkennung der erworbenen Kompetenzen rückt jedoch erst langsam in den Fokus theoretischer und praktischer Überlegungen.

Aus der Perspektive der Berufspädagogik, deren originärer Gegenstand die Entwicklung und das Lernen in beruflich-betrieblichen Zusammenhängen ist, besteht deswegen die Notwendigkeit, den Beitrag von Kompetenzanalysen zur Förderung von Kompetenzentwicklung zu erschließen und fundieren. Ausgehend von dieser Situation ist bei der wissenschaftlichen Bearbeitung, Präzisierung und praktischen

Gestaltung auch der Blick der Weiterbildungsforschung darauf zu richten, eine fundierte theoretische Konzeption zur Kompetenzanalyse zu erarbeiten. Ein Konzept, das Kompetenzentwicklung und Kompetenzanalyse verbindet, sieht Kompetenzanalysen nicht als in sich geschlossene isolierte Maßnahmen, Verfahren oder Instrumente an, sondern als in den Prozess der Kompetenzentwicklung eingebunden und damit in Fragen beruflich-betrieblichen Lernens besonders relevant. Hier setzt die vorliegende Arbeit an, indem sie die *zentrale Fragestellung* fokussiert,

- inwieweit Verfahren der Kompetenzanalyse die individuelle Kompetenzentwicklung unterstützen können und
- wie sich Kompetenzanalysen didaktisch-methodisch und lernorganisatorisch so gestalten lassen, dass bestehende Potenziale zur Kompetenzentwicklung gezielt aufgenommen, unterstützt und ergänzt werden.

Ausgehend von dieser leitenden Fragestellung besteht das zentrale Interesse der Arbeit darin, Kompetenzanalysen für die betriebliche Weiterbildungsforschung zu fundieren und in diesem Rahmen zur Konzeptbildung für Kompetenzanalysen beizutragen. *Zielsetzung* der Arbeit ist die Entwicklung eines Konzepts zur Gestaltung von Kompetenzanalysen, das – jenseits der Ebene konkreter Verfahren auf einer allgemeinen Ebene angesiedelt – doch einen solchen Konkretionsgrad erreicht, dass es eine Analyse der bestehenden Verfahren oder eine Neuentwicklung ermöglicht. Das besondere Merkmal des zu erarbeitenden Konzepts soll im Begriff der Kompetenzförderlichkeit gefasst werden. Dieser Begriff bezeichnet im Rahmen der Arbeit die Leitorientierung des Konzepts an der Förderung von Kompetenzentwicklung und reflexiver Handlungsfähigkeit. Zur Umsetzung dieses Ziels sollen aus der kompetenztheoretischen Literatur die wesentlichen Kriterien für eine Förderung von Kompetenzentwicklung gewonnen werden, mit denen dann theoretisch-analytisch weitergearbeitet werden kann, um die komplexe Theorie der Kompetenzentwicklung zu operationalisieren. Damit das angestrebte Konzept für kompetenzförderliche Kompetenzanalyse nicht nur theoretisch fundiert bleibt, soll es durch eine empirische Untersuchung eines spezifischen Verfahrens der Kompetenzanalyse untermauert werden.

Weiteres Ziel der vorliegenden Arbeit ist die Systematisierung des bislang von der Berufs- und Weiterbildungsforschung weitgehend unbearbeiteten Felds der Kompetenzanalyse, da ein solcher Beitrag zur Theoriebildung für Kompetenzanalysen in der Weiterbildungsforschung aussteht. Eine Systematisierung und Orientierung der in der Praxis vorfindlichen Verfahren zur Kompetenzanalyse wird hier erste Klarheit schaffen.

Auf einer allgemeinen Ebene wird damit ein Beitrag zur Theoriebildung der Weiterbildungsforschung mit spezifischer Perspektive auf die Berufspädagogik im Themenfeld Kompetenzentwicklung, Kompetenzanalyse und ihrer methodischen Gestaltung geleistet. Die berufspädagogische Perspektive wird um die Erkenntnisse anderer Disziplinen ergänzt und weiter fundiert. Leitend ist dabei folgende Einsicht:

> *„Was für die Erziehungswissenschaft gegenwärtig ansteht, ist somit sicher nicht fortwährendes Entwickeln und Verwerfen stets neuer Paradigmen. Sondern was ansteht ist, vorhandene Konstruktionen zunächst weiter theoretisch zu explizieren, die forschungstheoretisch abzusichern und intendierte Anwendungen im Bereich der Erziehungspraxis zu untersuchen"* (König 1990, S. 932).

In diesem Sinne zielt die vorliegende Arbeit darauf ab, bestehende Erkenntnisse und Konzeptionen zur Kompetenzentwicklung und zu Kompetenzanalysen aufzugreifen und weiter zu bearbeiten, um dadurch einen Beitrag zur Fundierung und Theoriebildung von Kompetenzanalysen zu leisten. Angestrebt wird dabei die Erarbeitung konkreter, orientierender Gestaltungsmerkmale bzw. -empfehlungen, die explizit die Kompetenzentwicklung von Beschäftigten im Sinne der Leitorientierungen beruflicher Bildung unterstützen.

1.2 Aufbau der Arbeit und Phasen des Forschungsprozesses

Um die oben ausgewiesenen zentralen Fragestellungen zu bearbeiten, ist eine Vorgehensweise sinnvoll, die ausgehend von der handlungspraktischen Problemlage zunächst den Begriff der Kompetenz und Kompetenzentwicklung beleuchtet, um dann sowohl theoretisch-hermeneutisch als auch empirisch mit Methoden der qualitativen Sozialforschung den Gegenstand der Kompetenzanalyse zu bearbeiten und zu untersuchen. So ergibt sich folgender Aufbau:

Die ersten Kapitel gelten der thematischen Grundlegung der Arbeit. Dazu werden im *einführenden Kapitel* die wesentlichen wissenschaftstheoretischen und forschungsmethodischen Positionen und Annahmen dargestellt und diskutiert. Diese Verortung wird geleistet, um die inhaltlichen und methodischen Grundannahmen der Arbeit transparent zu machen, zu reflektieren und in bestehende wissenschaftstheoretische und forschungsmethodische Ansätze einzuordnen.

Im *zweiten Kapitel* werden aktuelle Trends in der betrieblichen Weiterbildung aufgezeigt und diskutiert, um die praktische Relevanz von Kompetenzanalysen für die

Förderung von Kompetenzentwicklung innerhalb der betrieblich-beruflichen Bildung zu verdeutlichen. Der Begriff der betrieblichen Weiterbildung ist dazu im berufspädagogischen sowie im personalwirtschaftlichen Zusammenhang zu erörtern. Zudem werden die Auswirkungen und Herausforderungen herausgearbeitet, die für die Beschäftigten mit den beschriebenen Trends betrieblicher Weiterbildung verbunden sind. Ein weiterer Fokus dieses Kapitels liegt in der Bestandsaufnahme bestehender betrieblicher und außerbetrieblicher Ansätze zur Kompetenzanalyse.

Die beiden anschließenden Kapitel leisten von zwei Perspektiven aus die theoretische Grundlegung der leitenden Fragestellung, inwieweit die Kompetenzentwicklung von Beschäftigten durch Verfahren der Kompetenzanalyse unterstützt und gefördert werden kann und wie solche Verfahren unter dieser Zielorientierung gestaltet sein müssen. Zum einen wird im *dritten Kapitel* zunächst der Frage nachgegangen, wie Kompetenzentwicklung unter dem derzeitigen Stand der berufspädagogischen Erkenntnis verläuft und welche Bedingungen für die Förderung von Kompetenzentwicklung bislang bekannt sind. Die wesentlichen Prozesse und Bedingungen für die Entwicklung von Kompetenzen werden in Form von Leitkriterien zusammengefasst, um den Gegenstand der Kompetenzanalyse in der empirischen Untersuchung anhand theoretisch geleiteter Grundannahmen analysieren zu können.

Zum anderen wird im *vierten Kapitel* eine Systematisierung und überblicksartige Darstellung von Kompetenzanalysen geleistet, da der Stand der Erkenntnisse zu Kompetenzanalysen bislang kaum systematisierend bearbeitet worden ist. Eine Orientierung und Systematisierung in diesem Themenfeld ist aber unabdingbar für eine begründete Auswahl eines geeigneten empirischen Untersuchungsgegenstands und für die Reflexion der zentralen Problemaspekte von Kompetenzanalysen.

Im *fünften Kapitel* wird dann die qualitative Untersuchung eines Instruments der Kompetenzanalyse und seines Umsetzungsverfahrens dokumentiert. Dazu werden das untersuchungsmethodische Vorgehen und die angewandten Methoden dargelegt sowie die einzelnen Schritte der Datenerhebungs- und Auswertungsphase dargestellt. Die empirische Untersuchung erweitert die zu Beginn aufgestellten theoretisch geleiteten Grundannahmen durch die gezielte Analyse der Wirkungsweisen und Bedingungen des untersuchten Kompetenzanalyseverfahrens. Auf diese Weise lassen sich die theoretisch entwickelten Erkenntnisse zur Kompetenzanalyse überprüfen und erweitern sowie zu konzeptionellen Merkmalen kompetenzförderlicher Kompetenzanalysen verdichten.

Das *sechste Kapitel* dient der Zusammenführung der theoretischen und der empirischen Ergebnisse zu einem Konzept der kompetenzförderlichen Kompetenzanalyse. Unter Hinweis auf entsprechende Literatur wird anhand dieses Konzepts aufgezeigt, welche Aspekte bei der Konzeption von Kompetenzanalysen wichtig sind, warum sie wichtig sind und welche Schlussfolgerungen sich daraus für die beruflich-betriebliche Praxis ergeben.

Das Fazit im *siebten Kapitel* führt die wesentlichen Ergebnisse zu inhaltsbezogenen und methodischen Aussagen zusammen. Es stellt die Forschungsbefunde in konzentrierter Form dar und skizziert die verbleibenden Forschungsperspektiven.

Die Arbeit folgt in ihrem Aufbau im Wesentlichen dem Ablauf des zugrunde liegenden Forschungsprozesses. Die folgende Abbildung veranschaulicht den Forschungsprozess, wodurch einem wesentlichen Gütekriterium qualitativer sozialwissenschaftlicher Forschung genüge getan werden soll:

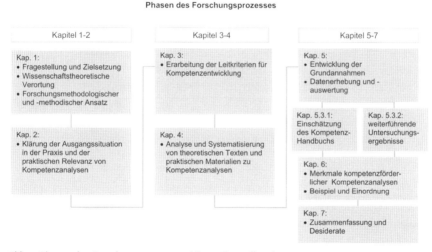

Abb. 1 Phasen des Forschungsprozesses (eigene Darstellung)

1.3 Wissenschaftstheoretische Verortung

Das im Vorangehenden formulierte Vorgehen in dieser Arbeit ist durch folgende wissenschaftstheoretische Verortung begründet: Die Erarbeitung und Diskussion der Kompetenzförderlichkeit von Kompetenzanalysen im Rahmen dieser Arbeit orientiert sich am Leitbild der reflexiven Handlungsfähigkeit, und zwar sowohl bei der Erarbeitung der Leitkriterien zur Kompetenzentwicklung (vgl. Kap. 3) als auch in den handlungspraktischen Schlussfolgerungen für ein Konzept der kompetenzförderlichen Kompetenzanalyse (vgl. Kap. 6). Das Leitbild der reflexiven Handlungsfähigkeit zielt – wie später zu zeigen sein wird – auf die Qualität und Souveränität des realen Handlungsvermögens von Individuen ab und beinhaltet die bewusste, kritische und verantwortliche Bewertung von Handlungen auf der Basis von Erfahrungen und Wissen. Diese Begriffsfassung impliziert die Förderung von Emanzipation und Mündigkeit durch Prozesse der Kompetenzentwicklung, die der kritischen Erziehungswissenschaft zugrunde liegen.

Keckeisen zufolge kann die Entwicklung der kritischen Erziehungswissenschaft als der Versuch verstanden werden, den Ansatz geisteswissenschaftlicher Pädagogik, methodologisch und sachlich um kritische Elemente zu erweitern (vgl. Keckeisen 1995, S. 124). Die Mündigkeit des Menschen als Ziel der geisteswissenschaftlichen Pädagogik wurde in der kritischen Erziehungswissenschaft z.B. von Klafki, Lempert u.a. in individuelle und gesellschaftliche Emanzipation ausdifferenziert. Damit richtete sich der Blick gleichermaßen auf das einzelne zu erziehende Subjekt wie auf die Gesellschaft als Ganzes. Zentral ist dabei die inhaltliche Orientierung am Begriff der Emanzipation und die Explizierung des emanzipatorischen Erkenntnisinteresses, das Lempert folgendermaßen charakterisiert:

> *„Das emanzipatorische Interesse ist das Interesse des Menschen an der Erweiterung und Erhaltung der Verfügung über sich selbst. Es zielt auf die Aufhebung und Abwehr irrationaler Herrschaft, auf die Befreiung von Zwängen aller Art"* (Lempert 1971, S. 318).

Lempert betont zudem, dass zur Emanzipation neben der Veränderung der Sozialstruktur auch die Veränderung der Persönlichkeitsstruktur im Sinne des Abbaus von Selbstzwängen notwendig sei und Emanzipation damit eine gleichermaßen politische Frage wie ein Bildungsproblem sei. Er führt die Zielsetzung berufspädagogischer Forschung folgendermaßen aus:

> *„Für die wissenschaftliche Analyse beruflicher Bildungsprozesse kommen folglich vor allem solche theoretischen Konzeptionen in Betracht, die den Erfahrungen der abhängig Arbeitenden angemessen sind und sie zur Verringerung ihrer Abhängigkeit motivieren und qualifizieren"* (Lempert 1974, S. 14).

Mit diesem Ansatz stellt Lempert innerhalb der kritischen Erziehungswissenschaft die größte Nähe zwischen Berufsbildungsforschung und dem Begriff der Emanzipation her.[1]

Die vorliegende Arbeit verfolgt ein mit diesem Erkenntnisinteresse vergleichbares Ziel, obschon sie sich nicht dieser Theorietradition zurechnet. Dennoch sind einige Grundüberlegungen der kritischen Erziehungswissenschaft auch hier relevant. Diese Nähe zu den Auffassungen der kritischen Erziehungswissenschaft sowie die Orientierung am Konzept reflexiver Handlungsfähigkeit bedingen eine gewisse Normativität dieser Arbeit.

Die Frage des Geltungsanspruchs pädagogischer Zielsetzungen und damit normativer Setzungen seitens der Erziehungswissenschaft war in der Vergangenheit Streitpunkt zwischen den Schulen des kritischen Rationalismus und der kritischen Theorie. Der Forderung der „Werturteilsfreiheit" aller mit einem Anspruch von Wissenschaftlichkeit auftretenden Aussagen seitens der kritischen Rationalisten stand dabei die Vermutung gegenüber,

> *„dass alle oder mindestens viele pädagogische Zielvorstellungen bestimmte historische bzw. empirische Tatsachen-Annahmen nicht nur implizieren, sondern dass solche Annahmen den Geltungsanspruch ihrer Verfechter mitbegründen"* (Klafki 1989, S. 152).

Mit Bezug auf diesen hier nicht weiter zu thematisierenden Diskurs resümiert Klafki, dass pädagogische Zielsetzungen als Teil des pädagogischen Gedankenganges „immer wieder neu zu reflektieren, zu ergänzen, zu verändern, weiterzuentwickeln" (Klafki 1989, S. 147) sind und leitet daraus Aufgaben für die Erziehungswissenschaft in Bezug auf den Umgang mit pädagogischen Zielen ab, die Fragestellung und Aufbau dieser Arbeit beeinflusst haben. So ist es hier zunächst notwendig, den normativen Charakter des Leitbildes der reflexiven Handlungsfähigkeit anzuerkennen, zu reflektieren und kritisch zu beleuchten, denn Klafki fordert grundsätzlich:

> *„Wenn Wissenschaft Aussagen über pädagogische Ziele macht, dann bezieht sie sich meistens auf eine bereits laufende Zieldiskussion, auf vorliegende Zielkonzepte, bereits*

---

1 Die Positionierung und die Überlegungen von Klafki und Lempert werden hier als die zentralen Zugänge zur kritischen Erziehungswissenschaft gewählt, da sie die für die Arbeit relevanten Fragen eingehend bearbeiten. Wenn also hier von der kritischen Erziehungswissenschaft gesprochen wird, so vor allem in ihrer Gestalt bei Klafki und Lempert.

> *diskutierte Zielkontroversen. Sie kann und muss die geschichtlichen Voraussetzungen und Implikationen solcher Positionen aufklären" (Klafki 1989, S. 153).*

In diesem Sinne ist hier anzuerkennen, dass die pädagogische Zielsetzung der reflexiven Handlungsfähigkeit mit bestehenden emanzipatorischen Leitideen verbunden ist und selbstkritisch zu reflektieren ist, denn außerdem muss Erziehungswissenschaft

> *„im pädagogischen Feld vertretene bzw. für die Erziehung formulierte Zielsetzungen daraufhin untersuchen, ob sich in ihnen unreflektierte gesellschaftliche Interessen und Machtpositionen ausdrücken" (Klafki 1989, S. 153).*

Das zeigt sich im Zusammenhang der vorliegenden Arbeit vor allem in der Diskussion der verschiedenen Interessenlagen innerhalb der betrieblichen Weiterbildung, in deren Spannungsfeld sich die hier zentrale Frage der Lernförderlichkeit von Kompetenzanalysen bewegt. Erziehungswissenschaft muss prüfen „unter welchen Bedingungen die Einlösung der Zielsetzungen erwartet werden kann" (Klafki 1989, S. 154), da die Formulierung von pädagogischen Zielsetzungen notwendigerweise einen Vorgriff auf die Zukunft darstellt. Insbesondere dieser Aspekt liegt der zentralen Fragestellung der Arbeit nach der Einlösung reflexiver Handlungsfähigkeit durch Verfahren der Kompetenzanalyse zugrunde. Unter dem Begriff des „praktischen Diskurses", des Diskurses zwischen Erziehungspraktikern und Erziehungswissenschaftlern schließlich müssen pädagogische Zielsetzungen ausgelotet werden. Die methodische Konsequenz dieser Forderung ist in der Handlungsforschung zu sehen. Dieser Aspekt findet sich im forschungsmethodischen Ansatz dieser Arbeit wieder.

Der vorliegenden Arbeit liegt somit eine Orientierung an den Überlegungen der kritischen Erziehungswissenschaft zugrunde. Dieser Theoriestrang ist insbesondere in Bezug auf die Begriffs- und Theoriebestände und das Erkenntnisinteresse des Forschungsprozesses leitend und bildet damit die inhaltlich-theoretische Basis bzw. den heuristischen Bezugsrahmen. Er ist aber auch hinsichtlich der methodologischen Ausrichtung (vgl. Kap. 1.4) relevant.

Hinsichtlich ihrer konkreten wissenschaftsdisziplinären Verortung ist die vorliegende Arbeit der Weiterbildungsforschung als Teilgebiet der Erziehungswissenschaft zuzuordnen. Innerhalb der Teildisziplinen dieses interdisziplinären Forschungsgebietes wird insbesondere die Perspektive der Berufs- und Betriebspädagogik[2] mit dem Themenfeld Kompetenzentwicklung eingenommen. Es werden aber auch Überlegungen und Ansätze aus anderen Bezugswissenschaften wie der Betriebswirtschaftslehre, der Arbeits- und Organisationspsychologie sowie der Soziologie herangezogen.

1.4 Forschungsmethodologischer Ansatz

Ein weiterer Begründungszusammenhang für den oben ausgewiesenen Ablauf des Forschungsprozesses ergibt sich durch ihren methodologischen Zugang: Der vorliegenden Arbeit liegt ein Wissenschaftsverständnis zugrunde, das an die Auffassung von König/ Zedler (vgl. 1998, S. 235ff.) angelehnt ist und das die Aufgaben der Wissenschaft in zwei wesentlichen Punkten sieht: Zum einen in der Erkenntnis der Erziehungswirklichkeit, zum anderen darin, das praktische Handeln in pädagogischen Situationen „verlässlich zu leiten". Dabei bezieht sich Verlässlichkeit in Anlehnung an das von König/ Zedler formulierte Wissenschaftsverständnis darauf, dass Wissenschaft auf verlässliches Wissen angelegt sein muss, übertragbar sein muss und Handlungsmöglichkeiten aufzeigen muss (vgl. König/ Zedler 1998, S. 237).

Dieses Grundverständnis legt methodologisch eine Anlehnung an die Programmatik der Handlungsforschung nahe. Das Konzept der Handlungs- und Aktionsforschung wurde in den 1970er Jahren auch auf die kritische Erziehungswissenschaft bezogen und dort weiterentwickelt. Die Zielsetzung bestand dabei in der Etablierung eines Modells der emanzipatorischen Sozialforschung in Abgrenzung zur empirischen Sozialforschung (vgl. König/ Zedler 1998, S. 130). Handlungsforschung und die damit verbundene Diskussion der 1970er Jahre sind mit einem „auf Demokratisierung der Gesellschaft sowie individuelle und kollektive Emanzipation gerichteten Erkenntnis- und Handlungsinteresse verknüpft" (Klafki 1980, S. 268). So wird Handlungsforschung in dem von Klafki entwickelten Konzept als empirische Forschung und damit als eingreifende Praxis verstanden und geht mit einem konstruktiven Veränderungs- und Innovationsinteresse einher. Handlungsforschung

---

2   Berufspädagogik als erziehungswissenschaftliche Teildisziplin beschäftigt sich mit der Qualifizierung und Kompetenzentwicklung von Jugendlichen und Erwachsenen (Arnold/ Lipsmeier/ Ott 1998, S. 14f.). Innerhalb dieser Teildisziplin wird Betriebspädagogik neben Wirtschafts- und Berufspädagogik, Arbeitspädagogik und Erwachsenenpädagogik als Spezialdisziplin ausgewiesen. Unter diesen Spezialdisziplinen haben Arbeitspädagogik und Betriebspädagogik einen gemeinsamen oder zumindest ähnlichen Gegenstand, jedoch auf Grundlage unterschiedlicher Theorietraditionen.

> „greift als Forschung unmittelbar – und nicht erst nach vollzogenem Forschungsprozess als sog. Anwendung der Forschungsergebnisse – in die Praxis mit ein und sie muss sich daher für Rückwirkungen aus dieser von ihr selbst mitbeeinflussten Praxis auf die Fragestellungen und die Forschungsmethoden im Forschungsprozess selbst – und nicht erst nach der abschließenden Auswertungsphase im Hinblick auf zukünftige Forschung – offen halten" (Klafki 1980, S. 268).

Sie ist konkret auf die Lösung pädagogischer Problemstellungen bezogen und ordnet das Innovationsinteresse dem Informationsinteresse von Forschung über. Praxis wirkt damit auf den Forschungsansatz, die Fragestellungen und Hypothesen und die Auswahl der Forschungsinstrumente zurück. Dieses konstruktive Veränderungsinteresse in der Handlungsforschung in Verbindung mit kritischem Erkenntnisinteresse weist auf ein Theorie-Praxis-Verhältnis hin, in dem Theorie und Praxis in einer gleichartigen Wechselbeziehung zueinander stehen.

> „Für die Handlungsforschung unter emanzipatorischen Leitgesichtspunkten ist es wesentlich, dass sie nicht Zielsetzungen der Innovation und wissenschaftlichen Fragestellungen ‚von außen' an die Praxis herantragen will, sondern die Ziele möglichst weitgehend mit den Praktikern und aus den Bedingungen des jeweiligen Praxisfeldes heraus entwickelt und dementsprechend ihre wissenschaftlichen Fragestellungen formuliert" (Klafki 1980, S. 270).

Die Abhängigkeit erziehungswissenschaftlicher Theorie und pädagogischer Praxis voneinander zeigt sich in dieser Auffassung darin, dass die Entscheidung darüber, was pädagogisch richtig ist, nur im praktischen Diskurs zwischen Theorie und Praxis ermittelt werden kann.

Die Anlehnung an diese Aspekte pädagogischer Handlungsforschung betrifft in der vorliegenden Arbeit folgende Grundannahmen: Der wissenschaftliche Prozess, der dieser Arbeit zugrunde liegt, ist als theoretisch-konzeptioneller Forschungs- und Entwicklungsprozess zu kennzeichnen. Diese Verknüpfung von Forschung und Entwicklung liegt darin begründet, dass praktische Probleme auftauchen, für die Lösungen gesucht werden müssen. So ergibt sich aus der eingangs beschriebenen Problemsituation die Notwendigkeit, Ansätze und Konzepte für Kompetenzanalysen zu entwickeln, die mit Prozessen der Kompetenzentwicklung verbunden werden können. Der wissenschaftliche Prozess ist zudem dadurch gekennzeichnet, dass ein Praxisbezug hergestellt wird, indem versucht wird, ein

Konzept für Kompetenzanalysen zu erstellen, das es ermöglicht, mit ausgewiesenen Problemsituationen in der betrieblichen Praxis umzugehen (vgl. Kap. 6).

Zur Umsetzung dieses auf der Handlungsforschung beruhenden Forschungsprozesses wird in der vorliegenden Arbeit eine *Verknüpfung von hermeneutischen und empirischen Verfahren* gewählt. Sie ist hier notwendig, da die zentrale Fragestellung der Kompetenzförderlichkeit von Kompetenzanalysen einen Weg der Erkenntnisgewinnung beschreiten muss, der sowohl auf hermeneutischen als auch auf empirischen Prozessen aufbaut. Auch hier besteht ein Bezug zur kritischen Erziehungswissenschaft. Als „ständigen dynamischen Rückkopplungsprozess" hat Klafki das Ineinandergreifen hermeneutischer und empirischer Verfahren bei der Erkenntnisgewinnung der kritischen Erziehungswissenschaft beschrieben:

> *„von hermeneutischer Entwicklung der Fragestellungen und Hypothesen über die erfahrungswissenschaftliche Überprüfung dieser Hypothesen zur hermeneutischen Interpretation der so gewonnenen Ergebnisse und zur Herleitung neuer Hypothesen für neue empirische Untersuchungen" (Klafki 1976, S. 37).*

In dieser Verknüpfung werden von der kritischen Erziehungswissenschaft empirische Verfahren als notwendig angesehen, um das emanzipatorische Erkenntnisinteresse und die Erforschung von Zusammenhängen einzulösen. Hermeneutische Verfahren sind demgegenüber insbesondere dann von Bedeutung, wenn es im Rahmen ideologiekritischer Analysen um den Zusammenhang konkreter Bildungsprozesse mit den zugrunde liegenden Interessen und Abhängigkeiten geht (König/ Zedler 1998, S. 129). Die geisteswissenschaftliche Pädagogik, aus der die kritische Erziehungswissenschaft hervorgegangen ist, sieht in der Hermeneutik eine zentrale Methode wissenschaftlicher Erkenntnisgewinnung. Sie wird dort zur Untersuchung der historischen und gegenwärtigen Erziehungswirklichkeit eingesetzt. Als Wissenschaft der Textauslegung bezieht sich Hermeneutik zum einen auf die Ermittlung des Sinnes von sprachlichen Texten. Darüber hinaus bezieht sie sich aber auch auf die Auslegung von anderen Dokumenten, bei denen die in der „Praxis schon immer entwickelte Erziehung mit ihren Einrichtungen und Verfahrensweisen" (Klafki 1976, S. 25) den Text darstellen. Damit können erziehungswissenschaftliche und erziehungspraktische Textdokumente, ebenso aber „geistige Objektivationen" wie z.B. Handlungen, Bilder, Institutionen als Interpretationsgegenstand und als auszulegender „Text" herangezogen werden. Hermeneutische Verfahren haben in der pädagogischen Handlungsforschung der kritischen Erziehungswissenschaft mehrfache forschungsmethodische Funktionen. So werden sie zum einen zur Entwicklung der Fragestellungen und der theoretisch geleiteten Grundannahmen verwendet (vgl. Klafki 1976, S. 37). Zudem sind hermeneutische Verfahren zur Berücksichtigung der „Voraussetzungen geschichtlich-gesellschaftlicher Art, pädagogischer Meinungen, scheinbarer Selbstverständlichkeiten und pädagogischer Zielvorstellungen" (Klafki 1976, S. 35) notwendig. Bei der Interpretation der empirisch gewonnenen Ergebnisse im Sinne von „rational durchdachten Folgerungen und [...] Entwicklung von Handlungsalternativen" (Klafki 1976, S. 36) schließlich findet sich ein drittes Funktionsfeld hermeneutischer Verfahren in der pädagogischen Handlungsforschung.

Auf dieser Grundlage lässt sich die Bedeutung hermeneutischer Verfahren für die vorliegende Arbeit folgendermaßen beschreiben: An die Auffassung der geisteswissenschaftlichen Pädagogik, in der sich Hermeneutik auf Texte im engeren Sinn aber auch andere Objektivationen bezieht, wird hier angeschlossen. Dabei werden vorwiegend im dritten Kapitel zur Kompetenzentwicklung und reflexiven Handlungsfähigkeit erziehungswissenschaftlich-theoretische Texte bearbeitet. Die zur Übersicht und Systematik der Kompetenzanalysen hinzugezogenen Beschreibungen, Anleitungen etc. der Einzelverfahren (vgl. Kap. 4) einerseits und die in der empirischen Untersuchung entstandenen Interviewaufzeichnungen (vgl. Kap. 5) andererseits stellen erziehungspraktische oder auf die Erziehungspraxis bezogene Dokumente dar. Zudem werden die empirisch gewonnenen Ergebnisse so bearbeitet, dass Folgerungen und Handlungsalternativen auf theoretischer und erziehungspraktischer Ebene daraus entwickelt werden können und in die Konzeption des eigenen Kompetenzanalyseverfahrens einfließen. Demnach werden im Rahmen dieser Arbeit sowohl theoretische Texte als auch erziehungspraktische und empirische „Objektivationen" verwendet.

Der auf diesen Grundüberlegungen zur methodologischen Ausrichtung und ihrer Umsetzung beruhende Weg der Erkenntnisgewinnung bzw. Theorieentwicklung kann abschließend folgendermaßen beschrieben werden:

Zur Erkenntnisgewinnung lehnt sich diese Arbeit an die *Forschungslogik der Abduktion* an. Diese Erkenntnistheorie von Peirce fußt auf den drei Grundbegriffen Abduktion (Regelgenerierung), Deduktion (Regelbestätigung) und Induktion (Regelerweiterung) als forschungslogische Schlussmodi (vgl. Reichertz 2000, S. 280). Auf der Basis dieser drei Grundbegriffe verläuft der Weg der Erkenntnisgewinnung und Theorieentwicklung in dieser Logik als ein iterativer Prozess aus Konstruktion (Regelgenerierung und Regelerweiterung) und Rekonstruktion (Regelbestätigung).[3] Interessant ist diese erkenntnistheoretische Logik hier aus verschiedenen Gründen: Zum einen wird im Forschungsprozess die Erarbeitung eines Konzepts der Kompetenzanalyse angestrebt, in deren Verlauf bestehende Erkenntnisse zur Kompetenzentwicklung auf einen spezifischen Gegenstand angewendet werden sollen. Dieser Gegenstandsbezug macht es notwendig, dass abduktive Vorgänge, in denen zunächst die Grundannahmen erarbeitet werden, deduktiven und induktiven Vorgängen vorangehen. So ist die empirische Bearbeitung der gebildeten Grundannahmen teils ein deduktives, teils ein induktives Vorgehen, da mit der Auswertung der Daten die aufgestellten theoretisch geleiteten Grundannahmen geprüft und eingeschätzt, aber auch induktiv erweitert werden. Die Generierung und Bearbeitung der Grundannahmen ist zum anderen mit der Entstehung neuer Erfahrung seitens der handelnden und forschenden Subjekte verbunden (vgl. Heuberger 1992, S. 133), die die Grundlage für die Erarbeitung des Kompetenzanalyse-Konzepts darstellen.

Konkret verläuft der empirische Forschungsprozess der vorliegenden Arbeit so, dass in der empirischen Untersuchung zuvor entwickelte Grundannahmen bearbeitet werden, sich aber zugleich auch Erweiterungen und konzeptionelle Merkmale durch die Untersuchung entwickeln können. Dieser reflexive Prozess ermöglicht ein exploratives Vorgehen, in dem ein immer differenzierteres Niveau der Theorieentwicklung realisiert werden kann. Theorieentwicklung erfolgt demnach im Rahmen der empirischen Untersuchung sowie zu wesentlichen Teilen auch in den vorangehenden, hermeneutisch angelegten Kapiteln. Der dabei zugrunde liegende Begriff fasst Theorie als Erläuterung und Erklärung in der Praxis vorfindbarer Probleme oder Situationen. Dieser Theoriebegriff ist in Anlehnung an den Theoriebegriff von Sloane, Twardy und Buschfeld zu begreifen, die Theorie als Ergebnis der Reflexion von Praxis auffassen. Sie formulieren:

> „Theorien sind in Sprache gefasste Aussagen über/ oder Empfehlungen für einen Ausschnitt der Wirklichkeit (Objektebene), die mit wissenschaftlichen Methoden, von anderen intersubjektiv nachvollziehbar, gewonnen werden" (Sloane/ Twardy/ Buschfeld 1998, S. 277).

Die Verknüpfung von Theorie und Empirie wird in der vorliegenden Arbeit also dadurch realisiert, dass zunächst ein theoretisches Vorverständnis expliziert wird und daraus theoretisch geleitete Grundannahmen abgeleitet werden, die für die

---

3   Anders als im Ansatz der „Grounded Theory" von Glaser und Strauss (1967) werden zur Theoriebildung in dieser Logik von Peirce also nicht die notwendigen theoretischen Annahmen erst in der Auseinandersetzung mit dem Forschungsfeld und der darin enthaltenden Empirie entwickelt und stellen damit den Endpunkt des Forschungsprozesses dar. Die Grounded Theory wird von Glaser und Strauss als qualitative Forschungsmethode bezeichnet, die eine systematische Reihe von Verfahren benutzt, um eine induktiv abgeleitete, gegenstandsverankerte Theorie über ein Phänomen zu entwickeln. Das Vorgehen hier ist in diesem Sinne also nicht „grounded", vielmehr wird hier ein wesentlicher Teil der Theorie bereits zu Beginn des Forschungsprozesses hermeneutisch entwickelt und im weiteren Verlauf empirisch überprüft und erweitert.

Erhebung und Auswertung der empirischen Daten leitend sind. Die Rückbindung der empirischen Ergebnisse erfolgt dann dadurch, dass durch die Empirie erneut Fragen an die Theorie gestellt und konzeptionelle Merkmale für kompetenzförderliche Kompetenzanalysen generiert werden können. So führt die empirische Untersuchung zur Notwendigkeit einer neuen theoriegeleiteten Erklärung, die sich zwar durchaus an bestehenden Theorien orientiert, jedoch durch die Anwendung auf diesen speziellen Gegenstand wiederum neues Wissen in Bezug auf diesen Gegenstand hervorbringt. Die Rolle der Empirie ist demnach als explorativ zu bezeichnen, da die Generierung und Differenzierung von theoretisch geleiteten Grundannahmen, weniger jedoch ihre Überprüfung, im Zentrum steht.

Zusammenfassend ist das Vorgehen dieser Arbeit in der Theorieentwicklung durch hermeneutische und durch empirische Verfahren charakterisiert, zusätzlich wird mit theoretisch geleiteten Grundannahmen gearbeitet. Der forschungsmethodologische Erkenntnisweg orientiert sich dabei an dem Konzept der Abduktion, Deduktion und Induktion. Dieses Vorgehen ergibt sich infolge der wissenschaftstheoretischen Verortung der Arbeit, die sich an den Zielen und methodologischen Ideen der kritischen Erziehungswissenschaft orientiert. Auf der Grundlage der dargelegten wissenschaftstheoretischen Verortung und des forschungsmethodologischen Ansatzes ergibt sich für die vorliegende Arbeit konkret eine qualitative Forschungslogik, die insbesondere bei der Durchführung der empirischen Untersuchung zum Tragen kommt. Ihre weitere Begründung und Einbindung innerhalb dieser Arbeit erfolgt in Kap. 5.1.

2 Betriebliche Weiterbildung als Feld der Kompetenzentwicklung

Den zentralen Bezugsrahmen der vorliegenden Arbeit stellt die betriebliche Weiterbildung dar. Sie bildet den praktischen Kontext, innerhalb dessen die Frage der Kompetenzförderlichkeit von Kompetenzanalysen bearbeitet werden soll. Die Skizze eines spezifischen Bezugsrahmens erweist sich als notwendig, um das komplexe Feld einzugrenzen, in dem sich Kompetenzentwicklung und auch Kompetenzanalysen innerhalb der beruflichen und außerberuflichen Bildung bewegen können. Demzufolge gilt es in diesem Kapitel, jenen Bezugsrahmen hinsichtlich seiner Entwicklungen und gegenwärtigen Trends näher zu analysieren. Dazu wird zunächst eine begriffliche Klärung der betrieblichen Weiterbildung (vgl. Kap. 2.1) vorgenommen. Im zweiten Schritt wird dann eine allgemeine Analyse der Trends in der betrieblichen Weiterbildung erfolgen (vgl. Kap. 2.2), die durch eine spezifische Analyse der derzeitigen Ansätze von Kompetenzanalyse im betrieblichen Kontext erweitert wird (vgl. Kap. 2.3). Dabei wird deutlich, dass die bestehenden Formen der Kompetenzanalyse im Betrieb hinsichtlich der Kompetenzentwicklung defizitär sind. Im Ergebnis zeigt sich damit die Relevanz der Frage nach einer kompetenzförderlichen Kompetenzanalyse.

2.1 Begriffliche und disziplinäre Verortung

Die beruflich-betriebliche Weiterbildung unterliegt einer inhaltlichen Entgrenzung, die auf arbeitsorganisatorische Veränderungen durch Reorganisations- und Umstrukturierungsprozesse in den Unternehmen zurückzuführen ist, in deren Folge das traditionelle Einsatzspektrum betrieblicher Weiterbildung um Maßnahmen und Aktivitäten jenseits organisierter Bildungsveranstaltungen erweitert werden muss. Vor diesem Hintergrund zeichnet sich ab, dass Prozessorientierung, Kompetenzentwicklung, informelles Lernen und die kompetenzorientierte Erfassung und Anerkennung der erworbenen Kompetenzen sich in ihrer Bedeutung für die betriebliche Weiterbildung zunehmend durchsetzen. Diese Trends, zu denen auch die Analyse und Erfassung von Kompetenzen gehören, kennzeichnen eine moderne betriebliche Weiterbildung. Das wird durch eine kurze Skizzierung der Geschichte der betrieblichen Weiterbildung deutlich, die sich auch in den bestehenden Definitionen und Begriffsbestimmungen niederschlägt. Aber auch die Neuorientierung betrieblicher Weiterbildung und ihre wissenschaftsdisziplinäre Einordnung lassen sich anhand von Schlüsselbegriffen aufzeigen, die geeignet sind, den Bezugsrahmen dieser Arbeit abzustecken.

2.1.1 Einordnung betrieblicher Weiterbildung

Der Begriff *Weiterbildung* fungiert als Oberbegriff für unterschiedliche Arten organisierten beruflichen und nicht-beruflichen Lernens. Bildungssystematisch unterscheidet sich Weiterbildung, als vierte Säule des Bildungssystems, von den anderen Teilbereichen (Elementarbereich, Primarbereich, Sekundarbereich I und II und Tertiärbereich) insbesondere dadurch, dass sie marktwirtschaftlich organisiert ist. Weiterbildung ist in berufliche, politische und allgemeine Weiterbildung zu unterteilen. Während die politische und allgemeine Weiterbildung der berufspädagogischen Spezialdisziplin Erwachsenenpädagogik zuzuordnen ist, wird die berufliche und betriebliche Weiterbildung im Wesentlichen von den wissenschaftlichen Spezialdisziplinen Arbeits- und Betriebspädagogik bearbeitet (vgl. Alt/ Sauter/ Tillmann 1993, S. 46). Berufliche Weiterbildungen umfassen Fortbildungen, Umschulungen aber auch das Lernen in der Arbeit.

Im Unterschied zur betrieblichen Ausbildung mit ihrer langen Tradition gewinnt die *betriebliche Weiterbildung* erst nach dem Zweiten Weltkrieg Bedeutung. Seit den berufsbildungspolitischen und -wissenschaftlichen Diskussionen der 1960er Jahre findet sich der Begriff der betrieblichen Weiterbildung in Konzepten von Betrieben und deren Vertretern. Seit Ende der 1960er Jahre expandiert die betriebliche Weiterbildung infolge eines großen Fachkräftebedarfs und gewinnt für Unternehmen immer mehr an Bedeutung, wodurch sich auch der Begriff etabliert hat. Zwar werden bereits in den 1970er Jahren pädagogische Standpunkte formuliert, nach denen Persönlichkeitsentwicklung der Arbeitskräfte am ehesten in nicht-institutionalisierten, eng mit der Arbeit verzahnten Lernprozessen erfolgen kann (vgl. Büchter 2002, S. 350). Im Wesentlichen sind zu dieser Zeit jedoch noch institutionalisierte Lernformen in der betrieblichen Weiterbildung üblich. So versteht der Deutsche Bildungsrat in seinem Gutachten von 1970 unter Weiterbildung die Wiederaufnahme organisierten Lernens nach Abschluss einer ersten Bildungsphase (vgl. Deutscher Bildungsrat 1970, S. 197). Darunter sind Formen des organisierten, vom Arbeitsprozess getrennten Lernens zu verstehen. Das kurzfristige Anlernen oder Einarbeiten am Arbeitsplatz gehört nach dieser Definition nicht in den Gegenstandsbereich. Auch Wittwer definiert unter betrieblicher Weiterbildung

> „die außerhalb des Arbeitsvollzugs in der Verantwortung der Betriebe organisierten Bildungsmaßnahmen [...], die nicht Teil der beruflichen Erstausbildung sind und sich an den Bedingungsfaktoren des privatwirtschaftlichen Produktionsprozesses orientieren" (Wittwer 1982, S. 25).

Angesichts des technologischen Wandels der 1980er und 1990er Jahre erweist sich der auf seminarmäßig organisiertes Lernen außerhalb der Arbeit bezogene Begriff der betrieblichen Weiterbildung allerdings als zu eng gefasst, da er neuere Formen der Lernorganisation nicht einbezieht und das Potenzial des Betriebs als Lern- und Weiterbildungsort zu wenig beachtet. Diese Entwicklung ist mit einer Bedeutungszunahme der beruflich-betrieblichen Weiterbildung innerhalb der Unternehmen verbunden, was sich z.B. anhand der für die Weiterbildung aufgewendeten finanziellen und zeitlichen Ressourcen nachzeichnen lässt (vgl. BMBF 2000). Infolge der in dieser Zeit einsetzenden „betriebspädagogischen Innovationsphase" wird der Begriff betriebliche Weiterbildung zunehmend breiter definiert und der Stellenwert offener Weiterbildungsformen zunehmend betont. So nimmt Weiß Anfang der 1990er Jahre neben den organisierten Maßnahmen jenseits der Arbeit auch „all jene intentionalen Maßnahmen [...], die der Aneignung von berufsbedeutsamen Handlungskompetenzen dienen" (Weiß 1990, S. 15), auf, schließt jedoch selbstgesteuertes Lernen am Arbeitsplatz noch explizit aus. Er fasst betriebliche Weiterbildung als

> „betrieblich veranlasste oder finanzierte Maßnahmen [...], die dazu dienen, beruflich relevante Kompetenzen der Mitarbeiter oder des Unternehmens zu erhalten, anzupassen, zu erweitern oder zu verbessern" (Weiß 1990, S. 15).

Eine noch weitergehende Begriffsauffassung findet sich in jüngeren Definitionen betrieblicher Weiterbildung. Dehnbostel fasst darunter

> „sowohl herkömmliche Weiterbildungsmaßnahmen in Form von Lehrgängen, Kursen und Seminaren [...] als auch arbeitsbezogene Weiterbildungsformen von der Anpassungsqualifizierung über Job-Rotation bis zur Lernstatt und selbstgesteuertem Lernen" (Dehnbostel 2002, S. 1).

Ähnlich weit fasst Büchter betriebliche Weiterbildung

> *„als Instrument zur Qualifizierung, Sozialintegration und Verteilung von Zugangschancen zu betrieblichen Positionen, ein personalpolitisches Regulativ im Kontext relativ autonom gesteuerter Betriebsorganisationen" (Büchter 2002, S. 338).*

In dieser Definition deutet sich neben der inhaltlichen Erweiterung über fachlich-inhaltliche Qualifizierung hinaus auch die Frage der Funktion betrieblicher Weiterbildung innerhalb der unternehmensinternen Interessenlagen an, da Weiterbildung als „personalpolitisches Regulativ" bezeichnet wird.

Die Betrachtung von Begriffsfassungen betrieblicher Weiterbildung weist darauf hin, dass neuere Definitionen über das traditionelle Einsatzspektrum hinaus auch Maßnahmen und Aktivitäten jenseits organisierter Bildungsveranstaltungen aufnehmen. Arbeitsgebundene Lernformen werden jedoch nur so weit einbezogen, wie sie den Lernaspekt betonen und es sich um gezielte Lernarrangements handelt. Informelles Lernen z.B. im Rahmen von neuen Arbeitsorganisationsformen wird definitorisch bislang nicht zur betrieblichen Weiterbildung gerechnet, auch wenn dies angesichts der im Folgenden (vgl. Kap. 2.2.2) angeführten Trends innerhalb des betrieblichen Lernens und insbesondere angesichts der zunehmenden Bedeutung einer Erfassung informell erworbener Kompetenzen sinnvoll erscheint. Doch ist eine Erweiterung des Begriffs der betrieblichen Weiterbildung in diese Richtung erkennbar: So wird z.B. in der Erhebung zur betrieblichen Weiterbildung seitens des BIBB bereits heute ein sehr weiter Begriff verwendet (vgl. Grünewald/ Moraal 2001). Die Erhebung zeigt, dass in deutschen Unternehmen auch informelle Lernformen wie Unterweisungen und Einarbeitungen, Job-Rotation etc. zunehmend Bedeutung gewinnen (vgl. Grünewald/ Moraal 2001, S. 11ff.). Die Aufnahme informeller Formen betrieblichen Lernens stellt somit eine Erweiterungsperspektive betrieblicher Weiterbildung dar, wobei noch unklar ist, wie genau das „informelle Lernen" definitorisch aufgenommen bzw. gefasst werden wird.[4] Praktische und theoretische Überlegungen zur Erfassung und Anerkennung der informell erworbenen Kompetenzen erhalten jedoch angesichts dieser Entwicklungsperspektive eine zunehmende Relevanz.

---

[4] In der Erhebung von Grünewald und Moraal (2001) wird von „Lernformen jenseits der Kurse und Seminare" gesprochen.

2.1.2 Betriebliche Weiterbildung als wissenschaftlicher Gegenstandsbereich

Die Erweiterung des Gegenstandsbereichs der betrieblichen Weiterbildung rückt diese zugleich in die Nähe der Begriffe Organisationsentwicklung und Personalentwicklung. Wie weit sich diese Entgrenzung vollzieht, lässt sich auch an der wissenschaftsdisziplinären Verortung des Gegenstandsbereichs der beruflich-betrieblichen Weiterbildung verdeutlichen. So muss diese zum einen als Gegenstand der *Betriebspädagogik* als erziehungswissenschaftliche Teildisziplin angesehen werden, zum anderen als Gegenstand der Personalwirtschaft. Auch andere Forschungsdisziplinen wie die Arbeitswissenschaft, die Arbeits- und Organisationspsychologie u.a. bedienen diesen Gegenstandsbereich.

Der Beginn der *pädagogischen Erforschung* der Zusammenhänge betrieblichen Lernens und Arbeitens wird von Arnold (1997a, S. 47ff.) in die 1930er Jahre datiert. Seit dieser Zeit hat sich der Fokus der Betriebspädagogik von einer theoriegeleiteten, hermeneutisch arbeitenden Disziplin zu der heutigen durch Praxisimpulse angetriebenen Disziplin verlagert. Erst seit den 1980er Jahren wird betriebliche Weiterbildung als Teil der beruflichen Weiterbildung Gegenstand verstärkter Forschungsanstrengungen (BMBW 1990). Die Betriebspädagogik bearbeitet als berufspädagogische Teildisziplin das Verhältnis zwischen dem Betrieb und den dort ablaufenden Lernprozessen in der Aus- und Weiterbildung i.S. einer „Pädagogik des Lernortes Betrieb" (Schelten 1994, S. 37), sowie die Frage nach den Bedingungen und Möglichkeiten von Organisationslernen (vgl. Arnold 1997a, S. 23). Als Zielsetzung hat die Betriebspädagogik nach Auffassung von Arnold das in seinen Möglichkeiten zu entwickelnde Subjekt. Betriebliche Organisations- und Funktionszusammenhänge selbst nehmen seinem Verständnis nach lediglich die Funktion ein, die individuellen Bildungsprozesse zu determinieren.

Betriebliches Lernen bzw. betriebliche Weiterbildung ist zugleich jedoch Gegenstand der *Betriebswirtschaft*. Personalwirtschaft als betriebswirtschaftliche Teildisziplin bezieht sich auf unternehmerische Aktivitäten zur Planung und Entwicklung des Personalbestands. Betriebliches Lernen ist demzufolge für die Sicherung und den Ausbau des Unternehmenserfolgs notwendig und damit ein Teilgebiet der Organisationsentwicklung. Der Zusammenhang zwischen Personalentwicklung und Organisationsentwicklung wird zum einen dadurch bestimmt, dass die Innovativität von Mitarbeitern ein wesentlicher Antrieb von Organisationsentwicklung darstellt und durch eine „antizipierende" Personalentwicklung (Münch 1985, S. 26) gefördert wird. Zum anderen wirken sich Maßnahmen wie die Einführung von Gruppenarbeit, TQM- oder KVP-Prozesse, die zur Organisationsentwicklung eingesetzt werden, direkt auf die Personalentwicklung aus. Im Allgemeinen werden mit Personalmanagement folgende wesentliche Zielsetzungen verfolgt:

> *„– differenzierte Ermittlung des erforderlichen Bedarfs an Fach- und Führungskräften der unterschiedlichsten Qualifikationen unter Berücksichtigung des vorhandenen Personalbestands und*
>
> *– die Berücksichtigung unternehmens- und mitarbeiterorientierter Ziele im Hinblick auf einen verbesserten Einsatz am jetzigen Arbeitsplatz und/ oder zur Vorbereitung auf einen nationalen bzw. internationalen Positionswechsel. Eingeschlossen sind damit Aus- und Weiterbildungsaktivitäten ebenso wie Laufbahnentwicklungsüberlegungen und deren Umsetzung" (Domsch 1999, S. 468).*

Eine Definition für Personalentwicklung, die den oben angeführten berufspädagogischen Begriffsfassungen der betrieblichen Weiterbildung sehr nahe kommt, gibt Münch:

> *„Personalentwicklung ist das Insgesamt derjenigen Maßnahmen, die geeignet sind, die Handlungskompetenz der Mitarbeiter weiter zu entwickeln und ständig zu erneuern, und zwar mit dem Ziel, den Unternehmenserfolg unter weitgehender Berücksichtigung der Mitarbeiterinteressen zu sichern" (Münch 1985, S. 16).*

Betriebspädagogik und Personalentwicklung haben – so lässt sich zusammenfassen – im beruflich-betrieblichen Lernen bzw. in der beruflich-betrieblichen Weiterbildung einen gemeinsamen Gegenstand. Von der Erziehungswissenschaft wird dieser Gegenstandsbereich als beruflich-betriebliche Weiterbildung thematisiert, während das Personalmanagement vor allem mit dem Begriff der Personalentwicklung arbeitet. Diese Betrachtung der disziplinären Verortung von betrieblicher Weiterbildung verdeutlicht, dass sich aufgrund der in der obigen Begriffsdiskussion nachgezeichneten inhaltlichen Erweiterung betrieblicher Weiterbildung auch die disziplinäre Verortung des Gegenstandsbereichs erweitert bzw. dass sich getrennt wirkende Wissenschaftsbereiche einander annähern. In dieser Erweiterung liegt die Chance einer qualitativen Verbesserung und ganzheitlichen Perspektive auf betriebliche Weiterbildung, von der auch die Frage der Analyse und Erfassung von Kompetenzen betroffen ist. Sie verweist zugleich aber auf das Spannungsfeld zwischen betrieblichen, pädagogischen und individuellen Interessen, in dem sich der Gegenstandsbereich bewegt, was bei der Bearbeitung von Kompetenzanalysen ebenfalls von Bedeutung ist. Auf dieses Spannungsfeld unterschiedlicher Interessenlagen soll deswegen im Folgenden näher eingegangen werden.

2.1.3 Interessenlagen in der betrieblichen Weiterbildung

Betriebliche Bildungsarbeit, in der die betriebliche Weiterbildung neben der Ausbildung einen wichtigen Teilbereich einnimmt, kann auf der handlungspraktischen Ebene als Element der Unternehmensführung angesehen werden, das von betriebspädagogischer Seite sowie seitens der Personalentwicklung bearbeitet wird. Ein solches interdisziplinäres und integratives Verständnis betrieblicher Bildungsarbeit setzt sich derzeit sowohl auf der konkreten handlungspraktischen Ebene der Unternehmen durch (vgl. Gloger 2003) als auch in deren wissenschaftlicher Rezeption (vgl. Dehnbostel/ Pätzold 2004, S. 23). Es ist davon auszugehen, dass ein solches integratives Verständnis gleichermaßen der Organisations- und Personalentwicklung wie der Berufs- und Betriebspädagogik dienen kann, so dass bestehende Defizite traditioneller betrieblicher Bildungsarbeit wie der Beschränkung auf die Durchführung organisierter Bildungsveranstaltungen, der zu geringen Nutzung des Erfahrungswissens, der zu starken Konzentration auf Fachwissen und schließlich der fehlenden Anbindung an die Organisationsentwicklung wirkungsvoll bearbeitet werden könnten (vgl. Kailer 2002, S. 34f.).

Dieses integrative Verständnis wirft jedoch die Frage nach dem betrieblichen Interessengefüge auf, in dem sich betriebliche Weiterbildung bewegt. Sie ist hier besonders von Bedeutung, weil sie zum einen die grundsätzliche Orientierung und die praktische Gestaltung betrieblicher Weiterbildung beeinflusst und sich damit auch auf die Ziel- und Leitorientierung von Kompetenzanalysen als zentralem Gegenstand dieser Arbeit auswirkt und weil sie zum anderen mit jenen Interessenkonvergenzen und -divergenzen zusammenhängt, denen durch die wissenschaftstheoretische Verortung dieser Arbeit im Kontext der kritischen Erziehungswissenschaft (vgl. Kap. 1.3) begegnet wird:

Die disziplinäre Verortung des Themas hat gezeigt, dass sich betriebliche Weiterbildung in einem Spannungsfeld unterschiedlicher Interessen bewegt. Dabei lassen sich drei Perspektiven gegeneinander abgrenzen: Zum einen ist betriebliche Weiterbildung von einem *ökonomischen Interesse* geleitet, das sich durch betrieblichwirtschaftliche Zielsetzungen und Strategien definiert. Zum anderen wirkt ein *berufs- und betriebspädagogisches Interesse*, das bestimmten pädagogischen Leitideen und Orientierungen verpflichtet ist, auf betriebliche Weiterbildung ein. Schließlich ist auch ein *individuelles Interesse* an betrieblicher Weiterbildung zu erkennen, das sich aus den Bedürfnissen der Beschäftigten ergibt. Diese drei Perspektiven stehen sich weder konträr gegenüber, noch weisen sie eine breite Konvergenz auf. Vielmehr ist von einer Gleichzeitigkeit gemeinsamer und konfligierender Interessen auszugehen, die sich im Einzelnen folgendermaßen beschreiben lässt:

Das *Verhältnis betrieblicher und pädagogischer Interessen* wird in der Beziehung von pädagogischer und ökonomischer Vernunft ausgelotet (vgl. Harteis/ Heid/ Bauer/ Festner 2001; Heid 2000; Achtenhagen 1990). Dazu ist zunächst festzuhalten, dass sich im Rahmen der allgemeinen Zielsetzungen betrieblicher Weiterbildung durchaus Gemeinsamkeiten ökonomischer und pädagogischer Überlegungen benennen lassen. Diese Übereinstimmung einzelner Ziele besteht zum Beispiel in der Förderung sozialer Kompetenzen wie Zuverlässigkeit, Teamfähigkeit, Selbstständigkeit oder Eigenverantwortung (vgl. Gonon 2002; Harteis 2000, S. 213). Diese „Koinzidenz" besteht allerdings auf sehr allgemeiner Ebene. Ein differenzierterer Blick auf pädagogische und ökonomische Zielsetzungen, Interessen und Wertorientierungen deckt jedoch die grundsätzlichen Unterschiede auf und widerlegt die Annahme einer Koinzidenz. So ist nicht zu vernachlässigen, dass Effizienz und Wirtschaftlichkeit traditionell nicht im Blickfeld der Pädagogik stehen, demgegenüber besteht aber das

> *„Wesen der Wirtschaft [...] in der Anerkennung der Knappheit als Realität und in der Folge die Erkenntnis, wie die Gesellschaft beschaffen sein muss, so dass sie zu einem möglichst effizienten Ressourceneinsatz gelangt" (Gonon 2002, S. 329).*

Damit ist eine Koinzidenz im Sinne einer Übereinstimmung von Zielsetzungen allenfalls auf einer oberflächlichen Ebene zu konstatieren, da Pädagogik und Ökonomie auf divergierenden Wertesystemen beruhen und sich diese Differenz nicht auflösen lässt. Dagegen besagt die Konvergenzthese,

> *„dass eine Vernachlässigung ökonomischer Prinzipien die Erreichung (betriebs-)pädagogischer Ziele verhindert und in der umgekehrten Richtung die Vernachlässigung pädagogischer Prinzipien zu suboptimalen ökonomischen Resultaten führt" (Harteis 2000, S. 210).*

Oder anders formuliert: Je stärker ein Betrieb auf die Verwertung individueller Kompetenz seiner Beschäftigten angewiesen ist, desto mehr ist er für seinen ökonomischen Erfolg auf die Bereitstellung einer lern- und kompetenzförderlichen Arbeitsorganisation angewiesen. Mit dem Begriff der Konvergenz wird demzufolge ein Prozess der gegenseitigen Annäherung zweier Positionen konstatiert. In der

Frage, ob sich diese These tatsächlich bestätigen lässt und sich damit die Schnittmenge gemeinsamer Interessen erhöht, bestehen jedoch höchst ambivalente Einschätzungen. So geht die Argumentation für eine Annäherung der pädagogischen und ökonomischen Interessen im Sinne einer Konvergenz davon aus, dass höhere Freiheitsgrade in der Arbeitsorganisation auch mit verstärkten Lernchancen für die Beschäftigten verbunden seien. Dabei wird unterstellt, dass veränderte Arbeits- und Organisationskonzepte verbesserte Bedingungen im Sinne ganzheitlicher Arbeitsumfänge, höherer Freiheitsgrade und erweiterter Mitgestaltung für die Beschäftigten bieten und es ermöglichen, Kompetenzen aufzubauen und individuelle Kompetenzprofile zu entwickeln. Kompetenzentwicklung wäre somit ein gleichermaßen von Beschäftigten und Unternehmen anerkanntes und angestrebtes Ziel von Erwerbsarbeit. In der Gegenargumentation wird die Zunahme der Lernchancen und -möglichkeiten in der Arbeit jedoch grundsätzlich in Frage gestellt, was bedeutet, dass Kompetenzentwicklung allenfalls ein zufälliges Produkt von Arbeit darstellt (vgl. Senatskommission für Berufsbildungsforschung 1990; Baethge 1992).

Dieses ambivalente Verhältnis ökonomischer und pädagogischer Interessen verdeutlicht, dass der Bereich der betrieblichen Weiterbildung nicht losgelöst von ökonomischen Interessen zu betrachten ist, sondern als Teil des betrieblichen Systems letztlich auch den wirtschaftlichen Zielen des Unternehmens unterstellt ist. Zugleich hat betriebliche Weiterbildung jedoch auch pädagogische Zielsetzungen und Ansprüche, die den ökonomischen Zielen nicht entsprechen. Doch kann Betriebspädagogik im Unterschied zu anderen Teildisziplinen der Pädagogik ihren Gegenstand nicht nur nach Maßstäben der Bildung messen.

> *„Betriebspädagogen, die die individualpädagogische Orientierung bis zur 'Betriebsdemokratie' weiterentwickeln wollten, sehen sich deshalb in der Debatte bisweilen recht herben Stigmatisierungen ausgesetzt"* (Arnold 1997a, S. 23ff.).

Aber auch Personalentwicklung kann sich nicht auf die „zielgerichtete Beeinflussung menschlichen Verhaltens in Betrieben" (Sonntag 1989, S. 3) beschränken, sondern muss sich für pädagogische Konzeptionen und Orientierungen öffnen.

Das *Verhältnis betrieblicher und individueller Interessen* – als weiteres Begriffspaar innerhalb des betrieblichen Interessengefüges – lässt sich am besten anhand der oben beschriebenen betrieblichen Veränderungen verdeutlichen. Es ist davon auszugehen, dass erweiterte Handlungsspielräume im Rahmen veränderter Arbeitsprozesse nicht automatisch eine Beseitigung bestehender Konfliktlinien und Interessengegensätze zwischen den ökonomischen Zielen und den Interessen der Beschäftigten bewirken. So wird z.B. der Zerfall sozialer Bindungen und einer Abnahme von Identifikationsmöglichkeiten in der Arbeit konstatiert (vgl. Rützel 1998, S. 33). Unter dem Begriff der „Landnahme des Selbst" (Harney 1992) wird die zunehmende Vereinnahmung des Subjekts in modernen Arbeitsverhältnissen problematisiert. Die Problematik ist dabei insbesondere in der Besitzstandskontrolle des Subjektes und seiner arbeitsbezogenen Sozialbeziehungen, Lebensgewohnheiten, Erfahrungen und Aneignungsformen durch das Management und damit auch durch die betriebliche Weiterbildung zu sehen. Sie verschleiert Harney zufolge, dass „die Diffusion der Humanwissenschaften in das betriebliche Rationalisierungswissen nicht notwendigerweise auf mehr Humanität hinauslaufen" (Harney 1992, S. 324) müssen. Dieses Argument weist darauf hin, dass auch eine dem Anschein nach zunächst an der Entwicklung der Persönlichkeit orientierte betriebliche Weiterbildung nicht unbedingt den tatsächlichen individuellen Interessen dienlich sein muss, weil Persönlichkeitsentwicklung durch Arbeit immer einem ökonomischen Kalkül technologischer und ökonomischer Rationalisierung verhaftet bleibt. Auf der Handlungsebene äußert sich diese Diskrepanz z.B. darin, dass die Teilnahme an betrieblicher Weiterbildung unter den gegenwärtigen Arbeitsmarktbedingungen kein Angebot, sondern ein Gebot für die Beschäftigten darstellt und damit als Weiterbildungsdruck empfunden wird.

Eine weitere Problematik des Verhältnisses betrieblicher und individueller Interessen in der betrieblichen Weiterbildung ist darin zu sehen, dass Unternehmen nicht alle Bildungsbedürfnisse der Mitarbeiter befriedigen können, weil betriebliche Weiterbildung durch den betrieblich notwendigen und bezahlbaren Qualifikationsbedarf determiniert wird. Eine mögliche Bearbeitung dieser Problematik wird in der Einführung einer „adressatengerechten Weiterbildung" (Becker 1997, S. 9) gesehen, die es ermöglicht,

> „ausgehend von der individuellen Bildungsbiographie der persönlichen Weiterbildungs- und Berufsplanung Qualifizierungsmaßnahmen nach individueller Breite und Tiefe zu planen und zu realisieren" (Becker 1997, S. 9).

Diese Neuorientierung der Weiterbildung müsste ökonomische und individuelle Bedarfe in der Weiterbildung gleichermaßen berücksichtigen, um eine Verknüpfung beider Interessenlagen zu ermöglichen.

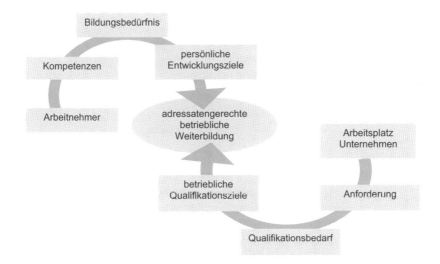

Abb. 2 Individuelle und betriebliche Interessenlagen bei Maßnahmen der betrieblichen Weiterbildung (eigene Darstellung)

Das *Verhältnis individueller und pädagogischer Interessen* in der betrieblichen Weiterbildung schließlich weist große inhaltliche Überschneidungen auf, ist jedoch ebenfalls nicht als koinzident zu betrachten. So ist zum einen zu beobachten, dass das Angebot betrieblicher Weiterbildung lange Zeit auf die Vermittlung anlassbezogener und eng definierter fachlicher Qualifikationen ausgerichtet war und damit einem „pragmatischen Reduktionismus" (Baethge 1992, S. 316) folgte. Mit dieser Zielorientierung ist betriebliche Weiterbildung für ökonomische Ziele nicht notwendigerweise uneffektiv. Allerdings befördert sie im Wesentlichen Personen mit hohem Bildungsgrad und generiert damit ein „Selektions- und Segmentationsproblem" (Baethge 1992, S. 317). In den vergangenen Jahren ist zwar zunehmend zu beobachten, dass sich die Zielorientierung betrieblicher Weiterbildung wandelt, in wesentlichen Teilen auf die Förderung des Subjekts und seiner Kompetenzen abzielt und sich damit an Subjektorientierung anlehnt. Wenn man jedoch die Zielsetzungen der Interessen an der betrieblichen Weiterbildung näher in den Blick nimmt, zeigen sich auch hier neue Divergenzen. Während pädagogische Interessen sich an pädagogisch fundierten Leitbildern wie der Förderung beruflicher Handlungsfähigkeit orientieren und darauf abzielen, die Entwicklung der Beschäftigten ins Zentrum ihres Interesses zu stellen, steht der Erhalt der individuellen Beschäftigungsfähigkeit und die eigene Arbeitsplatzsicherheit im Zentrum des individuellen Interesses (vgl. Wittwer 2002, S. 120). Somit geht das Interesse der Beschäftigten über den engen Kontext des Unternehmens und der damit verbundenen betrieblichen Weiterbildung hinaus und orientiert sich an der eigenen Employability, die nicht zwangsläufig durch die betriebliche Weiterbildung oder Kompetenzentwicklung erhalten oder gefördert wird.

Zudem sind die zwischen Unternehmen und Beschäftigten bestehenden Hierarchieverhältnisse auch für das Verhältnis der Beschäftigten zur betrieblichen Bildungsarbeit von Bedeutung, die zur Loyalität nach oben verpflichtet ist und deshalb von den Beschäftigten als „verlängerter Arm" des Unternehmens wahrgenommen werden kann (vgl. Pongratz 2000).

Diese an den Interessenlagen der einzelnen betrieblichen Gruppen orientierte Betrachtung betrieblicher Weiterbildung macht deutlich, welche Ansprüche in der betrieblichen Realität an die Maßnahmen und Aktivitäten betrieblicher Weiterbildung gestellt werden. Zudem deutet sich an, dass betriebliche Weiterbildung und die von ihr eingesetzten Instrumente diesem Spannungsfeld Rechnung tragen müssen. Auch Dehnbostel und Pätzold (2004, S. 19) konstatieren, dass das Spannungsverhältnis von „ökonomischer Zweckorientierung und personaler Entwicklung" innerhalb der betrieblichen Bildungsarbeit neu auszuloten ist. Für diese Arbeit bedeutet das, dass sich der Gegenstand betrieblich eingesetzter Kompetenzanalysen ebenfalls innerhalb dieses Spannungsfeldes bewegt. Das wird an der Unterscheidung zwischen anforderungs- und entwicklungsorientierten Verfahren der Kompetenzanalyse (vgl. Kap. 4.1) deutlich und wird insbesondere im Zusammenhang mit der Frage einer kompetenzförderlichen Gestaltung von Kompetenzanalysen (vgl. Kap. 6) noch mehrfach thematisiert werden. Zunächst soll jedoch auf die bereits mehrfach angedeuteten Trends in der betrieblichen Weiterbildung eingegangen werden.

2.2 Trends in der betrieblichen Weiterbildung

Wie sich bereits in der begrifflichen und disziplinären Verortung gezeigt hat, unterliegt betriebliche Weiterbildung in der betrieblichen Realität derzeit einem fundamentalen Wandel. Diesen gilt es im Folgenden anhand systematisierender Aspekte näher zu umreißen, um daran die Relevanz von Kompetenzanalysen zu verdeutlichen.

2.2.1 Veränderungen in der betrieblichen Weiterbildung

Die gegenwärtige Diskussion in der betrieblichen Weiterbildung offenbart einen weitgreifenden Wandlungsprozess, dem sowohl Ziele und Inhalte als auch Umfang, Formen und Methoden des Lernens unterworfen sind. Die quantitative Erweiterung geht dabei mit einer qualitativen Erweiterung der Bedeutung, Inhalte und Funktion des Lernens im Unternehmen einher. Dieser Wandel lässt sich auf Reorganisations- und Umstrukturierungsprozesse in Unternehmen und die Suche nach ständiger Optimierung von Arbeitsvollzügen zurückführen, mit denen sich die Bedeutung des Lernens und die Anforderungen an betriebliche Lernprozesse grundlegend ändern.

Seit Ende der 1980er Jahre vollzieht sich eine grundsätzliche strukturelle Veränderung der wirtschaftlichen Wettbewerbs- und Handlungsbedingungen. Sie lassen sich anhand unterschiedlicher Merkmale kennzeichnen. Zu den Merkmalen, die diese Veränderungen am deutlichsten zu beschreiben scheinen, zählt der Begriff der *Globalisierung*. Er wird von Baethge und Schiersmann beschrieben als qualitative Intensivierung „der Internationalisierung von Wirtschaftsaktivitäten" (Baethge/ Schiersmann 1998, S. 18), in deren Folge Wertschöpfungsketten regional entkoppelt und internationalen Wettbewerbsbedingungen unterworfen werden. *Innovation* ist ein weiterer Begriff, der die strukturellen Veränderungen der wirtschaftlichen Bedingungen beschreibt. Er beinhaltet sowohl die Notwendigkeit der Erschließung neuer Märkte und Produkte als auch der qualitativen Verbesserung und Weiterentwicklung bestehender Produkte. Auch die *Verlagerung und Verschränkung der Wertschöpfung von Produktions- zu Dienstleistungsbereichen* ist zu nennen. Schließlich entstehen infolge fortschreitender *Informatisierung* neue Formen innerbetrieblicher und betriebsübergreifender Kommunikation und Kooperation.

Infolge des strukturellen Wandels verändern sich auch betriebliche Arbeitsorganisationsformen. Veränderungen zeigen sich in Dezentralisierung und Aufgliederung von Unternehmen, Intensivierung von querliegenden Kooperationen zwischen Beschäftigten, einzelnen Unternehmensteilen und betriebsübergreifend, Abflachung der Hierarchieebenen, Auflockerung berufstypischer Einsatzkonzepte und Verbreiterung der Aufgaben- und Tätigkeitsprofile und Flexibilisierung der Arbeitszeiten und der Belegschaftsstrukturen (vgl. Baetghe/ Schiersmann 1998, S. 21f.). Charakteristisch für die moderne Arbeitsorganisation ist ihre relative Offenheit, die im Gegensatz zu technikdeterminierten Organisationsformen steht und flexiblere und breitere Qualifikationen erfordert.

Aus der Perspektive des beruflich-betrieblichen Lernens führt der beschriebene Wandlungsprozess zu grundlegenden Veränderungen auf verschiedenen Ebenen, beispielsweise auf die Ausgestaltung der Lernprozesse und Lernarrangements, institutionelle Aspekte der Weiterbildung, Beteiligung an betrieblicher Weiterbildung sowie deren rechtliche und politische Rahmenbedingungen (vgl. Schiersmann/ Iller/ Remmele 2002). Vor dem Hintergrund der für diese Arbeit leitenden Fragestellung ist dabei insbesondere die *Veränderung betrieblicher Lernprozesse und Lernarrangements* bedeutsam, weil sich daran die Relevanz von Kompetenzanalysen festmacht:

Die Veränderung betrieblicher Lernprozesse und Lernarrangements lässt sich in einem ersten Schritt durch eine Hinwendung zu erfahrungsorientierten und handlungsorientierten Lernmethoden charakterisieren, die sich zu Beginn der 1990er Jahre vollzog. Wie sich in der pädagogisch-didaktischen Diskussion zu den Methoden des Lernens seit den 1970er Jahren nachzeichnen lässt, beruht sie auf der Einsicht, dass die Leistungsfähigkeit verschiedener Methoden der betrieblichen Weiterbildung äußerst unterschiedlich ist (vgl. Arnold 1995). So wurde herausgestellt, dass die klassischen Methoden in erster Linie für die Vermittlung fachlicher Inhalte geeignet sind und demzufolge nur begrenzt die berufliche Handlungsfähigkeit des Einzelnen zu fördern vermögen. Demgegenüber ermöglichen Methoden des erfahrungs- und handlungsorientierten betrieblichen Lernens sowohl die Entwicklung fachlicher Kompetenzen als auch die Förderung sozialer und personaler Kompetenzen, die sich beide unter den veränderten Arbeitsbedingungen als zunehmend erforderlich erweisen.

Ein weiterer Entwicklungsschritt von betrieblichen Lernprozessen und Lernarrangements verdankt sich der wachsenden Öffnung der betrieblichen Weiterbildung gegenüber Konzepten des Lernens in der Arbeit. So werden dem Lernen in der Arbeit verstärkt Möglichkeiten zur qualitativen Verbesserung von Lern- und Bildungsprozessen zuerkannt, wobei Lernen im Sinne einer konstruktivistischen Lernorientierung als konstruktiver, selbstgesteuerter und sozialer Prozess verstanden wird. Dennoch hat sich eine eindeutige und einheitlich verwendete Abgrenzung der einzelnen Lernformen bisher nicht durchgesetzt. Zwar wird zwischen traditionellen Lehrveranstaltungen jenseits der Arbeit und arbeitsgebundenen Lernformen unterschieden, doch bleibt die Eingrenzung des Bereichs arbeitsgebundener Lernformen aufgrund der fließenden Übergänge zwischen arbeitsgebundenen Lernformen und lernförderlichen Arbeitsformen schwierig.

Die Veränderung betrieblicher Lernprozesse und Lernarrangements ist also seit der Einführung neuer Methoden der betrieblichen Weiterbildung durch eine Tendenz zur Entformalisierung bisher formalisierter Weiterbildungsformen gekennzeichnet, die sich in der zunehmenden Anerkennung informeller Lernformen niederschlägt und in eine Hinwendung zu arbeitsgebundenen Lernformen mündet. Dennoch ist bezüglich des Verhältnisses formalisierter und informeller Lernformen in der betrieblichen Bildung eher von einer Verschränkung bzw. Ergänzung des formellen Lernens durch informelles Lernen als von dessen Verdrängung auszugehen (vgl. Schiersmann/ Iller/ Remmele 2002, S. 10).

2.2.2 Charakteristika moderner betrieblicher Arbeits- und Lernprozesse

Die Veränderungen betrieblicher Arbeitsorganisation und betrieblicher Weiterbildung haben zu einer Pluralisierung betrieblicher Weiterbildung geführt und eine Neuorientierung in dem Sinne geschaffen, dass die bis dahin reaktive Rolle der Weiterbildung um eine aktive Rolle ergänzt wird, die betriebliche Wandlungsprozesse vorbereitet und flankiert. Eine solche moderne betriebliche Weiterbildung kann durch die Charakteristika Prozessorientierung und Kompetenzentwicklung sowie durch die Bedeutungszunahme informellen Lernens und die entwicklungs- und kompetenzorientierte Anerkennung der betrieblichen Lernprozesse bestimmt werden:

(1) Prozessorientierung

Das Charakteristikum der *Prozessorientierung* ist als grundsätzliches Prinzip moderner Weiterbildung zu verstehen und setzt am Arbeits- bzw. Geschäftsprozess und seinen Erfordernissen und Inhalten an. Prozessorientierung gilt seit den 1990er Jahren als Leitorientierung der Arbeitsorganisation und der Unternehmensgestaltung. Ausgehend von Arbeits- und Geschäftsprozessen setzen sich Unternehmen zunehmend mit Maßnahmen der Prozessmodellierung und einem optimierten Prozessmanagement auseinander (vgl. Schemme 2004, S. 15). Die Aktualität der Prozessorientierung in der betrieblichen Bildungsarbeit rührt von dieser Entwicklung her, aber auch aus den neuen Ausbildungsordnungen in den Metall- und Elektroberufen, die in den Jahren 2003 und 2004 entstanden sind und die die Prozessorientierung als Leitprinzip ebenfalls aufnehmen und die alte fachsystematische Strukturierung des Lernens in der Ausbildung ablösen. Prozessorientierung betrieblicher Weiterbildung zeichnet sich demzufolge dadurch aus, dass sie enger an situativen Bedarfen und Bedürfnissen ausgerichtet ist, arbeitsgebundenes Lernen systematisch einbezieht, selbstorganisiertes Lernen zu stärken sucht und informellem Lernen einen hohen Stellenwert beimisst (vgl. Baethge/ Baethge-Kinsky/ Holm/ Tullius 2003, S. 14). Neben den fachlichen Inhalten werden dabei besonders soziale und personale Dimensionen des Lernens miteinbezogen und die

Befähigung zur erfahrungs- und kompetenzbasierten Mitgestaltung der Arbeitswelt angestrebt.

(2) Kompetenzentwicklung

Die Orientierung betrieblicher Lernprozesse am Begriff der Kompetenz bzw. der *Kompetenzentwicklung* setzt daran an, dass die „alte Qualifizierungslogik" (Wittwer 2002, S. 114) betrieblicher Weiterbildung nur noch bedingt angemessen ist. Vielmehr erweist es sich als notwendig, betriebliche Weiterbildung durch eine Orientierung an offenen Zielsituationen zu erweitern und sie dementsprechend im Individuum zu begründen. Eine solche neue Zielsetzung betrieblicher Bildung ist im Begriff der Kompetenz bzw. der Kompetenzentwicklung gegeben. Kompetenzentwicklung kann somit als Perspektiverweiterung betrieblicher Weiterbildung gelten. In dieser Funktion wird sie im dritten Kapitel noch einmal aufgenommen und diskutiert.

Die grundsätzliche Chance einer an der Kompetenzentwicklung orientierten betrieblichen Weiterbildung wird – unter Anerkennung der unterschiedlichen Interessenlagen innerhalb der betrieblichen Weiterbildung – im Wesentlichen darin gesehen, dass Kompetenzorientierung betrieblicher Weiterbildung zu subjektorientierten Lernansätzen und Lernformen führt (vgl. Dehnbostel 2001, S. 77). Geißler/ Orthey (2002) sehen in der Kompetenzentwicklung einen Ansatz biographischer Weiterentwicklung und verweisen darauf, dass die Biographie des Lerners zum Referenzpunkt beruflicher Weiterbildung gemacht wird. Diesen Ansatz halten sie für anschlussfähig an den Kompetenzbegriff der Berufspädagogik der 1970er Jahre, da er das Subjekt und seine Persönlichkeitsentwicklung ins Zentrum rückt. Zudem bietet er die Möglichkeit zur Förderung von Reflexionsfähigkeit, deren ökonomische Akzeptanz sie allerdings in Frage stellen (vgl. Geißler/ Orthey 2002, S. 76). Auch Wittwer schlägt über den Begriff der „biographieorientierten Kompetenzentwicklung" einen Bogen zur verstärkten Anerkennung biographischer Entwicklungsprozesse durch die betriebliche Weiterbildung. Er formuliert:

> „Sie muss diesen [den Beschäftigten, J.G.] helfen, ihre individuellen Kompetenzen zu entdecken und zu entwickeln, die neuerworbenen Qualifikationen in der Berufsbiographie zu integrieren und Wechsel und Veränderungen (berufs-)biographisch zu verarbeiten" (Wittwer 2002, S. 118).

Mit einer auf die Kompetenzentwicklung ausgerichteten betrieblichen Weiterbildung ist somit eine stärkere Subjektorientierung verbunden.

(3) Bedeutungszunahme informellen Lernens

Der Prozess der Entformalisierung bisheriger Weiterbildungsformen und der Anerkennung informeller Lernformen macht eine *Bedeutungszunahme informellen Lernens* innerhalb des beruflich-betrieblichen Lernens deutlich. Die Formen non-formalen und informellen Lernens gelten dabei

> *„als besonders geeignet, nicht objektivierbares Wissen zu vermitteln, ergebnisoffenes Suchhandeln, Eigeninitiative und damit jene nicht-fachlichen Kompetenzen zu stärken, denen große Bedeutung für die Bewältigung der Anforderungen im Betrieb und auf dem Arbeitsmarkt beigemessen wird"* (Baethge/ Baethge-Kinsky/ Holm/ Tullius 2003, S. 11).

Sie zeichnen sich dadurch aus, dass „sich ein Lernergebnis einstellt, ohne dass dieses von vornherein gezielt und organisiert angestrebt wird" (Dehnbostel 2002, S. 3). In Verbindung mit Wissensbereichen, die über organisiertes Lernen entwickelt werden, bildet das Wissen aus informellen Lernprozessen Dehnbostel zufolge die Handlungskompetenz von Beschäftigten und ist somit ein wesentlicher Bestandteil von Kompetenzentwicklung (vgl. Dehnbostel 2002, S. 5f.). Über die Bedeutungszunahme informellen Lernens wird auch die Kategorie der Erfahrung bzw. des *Erfahrungslernens* und *-wissens* in die Betrachtung betrieblicher Lernprozesse eingebunden.

Die Bedeutungszunahme informeller Lernprozesse ist jedoch auch von kritischen Stimmen begleitet. So sieht Kühnlein es als nicht unproblematisch an, „das gesamte betriebliche Arbeitshandeln als einen Beitrag zur beruflichen Kompetenzentwicklung zu interpretieren" (Kühnlein 1997, S. 277) und den Begriff der betrieblichen Weiterbildung so inflationär zu verwenden, da damit zwar nicht generell aber partiell das ursprünglich umfassende Bildungsverständnis besonders in Lernformen jenseits des organisierten Lernens verengt werde. Diese Kritik setzt daran an, dass sich mit einer Erweiterung des Gegenstandsbereichs auch die betriebliche Weiterbildung als ein eigenständiger Teilbereich von Bildung verändert und dabei möglicherweise auf die innerbetriebliche Funktion reduziert und die gesellschaftliche Funktion ausgeblendet wird. Dieser Kritik kann zugestanden werden, dass eine begriffliche Entgrenzung betrieblicher Weiterbildung in Bezug auf informelles Lernen zwar durchaus sinnvoll ist, aber nur insoweit sie die inhaltliche Dimension und die Zielsetzung des Begriffes Weiter*bildung* nicht unterwandert.

(4) Entwicklungs- und kompetenzorientierte Analyse und Erfassung der Lernergebnisse und erworbenen Kompetenzen

Ein weiterer Aspekt moderner betrieblicher Lernprozesse ist abschließend in der *entwicklungs- und kompetenzorientierten Analyse und Erfassung der Lernergebnisse und erworbenen Kompetenzen* zu sehen. Mit der zunehmenden Bedeutung informeller Lernprozesse werden auch neue Formen der Dokumentation von Lernergebnissen notwendig. So verlagert sich der Bereich der Kontrolle von Lernprozessen von eher seminaristischen oder legitimationsorientierten zu transfer- bzw. entwicklungsorientierten Strategien (vgl. Baethge/ Baethge-Kinsky/ Holm/ Tullius 2003, S. 22f.). Die entwicklungsorientierte Erfolgskontrolle wird von Arnold/ Krämer-Stürzl (1997) dadurch charakterisiert, dass sie betriebliche Weiterbildung als Prozessbegleitung auffassen und demnach die Qualität der Lernprozesse und eine Verbesserung der betrieblichen Abläufe als zentrale Zielsetzungen ausweisen. Dagegen zielen seminaristische oder legitimationsorientierte Verfahren der Erfolgskontrolle im Wesentlichen auf die Zufriedenheit der Teilnehmer und ein gutes Kosten-Nutzen-Kalkül ab (vgl. Arnold/ Krämer-Stürzl 1997, S. 137ff.). Anhand dieser Tendenz zu entwicklungsorientierten Erfolgskontrollen in der betrieblichen Weiterbildung lässt sich verdeutlichen, dass sich auch die Anerkennung betrieblicher Lernprozesse zunehmend einer Kompetenzorientierung zuwendet, um die unterschiedlichen Formen und Arten betrieblichen Lernens aufzunehmen. Hier besteht jedoch noch ein erheblicher Forschungs- und Entwicklungsbedarf bezüglich fundierter Ansätze zur Kompetenzanalyse, dem mit der vorliegenden Arbeit entsprochen werden soll.

Es lässt sich also zusammenfassend an dieser Stelle festhalten, dass betriebliche Weiterbildung einem Wandel unterliegt, der u.a. auf Veränderungen in der Arbeitsorganisation zurückzuführen ist und der eine neue Orientierung betrieblicher Weiterbildung notwendig macht. Diese ist in Aspekten wie Prozess- und Kompetenzorientierung, der Bedeutungszunahme informellen Lernens und einer entwicklungs- und kompetenzorientierten Analyse und Erfassung der betrieblichen Lernprozesse und erworbenen Kompetenzen zu sehen. Die Neuorientierung betrieblicher Weiterbildung verleiht ihr einen stärker begleitenden und beratenden Charakter bzw. den Charakter eines „Orientierungscenters" (Wittwer 2002, S. 123), wodurch sich auch die Rolle des innerbetrieblichen oder externen Weiterbildungspersonals ändert. Die auf die Vermittlung fachlicher Inhalte reduzierte Funktion des Weiterbildungspersonals wird um stärker moderierende, begleitende Funktionen erweitert, die den Lernprozess der Individuen flankieren. Entsprechend weist Wittwer (2002) z.B. folgende Formen als moderne Maßnahmen betrieblicher Weiterbildung aus:

„– *Kompetenzdiagnosen: Maßnahmen zur Entdeckung der individuellen Kompetenzen mit Hilfe wissenschaftlicher Instrumente, z.B. Fragebögen;*

– *Biografiearbeit: angeleitete Selbstreflexion zur (Weiter-) Entwicklung der (Berufs-) Biografie;*

– *Profilcoaching: Beratung zur Aneignung eines bestimmten Bildung- und Berufsprofils;*

– *Mentoring: Begleitung bei Übergängen, z.B. Vorbereitung auf bestimmte (Berufs-) Positionen, Betriebs- und Ortswechsel, Phasen der Nicht-Erwerbsarbeit etc."* (Wittwer 2002, S. 124).

Diese Maßnahmen betrieblicher Weiterbildung stellen einen Ansatz dar, um individuelle Kompetenzentwicklung im betrieblichen Kontext zu gestalten und zu begleiten. Zudem verweisen sie darauf, dass Analyse und Bilanzierung von Kompetenzen einen wesentlichen Anteil bei der Kompetenzentwicklung haben. Kompetenzanalysen erfüllen dabei eine doppelte Funktion: Zum einen sind sie geeignet, die unterschiedlich gearteten informellen und formellen Lernprozesse zu dokumentieren und anerkennbar zu machen. Zum anderen können Kompetenzanalysen einen Ansatz darstellen, um die Prozesse der Kompetenzentwicklung innerhalb der beruflich-betrieblichen Weiterbildung gezielt zu gestalten und zu begleiten, weil sie als Bestandsaufnahmen die offenen Prozesse der Kompetenzentwicklung einschätzbarer machen und selbstgesteuerte Lernprozesse unterstützen. Aufgrund dieser Funktion besteht seitens der Betriebe „ein erhebliches Interesse" (Baethge/ Baethge-Kinsky/ Holm/ Tullius 2003, S. 29) an der Anerkennung informeller Lernaktivitäten.

Es stellt sich deswegen die Frage, welche Ansätze und Initiativen sich bislang zur Analyse von Kompetenzen in betrieblichen (aber auch in außerbetrieblichen) Kontexten finden. Denn erst die Kenntnis der bestehenden Ansätze und Initiativen der Kompetenzanalyse wird es ermöglichen, einen kompetenzförderlichen Ansatz der Kompetenzanalyse zu entwickeln.

2.3 Funktion und Relevanz von Kompetenzanalysen

Um das Einsatzfeld von Kompetenzanalysen im Kontext von beruflich-betrieblicher Weiterbildung zu bearbeiten, gilt es im Folgenden die betrieblichen Formen der Kompetenzanalyse in den Blick zu nehmen. Dabei zeigt sich, dass betriebliche

Verfahren zur Analyse von Kompetenzen vielfach noch unabhängig der Förderung von Kompetenzentwicklung zum Einsatz kommen und demzufolge hinsichtlich ihrer Kompetenzförderlichkeit defizitär sind (vgl. Kap. 2.3.1). Deswegen werden auch außerbetriebliche Initiativen darauf hin untersucht, welche Impulse sich von ihnen für betrieblich einzusetzende Verfahren der Kompetenzanalyse ableiten lassen (vgl. Kap. 2.3.2).

Zum begrifflichen Verständnis ist jedoch zuvor anzumerken, dass das Themenfeld der Analyse von Kompetenzen von unterschiedlichen Disziplinen mit unterschiedlichen Zielsetzungen und Schwerpunkten bearbeitet wird, die je nachdem von Kompetenzbeurteilung, Kompetenzbewertung, Kompetenzbilanzierung oder -messung sprechen. Hier soll im Sinne eines neutralen Oberbegriffs von *Kompetenzanalyse* gesprochen werden. Als Verfahren zur Kompetenzanalyse werden dabei grundsätzlich Ansätze, Konzepte und Modelle verstanden, die darauf abzielen, informell und formell erworbene Kompetenzen sichtbar zu machen. Im Verhältnis zum Begriff der Kompetenzentwicklung, der prozessbezogen ist, sind Kompetenzanalysen durch ihren Augenblicksstatus charakterisiert.

2.3.1 Kompetenzanalysen im betrieblichen Kontext

Die Interessenschwerpunkte bei der Analyse von Kompetenzen auf der betrieblichen Ebene liegen im Bereich der Personalauswahl, also am Schnittpunkt zwischen Arbeitsmarkt und Unternehmen, sowie bei der Verbesserung des internen Personalmanagements. Dementsprechend kommen Kompetenzanalysen bei der Personalauswahl, Personalentwicklung und -beurteilung sowie zur Optimierung des Personaleinsatzes zum Einsatz, wobei verschiedene Verfahren und Datenquellen genutzt werden, die implizit oder explizit auf die Erhebung von Kompetenz abzielen. Der betriebliche Nutzen von Kompetenzanalysen wird darin gesehen, dass

- nachvollziehbare und innerbetrieblich legitimierte Entscheidungen ermöglicht werden, von denen z.T. auch die Entlohnung abhängig gemacht wird,
- die Eignung von Personen zur Erfüllung aktueller oder zukünftiger Aufgaben eingeschätzt werden kann,
- die Personalentwicklung Informationen über den aktuellen und zukünftigen Bildungsbedarf erhält,
- individuelle Entwicklungspfade für die Mitarbeiter geplant werden können, die ihren unterschiedlichen Motiv- und Bedürfnisstrukturen entsprechen (vgl. Jung 2000, S. 200).

Das Interesse der Unternehmen zielt allerdings stärker auf die Erfassung von Kompetenzen zur Einbeziehung in betriebliche Prozesse als auf eine Zertifizierung und Anerkennung.[5]

Bei der Einschätzung von Mitarbeitern haben Zeugnisse und Zertifikate zur Dokumentation formaler Bildungsprozesse immer noch eine große Bedeutung. Darüber hinaus scheint es jedoch auch den Trend zu geben, dass Unternehmen diesen tradierten Nachweisformen weniger vertrauen und weitere Verfahren der Kompetenzanalyse hinzuziehen, die auch informelle Lernprozesse berücksichtigen. Das resultiert zum einen daraus, dass formalen Bildungsabschlüssen z.T. ein zu geringer Informationswert unterstellt wird, da sie nicht unbedingt die Kompetenzen nachweisen, die für die Unternehmen tatsächlich notwendig sind (vgl. Reinecke 2003, S. 8). Zum anderen werden die sogenannten 'Soft Skills' von Unternehmen als Erfolgsfaktoren höher eingeschätzt, die einer besonderen Förderung und Analyse bedürfen (vgl. Härtel 2001, S. 158).

Um einen *Überblick* über die unterschiedlichen Formen der Kompetenzanalyse im betrieblichen Bereich zu erhalten, müssen die spezifischen Kontexte wie Personalauswahl, Personalbeurteilung und -entwicklung sowie die in ihnen vorkommenden Formen der Kompetenzanalyse näher betrachtet werden. Auch solche Verfahren, die nicht explizit auf die Analyse von Kompetenzen abzielen, werden im Folgenden als betriebliche Formen der Kompetenzanalyse berücksichtigt, weil hier ein sehr weiter Begriff von Kompetenzanalyse zugrunde gelegt wird, der auch Formen beinhaltet, die von Kompetenzen divergierende Merkmale oder Teilmerkmale von Kompetenz (Wissen, Intelligenz, Persönlichkeitseigenschaften etc.) erfassen. Ein derart erweitertes Begriffsverständnis ist notwendig, weil es erlaubt, auch solche Formen zu berücksichtigen, die Kompetenz nur implizit oder in Teilbereichen erfassen, die aber trotzdem zu Erkenntnissen bezüglich der Kompetenzanalyse führen:

Bei der *Personalauswahl* kommen insbesondere Interviews als Vorstellungsgespräche, Testverfahren und Assessment-Center zum Einsatz. All diese Verfahren streben einen Abgleich der Anforderungen des Unternehmens bzw. des zukünftigen Arbeitsplatzes mit dem Kompetenzprofil des Bewerbers an. Eine zentrale Stellung bei der Auswahl von potenziellen Bewerbern bildet das *Einstellungsinterview*, das überwiegend in einer halbstandardisierten Form durchgeführt wird (vgl. Meier 2002, S. 463). Diese Art der Personalauswahl kann begriffen werden als

---

5   Diese Gewichtung wird von Käpplinger (2002, S. 22) darauf zurückgeführt, dass dies seitens der Arbeitnehmer zu höheren Ansprüchen z.B. bezüglich der Entlohnung führen könnte.

> „zweiseitiger Austausch von arbeitsrelevanten Informationen zwischen Repräsentanten des Unternehmens und Bewerbern mit dem Ziel, hochqualifizierte Arbeitskräfte für das Unternehmen zu interessieren, zu selektieren und einzustellen" (Jetter 1996, S. 27).

Die Analyse der individuellen Kompetenzen erfolgt in diesem Verfahren dadurch, dass der Interviewer einen persönlichen Eindruck über die Kompetenzen des Bewerbers erhält. Aufgrund dessen erfolgt die Kompetenzanalyse durch ein subjektives und z.T. nicht explizierbares Vorgehen und gestaltet sich sowohl im Ablauf als auch im Ergebnis individuell verschieden (vgl. Meier 2002, S. 464).

Das neben dem Vorstellungsgespräch zurzeit am häufigsten verwendete Verfahren zur Kompetenzerhebung ist das *Assessment-Center*. Dabei handelt es sich um eine Form der Gruppenauswahl, die vorwiegend für den Führungskräftenachwuchs bei interner und externer Bewerberauswahl angewandt wird, um Entwicklungs- und Trainingsnotwendigkeiten festzustellen. Die Methode kann im Allgemeinen bestimmt werden als

> *„ein ein- bis dreitätiges Seminar mit acht bis zwölf Mitarbeitern oder Bewerbern, die von Führungskräften und Personalfachleuten in Rollenübungen und Fallstudien beobachtet und beurteilt werden. Diese Rollenübungen und Fallstudien sind charakteristisch für bestehende oder zukünftige Arbeitssituationen und Aufgabenfelder"* (Obermann 2002, S. 12).

Die Assessment-Center-Methode arbeitet auf der Grundlage des Prinzips der Simulation. Ziel von Assessment-Centern ist die Prognose zukünftigen Verhaltens in bestimmten Schlüsselthemen und -situationen. Somit richten sich auch die Beurteilungskriterien und deren Gewichtung nach den spezifischen Unternehmensanforderungen. Dazu werden Teilnehmer mit Situationen konfrontiert, die Teile der künftigen Arbeitssituation vorwegnehmen. Unter strukturierter Beobachtung von internen oder externen Experten werden diese Situationen bearbeitet, die aus dem Geschehen im Unternehmen abgeleitet und den zukünftigen Aufgaben ähnlich sind. Dabei werden unterschiedliche Methoden wie Interviews, Fallstudien, Gruppendiskussionen, Rollenspiele etc. miteinander kombiniert. Die in diesem Zusammenhang gezeigten Verhaltensweisen werden bewertet und in Beurteilungsskalen erfasst.

Neben dem Assessment-Center finden *psychologische Testverfahren* in deutschen Unternehmen seit Ende der 1990er Jahre eine große Akzeptanz. Dabei wird zum einen die Eignungsdiagnostik[6] und zum anderen die psychologische Arbeitswissenschaft hinzugezogen. Der psychologische Test kann verstanden werden als

> *„ein wissenschaftliches Routineverfahren zur Untersuchung eines oder mehrerer empirisch abgrenzbarer Persönlichkeitsmerkmale mit dem Ziel einer möglichst quantitativen Aussage über den relativen Grad der individuellen Merkmalsausprägung"* (Lienert/ Raatz 1994, S. 34).

Die erhobenen Kategorien zielen in erster Linie darauf ab, Anforderungen von Arbeitsplätzen und konkreten Arbeitsaufgaben an die Beschäftigten zu beschreiben. Sie lassen aber auch Rückschlüsse auf die Kompetenz der Handelnden zu. Grundsätzlich sind dabei allgemeine Leistungstests von Persönlichkeitstests und Intelligenztests zu unterscheiden (vgl. Meier 2002, S. 464).

Die wohl umstrittensten Testverfahren im Rahmen der Eignungsfeststellung sind *Persönlichkeitstests*, bei denen Fragebogenverfahren und projektive Verfahren unterschieden werden. Das Vorgehen anhand eines Fragebogens umfasst eine durch den Bewerber vorgenommene, auf ihn zutreffende Auswahl von Antworten aus verschiedenen Alternativen. Projektive Verfahren, mit denen die gesamte Persönlichkeitsstruktur analysiert werden soll, arbeiten mit bestimmten Reizen z.B. Tintenkleckse (Rorschach-Test) oder mehrdeutige Bilder (Thematic Apperception Test), die vom Kandidaten gedeutet werden müssen. Persönlichkeitstests richten sich auf persönliche Eigenschaften wie Interessen, Einstellungen, Werte und Wahrnehmungen von Personen und verfolgen damit ein Ziel, das dem Prinzip der Ganzheitlichkeit von Kompetenzerhebungen näher kommt als Leistungs- oder Intelligenztests. Besonders bei Potenzialeinschätzungen von Führungskräften wird es als notwendig angesehen, neben den fachlichen Leistungen auch Sozial- und Führungskompetenzen zu bestimmen. Zur Erhebung werden Fragebogen oder Verfahren eingesetzt, mit denen versucht wird, „durch Vorgabe unbestimmter oder mehrdeutiger Reize die Person zur Aufdeckung unbewusster oder versteckter Persönlichkeitsausprägungen zu veranlassen" (Jung 2000, S. 199).

Die Erfassung spezifischer Fertigkeiten der sensomotorischen und motorischen Funktionen sowie allgemeiner Fähigkeiten der Belastung, Wahrnehmung und Konzentration kann durch sogenannte *Leistungstests* erfolgen. Mit Leistungstests

---

6   Die Forschung und Praxis zur Analyse menschlicher Kompetenzbestände ist originär ein Arbeitsfeld der psychologischen Eignungsdiagnostik. Seit Beginn des 20. Jahrhunderts werden in diesem Feld Verfahren zur standardisierten Persönlichkeitsdiagnostik entwickelt und im betrieblichen Kontext eingesetzt (vgl. Hossiep/ Paschen/ Mühlhaus 2000, S. 20).

soll das Leistungsniveau einer Person zu einem bestimmten Zeitpunkt festgestellt werden. Dazu werden die Auswirkungen relativ gleichartiger Informationen oder Erfahrungen gemessen und sowohl allgemeine als auch spezielle Bewertungen des augenblicklichen Leistungsstandes ermittelt (vgl. Jung 2000, S. 199). Leistungstests beschränken sich damit nur auf spezifische Ausschnitte menschlicher Fähigkeiten.

Die zur Messung des allgemeinen Intelligenzniveaus oder spezifischer Intelligenzfaktoren herangezogenen *Intelligenztests* sind in ihrer Anwendung vor allem in der Hauptzielgruppe der Bewerber um Ausbildungsplätze weit verbreitet. Das Ziel dieser Tests besteht in der Erfassung der individuellen Ausprägungen der Faktoren der primären geistigen Fähigkeiten wie Sprachbeherrschung, Raumvorstellung, Rechengewandtheit, Denkfähigkeit und Kommunikationsfähigkeit sowie Aufmerksamkeit und Konzentrationsfähigkeit.

Während in der Personalauswahl insbesondere Gespräche, Testverfahren und Assessment-Center zum Einsatz kommen, werden in der *Personalentwicklung* vorwiegend Verfahren eingesetzt, die das Ziel der Entdeckung, der Entwicklung und des Ausschöpfens des Potenzials qualifizierter Mitarbeiter verfolgen. Zugrunde liegt hier die Annahme, dass die qualitative Verbesserung von Arbeitsabläufen auch von einem Überblick über die vorhandenen Kompetenzen abhängt. Die vorzugsweise in dem Sektor der Personalentwicklung angewandte *Potenzialanalyse* zielt darauf ab, vorhandenes Wissen und Fähigkeiten zu erfassen und zu verbessern, wobei unter Potenzial das aktuell eingesetzte sowie das aktivierbare Leistungsvermögen von Mitarbeitern verstanden wird.[7] Potenzialanalysen werden vorwiegend zur Personalentwicklung für Führungskräfte und so genannte Potenzialträger eingesetzt. In diesem Zusammenhang ist unter Potenzial „die Gesamtheit der für das gesamte Leistungsvermögen eines Unternehmens zur Verfügung stehenden Kenntnisse, Begabungen und Fähigkeiten der Mitarbeiter" (Jung 2000, S. 198) zu verstehen. Hinsichtlich der zu beurteilenden Personen werden zwei Ansätze unterschieden (vgl. Berthel/ Becker 2003, S. 170): Die *sequenzielle* Potenzialbeurteilung ermittelt das Potenzial des Beschäftigten mit Blick auf die nächsthöhere Hierarchieebene und fokussiert damit ausschließlich den vertikalen Karriereweg. Die *absolute* Beurteilung nimmt demgegenüber die mögliche Reichweite der Entwickelbarkeit eines Beschäftigten in den Blick und umfasst sowohl vertikale als auch horizontale Karrierewege. Der betriebliche Nutzen von Potenzialeinschätzungen besteht zum einen darin, dass die Personalentwickler wichtige Informationen über den aktuellen und zukünftigen Bildungsbedarf erhalten, um individuelle Entwick-

---

7   Im Unterschied zu Kompetenzen bezieht sich Potenzial damit auf eine von außen eingeschätzte mögliche Leistung und ist an äußere Anforderungen gebunden.

lungspfade für Mitarbeiter zu planen, die ihren unterschiedlichen Motivations- und Bedürfnisstrukturen entsprechen. Zum anderen soll die Eignung von Personen zur Erfüllung aktueller oder zukünftiger Aufgaben eingeschätzt werden, so dass nachvollziehbare und innerbetrieblich legitimierte Entscheidungen ermöglicht werden, die z.T. auch die Entlohnung betreffen.

Auch in den gängigen Formen der *Personalbeurteilung* hat die Analyse von Kompetenzen eine Relevanz. Zum einen werden dazu Mitarbeiter- bzw. Personalentwicklungsgespräche geführt. Ähnlich wie die Einstellungsinterviews ist dies eine offene Form, in der eine Führungskraft Mitarbeiter vor dem Hintergrund eigener Erfahrungen und Maßstäbe einschätzt oder bewertet. Solche Gespräche sind z.T. unsystematisch aufgebaut und folgen dem persönlichen Eindruck. Auch hier erfolgt die Erfassung der Kompetenzen somit implizit.

Als modernste Form der Kompetenzanalyse in Betrieben werden in jüngerer Zeit zunehmend *Kompetenzmodelle* oder Skill-Management-Systeme eingesetzt (vgl. Paschen 2003). Sie werden zur Gestaltung von Veränderungen in Unternehmen wie Fusionen, Umstrukturierungen oder Umstellungen der Arbeitsorganisation, aber auch zur Personalauswahl, -entwicklung und -beurteilung eingesetzt. Dabei wird angestrebt, das implizite Wissen bzw. die Kompetenzen der Mitarbeiter zu erfassen und für andere verfügbar zu machen und einen einheitlichen Beschreibungsrahmen für Eigenschaften und Kompetenzen von Mitarbeitern zu bekommen (vgl. Paschen 2003, S. 54). Paschen (2003) unterscheidet grob zwischen *eigenschaftsbasierten* Kompetenzmodellen, in denen Persönlichkeitseigenschaften und daraus abgeleitete Verhaltenseigenschaften festgestellt werden, und *aufgabenorientierten* Kompetenzmodellen, die von den Aufgaben eines Arbeitsplatzes und deren qualitativer Durchführung ausgehen. Auch wenn wesentliche Aspekte der Entwicklungsarbeit, vor allem aber ihrer wissenschaftlichen Evaluation noch ausstehen, dokumentieren diese Modelle doch den betrieblichen Bedarf, über Kompetenzanalysen Ziele der Personalentwicklung zu realisieren.

Einen weiteren, ebenfalls erst in den letzten Jahren entwickelten Ansatz für Kompetenzanalysen stellen betrieblich eingesetzte *Bildungspässe* dar. Ihre zentrale Zielsetzung ist die Gestaltung kontinuierlicher selbstgetragener Weiterbildungsprozesse zur aktiven Förderung des Unternehmenswandels. Aufgrund dieser Zielsetzung kann der Bildungspass als Instrument gelten, das die Erfassung der erworbenen Kompetenzen anstrebt.

Neben der Analyse von Kompetenzen im Kontext von Personalauswahl, -entwicklung oder -beurteilung ist schließlich zu fragen, welche Bedeutung die Analyse von

Kompetenzen jeweils für die Bewertung oder Dokumentation von *Maßnahmen betrieblicher Weiterbildung* hat. Hier zeigt sich folgendes Bild:

Die Ansätze zur Bewertung und Dokumentation betrieblicher Weiterbildungsaktivitäten weisen zwar – wie bereits erwähnt (vgl. Kap. 2.2.2) – eine Tendenz zu entwicklungsorientierten Formen der Erfolgskontrolle auf (vgl. Arnold/ Krämer-Stürzl 1997), beziehen sich aber auf formelle Lernmaßnahmen und auf die Dokumentation der Teilnahme, den ökonomischen, pädagogischen oder individuellen Nutzen oder die Qualität (vgl. Meier 2002, S. 475; BMBF 2004, S. 90). Sowohl bei Maßnahmen des Weiterbildungscontrollings als auch bei Bewertungs- und Dokumentationsaktivitäten, in denen die Teilnehmer ihren eigenen Lernerfolg einschätzen, wird die Bewertung des Kompetenzstandes oder des Zuwachses von Kompetenzen durch die Weiterbildungsmaßnahme bislang vernachlässigt. Dieser Umstand weist darauf hin, dass Maßnahmen betrieblicher Weiterbildung derzeit noch zu wenig mit Aktivitäten der Personalentwicklung in der betrieblichen Praxis abgestimmt sind, so dass sowohl auf instrumenteller als auch auf strategischer Ebene nicht von einem Gesamtkonzept betrieblicher Bildungsarbeit gesprochen werden kann.

Somit kommen derzeit Instrumente zur Analyse von Kompetenzen vielfach noch unabhängig von dem Ziel der Kompetenzentwicklung zum Einsatz. Im Sinne einer ganzheitlichen betrieblichen Bildungsarbeit müssten die verschiedenen Instrumente und Zielsetzungen jedoch miteinander verknüpft werden, um ein effektives Zusammenspiel aller eingesetzten Elemente zu ermöglichen.

Damit lässt sich für die betriebliche Perspektive zwar konstatieren, dass es z.T. konkrete Ansätze zur Analyse von Kompetenzen gibt, die jedoch hinsichtlich ihrer Einbindung in andere Formen der Personalentwicklung noch unzureichend sind und die Kompetenzentwicklung der Beschäftigten nur wenig unterstützen, weil sie nicht an die Aktivitäten der betrieblichen Bildungsarbeit angebunden sind. Zudem ist festzustellen, dass die betrieblich eingesetzten Verfahren in der Debatte um die Erfassung und Anerkennung von Kompetenzen bislang noch nicht systematisch in den Blick genommen wurden. Zwar lassen sich sowohl Ziele und Interessenlagen hinter der Analyse von Kompetenzen ausweisen als auch betriebliche Verfahren nennen, die im weitesten Sinne als Form der Kompetenzanalyse begriffen werden können, aber empirische Daten oder systematische wissenschaftliche Bearbeitungen liegen derzeit kaum vor.[8] Ein anderes Bild zeigt sich dagegen bei

---

8   Hier kann jedoch auf die derzeitige bildungspolitisch motivierte Diskussion zu Kompetenzanalysen zurückgegriffen werden, in der bereits wesentliche Fragestellungen und Problemfelder zur Analyse von Kompetenzen diskutiert werden (vgl. Kap. 4).

außerbetrieblichen Verfahren der Kompetenzanalyse, die im Folgenden näher in den Blick genommen werden sollen.

2.3.2 Kompetenzanalysen außerhalb des betrieblichen Kontextes

Im Gegensatz zum betrieblichen Kontext erfolgt auf der Ebene staatlicher Bildungssysteme und außerhalb des betrieblichen Rahmens bereits eine breite Diskussion zur Analyse von Kompetenzen, die im Weiteren auf ihre Impulse für den betrieblichen Kontext hin fokussiert wird.

In der europäischen Berufsbildungspolitik erfährt die Erhebung und Bewertung von Kompetenzen zunehmende Beachtung. Anlass dazu bietet die sich seit den 1990er Jahren durchsetzende Einsicht in die eingeschränkte Reichweite formaler Bildungsabschlüsse. Unter dem Titel der „bildungsweg-unabhängigen Anerkennung und Zertifizierung von Kompetenzen" werden Kompetenzanalysen seitdem besonders in anderen europäischen Ländern vorangetrieben und wurden teilweise bereits in staatlich eingesetzte Prüfungssysteme innerhalb der staatlichen Bildungssysteme implementiert (Laur-Ernst 2003).

Die Aktivitäten der europäischen Bildungspolitik, die sich in ähnlicher Weise auch in den einzelnen europäischen Ländern wiederfinden (vgl. Bolder 2002), sind im Wesentlichen auf der gesellschaftlich-politischen Interessenebene einzuordnen. Durch die Erhebung und Anerkennung von Kompetenzen ergibt sich dort eine Vereinfachung der Qualifikationstransfers zwischen unterschiedlichen Bereichen wie Bildung, Arbeit und Privatsphäre (vgl. Björnavold 1997, S. 62). Im Zentrum des Interesses steht zum einen die Verbesserung der Beziehung zwischen Beschäftigungs- und Bildungssystem und die Flexibilisierung des Bildungssystems, zum anderen die Förderung von Chancengleichheit und Gleichwertigkeit allgemeiner und beruflicher Bildung (vgl. Weiß 1999b, S. 177; Laur-Ernst 2003). Allgemein besteht die Hoffnung, durch die Anerkennung von Kompetenzen die Beschäftigungsfähigkeit bzw. die „Employability" von Arbeitnehmern auf dem nationalen und internationalen Arbeitsmarkt zu erhöhen.

Zur Implementierung von Kompetenzanalysen in staatlich eingesetzte Verfahren zur Anerkennung formell und informell erworbener Kompetenzen innerhalb der staatlichen Bildungssysteme wird in verschiedenen europäischen Ländern und Nordamerika eine Bandbreite von Verfahren eingesetzt, die von Portfolios, Lerntagebüchern, Bildungspässen bis hin zu Prüfungen zu praktischen Problemlösungen reicht. So führt das Anliegen, durch passgenaue Weiterbildung eine Integration in den Arbeitsmarkt zu ermöglichen, beispielsweise in *Frankreich* bereits seit den 1980er Jahren zu verschiedenen Programmen und Initiativen zur Kompetenzanalyse. Diese Maßnamen bilden den Ausgangspunkt für das Verfahren „bilans des compétences". Es wird in Frankreich seit 1991 im Sinne eines persönlichen Kompetenzpasses eingesetzt, der die informell und formell erworbenen Kompetenzen dokumentiert. Das Verfahren zielt darauf ab, „Arbeitskräften zu erlauben, ihre beruflichen und persönlichen Kompetenzen sowie ihre Fähigkeiten und Motivationen zu analysieren, um ein berufliches Projekt und gegebenenfalls ein Weiterbildungsprogramm zu definieren" (Drexel 1997, S. 204). Es wird zur Wiedereingliederung in den Arbeitsmarkt oder zur beruflichen (Um-)Orientierung eingesetzt und richtet sich an Arbeitnehmer, Arbeitslose sowie Selbstständige (vgl. Ant 2001, S. 72). Auch in der *Schweiz* wird unter dem Begriff „Anerkennung fremder Lernleistungen" ein nationales Verfahren für die berufliche Weiterentwicklung eingesetzt, das formell und informell erworbene Kompetenzen dokumentiert (Wettstein 2003, S. 153). Die Anerkennungsverfahren werden von zentralen Stellen individuell durchgeführt oder anderen Bildungsprozessen wie Fortbildungen oder Umschulungen vorgeschaltet. Auch in diesem Verfahren ist der Rahmen gesetzlich geregelt, nicht aber die einzusetzenden Methoden und Instrumente.

Nach Vergleichsuntersuchungen des CEDEFOP liegt *Deutschland* unter allen europäischen Ländern bei der Entwicklung eines Ansatzes zur Anerkennung informell erworbener Kompetenzen und der damit verbundenen Reformierung bestehender Prüfungssysteme am weitesten zurück (vgl. Dohmen 2000, S. 767). Einer Expertenbefragung des Deutschen Instituts für Erwachsenenbildung zufolge ist dies darauf zurückzuführen, dass das deutsche System der Aus- und Weiterbildung auf einer „tradierten Auseinandersetzung und Entwicklung" (Reinecke 2003, S. 19) basiert und einen hohen Grad an Formalisierung aufweist. Diese Kopplung von Tradition und Formalisierung führt auch bezüglich der Anerkennung informell erworbener Kompetenzen zu einer eingeschränkten Offenheit und Innovativität des Bildungssystems.

Zudem fehlt es in Deutschland bislang an einer abgestimmten, bildungspolitisch einheitlichen Vorgehensweise und der Klärung z.T. sehr grundsätzlicher Fragen. So wird insbesondere zu klären sein, welche Wege zur Anerkennung der informell erworbenen Kompetenzen in Deutschland begangen werden sollen (vgl. Frank 2004; Laur-Ernst 2001).

Als einzige zentrale, bundesweite Initiative, in deren Rahmen diese Fragen aufgeworfen und diskutiert werden, wird das Forschungs- und Entwicklungsprojekt „Weiterbildungspass mit Zertifizierung des informellen Lernens" im Rahmen des Programms Lebenslanges Lernen von der BLK und dem BMBF gefördert. Unter Leitung des Deutschen Instituts für internationale pädagogische Forschung (DIPF) wurde eine Machbarkeitsstudie zur Einführung eines Bildungspasses erarbeitet (vgl. BMBF 2004). Ausgehend von den Erfahrungen zahlreicher Einzelinitiativen wird ein bundeseinheitliches Konzept für einen Bildungspass entwickelt, in das bestehende Ansätze zu Bildungs- und Kompetenzpässen integriert werden. Aus den Forschungsergebnissen der Studie wurden Vorschläge für ein Rahmenkonzept zur Entwicklung eines bildungsübergreifenden, breit einsetzbaren Bildungspasses abgeleitet (vgl. Ness 2003, S. 28f.). Demnach entsteht mit dem deutschen Bildungspass ein Instrument zur Sammlung und Dokumentation bisheriger Lernprozesse innerhalb wie außerhalb des formalen Bildungssystems erworbener Kompetenzen. Der Bildungspass soll erwachsene Lernende zur Reflexion ihrer bisherigen Lern- und Tätigkeitsbiographie anleiten und ihre Lernergebnisse dokumentieren. Es werden Abschlüsse, Zertifikate, Nachweise etc. aus der Schulbildung und beruflichen Aus- und Weiterbildung sowie informell erworbene Lernergebnisse aus der Erwerbstätigkeit und jenseits davon aufgenommen. Das Instrument soll an das formale deutsche Bildungssystem und an europäische Entwicklungen anschlussfähig sein und zielgruppenunabhägig sowie mehrsprachig gestaltet sein. Dieser grundsätzlichen Positionierung des bundeseinheitlichen deutschen Weiterbildungspasses werden in den nächsten Jahren weitere Forschungs- und Entwicklungsvorhaben folgen. Auch die Studie „Kompetenzportfolios: Bilanzierung von Kompetenzen – Kompetenzbilanzen" (vgl. ITB 2003), die am Institut für Technik und Bildung der Universität Bremen durchgeführt wird, lässt diesbezügliche Ergebnisse erwarten.

Ein weiterer Bereich, in dem Verfahren zur Kompetenzanalyse in der jüngeren Vergangenheit zunehmend entwickelt werden, ist an der Schnittstelle zwischen Nicht-Erwerbsarbeit und Erwerbsarbeit auszumachen. So wurden von Gewerkschaften, Weiterbildungsinstituten und anderen arbeitsmarktnahen Einrichtungen inzwischen ca. zehn unterschiedliche Verfahren der Kompetenzanalyse oder des Nachweises formeller und informeller Lernprozesse entwickelt (BMBF 2004, S. 61f.). Obwohl diese Initiativen nicht oder nur vereinzelt von Betrieben oder betrieblichen Abteilungen eingesetzt werden, sind sie von Bedeutung, da sie die individuellen Interessen und Chancen besonders unterstützen, die mit der Analyse von Kompetenzen verbunden sind.

Eine explizit auf die individuellen Chancen ausgerichtete Orientierung von Kompetenzanalysen findet sich insbesondere in einigen außerbetrieblichen Ansätzen. So zielt z.B. der Job-Navigator der IG Metall darauf ab, die berufliche Zukunfts- und Weiterbildungsgestaltung von Arbeitnehmern anzuleiten und sie dabei zu unterstützen, selbstverantwortlich die persönliche berufliche Zukunft zu gestalten (vgl. IG Metall 2001, Vorwort). Auch die am Deutschen Jungendinstitut entwickelte

„Kompetenzbilanz" stellt ein Instrument zur Selbsteinschätzung und beruflichen Entwicklung dar, um

> *„die eigene Lebenssituation im Spannungsfeld zwischen beruflicher und persönlicher Entwicklung zu reflektieren und zukünftige Entwicklungsmöglichkeiten und -wünsche abzuschätzen" (Erler/ Gerzer-Saß/ Nusshart/ Saß 2003, S. 340).*

Hinsichtlich der für dieses Teilkapitel leitenden Frage, welche Impulse sich aus außerbetrieblichen Verfahren für betrieblich eingesetzte Formen der Kompetenzanalyse ergeben, lässt sich Folgendes zusammenfassen: Wie deutlich wurde, sind betrieblich eingesetzte Verfahren der Kompetenzanalyse noch nicht systematisch mit der Zielsetzung der Kompetenzentwicklung verbunden. Sie sind nicht hinreichend fundiert, in der betrieblichen Weiterbildung eingesetzt zu werden. Es besteht jedoch die Herausforderung, Kompetenzanalysen, deren Notwendigkeit und Relevanz auch seitens der Unternehmen nicht anerkannt wird, um die Perspektive der Kompetenzentwicklung zu erweitern und die Verfahren selbst als Lernform zu begreifen. Dazu gibt es – wie benannt – eine Reihe von Initiativen außerhalb des betrieblichen Kontextes, die auf die Beschäftigungsfähigkeit und Kompetenzentwicklung von Individuen abzielen. Aufgrund dieser Orientierung an individuellen Interessen können sie aus berufspädagogischer Perspektive einen wertvollen Beitrag zur Weiterentwicklung von betrieblichen Kompetenzanalysen leisten. Dieser Beitrag ist im Wesentlichen in ihrem Entwicklungsbezug zu sehen, der Kompetenzanalysen stärker in das Feld der Kompetenzentwicklung rückt.

Daran anschließend soll in der vorliegenden Arbeit deswegen die Frage der Kompetenzförderlichkeit von Kompetenzanalysen zunächst theoretisch weiter bearbeitet werden, indem das Konzept der Kompetenzentwicklung beleuchtet (vgl. Kap. 3) und eine Systematisierung von Kompetenzanalysen geleistet wird (vgl. Kap. 4). Später werden dann aus der empirischen Untersuchung eines außerbetrieblichen Instruments der Kompetenzanalyse Schlussfolgerungen für betriebliche Kompetenzanalysen abgeleitet.

3 Kompetenz, Kompetenzentwicklung und reflexive Handlungsfähigkeit

Kompetenzentwicklung stellt ebenso wie die Erfassung und Analyse von Kompetenzen einen wichtigen Trend innerhalb der betrieblichen Weiterbildung dar. Die Erschließung des Themas Kompetenzanalyse für die Förderung von Kompetenzentwicklung in der beruflich-betrieblichen Weiterbildung erfordert zunächst eine Klärung der Begriffe Kompetenz und Kompetenzentwicklung sowie deren Leitorientierung reflexive Handlungsfähigkeit. Um also Kompetenzanalysen und Kompetenzentwicklung miteinander zu verknüpfen und somit zu einem kompetenzförderlichen Konzept von Kompetenzanalyse zu kommen, gilt es im Folgenden zu untersuchen, wie Kompetenzentwicklung nach dem derzeitigen Stand der Erkenntnis verläuft und welche Bedingungen zur Förderung von Kompetenzentwicklung bislang diskutiert werden. Damit wird ein weiterer Teil der theoretischen Grundlegung der Arbeit geleistet, wobei drei Fragen leitend sind:

- Was hat zur Konjunktur des Kompetenzbegriffs geführt und welche Theorietraditionen liegen dem Begriff zugrunde?

Zur Bearbeitung dieser ersten Frage wird zuerst die Diskussion um den Kompetenzbegriff näher beleuchtet, die zu seiner Popularität geführt hat (vgl. Kap. 3.1). Anschließend geht es um die inhaltliche Klärung von Kompetenz. Da bisherige erziehungswissenschaftliche Bearbeitungen des Kompetenzbegriffs am Schnittpunkt verschiedener Einzelwissenschaften zu verorten sind, liegt es nahe, zunächst die unterschiedlichen Theorietraditionen, die für ein berufspädagogisches Begriffsverständnis relevant sind, exemplarisch aufzuzeigen und dabei zu klären, in welchen Kontexten und Zugängen sich der Kompetenzbegriff bewegt.

Die zweite leitende Fragestellung lautet:

- Wie kann Kompetenz für theoretische und praktische Überlegungen zu Kompetenzanalysen erschlossen werden?

Die Frage wird merkmalsorientiert bearbeitet, indem der aktuelle berufspädagogische Diskurs zu Kompetenz in seinen wesentlichen Punkten nachgezeichnet wird (vgl. Kap. 3.2). In diesem Kontext wird u.a. die Abgrenzung zwischen Kompetenz und Qualifikation und der Begriff der beruflichen Handlungskompetenz diskutiert.

Als dritte leitende Frage wird schließlich bearbeitet:
- Welche wesentlichen Kriterien lassen sich für die Förderung von Kompetenzentwicklung aus (berufs-)pädagogischer Perspektive herausarbeiten und wie vollzieht sich der Prozess der Kompetenzentwicklung?

Dazu wird entwicklungsorientiert zunächst reflexive Handlungsfähigkeit als berufspädagogische Zielorientierung von Kompetenzentwicklung hergeleitet und diskutiert sowie der individuelle Prozess der Kompetenzentwicklung in den Blick genommen (vgl. Kap. 3.3). Es wird auch auf Theoriebezüge zurückgegriffen, die nicht originär der Berufspädagogik, sondern der allgemeinen Pädagogik zuzuordnen sind. Die hinzugezogenen Theoriebezüge lassen sich jedoch aufgrund ihrer Nähe zu den Grundüberlegungen der kritischen Erziehungswissenschaft auch für das hier vertretene Verständnis nutzbar machen und erweisen sich damit als notwendig und sinnvoll, um die leitende Frage zu bearbeiten.

Vor dem Hintergrund dieser drei Fragen kann dann das zentrale Anliegen bearbeitet werden (vgl. Kap. 3.4). Dabei wird angestrebt, theoretisch fundierte Leitkriterien für Kompetenzentwicklung zu ermitteln, die es gestatten, im Weiteren den Gegenstand der Kompetenzanalyse unter entwicklungsorientierter Perspektive zu beleuchten. Damit sollen zum einen der theoretische Diskussions- und Erkenntnisstand hinsichtlich Kompetenz und Kompetenzentwicklung zusammengeführt werden und zum andern Kategorien geschaffen werden, die eine theoretisch und empirisch gesicherte Grundlage für die Erarbeitung eines fundierten Konzeptes der Kompetenzanalyse schaffen.

3.1 Entstehung und Verbreitung der Begriffe Kompetenz und Kompetenzentwicklung

Der Begriff der Kompetenz ist einer der populärsten Begriffe der jüngeren berufspädagogischen Diskussion. Auch wenn er bereits in den 1970er Jahren vom Deutschen Bildungsrat (vgl. 1974) in die Diskussion eingeführt wurde, werden erst in den letzten Jahren vielfältige Definitionsversuche unternommen und Konnotationen herausgearbeitet, die den Kompetenzbegriff zu klären suchen.

Die Konjunktur der Begriffe Kompetenz und Kompetenzentwicklung in der aktuellen Diskussion geht auf einen grundlegenden Wandel im Wirtschafts- und Beschäftigungssystem zurück, der auch zu einer Erweiterung und Veränderung der betrieblichen Weiterbildung geführt hat, und zwar hin zur Orientierung an offenen Zielsituationen und zur Begründung im Individuum. Beide Begriffe stellen deswegen – wie in Kapitel 2.2 gezeigt – ein wesentliches Charakteristikum moderner betrieblicher Weiterbildung dar. Kompetenzentwicklung ist als erweiterte Zielsetzung betrieblicher Weiterbildung zu sehen, mit der die Chance verbunden wird, zu einer stärkeren Subjektorientierung zu gelangen. Diese Erweiterung hat dazu geführt, dass bestehende berufspädagogische Begrifflichkeiten und das institutionelle Geflecht der Weiterbildung grundlegend hinterfragt wurden.

In der vorliegenden Arbeit wird die Heranführung an den Kompetenzbegriff deswegen anhand der Frage geleistet, welche Entwicklungen zur Konjunktur von Kompetenz und Kompetenzentwicklung geführt haben (vgl. Kap. 3.1.1) und welche theoretisch-wissenschaftlichen Traditionslinien sich jenseits der Berufspädagogik ausweisen lassen (vgl. Kap. 3.1.2).

3.1.1 Kompetenz und Kompetenzentwicklung – Konjunktur und Diskussion in den 1990er Jahren

Als Ergebnis von Reorganisations- und Umstrukturierungsprozessen, die in vielen Unternehmen seit den 1980er Jahren durchgeführt werden sowie der Suche nach ständiger Optimierung von Arbeitsvollzügen, werden neue Lern- und Arbeitsorganisationsformen erforderlich. Im Mittelpunkt dieser neuen Arbeits- und Lernformen steht der gleichwertige Erwerb von fachlichen, sozialen und personalen Kompetenzen unter dem Leitbild des Erwerbs einer umfassenden beruflichen Handlungskompetenz. Diese Bedingungen haben dazu geführt, dass Kompetenz und Kompetenzentwicklung in den 1990er Jahren intensiv diskutiert wurden, obwohl sie in der berufspädagogischen Diskussion schon viel früher eingeführt worden waren (vgl. Kap. 3.2).

In der Diskussion erhebt sich zunächst die institutionell geprägte Frage, ob Kompetenzentwicklung als Teil von Weiterbildung gelten kann und damit an öffentlichrechtliche Standards gebunden ist oder ob Weiterbildung nicht vielmehr durch eine funktionale Kompetenzentwicklung zu ersetzen sei. Letztere Position wird insbesondere durch die interdisziplinär besetzte Arbeitsgemeinschaft Betriebliche Weiterbildungsforschung e.V (ABWF) vorangetrieben. Anlass der durch die ABWF umgesetzten Forschungs- und Entwicklungsprogramme zur Kompetenzentwicklung sind die Transformationsprozesse infolge struktureller Veränderungen in Wirtschaft und Gesellschaft in Deutschland und insbesondere in den östlichen Bundesländern. Dort hat sich gezeigt, dass die Handlungsfähigkeit der Beschäftigten in veränderten Arbeitszusammenhängen durch den Erwerb von Weiterbildungsabschlüssen nur bedingt gefördert wird und eine wirkliche Eingliederung in das neue Wertesystem auf diesem Weg nicht zu erreichen ist, sondern vielmehr „mit Hilfe veränderter Wertstrukturen, neuer Sozial- und Methodenkompetenz, neuer Erfahrungen und systemspezifischen Wissens" (ABWF 1996, S. 403) erlangt werden kann. Die Position der ABWF, die kritisch zu sehen ist, wendet sich zunächst gegen die Praxis institutionalisierter Weiterbildung der ersten Jahre nach der Wiedervereinigung Deutschlands, in der insbesondere die Wissensvermittlung im Vordergrund stand, soziale und personale Kompetenzen dagegen nicht oder nicht ausreichend gefördert wurden. Da offensichtlich wird, dass ein so geartetes „traditionelles Verständnis beruflicher Weiterbildung" den tatsächlichen Qualifikationsanforderungen nicht gerecht werden kann, wird eine grundsätzlich andere Herangehensweise an die Weiterbildung gefordert. So wird festgestellt:

> *„Es ist eine erweiterte und auch neue Sichtweise bei der Entwicklung von Humanressourcen notwendig, die weitaus stärker eine ganzheitliche Kompetenzentwicklung ins Zentrum der Bemühungen stellt. Dies orientiert auf ein neues inhaltliches Anspruchsniveau mit Konsequenzen für veränderte Strukturen, Strategien und Konzepte, was einem Paradigmenwechsel von der traditionellen beruflichen Weiterbildung zur Kompetenzentwicklung gleichkommt" (ABWF 1996, S. 404).*

Damit wird ein Übergang von der klassischen beruflichen Weiterbildung (vgl. Kap. 2) zur beruflichen Kompetenzentwicklung diagnostiziert. Programmatisch entwickelt und vertreten wird diese Position insbesondere durch Sauer (2002), Erpenbeck und Heyse (1996) und Meyer-Dohm (2001).

Von den Vertretern dieser Position wird der Begriff Weiterbildung im Sinne von Lehr-Lernprozessen verwendet,

> *„die das Ziel haben, auf der Grundlage eines erlernten oder ausgeübten Berufs berufsspezifische und berufswichtige Kenntnisse, Fertigkeiten, Einsichten und/ oder Verhaltensweisen zu festigen, zu vertiefen oder zu erweitern" (Erpenbeck/ Heyse 1996, S. 31).*

Der Begriff *Kompetenzentwicklung* dagegen transportiert eine qualitative Veränderung der bisherigen Strukturen, Strategien und Konzepte von betrieblicher und außerbetrieblicher Weiterbildung, vom Lernen im Prozess der Arbeit bis hin zum autodidaktischen Lernen. Diese Polarisierung von Vermittlung von Sachwissen durch traditionelle Lehrmethoden einerseits und Förderung beruflicher Handlungskompetenz durch moderne Lernmethoden andererseits, ist der Kern der Gegenüberstellung von Weiterbildung und Kompetenzentwicklung. Der dabei vertretenen Auffassung von Kompetenz und Kompetenzentwicklung liegt ein selbstorganisationstheoretisches Modell zugrunde, das aus Vorstellungen der Synergetik abgeleitet wird. Unter Kompetenzen werden insbesondere von Erpenbeck Dispositionen individueller und organisatorischer Selbstorganisation verstanden, die in einen „klar zu umreißenden und zu modellierenden Prozesszusammenhang" (Erpenbeck 2003b, S. 366) eingebunden sind und die den Umgang des Subjektes mit seinen Umweltbedingungen bestimmen.

Die dargestellten Positionen der ABWF und ihrer Vertreter wie Erpenbeck, Sauer u.a. werden von berufspädagogischer Seite auf verschiedenen Ebenen stark kritisiert. Zum einen wird das Programm der ABWF infrage gestellt, weil dahinter eine neoliberale bzw. neokonservative bildungspolitische Haltung erkannt wird. So begreift Bolder (2002, S. 663) die Position von Erpenbeck als „Internalisierung von Fremdbestimmung". Auch Kade (1997) sieht im Begriff der Selbstorganisation, der von Erpenbeck im Kontext mit Kompetenzentwicklung besonders hervorgehoben wird, die Entfremdung des Konzepts des Selbstlernens zu einem Ansatz der „Instrumentalisierung von Humanressourcen im Dienst anderer" (Kade 1997, S. 89) realisiert.[9] Zum anderen wird kritisiert, dass die Argumentation sowohl die berufspädagogische Debatte der 1980er und 1990er Jahre als auch die Realität in der Weiterbildung außer Acht lässt (vgl. Arnold 1998, S. 497f.). Konkret weist Arnold darauf hin, dass die Annahme, Weiterbildung beziehe sich bislang lediglich auf die Vermittlung von Fachwissen, die Entwicklungen in der beruflichen Bildung verkenne. Außerdem bestehe die Gefahr, dass durch die Promotion des Begriffs Kompetenzentwicklung gegenwärtige Qualitätsstandards, die über den Begriff

---

9 Sie führt aus, dass die ursprünglichen Überlegungen zum Konzept des Selbstlernens in der Erwachsenenbildung einen emanzipatorischen Anspruch besaßen und Lernen als „konstruktive Leistung des Subjekts, das sich die Wirklichkeit in einem selbstbestimmten Prozess aneignet" (Kade 1997, S. 86) ansehen. Im Zentrum des Interesses heutiger Diskussionen zur Selbstorganisation erkennt sie jedoch weniger die Förderung einer Fähigkeit zum selbstbestimmten Handeln als die Flexibilisierung der Individuen zugunsten fremdbestimmter Zwecke: „Unzweifelhaft dient heute der Bezug auf selbstorganisiertes Lernen einer Entschlackung des Lernprozesses von seinen zeit- und personalaufwendigen Rahmenbedingungen in den pädagogischen Situationen. Man glaubt, auf das pädagogische Verhältnis, auf soziales Lernen weitgehend verzichten zu können, das von einer Rahmen- zu einer Randbedingung des Lernens verkürzt wird" (Kade 1997, S. 89).

Weiterbildung gewährleistet sind, aus dem Blick geraten. Bezüglich der Abgrenzung gegenüber der Weiterbildung bemerkt Arnold (1997b, S. 257):

> *„Sowohl in wissenschaftlicher als auch in weiterbildungspolitischer Hinsicht ist es sinnvoller, einer Logik der begrifflichen Approximation (Annäherung durch Differenz) statt einer Logik der begrifflichen Demarkation (Abgrenzung durch Differenz) zu folgen. Wissenschaftlich gesehen können durch begriffliche Demarkationen Diskussionskontexte und Erkenntnisstände verloren gehen, und ein begrifflicher Kontextwechsel („Von der Weiterbildung zur Kompetenzentwicklung") kann politisch mit der Gefahr verbunden sein, einen begrifflich fixierten erreichten bildungspolitischen Konsens aufzuweichen und unterschiedlich motivierten Lesarten und Interventionen Tür und Tor zu öffnen."*

Ein weiterer Kritikpunkt an der Position der ABWF und ihrer Vertreter seitens der Berufspädagogik besteht darin, dass sich das zugrunde liegende Verständnis von Kompetenz insbesondere aus psychologischen und personalwirtschaftlichen Diskussionszusammenhängen ergibt. Die Anbindung an die Psychologie führt zu dem Vorwurf, dass der Kompetenzbegriff „ahistorisch" verwendet wird, da eine Verknüpfung mit der berufspädagogischen Diskussion nicht geleistet wird. So wird von Lisop festgestellt, dass ein derartiger Ansatz der Kompetenzentwicklung „in keinerlei Traditionslinie zum Bildungsbegriff und auch nur in einer schwachen Verbindung zum Kompetenzbegriff der Berufspädagogik" (Lisop 1999, S. 19) stehe. Zugleich wird hinter dieser Position eine Übernahme der in der europäischen Debatte auftretenden arbeitsmarktregulierenden Selektionsfunktion von Kompetenz gesehen, da der Maßstab der Kompetenzdefinition „ausschließlich die Perspektiven von Unternehmen, die ihre Vorstellungen von Kompetenzanforderungen auf diesem Weg arbeitspolitisch durchsetzen können" (Hendrich 2000, S. 34) berücksichtigt.

Die zentrale Kritik besteht also im Wesentlichen darin, dass Kompetenzentwicklung als pädagogisches Thema jenseits des Erkenntnisstandes diskutiert wird und als Gegenbegriff zu bereits bestehenden wissenschaftlich anerkannten Begriffen und Standards eingesetzt wird. Dies trägt zur Verunschärfung des Begriffs und der Zielsetzung von Kompetenzentwicklung bei. Im Rahmen dieser Arbeit stellt sich daher die Frage, welche wesentlichen Theoriebezüge für die berufspädagogische Perspektive diesbezüglich aufgezeigt und zusammengeführt werden können und welche Zusammenhänge bereits vor der Debatte in den 1990er Jahren Bedeutung hatten und berücksichtigt werden müssen.

3.1.2 Theoretisch-wissenschaftliche Traditionslinien des Kompetenzbegriffs

Zur Annäherung an die Frage, welche wesentlichen Theoriebezüge für die berufspädagogische Perspektive aufgezeigt und zusammengeführt werden können, wird im Folgenden auf die pädagogischen Bezugswissenschaften Psychologie, Sprachwissenschaft und Soziologie zurückgegriffen, da die Verwendung des Kompetenzbegriffs in diesen drei Disziplinen auf das berufspädagogische Begriffsverständnis Einfluss nimmt. Die Auswahl der dargestellten Zugänge erfolgt hier exemplarisch und orientiert sich an den Kontexten und Zusammenhängen, die für die vorliegende Arbeit Relevanz haben.

Eine lange Tradition hat der Kompetenzbegriff in der Psychologie. Dort wurde er 1959 von White für die Erklärung und Erforschung der menschlichen Persönlichkeitsentwicklung eingeführt, die White als Entwicklung der persönlichen Kompetenz begreift. Darunter versteht er die „Entwicklung jener Möglichkeiten einer Person, all die Transaktionen mit ihrer Umgebung durchzuführen, die sie sich selbst erhalten, aber auch wachsen und sich weiterentwickeln lassen" (White 1960, S. 100 zit. nach Olbrich 1982, S. 108). Die Entwicklung von Kompetenz wird als fortschreitender Prozess angesehen, der durch die Interaktion des Individuums mit seiner Umwelt und die darüber verlaufende Rückkopplung angetrieben wird:

> *„Entwicklung zur Kompetenz heißt, Informationen und Anregungen der Umgebung aufzugreifen und zu lernen, sie alle zu nutzen, um ein immer weiter und immer effektiver werdendes Verhaltensprogramm zu entwickeln" (Olbrich 1982, S. 110).*

Kompetenz entwickelt sich nach diesem Verständnis also durch Interaktion mit der Umwelt.

In Anlehnung an die Handlungsregulationstheorie wurde der Kompetenzbegriff in den 1970er Jahren auch vom Arbeitspsychologen Hacker aufgenommen, allerdings in einem veränderten Kontext. Hacker konzentriert sich auf die Handlungskompetenz und weist Maßnahmen der Arbeitsgestaltung aus, die zur Förderung von Handlungskompetenz beitragen. Er versteht unter Handlungskompetenz die „gesellschaftlich determinierten, weil lernabhängigen Fähigkeiten zum disponiblen Erzeugen realisierbarer Handlungspläne" (Hacker 1978, S. 380f.). Hackers Begriff hat Eingang in spätere arbeitspsychologische Überlegungen zur Gestaltung von Arbeit gefunden (Bergmann 1996), in denen die Entwicklung einer spezifisch arbeitsplatzbezogenen Handlungskompetenz fokussiert wird. Auf der Basis der Tätigkeitspsychologie von Leontjew bearbeiten Frei, Duell und Baitsch (1984) den

Begriff der Kompetenz ebenfalls aus arbeitspsychologischer Perspektive. Mit dem von ihnen konzipierten „Konstrukt der Kompetenz" (Frei/ Duell/ Baitsch 1984) beschreiben sie die Qualität des Zustandekommens individueller Handlungen. Sie stellen fest, dass Verhalten zum einen dadurch zustande kommt, dass bestehende „Fähigkeiten, Fertigkeiten und Wissen, Bedürfnisse, Motive und Ziele, Werte, Normen und Einstellungen sowie die Erfahrungen" als innere Bedingungen an den aktuellen äußeren Bedingungen gebrochen werden und zu sogenannten äußeren, also sinnlich-praktischen Tätigkeiten führen. Hinzu kommt jedoch noch die psychische Leistung, die genannten inneren Bedingungen individuumsspezifisch zu verknüpfen und zu addieren. Für diesen zweiten Teil der Entstehung von Verhalten, die psychische Tätigkeit der Verknüpfung von Fähigkeiten, Werten etc., wird das Konstrukt der Kompetenz vorgeschlagen. Das Kompetenzkonstrukt wird als Quelle der Kompetenzentwicklung angesehen und stellt die prozessuale und systemische Verknüpfung der genannten Einzelfaktoren dar. Diese Verknüpfung wird individuell zur Realisierung konkreter Tätigkeiten psychisch immer wieder aktualisiert (vgl. Frei/ Duell/ Baitsch 1984, S. 30f.). Überprüft haben die Autoren ihr Konstrukt der Kompetenz im Rahmen einer empirischen Untersuchung in Arbeitssituationen.

Einen psychologisch-pädagogischen Ansatz stellt die entwicklungspsychologische Theorie des Kompetenzerwerbs von Piaget dar. Piagets Ansatz bezieht sich überwiegend auf den Entwicklungsprozess des logischen Denkens und beleuchtet damit besonders den kognitiven Aspekt von Entwicklung. Grundsätzlich unterscheidet Piaget drei wesentliche Typen von Kompetenz eines Menschen. Der erste und grundlegende Typ ist als die Fähigkeit charakterisiert, überhaupt Kompetenzen erwerben zu können. Er wird als „Kompetenz-Kompetenz" bezeichnet, ist im Sinne einer grundsätzlichen Lernfähigkeit zu verstehen und bildet damit die wichtigste Disposition eines Menschen. Davon zu unterscheiden ist die Kompetenz des „epistemischen Subjekts" (Piaget 1972, S. 305, zit. nach Lenzen 1983, S. 473). Sie bezeichnet die idealisierte Kompetenzstruktur der Gattung Mensch. In ihrer abstrakten und idealisierten Form ist sie von der individuellen Kompetenzstruktur des einzelnen Individuums zu unterscheiden. Die individuellen Kompetenzen eines Individuums stellen gegenüber der abstrakten Kompetenzstruktur des epistemischen Subjekts eine Einschränkung dar, da davon ausgegangen wird, dass ein einzelnes Subjekt nicht über die gesamte Bandbreite menschlicher Kompetenzen verfügen kann. In dieser einschränkenden speziellen Ausformung jedes Subjekts liegt die Individualität des Einzelnen begründet. Für den Erwerb von Kompetenzen sind im Wesentlichen die beiden konkreteren Typen, also die abstrahierte Kompetenzstruktur sowie die individuelle Kompetenzausformung von Bedeutung.

In Piagets Theorie des Kompetenzerwerbs ist Kompetenzentwicklung also das Resultat der reflektierenden Abstraktion und der Interaktion zwischen Subjektstruktur und Umweltstruktur, die eine Konstruktion neuer Strukturen auf einer jeweils höheren Ebene mit sich bringt. Als Konstruktionsinstanz fungiert dabei allein das Subjekt. Zudem betont Piaget, dass die Existenz eines sozio-kognitiven Konflikts und das Erleben von Widersprüchen für die Entwicklung notwendig ist (vgl. Aufenanger 1992, S. 119ff.), da das Denken eine Kompensation erfordert, wenn Störungen, Lücken oder Widersprüche auftreten und das entstandene Ungleichgewicht mit dem Prozess der reflektierenden Abstraktion ausgeglichen wird.

Die Verwendung und das Verständnis des Kompetenzbegriffs in der Psychologie, die hier nur exemplarisch skizziert wurde, bildet die Grundlage für einen großen Teil kompetenztheoretischer Überlegungen der Pädagogik, in die wesentliche Erkenntnisse aus der Psychologie übernommen wurden. So wird z.B. auch in der Psychologie die Auffassung vertreten, dass sich Kompetenzen über die gesamte Lebenszeit entwickeln und Kompetenzentwicklung auch durch die äußeren Bedingungen und Strukturen determiniert wird.

Eine weitere für die berufspädagogische Diskussion wichtige Traditionslinie geht auf den Begriff der Kompetenz zurück, der in den 1970er Jahren von Chomsky im Rahmen seiner Syntaxtheorie in die *Linguistik* eingeführt wurde. Chomsky beschreibt damit die subjektiven grammatischen Voraussetzungen für komplexes und variantenreiches Sprachhandeln. In der Syntaxtheorie wird Kompetenz als Fähigkeit beschrieben, über situationsangemessene (konditionalisierte) Sprachmuster zu verfügen, und gegenüber der *Performanz* abgegrenzt. Sie drückt sich darin aus, gemessen an den grammatischen und lexikalischen Regeln korrekte Äußerungen tätigen zu können. Chomskys Kompetenz-Performanz-Modell wurde in der Linguistik vielfach rezipiert und weiterentwickelt.[10] Außerdem ist seine Gegenüberstellung von Kompetenz zu Performanz eine in der kompetenztheoretischen Literatur immer wieder betonte Unterscheidung, die auch vielen berufspädagogischen Überlegungen zugrunde liegt und in diesem Kontext weiter unten noch einmal aufgenommen wird (vgl. Kap. 4.3.2). Die Übertragung linguistischer Erkenntnisse auf andere Wissenschaftsdisziplinen ist unter Berücksichtigung des folgenden Zitats durchaus nachvollziehbar:

> *„Sofern Sprache die komplexeste menschliche Leistung darstellt, lässt eine Analyse sprachlichen Handelns erwarten, dass man damit die Grundstrukturen menschlichen Handelns überhaupt erfassen kann"* (Peukert 1979, S. 49).

Auch die in der Soziologie und in der Organisationstheorie zum Begriff der Kompetenz angestellten Überlegungen, sind für die berufspädagogischen Diskussionen relevant. Aus soziologischer Perspektive wird Kompetenz als handlungstheoretisches Konstrukt aufgefasst. Unter Handlungstheorie sind dabei unterschiedliche sozialwissenschaftliche Theorieansätze zu begreifen, die vom sinnorientierten und zielgerichteten Handeln des sozialisierten Menschen ausgehen. Handlungstheorien gehen davon aus, dass Handeln nicht zufällig erfolgt, sondern durch die sozialen Verhältnisse, mit denen und in denen der Einzelne lebt, determiniert ist (vgl. Hillmann 1994, S. 319). Kompetenz wird in diesem Kontext mit dem Begriff der Handlungskompetenz in Verbindung gebracht. Handlungskompetenz wird verstanden als „Fähigkeit des sozialisierten Individuums, in verschiedenen Situationen mit erfolgreicher kognitiver Realitätserfahrung sozial-normativ angemessen zu handeln" (Hillmann 1994, S. 319). In der Handlungstheorie werden zwei Grundrichtungen von Handlungstypen unterschieden. In der einen Grundannahme wird davon ausgegangen, dass Handeln normativen Vorgaben folgt, die sich aus sozialen Strukturen ergeben. Demnach gelingt Interaktion deswegen, weil die Handelnden im Prozess der Sozialisation die gleichen Werte und Normen erfahren und internalisiert haben und sich deswegen so verhalten, wie sie sich verhalten ,sollen'. Diese Auffassung folgt also einem normativen z.T. auch behavioristischen Paradigma (vgl. Abels 2001, S. 119). Eine andere Grundannahme geht demgegenüber von einem interpretativen Paradigma aus. Diese Annahme begreift zwischenmenschliches Handeln als wechselseitige Interpretation der Handlungen des Gegenübers und Definition des eigenen Handelns und der Handlungssituation. Interaktion ist daher nicht als Leistung innerhalb eines normativen Rahmens anzusehen, sondern als Interpretationsleistung. Die hier exemplarisch skizzierte Perspektive ist grundlegend für die Theorie des Symbolischen Interaktionismus.

---

10   In der Linguistik wird ansetzend an Chomskys Kompetenz-Performanz-Modell das gesamte System der individuellen Sprachfähigkeit und ihre Entwicklung bestimmt. In Erweiterung der Überlegungen zur Sprachentwicklung im Sinne von Syntax-, Semantik-, und Phonologieerwerb, die bei Chomsky noch im Fokus stand, wird später die Fähigkeit zum generellen kommunikativen Handeln thematisiert. So befasst sich die pragmalinguistische Sprechakttheorie, die von Austin, Searl u.a. vertreten wird, mit der Analyse kommunikativer Situationen bzw. Gespräche und mit dem Regelsystem, das der erfolgreichen Teilnahme an Sprechakten zugrunde liegt. „Unter sprechakttheoretischer Perspektive sind Gespräche (wie Texte überhaupt) komplexe kommunikative Handlungen, die in umfassende gesellschaftlich-institutionelle Handlungskontexte eingebettet sind" (Sager/ Brinker 1996, S. 17). Auch Habermas hat aus soziologisch-philosophischer Perspektive den Entwicklungszusammenhang von sprachlichen und kommunikativen Fähigkeiten untersucht und dabei den Begriff der sprachlich-kommunikativen Kompetenz geprägt (vgl. Habermas 1981). Als Voraussetzung für kommunikative Kompetenz hat Habermas die drei Fähigkeiten Empathie, Ambiguitätstoleranz und Rollendistanz unterschieden. Sein Ansatz wurde in den 1970er und 1980er Jahren berufspädagogisch aufgenommen und zu Überlegungen bezüglich der Förderung und Entwicklung von kritischer Kompetenz (vgl. Geißler 1974) weiterentwickelt.

Obwohl der Fokus der handlungstheoretischen Betrachtungen von Kompetenz eher auf die Bedingungen und Prozesse der Interaktion gerichtet ist, wird damit doch auch die Frage der Handlungskompetenz und ihrer Entwicklung diskutiert. Diese Perspektive hat wiederum im Kontext entwicklungs- und kompetenztheoretischer Theorien der Pädagogik zur Kompetenzentwicklung Relevanz und wurde z.B. im Rahmen der handlungstheoretisch orientierten Erziehungswissenschaft von Krüger und Lersch aufgenommen (vgl. Kap. 3.3.2).

Ein weiterer soziologischer Fokus auf den Begriff der Kompetenz ergibt sich aus der Sozialisationsforschung. In den 1970er Jahren wurde dort versucht, theoretisch und empirisch die sozialen und individuellen Konstruktionsprozesse aufzuzeigen, durch die dem Individuum relevante Erfahrungen, Erkenntnisse und Handlungsschemata vermittelt werden (vgl. Grundmann 1999, S. 29). Die mit diesem Ansatz verbundenen Forschungen konnten zeigen, dass sich soziale Handlungsstrukturen in Persönlichkeitsmerkmalen niederschlagen. Dabei wurden zum einen ausgehend von Piagets Überlegungen Sozialisationsprozesse an der Identitäts- und Ich-Entwicklung gemessen, zum anderen wurden soziohistorische Konstruktionsprozesse in den Blick genommen, über die sich „lebensweltliche Erfahrungsprozesse konstituieren, die intergenerational vermittelt werden" (Grundmann 1999, S. 21). Die Perspektive der Sozialisationsforschung tritt bei kompetenztheoretischen Überlegungen in der Pädagogik dann in den Fokus, wenn der Einfluss der Umgebung auf die individuelle Kompetenzentwicklung diskutiert wird, so etwa in Aufenangers entwicklungspädagogischem Ansatz (vgl. Kap. 3.3.2).

Einen weiteren in der jüngeren Diskussion von Kompetenz relevanten Ansatz stellt die Auffassung von Erpenbeck/ Heyse (1999a und b) dar. Ihrem Begriffsverständnis liegt ein selbstorganisationstheoretisches Modell zugrunde, das an die Theorie der Synergetik und Autopoiese angelehnt ist. Nach dieser Auffassung sind Kompetenzen als Selbstorganisationsdispositionen zu begreifen, die „vom Individuum selbstorganisiert, nämlich in selbst motivierter Interaktion mit der Umwelt, hervorgebracht" (Erpenbeck 2003a, S. 1) werden. Sie sind Fähigkeiten zur Selbstorganisation und beeinflussen das Handeln in offenen Problem- und Entscheidungssituationen. Mit der Kompetenzentwicklung werden „neue Kompetenzzuschnitte und Dispositionen zur Selbstorganisation mit einer erhöhten Risikobereitschaft" (Erpenbeck/ Heyse 1999a, S. 15) angestrebt. Der Fähigkeit der Selbstorganisation wird eine zunehmende Bedeutung zugesprochen, da sie einen erfolgreichen Umgang mit der Zieloffenheit und -unsicherheit bestehender gesellschaftlicher Bedingungen ermöglicht. Das „Prinzip der Selbstorganisation" wird als zwingendes Moment von Lernprozessen angesehen, um dem Wandel zur Dienstleistungs- und Wissensgesellschaft und den damit verbundenen Differenzierungs- und Individualisierungstendenzen seitens der Lernenden gerecht werden zu können. Dieses Begriffsverständnis geht davon aus, dass beim selbstorganisierten Lernen „die Handlungsmöglichkeiten vom lernenden System selbst so gesetzt und bewältigt werden, dass sich dabei die Systemdispositionen erweitern und vertiefen" (Erpenbeck/ Heyse 1999b, S. 18). Damit wird das Subjekt als geschlossenes, autopoietisches System begriffen, das unter dem Prinzip der Selbstorganisation seine Kompetenzentwicklung selbst gestaltet und gestalten muss. Da dieses Begriffsverständnis – wie bereits angedeutet (vgl. Kap. 3.1.1) – darauf abzielt, dass die infrastrukturellen und organisatorischen Rahmenbedingungen des Lernhandelns durch die Lernenden im Wesentlichen selbst bestimmt und nicht von außen vorgegeben oder unterstützt werden können und damit allein der Selbstorganisationsfähigkeit des Subjekts unterliegen, wird es in der vorliegenden Arbeit nicht weiter verwendet.

Es lässt sich also zusammenfassen, dass die Konjunktur der Begriffe Kompetenz und Kompetenzentwicklung in der aktuellen Diskussion auf grundlegende Veränderungen im Wirtschafts- und Beschäftigungssystem seit den 1980er Jahren zurückgeht. Diese Veränderungen haben dazu geführt, dass bestehende berufspädagogische Begrifflichkeiten und das institutionelle Geflecht im Kontext von Weiterbildung neu diskutiert wurden. Auch wenn diese Diskussion inzwischen nicht mehr mit der gleichen Intensität geführt wird, haben sich die Begriffe Kompetenz und Kompetenzentwicklung nichtsdestoweniger in der Berufspädagogik weitgehend etabliert. So werden sie auch in der vorliegenden Arbeit als zentrale Begriffe angesehen, die allerdings in die hier wesentlichen Zusammenhänge gestellt und in deren Theoriebezügen beleuchtet werden müssen, um für Fragen der Kompetenzanalyse eine fundierte Ausgangsbasis zu bieten.

Diesbezüglich lassen sich in der Psychologie, in der Linguistik sowie in der Soziologie Bezüge herausarbeiten, die für berufspädagogische Überlegungen zur Kompetenz Relevanz haben. Während aus der Psychologie Erkenntnisse zur Genese von Kompetenzen und zu den Bedingungen ihrer Förderung zu entnehmen sind, lässt sich die auch in der Berufspädagogik vielfach verwendete Gegenüberstellung von Performanz und Kompetenz auf die Linguistik zurückführen. Die Soziologie schließlich beschäftigt sich im Wesentlichen mit dem Verhältnis zwischen individueller Kompetenz und den Umgebungsbedingungen. Insofern hat diese Darstellung der theoretischen Grundströmungen von Kompetenz in der vorliegenden Arbeit die Funktion einer Klärung der begrifflichen Ursprünge des zentralen Terminus und fließt in die in den folgenden Teilkapiteln zu entwickelnden Leitkriterien der Kompetenzentwicklung indirekt ein.

3.2 Kompetenz im berufspädagogischen Diskurs

Einer der wesentlichen Diskussionspunkte der in den 1990er Jahren geführten Diskussion um Kompetenz besteht im „ahistorischen" Gebrauch des Begriffes und in seiner fehlenden Anbindung an den berufspädagogischen Diskurs. Doch auch in der Berufspädagogik wird der Begriff bisher nicht eindeutig eingeordnet. Vielmehr wird die Uneindeutigkeit der Begriffe immer wieder kritisiert und von verschiedenen Seiten eine begriffliche Klärung gefordert (vgl. Arnold 2002; Faulstich 2002; Weiß 1999a u.a.). Eine Schärfung des berufspädagogischen Verständnisses von Kompetenz soll im Folgenden entlang der in der berufspädagogischen Diskussion hervortretenden Aspekte erfolgen. Dazu soll der Frage nachgegangen werden, wie sich Kompetenzentwicklung in theoretischen und praktischen Überlegungen zu Kompetenzanalysen nutzbar machen lässt und welche wesentlichen Kriterien sich für Kompetenzentwicklung aus berufspädagogischer Perspektive herausarbeiten lassen. Allerdings ist dabei nicht davon auszugehen, dass sich durch die Analyse der berufspädagogischen Diskussion die Begriffe Kompetenz und Kompetenzentwicklung eindeutig definieren lassen. Vielmehr wird hier angestrebt, anhand der in der Diskussion relevanten Aspekte Merkmale aufzuspüren, die sich in Kapitel 3.4 zu berufspädagogisch fundierten Leitkriterien für Kompetenzentwicklung verdichten lassen.

3.2.1 Kompetenz und Qualifikation als Grundlage für den Subjektbezug

Die berufspädagogische Diskussion um den Kompetenzbegriff ist durch die Auseinandersetzung mit dem Begriff der Qualifikation geprägt. Dabei stehen sich zwei Auffassungen gegenüber. Die eine grenzt die beiden Begriffe streng gegeneinander ab, die andere argumentiert integrativ.

Nach der bereits 1974 vom Deutschen Bildungsrat gefassten Definition stellen Qualifikationen Fertigkeiten, Fähigkeiten und Wissensbestände im Hinblick auf deren Verwertbarkeit dar und werden von der Nachfrageseite bestimmt. Demnach passen Qualifikationen den Menschen in Arbeitsanforderungen ein (vgl. auch Sloane/ Twardy/ Buschfeld 1998, S. 109). Der Begriff der Kompetenz bezieht sich demgegenüber auf den einzelnen Lernenden und seine Befähigung zu eigenverantwortlichem Handeln in privaten, beruflichen und gesellschaftlichen Situationen und ist demzufolge als personengebundene Kategorie zu definieren (vgl. Deutscher Bildungsrat 1974, S. 65).

Eine historisch argumentierende Abgrenzung von Kompetenz und Qualifikation aus Sicht der Berufspädagogik hat z.B. Bunk (1994) vorgelegt. Er betont, dass

„Berufskönnen" und „Berufsqualifikation" als Zielsetzungen von Berufsausbildung dem Leitbild der beruflichen Kompetenz historisch vorausgingen. Als Berufskönnen, das die Zielorientierung der Ausbildung um 1900 charakterisiert, sind Kenntnisse und Fertigkeiten zu bezeichnen, die der Ausführung definierter, an den Beruf gebundener Tätigkeiten dienen und demzufolge fremdorganisiert sind. Diese Setzung wurde in den 1960er Jahren vom Qualifikationsbegriff abgelöst, der eine Weiterentwicklung und Ausweitung der Zielsetzung in Richtung Entspezialisierung und Selbstständigkeit auf breiter beruflicher Basis beinhaltet. Das Leitbild beruflicher Ausbildung erfährt durch den Kompetenzbegriff erneut eine quantitative Entwicklung, indem der Aktionsbereich auf das Berufsumfeld und die Arbeitsorganisation erweitert wird. Ferner trägt die Betonung dispositiver Tätigkeiten zu einer qualitativen Ausweitung bei. Für Bunk zeichnet sich ein Individuum mit beruflicher Kompetenz dadurch aus, dass es über „Kenntnisse, Fertigkeiten und Fähigkeiten eines Berufs verfügt, Arbeitsaufgaben selbstständig und flexibel lösen kann sowie fähig und bereit ist, dispositiv in seinem Berufsumfeld und innerhalb der Arbeitsorganisation mitzuwirken" (Bunk 1994, S. 10). Damit grenzt Bunk also die beiden Begriffe Kompetenz und Qualifikation sowohl inhaltlich als auch historisch voneinander ab. Auch Dehnbostel grenzt Kompetenzen als „Fähigkeiten, Methoden, Wissen, Einstellungen und Werte [...], deren Erwerb, Entwicklung und Verwendung sich auf die gesamte Lebenszeit eines Menschen bezieht" (Dehnbostel 2001, S. 76) in Anlehnung an die Position des Deutschen Bildungsrats (1974) von Qualifikationen ab. Qualifikationen als betriebliche Anforderungen einerseits und Bildung als gesellschaftlicher Wert andererseits werden dabei als Teil von Kompetenzen begriffen.

Demgegenüber weist Arnold eine scharfe Abgrenzung der beiden Begriffe zurück und stellt fest, dass Positionen, die eine solche Abgrenzung vornehmen, mit einem Qualifikationsbegriff arbeiten, der den aktuellen berufspädagogischen Diskussionsstand ignoriere (vgl. Arnold 1997b und 1998). Er problematisiert die Abgrenzung zwischen Kompetenz und Qualifikation im beschriebenen Sinne, indem er betont, die Begriffe seien in der internationalen Diskussion bisher synonym oder sogar in „entgegengesetzter begriffshierarchischer Zuordnung" (Arnold 1998, S. 502) verwendet worden. Bezüglich der deutschen Begriffsverwendung konstatiert er, die Abgrenzung agiere mit einem „verspäteten berufspädagogischen Qualifikationsbegriff", und zwar mit dem der 1970er Jahre, der Qualifikationen auf erwartete Handlungsmuster in einem definierten Handlungsfeld unabhängig von den darin handelnden Individuen beziehe. Somit erkennt Arnold zwar die historisch begründete Abgrenzung der beiden Begriffe an, konstatiert jedoch für den Qualifikationsbegriff eine inhaltliche Bedeutungserweiterung seit 1970, die sich in der Debatte um Handlungsorientierung und ganzheitliches Lernen ebenso wie in den Termini „Schlüsselqualifikationen", „extrafunktionale", „prozessübergreifende" oder „bildende Qualifikationen" (Arnold 1997b, S. 257) niederschlägt.

Damit wird deutlich, dass die inhaltliche Abgrenzung zwischen Kompetenz und Qualifikation nicht einheitlich vollzogen wird. Dennoch lässt sich zur oben formulierten Frage nach hervortretenden Merkmalen und relevanten Aspekten von Kompetenz festhalten, dass die *Orientierung am Subjekt* und seiner Entwicklung als wesentliches Merkmal der Kompetenz gegenüber Qualifikation hervortritt. Diese Schwerpunktsetzung geht aus den verschiedenen berufspädagogischen Definitionen und Begrifffassungen von Kompetenz gleichermaßen hervor.

3.2.2 Ganzheitlichkeit als Merkmal beruflicher Handlungskompetenz

Neben der Abgrenzung gegenüber dem Qualifikationsbegriff ist der Kompetenzbegriff in der berufspädagogischen Diskussion maßgeblich durch das Leitbild der beruflichen Handlungskompetenz bzw. -fähigkeit geprägt und wird in diesem Zusammenhang bereits seit den 1970er Jahren diskutiert. Dieses Leitbild, das den Neuordnungen der Ausbildungsberufe seit 1987 und den Rahmenlehrplänen zur Berufsausbildung der Kultusministerkonferenz seit Anfang der 1980er Jahre zugrunde liegt, bezieht sich auf die

> *„Fähigkeit und Bereitschaft des Menschen, vor allem in beruflichen Situationen sachgerecht und fachgerecht, persönlich durchdacht und in gesellschaftlicher Verantwortung zu handeln sowie seine Handlungsmöglichkeiten ständig weiterzuentwickeln" (Bader 1997, S. 70).*

Es geht auf den Begriff der Handlungsfähigkeit zurück, der seit 1974 mit dem Gutachten zur Neuordnung der Sekundarstufe II des Deutschen Bildungsrates verbunden ist. Mit dem Gutachten wird die Überwindung der klassischen Trennung zwischen allgemeiner und beruflicher Bildung angestrebt. Nach Auffassung des Deutschen Bildungsrates müssen Inhalt und Formen des Lernens dazu beitragen, „den jungen Menschen auf die Lebenssituation im privaten, beruflichen und öffentlichen Bereich so vorzubereiten, dass er eine reflektierte Handlungsfähigkeit erreicht" (Deutscher Bildungsrat 1974, S. 49).

Das Leitbild ist durch seine Orientierung an Ganzheitlichkeit und an vollständiger Handlung als Bildungsziel gekennzeichnet, das geeignet ist, den wirtschaftlichen, technischen und sozialen Wandel der Gegenwart individuell bewältigen zu können. Die vorhergehende Fertigkeits- und Qualifikationsorientierung beruflicher Bildung wird mit diesem Leitbild vor allem durch die Entgrenzung des Aktionsbereichs weiterentwickelt. Es erweitert die auf berufsbreite Flexibilität angelegten Aktionen auf das gesamte Berufsumfeld sowie die Arbeitsorganisation und verändert die Perspektive der Ausbildung. Während sich die Festlegung von Qualifikationen noch an aktuellen Anforderungen oder einer prognostizierten Nachfrage, also dem Verwertungsaspekt, orientiert hatte, werden Kompetenzen hier unter dem Aspekt des Subjektes betrachtet.

Die Orientierung dieses Leitbildes an der vollständigen Handlung bezieht sich auf die methodische Vollständigkeit von Arbeitsaufträgen, in denen möglichst der gesamte Arbeitsprozess (Planung, Durchführung und Kontrolle) integriert ist (vgl. Sloane/ Twardy/ Buschfeld 1998, S. 107). Ganzheitlichkeit bedeutet, dass Arbeitsaufträge soziale, personale und fachliche Anforderungen an den Lernenden stellen sollen.[11] Dem Anspruch der Ganzheitlichkeit liegt u.a. das von Krüger und Lersch formulierte Interdependenztheorem von Kompetenzentwicklung zugrunde. Trotz seiner analytischen Dimensionierung von Kompetenz in Einzelkompetenzen beschreibt dieses Theorem, dass die einzelnen Dimensionen in einem engen Wechselverhältnis zueinander stehen und miteinander verknüpft sind (Krüger/ Lersch 1993, S. 109). Mit der Annahme der Interdependenz einzelner Kompetenzdimensionen wird implizit eine Forderung nach Ganzheitlichkeit erzieherischen Handelns erhoben.

Der Anspruch der Ganzheitlichkeit findet sich bei Roth (1971), wurde in ähnlicher Form aber auch von Dewey (1986) und Kerschensteiner (1969) formuliert. Anknüpfend an die Überlegungen von Piaget u.a. diskutiert Roth in seiner „pädagogischen Anthropologie" die Bedingungen und Postulate einer Erziehung zur Förderung von Handlungsfähigkeit über die Entwicklung von Sach-, Sozial- und Selbstkompetenz. Mit der theoretischen Fundierung und der konzeptionellen Geschlossenheit seines Persönlichkeitsbegriffs legt Roth den Grundstein für das in die Berufspädagogik übernommene Leitbild der umfassenden beruflichen Handlungskompetenz und die Gliederung von Handlungskompetenz in die drei Dimensionen.

Seine Überlegungen zur pädagogisch-anthropologischen Theorie der Persönlichkeitsentwicklung bilden die Grundlage der Überlegungen des Deutschen Bildungsrats (1974), der drei Bereiche der Handlungsfähigkeit ausweist, wenn er fordert, integrierte Lernprozesse sollten mit der Fachkompetenz zugleich humane und gesellschaftlich-politische Kompetenzen vermitteln. Diese drei Dimensionen emp-

---

11 Diese Anforderung orientiert sich an der Unterscheidung zwischen Fach-, Sozial- und Personalkompetenz, die weiter unten eingeführt wird.

fiehlt der Deutsche Bildungsrat für jeden Bildungsgang als richtungsweisend, wodurch die bisherige Trennung von beruflicher und allgemeiner Bildung überwunden wird. Allerdings stehen die Dimensionen nicht gleichwertig nebeneinander. Vielmehr weist der Bildungsrat der humanen Kompetenz eine größere Bedeutung zu, indem er sie sehr ausführlich erläutert und inhaltlich mit einer emanzipatorischen Konnotation belegt. Humankompetenz wird nämlich mit der Fähigkeit zur kritischen Reflexivität verbunden und dadurch definiert,

> „dass der Lernende sich seiner selbst als eines verantwortlich Handelnder bewusst wird, dass er seinen Lebensplan im mitmenschlichen Zusammenleben selbstständig fassen und seinen Ort in Familie, Gesellschaft und Staat richtig zu finden und zu bestimmen vermag" (Deutscher Bildungsrat 1974, S. 49).

Die Hervorhebung des emanzipatorischen Aspektes von Humankompetenz ist auf den Einfluss der kritisch-emanzipatorischen Pädagogik (vgl. Kap. 1.3) zurückzuführen. Sie schlägt sich bereits in den Überlegungen Roths nieder, der den Zusammenhang unter dem Begriff der moralischen Handlungsfähigkeit herausarbeitet, dem er die größte Bedeutung zumisst.

Im Anschluss an die Ausführungen des Deutschen Bildungsrates ist die Dimensionierung von Handlungskompetenz in die drei Bereiche Fach-, Sozial- und Humankompetenz derzeit in der Berufspädagogik weit verbreitet. Sie werden z.B. von Bader (1989) als wesentliche Aspekte des Leitbegriffes Handlungskompetenz ausgewiesen. Methodenkompetenz und Lernkompetenz begreift Bader als querliegende Dimensionen, also als Bestandteile aller drei Komponenten (vgl. Bader 1989, S. 75). Auch in den Neuordnungen zur Berufsausbildung seit 1987 werden die drei Dimensionen von beruflicher Handlungskompetenz unterschieden:

> „Fachkompetenz bezeichnet die Bereitschaft und Fähigkeit, auf der Grundlage fachlichen Wissens und Könnens Aufgaben und Probleme zielorientiert, sachgerecht, methodengeleitet und selbstständig zu lösen und das Ergebnis zu beurteilen. Sozialkompetenz beinhaltet die Bereitschaft und Fähigkeit, soziale Beziehungen und Interessen zu erfassen und zu verstehen sowie sich mit Anderen verantwortungsbewusst auseinander zu setzen und zu verständigen. Personalkompetenz bezeichnet schließlich die Bereitschaft und Fähigkeit, die eigene Entwicklung zu reflektieren und in Bindung an individuelle und gesellschaftliche Wertvorstellungen weiter zu entfalten" (KMK 1999, S. 4f.).

Allerdings ist diese Dimensionierung in der Berufspädagogik nicht durchgängig vorzufinden. So werden neben fachlichen, sozialen, humanen auch methodische, emotionale, reflexive oder andere Dimensionen als zentral angesehen. Ott (2000, S. 13) arbeitet z.b. mit einer Einteilung ganzheitlichen Lernens in die vier Dimensionen Fachkompetenz, Methodenkompetenz, Sozialkompetenz und Individualkompetenz. Ähnlich untergliedert Faulstich (1996) Kompetenz in die vier Dimensionen Fachkompetenz, Methodenkompetenz, Sozialkompetenz und Reflexionskompetenz.

Diese relevante Abweichung von den drei Dimensionen (Fach-, Sozial- und Humankompetenz) hat sich möglicherweise im Zuge des Konzepts der Schlüsselqualifikationen (Mertens 1974) ergeben, das bereits in den 1970er Jahren von der Arbeitsmarkt- und Berufsforschung vorgeschlagen wurde. Im Zentrum des Konzepts stand die Forderung, spezialisierte Fertigkeiten und Detailwissen in der beruflichen Bildung zurücktreten zu lassen und Zugriffs- und Verfahrenswissen stärker zu betonen. Insbesondere weil die Diskussion und Konzeptualisierung der Schlüsselqualifikationen nicht allein von der bildungspolitischen, sondern auch von der arbeitsmarktpolitischen Perspektive aus geführt wurde, könnte sie zu einer Akzentverschiebung der berufspädagogischen Dimensionierung in Bezug auf die Dimensionierung von Handlungsfähigkeit geführt haben. So scheint die Bedeutung des emanzipatorischen Aspekts von Handlungsfähigkeit, der in der besonderen Betonung der Humankompetenz seinen Ausdruck fand und der in den Überlegungen Roths und des Deutschen Bildungsrats eine entscheidende Rolle spielte, deutlich abgeschwächt und bisweilen sogar bewusst oder unbewusst getilgt worden zu sein. Das wird insbesondere daran deutlich, dass die ursprünglich als Humankompetenz bezeichnete Dimension später betrieblich verengt als Personalkompetenz (vgl. KMK 1999) benannt wird. Hier könnte eine Bedeutungsverschiebung zugunsten der betrieblichen Personalentwicklung und deren Zielsetzungen vorliegen. Zudem zeigt sich, dass sich die Dimensionierung von Handlungsfähigkeit verändert und dass Methodenkompetenz die Humankompetenz ersetzt. Diese Dimensionierung wird z.B. auch von Bunk (1994) vorgenommen und liegt selbst der Neuordnung der Metall- und Elektroberufe 1987 zugrunde.

Reetz zufolge wurde das Konzept der Schlüsselqualifikation gerade aufgrund des Fehlens von Humankompetenz als Dimension von Handlungsfähigkeit in die Praxis übertragen, da ihm aufgrund der arbeitsmarktpolitischen Herkunft das „Moment der Kritik" (Reetz 1989, S. 7) fehlt.[12] Seine Begründung weist in die

---

[12] Reetz (vgl. Dubs 1995), der an der Debatte um Schlüsselqualifikationen maßgeblich beteiligt war, unterteilt diese seinerseits in Sach-, Sozial- und Selbstkompetenz und orientiert sich damit an der ursprünglichen Dimensionierung des Deutschen Bildungsrats.

1970er Jahre zurück, in denen im Zuge der Bemühungen, fachliche mit allgemeinen Lernzielen in der beruflichen Bildung zu verbinden, auf die Ideologiekritik und Interessenlehre von Habermas zurückgegriffen wurde. Dieser Bezug führte zu einer polarisierenden Gegenüberstellung von emanzipatorischem und technisch-praktischem Erkenntnisinteresse bzw. zu einer Überbetonung des emanzipatorischen Aspektes. „Denn wer sich fortan auf Habermas berief, meint durchweg das emanzipatorische Erkenntnisinteresse" (Lange 1982, S. 738). Das führte zuletzt dazu, dass das Moment der Kritik, also Reflexions- und Kritikfähigkeit, eine übergeordnete Instanz für berufliche Qualifikationen bilden sollte (vgl. Reetz 1989, S. 7).

Infolge der Ersetzung von Humankompetenz als wesentliche Dimension von Handlungskompetenz wird nicht nur der emanzipative Charakter abgeschwächt, sondern auch die Ganzheitlichkeit von Handlungsfähigkeit nur noch teilweise eingelöst. Begreift man Ganzheitlichkeit im Sinne einer umfassenden Entwicklung der menschlichen Potenziale und im Sinne von Persönlichkeitsentwicklung (vgl. Lisop 1999, S. 19), dann ist festzustellen, dass sie in einer Dimensionierung von Handlungskompetenz, die auf die Betonung von Humankompetenz als wesentliche Dimension verzichtet, nicht mehr explizit verfolgt wird.

Demzufolge ist hier zu resümieren, dass im Sinne der Ganzheitlichkeit, die im Leitbild der umfassenden beruflichen Handlungskompetenz angelegt ist, Fach-, Sozial- und Humankompetenz die für die Berufspädagogik wesentlichen Dimensionen von Handlungskompetenz ausmachen. Der Humankompetenz kommt dabei m.E. neben Fach- und Sozialkompetenz eine bedeutende Rolle zu, die nicht durch andere Dimensionen wie Methodenkompetenz zu ersetzen ist. Bezüglich der Eingangsfrage, welche Aspekte bzw. Merkmale hervortreten, kann die Dimensionierung in Fach-, Sozial- und Humankompetenz hier als Anspruch von Ganzheitlichkeit festgehalten werden. Letztere hat für diese Arbeit im Hinblick auf die Differenzierung und Operationalisierung von Kompetenz in Kompetenzanalysen eine besondere Relevanz (vgl. Kap. 4.3.4).

3.2.3 Handlungskompetenz als Fähigkeit und Bereitschaft

Einen weiteren Diskussionsaspekt hinsichtlich Kompetenz und Kompetenzentwicklung stellt in der Berufspädagogik die Subsummierung von Fähigkeit und Bereitschaft unter den Begriff der Kompetenz dar. So wird Handlungskompetenz in den Veröffentlichungen der KMK begriffen als „Bereitschaft und Fähigkeit des Einzelnen, sich in gesellschaftlichen, beruflichen und privaten Situationen sachgerecht, durchdacht sowie individuell und sozial verantwortlich zu verhalten" (KMK 1999, S. 4). Ebenso definieren Staudt und Kriegesmann Fähigkeit, Bereitschaft und Zuständigkeit als die wesentlichen Aspekte von Kompetenz (vgl. Staudt/ Kriegesmann 1999, S. 37). Aebli begründet die Verbindung zwischen Fähigkeit und Bereitschaft handlungstheoretisch. Er betont:

> *„Damit ein Mensch zum Aktor wird, genügt die Handlungs- und Sachkompetenz nicht. Er muss auch einen Beweggrund haben, sich ein Ziel setzen, dieses erreichen wollen" (Aebli 1980, S. 99).*

Diese Kombination von Fähigkeit und Bereitschaft im Begriff der Kompetenz verknüpft das Potenzial eine Handlung zu vollziehen im Sinne des „Könnens" mit der Bereitschaft zur Ausführung im Sinne des „Wollens". In dieser Kombination von Fähigkeit und Bereitschaft ist ein qualitativer Unterschied gegenüber Zuschreibungen von Kompetenz zu sehen, die der „Bereitschaft" keine Bedeutung beimessen. So differenziert Bunk (1994) Kompetenz z.B. mit der Trias „Kenntnisse, Fertigkeiten und Fähigkeiten" (Bunk 1994, S. 10). Die Verbindung von Fähigkeit und Bereitschaft zeigt jedoch den Versuch, das pädagogisch problematische Verhältnis von Können und Wollen aufzugreifen und im Begriff der Handlungskompetenz zu verknüpfen, das z.B. auch die Frage berührt, ob nicht gezeigte Performanz zwangsläufig auf ein Nicht-Vorhanden-Sein von Kompetenz schließen lässt (vgl. auch Kap 4.3.2).

Die Kombination von Fähigkeit und Bereitschaft lässt sich auch auf der Grundlage empirischer Ergebnisse der Kompetenzforschung begründen. So wird in Theorien, die sich mit dem Erwerb und den Entwicklungsbedingungen von Kompetenz befassen, herausgearbeitet, dass Kompetenzen nur vom Subjekt selbst entwickelt werden können und dass dabei Neugierde bzw. Motivation einen wesentlichen Faktor darstellen (vgl. Kap. 3.3.2). Die Bereitschaft zeigt sich damit in der Realisierung von Kompetenz zur Performanz, auch wenn sie nicht die einzige Realisierungsbedingung von Kompetenz darstellt (vgl. Dehnbostel 2001). Nachgewiesen wird der Zusammenhang von Kompetenzentwicklung und Bereitschaft z.B. von Baitsch (1985, S. 460), der die enge Verbindung von subjektiven und objektiven Determinanten herausarbeitet und betont, dass Kompetenzentwicklung nicht ausschließlich ein Prozess ist, der von der Umgebung abhängt, sondern auch subjektive Bereitschaft voraussetzt. Baitsch formuliert folgende individuumsbezogene Voraussetzung zur Kompetenzentwicklung: „Als wichtigste Barriere [für Kompetenzentwicklung, J.G.] zeigte sich die mangelnde Gewissheit über die eigene fachliche Qualifikation" (Baitsch 1985, S. 458).

Hinsichtlich der Präzisierung des Kompetenzbegriffs erscheint diese qualitative Erweiterung der Fähigkeit um die Bereitschaft zur Realisierung insbesondere deshalb sinnvoll, weil sie für die berufspädagogische Betrachtung von Kompetenz und für die Bestimmung der Grenzen lern- und kompetenzförderlicher Gestaltung von Umgebungsbedingungen Relevanz besitzt. Durch die Kopplung wird die Verantwortung für den Lernprozess und den Lernerfolg in erster Linie dem Individuum zugeschrieben und damit der konstruktivistische Charakter von Kompetenz betont. Insofern erscheint es auch sinnvoll, dass ein solches Begriffsverständnis von Kompetenz in die Überlegungen zur Entwicklung nationaler Bildungsstandards aufgenommen wurde (vgl. BMBF 2003). Das dortige Verständnis lehnt sich an Weinert an, der Kompetenz definiert als

> *„die bei Individuen verfügbaren oder durch sie erlernbaren kognitiven Fähigkeiten und Fertigkeiten, um bestimmte Probleme zu lösen sowie die damit verbundenen motivationalen, volitionalen und sozialen Bereitschaften und Fähigkeiten, um die Problemlösungen in variablen Situationen erfolgreich und verantwortungsvoll nutzen zu können" (BMBF 2003, S. 59).*

Zur Frage, wie Kompetenz für theoretische und praktische Überlegungen zu Kompetenzanalysen nutzbar gemacht werden kann und welche wesentlichen Kriterien sich für Kompetenzentwicklung aus berufspädagogischer Perspektive herausarbeiten lassen, kann also resümierend festgehalten werden, dass Kompetenz in der berufspädagogischen Diskussion gegenüber dem Begriff der Qualifikation durch das Merkmal der Subjektorientierung besonders hervortritt. Zudem wird über den Begriff der beruflichen Handlungskompetenz der Aspekt der Ganzheitlichkeit transportiert, der die Förderung von Fach-, Sozial- und Humankompetenz in der Berufsbildung betont.

Weiterhin lässt sich festhalten, dass die Verknüpfung von Fähigkeit und Bereitschaft eine berufspädagogisch und lernpsychologisch begründete Ausprägung des Kompetenzbegriffs darstellt, die die Rolle des Subjekts für seinen eigenen Entwicklungsprozess betont. Vor diesem Hintergrund lässt sich für diese Arbeit folgende Arbeitsdefinition in Anlehnung an Dehnbostel (2001) fassen: Kompetenzen können als Kategorie des Individuums bezeichnet werden, sie können nur vom Subjekt selbst entwickelt werden und umfassen Fertigkeiten, Kenntnisse, Qualifikationen sowie Werte. Ihre Entwicklung vollzieht sich in der gesamten Lebenszeit. Kompetenzen sind im Sinne eines Handlungspotenzials zu verstehen und an das Subjekt, an seine Befähigung und an seine Bereitschaft zu eigenverantwortlichem Handeln, gebunden.

3.3 Der Prozess der Kompetenzentwicklung und das Leitbild der reflexiven Handlungsfähigkeit

Die Erarbeitung der zentralen Termini Kompetenz und Kompetenzentwicklung soll aber nicht ausschließlich merkmalsorientiert erfolgen, indem die wesentlichen Aspekte der berufspädagogischen Diskussion zum Begriff Kompetenz zusammengeführt wurden, sondern auch entwicklungsorientiert. Dabei stehen die Fragen im Zentrum, welche wesentlichen Kriterien sich für die Förderung von Kompetenzentwicklung aus berufspädagogischer Perspektive herausarbeiten lassen und wie sich der Prozess der Kompetenzentwicklung vollzieht. Diese Zielsetzung erfordert zum einen die Diskussion und Bearbeitung des Leitbilds reflexive Handlungsfähigkeit als berufspädagogische Zielorientierung von Kompetenzentwicklung. Zum anderen ist eine Klärung der individuellen Prozesse bei der Kompetenzentwicklung erforderlich, für die auf Theoriebezüge zurückgegriffen werden muss, die nicht originär der berufspädagogischen Teildisziplin zuzuordnen sind, die aber demnach für die zu bearbeitende Fragestellung ertragreich sind.

3.3.1 Reflexive Handlungsfähigkeit als Ziel von Kompetenzentwicklung

In der berufspädagogischen Debatte stellt die Frage des Leitbilds von Kompetenzentwicklung einen weiteren relevanten Diskussionspunkt dar. Da dieser Aspekt einen bildungstheoretisch-normativen Charakter hat und im Bezug zum historisch-gesellschaftlichen Kontext zu sehen ist, soll er im Folgenden eingehender beleuchtet werden.

In der Entwicklung beruflicher Leitziele ist – wie bereits oben angedeutet – seit Aufkommen anerkannter Ausbildungsberufe eine Tendenz von der Fertigkeitsorientierung über die Qualifikationsorientierung zur Kompetenzorientierung zu beobachten. Ziel der Ausbildung war bis in die 1970er Jahre „die Vermittlung von ‚Berufskönnen'" (Bunk 1994, S. 9), das Fähigkeiten, Fertigkeiten und Kenntnisse umfasst, die zur Ausführung diverser Tätigkeiten in einzelnen Berufssparten vonnöten waren. Der Arbeitsdurchführung, mit der dieses Leitziel verbunden ist, kann ein gebundener, ausführender Charakter zugesprochen werden, der durch Aktionsimpulse der übergeordneten Hierarchieebenen beeinflusst wird. Seit Ende der 1960er Jahre wurde jedoch zunehmend „der Begriff ‚Qualifikation' eingeführt und von der Berufspädagogik übernommen" (Bunk 1994, S. 9). Ziel der auf Qualifikation ausgerichteten Ausbildung war es, dass Auszubildende zur Ausübung von qualifizierten beruflichen Tätigkeiten befähigt werden, die insbesondere selbstständiges Planen, Durchführen und Kontrollieren einschließen (vgl. Bunk 1994, S. 9). Im Leitbild, das den Neuordnungen der Ausbildungsberufe seit 1987 zugrunde liegt, ist eine weitere Zäsur beruflicher Leitbilder zu erkennen. Zunächst für die Elektro- und Metallberufe, später auch für andere Berufe, gilt seitdem die Prämisse der Förderung umfassender beruflicher Handlungskompetenz (vgl. Kap. 3.2.2). In Weiterentwicklung der Zielsetzung der beruflichen Handlungskompetenz ist in jüngerer Zeit das Leitbild der reflexiven Handlungsfähigkeit als Zielsetzung eines Konzeptes von Kompetenzentwicklung aufgekommen (vgl. Dehnbostel 2001 u.a.). Unter reflexiver Handlungsfähigkeit wird dabei das unter bildungstheoretischer und berufspragmatischer Perspektive anzustrebende Ziel menschlichen Handelns begriffen. Der Begriff der reflexiven Handlungsfähigkeit umfasst die Qualität des individuellen Handlungsvermögens einerseits und die Souveränität des Handelns andererseits.

> *„Reflexive Handlungsfähigkeit findet ihren Ausdruck im selbstständigen, kritischen Handeln und individueller und gesellschaftlicher Mündigkeit. Reflexive Handlungsfähigkeit bedeutet, durch Lern- und Reflexionsprozesse vorgegebene Situationen und überkommene Sichtweisen zu hinterfragen, zu deuten und zu bewerten und damit der vorhandenen Tiefenstruktur der umfassenden beruflichen Handlungskompetenz Ausdruck zu verleihen" (Dehnbostel/ Meyer-Menk 2003, S. 6).*

Dieses Leitbild, das von verschiedenen Seiten eingefordert wird, fußt auf der Erkenntnis, dass Zielsetzungen beruflicher Bildung über die Entwicklung beruflicher Handlungskompetenz hinausgehen müssen. Der Anspruch korrespondiert mit Leitgedanken beruflicher Bildung, wie sie z.B. auch der Sachverständigenrat Bildung der Hans-Böckler-Stiftung entwirft, der „von einer größeren Autonomie der einzelnen Menschen" (Hans-Böckler-Stiftung 1998, S. 11) ausgeht und den selbstverantwortlichen und mündigen Menschen als Leitbild betont. Dazu wird festgelegt: „Ziel aller Bildung ist es, die einzelnen in den Stand zu versetzen, ihr Leben selbst zu gestalten und die Gesellschaft verantwortlich mitzugestalten" (Hans-Böckler-Stiftung 1998, S. 11). Ein besonderer Akzent liegt in dieser Formulierung auf dem Aspekt der sozialen bzw. gesellschaftlichen Verantwortung und Mitgestaltung. Er verweist auf die Problematik, dass durch zunehmende Individualisierung die Notwendigkeit zur Verantwortungsübernahme gegenüber der Gesellschaft nicht abnimmt, sondern Gestaltungsfähigkeit und Gestaltungswille in gesellschaftlichen Prozessen zunehmende Bedeutung gewinnen.

Das Gedankengebäude, dem das Leitbild der reflexiven Handlungsfähigkeit entstammt, weist verschiedene Entwicklungsstufen auf. Sie können als geschichtliche Zäsuren grundlegender gesellschaftlicher und soziologischer Veränderungen gelten, die das Verhältnis des Individuums zu seiner Umwelt und seine Fähigkeit zur

Selbstbestimmung bzw. Emanzipation jeweils neu definieren. Auch wenn das Leitbild der reflexiven Handlungsfähigkeit nicht allein auf die Fähigkeit zur Selbstbestimmung und Emanzipation abzielt, lässt sich daran doch die Entwicklung der Anforderungen am konkretesten erläutern:

Die ersten Ansätze zur Förderung von Emanzipation und Mündigkeit, die in der reflexiven Handlungsfähigkeit eine zentrale Bedeutung einnehmen, gehen zurück auf die Aufklärung. Seit dieser Zeit wird die Notwendigkeit, dass sich Individuen ihrer Lebenssituation bewusst werden und diese reflektieren, in den Begriff der Mündigkeit gefasst. Die Aufklärung als Reaktion auf Barock, Orthodoxie und Gegenreformation ist als Bewegung des Wandels in allen gesellschaftlichen Bereichen zu begreifen. Sie bringt eine Dynamik in überkommene und erstarrte Formen, die sich in Politik und Wirtschaft, Kunst und Philosophie bis hin zu Wissenschaft und Erziehung niederschlägt. Die grundlegenden gesellschaftlichen Veränderungen in der Zeit der Aufklärung bewirken Emanzipation im Sinne der Freisetzung neuer Möglichkeiten unter Beseitigung alter Ordnungen. Sie bringen den „sich aus den alten Ordnungen emanzipierenden Menschen die Freiheit und die Verpflichtung zur Selbstverantwortung und Selbstgestaltung einer Existenz" (Strunk 1988, S. 99) hervor. In dem daraus erwachsenden Bildungsbegriff spiegelt sich die zentrale Idee der Aufklärung wider, die Kant als den „Ausgang des Menschen aus seiner selbstverschuldeten Unmündigkeit" (Kant 1783) bezeichnet. Seine Beantwortung der Frage, was Aufklärung sei, führt zugleich den Begriff der Emanzipation in einen positiven und politischen Sinnzusammenhang (vgl. Ruhloff 2004, S. 280). Die Umsetzung der Idee der Aufklärung in allen Volksschichten führt zur Forderung einer breiten Volksbildung unter dem Leitbild, freie, mündige Menschen heranzubilden und macht Emanzipation zur Zeit der Aufklärung zu einem „antiständischen Begriff, der den Nenner für alle Forderungen liefert, die auf Beseitigung rechtlicher, sozialer, politischer und ökonomischer Ungleichheit zielen" (Ruhloff 2004, S. 280). Auch Pestalozzi fährt in dieser Richtung fort, indem er eine Erziehung zur Menschlichkeit mit Kopf, Herz und Hand fordert anstelle des Abrichtens auf lernbare Techniken. Bildung in diesem Verständnis verfolgt die Frage: „Wie kann der Mensch angeregt werden, die Möglichkeit zu vernünftiger Selbstbestimmung wahrzunehmen und die dafür erforderlichen Fähigkeiten auszubilden?" (Strunk 1988, S. 101).

Eine frühe Verwendung von Emanzipation in einem engeren pädagogischen Kontext findet sich bei Wilhelm von Humboldt. Bei ihm setzt sie geführtes Lernen im Schulunterricht voraus und bedeutet die Entlassung daraus, nachdem der Schüler „zu selbstständiger Lenkung seines Lernens reif geworden ist" (Ruhloff 2004, S. 281). Trotz seiner Bedeutung für pädagogische Bestrebungen ist Ruhloff zufolge (vgl. 2004, S. 281) Emanzipation jedoch im 19. Jahrhundert und bis weit in das 20. Jahrhundert nicht als pädagogischer Fachbegriff reklamiert worden. Bis etwa 1965 blieb Emanzipation und das mit ihr verbundene Gedankengebäude ein seltener und marginaler Begriff in der deutschen Pädagogik. Erst im Zusammenhang mit den wissenschaftstheoretischen Debatten der 1960er Jahre erfolgt eine theoretische Profilierung zu einer Kategorie mit einem „umfassenden pädagogischen Grundlegungsanspruch" (Ruhloff 2004, S. 283). In diesem Zusammenhang entwickelt sich der Begriff der Emanzipation zum zentralen Begriff für politische und gesellschaftliche Selbstbestimmung, der in den Bestrebungen der kritischen Erziehungswissenschaft der 1960er und 1970er Jahre wie z.B. Klafki sie versteht (vgl. Kap. 1.3) deutlich wird. In dieser Zeit formuliert Blankertz (1966), Pädagogik habe ihr „erkenntnisleitendes Interesse in Mündigkeit und Emanzipation" und gewinne „die Maßstäbe der Kritik durch ihr Interesse an der Aufhebung von Verdinglichung und Selbstentfremdung" (Blankertz 1966, S. 74f.).

In der kritischen Erziehungswissenschaft wird davon ausgegangen, dass die Entbindung kritischer Vernunft als Aufgabe und Chance von Bildung möglich und notwendig ist (vgl. Klafki 1976; Lempert 1974). Zudem wird geltend gemacht, Erziehungswissenschaft habe es mit einer Praxis zu tun, deren Zweck die „Mündigkeit des Subjektes" (Mollenhauer 1973, S. 10) sei. Zentrales Anliegen der kritischen Erziehungswissenschaft ist ein emanzipatorisches Interesse, das darauf abzielt, Individuen von den Bedingungen, die ihr Denken und Handeln einschränken, zu befreien und zur Fähigkeit der kritischen Selbstbestimmung zu führen. Zur Begründung des emanzipatorischen Interesses in der kritischen Erziehungswissenschaft wird auf die kritische Theorie und die Ideologiekritik und Interessenlehre von Habermas zurückgegriffen[13] (vgl. Leu 1978, S. 22; Ruhloff 2004, S. 285).

Die Betonung des emanzipatorischen Interesses führt zu einer Verschiebung der Zielsetzung allgemeiner Bildung von einer möglichst differenzierten, rezeptiven Aneignung der Umwelt zur Vermittlung von Voraussetzungen für ihre fortschreitende Veränderung und Gestaltung. Die Aufgabe pädagogischer Theorie und Praxis im Zeichen von Emanzipation wird dahingehend bestimmt, durch den Einblick in die gesellschaftlichen Bedingungen „in der heranwachsenden Generation das Potenzial rational begründeter gesellschaftlicher Veränderungen hervorzubringen" (Ruhloff 2004, S. 284). So wird sie von Klafki begriffen als „selbsttätig erarbeiteter und personal verantworteter Zusammenhang von drei Grundfähigkeiten, der Fähigkeit zur Selbstbestimmung, der Mitbestimmungsfähigkeit und der Solidaritätsfähigkeit" (Krüger 1997, S. 71). Die pädagogisch und politisch progressiven Momente im klassischen Bildungsbegriff arbeitet Klafki aus dem Zeitalter der Aufklärung heraus und beansprucht sie unter den veränderten Verhältnissen der Gegenwart und angesichts der Entwicklungsmöglichkeiten der Zukunft kritisch weiterzudenken (Klafki 1985, S. 16). Insbesondere den im klassischen Bildungsbegriff der Aufklärung angelegten Aspekt der ‚Bildung als Entwicklung der Vielseitigkeit' entwickelt er dahingehend weiter, dass Allgemeinbildung immer auf „die Förderung von Argumentations- und Kritikfähigkeit, von sozialer Empathie sowie moralischer Entscheidungs- und Handlungsfähigkeit" (Krüger 1997, S. 7) abzielen sollte. Dabei ist es notwendig, eine „kritische" Handlungskompetenz komplementär zur fachlichen Handlungskompetenz zu bestimmen. Zwar wird von Klafki betont:

> „Die Orientierung an ‚Emanzipation' oder ‚Selbst- und Mitbestimmung' im Sinne oberster Lernziele oder allgemeinster Prinzipien für Lernzielbestimmung sollen strukturell genau das gleiche leisten wie die Kategorie der Bildung: sie bezeichnen nämlich zentrierende, übergeordnete Orientierungs- und Beurteilungskriterien für alle pädagogischen Einzelmaßnahmen" (Klafki 1985, S. 13).

---

13 Den Begriff des kommunikativen Handelns hat Habermas als Gegenbegriff zum zweckrationalen Handeln entworfen. Als zweckrationales Handeln fasst er Handeln gegenüber Objekten, mit dem schon definierte Ziele unter gegebenen Bedingungen nach bestimmten Regeln angestrebt werden. Demgegenüber bezieht sich kommunikatives Handeln auf die Interaktion zwischen Subjekten, die sich nicht nach obligatorisch geltenden Normen richtet. Die Normen kommunikativen Handelns ergeben sich vielmehr aus ihrer diskursiven Begründbarkeit: „[...] wir supponieren, dass die Subjekte sagen können, welcher Norm sie folgen und warum sie diese Norm als gerechtfertigt akzeptieren; damit unterstellen wir zugleich, dass Subjekte, denen wir diskursiv zeigen können, dass sie die beiden genannten Bedingungen nicht erfüllen, die entsprechende Norm fallen lassen und ihr Verhalten ändern würden" (Habermas zit. nach Leu 1978, S. 22). Mit dem Begriff des kommunikativen Handelns wird das Ideal des herrschaftsfreien Diskurses verfolgt, der die bisherigen Grenzen der Gesellschaft und ihrer Kommunikation zu überwinden vermag. Während zweckrationales Handeln die Beherrschung technischer Regeln und Fertigkeiten für die Einschätzung und Bewältigung objektiver Anforderungen voraussetzt, erfordert kommunikatives Handeln allgemeine Fähigkeiten wie Reflexionsfähigkeit, Rollendistanz, Empathie und Ambiguitätstoleranz. Dementsprechend begreift Habermas Bildungsprozesse nicht allein im Medium der Sprache, sondern gleichermaßen im System sozialer Herrschaft und Arbeitsteilung (Lempert 1971, S. 313). In der kritischen Erziehungswissenschaft wird der Begriff des kommunikativen Handelns aufgenommen und damit eine „zwanglose Form der Interaktion bezeichnet, in der Herrschaftsverhältnisse aufgehoben werden und alle Beteiligten einen diskursiven Ausgleich der Interessen anstreben" (Leu 1978, S. 22). Im Zentrum steht dabei der Aspekt, dass die Einsicht in gesellschaftliche Einschränkungen der Entfaltung einer Individualität notwendig ist, die es erlaubt über die Bedingtheit des eigenen Handelns zu reflektieren und es dem Individuum ermöglicht, sich von Normen und Anforderungen zu distanzieren. Der Ausgleich von Erwartungen und Bedürfnissen der Beteiligten und damit die Überwindung situativer Gegebenheiten sollte also über kommunikatives Handeln und die damit verbundene Reflexion herbeigeführt werden.

In der Betonung der Fähigkeit zur Orientierung liegt jedoch eine entscheidende qualitative Neuerung des Begriffsverständnisses der kritischen Erziehungswissenschaft, nämlich der hier relevante Aspekt von Selbstbetimmung und Emanzipation.

Während Klafki die Leitidee der Emanzipation im Rahmen seines Allgemeinbildungskonzepts diskutiert, bearbeitet Lempert (1974) die Frage der Emanzipation und des emanzipatorischen Erkenntnisinteresses für die wissenschaftliche Analyse beruflicher Bildungsprozesse. Er legt sein berufspädagogisches Reformkonzept unter dem programmatischen Titel „Leistungsprinzip und Emanzipation" vor. Damit strebt er die Herstellung von mehr sozialer Gerechtigkeit und Demokratie, auch in der Wirtschaft und in den Betrieben, durch besser gebildete und ausgebildete Angehörige bisher benachteiligter Bevölkerungskreise an. Unter Emanzipation versteht Lempert (1974, S. 14)

> „die Erweiterung menschlicher Handlungs- und Befriedigungsmöglichkeiten und -fähigkeiten; sie bezieht sich also auf die Selbstentfaltung einerseits, Bedürfnisbefriedigung andererseits und ist an objektive Bedingungen und subjektive Potenziale gebunden."

Lempert diskutiert unter dem Begriff der Emanzipation unterschiedliche Arten emanzipatorischen Interesses, womit er nicht nur zwei verschiedene Bereiche anspricht, sondern die Emanzipationsbegriffe auch unterschiedlich ausrichtet. Als grundsätzliches Interesse im beruflichen Kontext weist er

> „das Interesse am Abbau und an der Demokratisierung technisch-bürokratisch organisierter Herrschaft durch Ermöglichung von Spontaneität und Ausdehnung von Auftragsautorität" (Lempert 1974, S. 15)

aus. Neben diesem als „Klasseninteresse" bezeichneten emanzipatorischen Interesse, weist Lempert noch das emanzipatorische Interesse an Naturbeherrschung und an Selbstverwirklichung aus. Während er unter dem emanzipatorischen Interesse an Naturbeherrschung die Emanzipation von der Natur durch Herrschaftsausübung über die Natur ansieht, bezeichnet das emanzipatorische Interesse an Selbstverwirklichung die Emanzipation innerhalb der Gesellschaft (und nicht über sie) (vgl. Lempert 1974, S. 15). Als notwendige Bedingungen und als Medium für den Prozess der Emanzipation hebt er die Fähigkeit zu Kritik und Selbstreflexion hervor. Zentral ist dabei die produktive Leistung der Selbstreflexion, die nicht nur Kritik bestehender Verhältnisse beinhaltet, sondern darauf aufbauend auch den Entwurf von Alternativen. Damit sind Kritik und Selbstreflexion die „Antriebskräfte für künftige Strategien" (Lempert 1971, S. 319) und die notwendigen – wenn auch nicht hinreichenden – Bedingungen für Emanzipation.

Besonders diese von Lempert vorgenommene Aufschlüsselung von Selbstbestimmung durch produktive Kritik und Selbstreflexion geht weit über jenes Begriffsverständnis von Emanzipation hinaus, das weiter oben für die Aufklärung herausgearbeitet wurde. Sie schlägt sich seitdem in unterschiedlicher Qualität und Intensität in den Formulierungen zu Leitbildern beruflicher Bildung nieder. So betont Benner, emanzipierende Erziehung ermöglicht, Lernprozesse auch „jenseits von pädagogischer Unterstützung und Gegenwirkung zu entwerfen und zu interpretieren", womit sie der „Konstitution eines reflexiven Selbst- und Weltverständnisses" genügt (Benner 2000, S. 36). Während sich der emanzipatorisch-kritische Aspekt in den Überlegungen des Deutschen Bildungsrates 1974 – wie bereits erläutert – noch im Begriff der Humankompetenz wiederfindet, scheint er in den 1980er und 1990er Jahren an Intensität zu verlieren. So wird Emanzipation z.B. in den Rahmenvereinbarungen über die Berufsschule der Kultusministerkonferenz seit 1991 lediglich in der übergreifenden Zielsetzung berührt. Als allgemeines Ziel beruflicher Bildung wird dort die Förderung der Handlungskompetenz als „Fähigkeit des Einzelnen, sich in gesellschaftlichen, beruflichen und privaten Situationen sachgerecht, durchdacht sowie individuell und sozial verantwortlich zu verhalten" (KMK 1999, S. 4), fixiert.

Am intensivsten wird der Begründungszusammenhang zwischen Selbstbestimmung und Reflexion in der Erwachsenenpädagogik weiterverfolgt. In den 1980er Jahren brachte dort die „reflexive Wende" (Arnold 2002, S. 30) den Persönlichkeitsbezug des Erwachsenenlernens stärker ins Bewusstsein und hob die Identitätsbildung als Aufgabe und Ziel der Erwachsenenbildung hervor. Die reflexive Wende in der Erwachsenenpädagogik ist hier in so weit von Belang, als sie die aus der kritischen Erziehungswissenschaft stammende Aufschlüsselung von Selbstbestimmung in konstruktive Kritik und Selbstreflexion aufnimmt und den Fokus auf das Individuum selbst und seine Lebenssituation richtet. Mit dieser Subjektorientierung setzt

> „die Erwachsenenpädagogik die Aufklärungstradition fort, Menschen durch die Ermöglichung von Lern- und Reflexionsprozessen zur Hinterfragung, Reflexion und Transformation eingelebter und ‚bewährter' Sichtweisen zu führen" (Arnold 2001, S. 59).

Entgegen der bisherigen Auffassung einer gesellschaftspolitischen Funktion und Zielsetzung von Erziehung wird in diesen Positionen für eine Erziehungstheorie plädiert, die „ihren systematischen Ausgangspunkt im Individuum nimmt und an diesem Bezugspunkt als Zentrum ihrer Überlegungen und Aktivitäten festhält" (Kade 1982, S. 11). Zentral ist dabei immer weniger die Notwendigkeit einer Emanzipation von äußeren Bedingungen, sondern vielmehr die Identitätsbildung des Subjektes zum Souverän. Diese Veränderung zeigt sich auch in der Notwendigkeit zum Umgang mit offenen Situationen und zur Gestaltung der eigenen Lebens- und Arbeitswelt, die im Kontext der Diskussion um eine reflexive Modernisierung besonders hervorgehoben wird.

Durch den Diskurs über die reflexive Modernisierung wird der Begriff der Selbstbestimmung und Emanzipation in Verbindung mit Reflexivität indirekt weiter bearbeitet und bringt eine für das Leitbild der reflexiven Handlungsfähigkeit wesentliche Begriffsentwicklung mit sich. In Anlehnung an die Ideen der kritischen Theorie diskutiert Lash (1996) die Folgen der reflexiven Modernisierung für das Individuum und sein Verhältnis zur Gemeinschaft. Er geht davon aus, dass die reflexive Moderne „die Individuen selbst aus diesen kollektiven, abstrakten Strukturen wie Klasse, Kernfamilie und uneingeschränktem Glauben an die Gültigkeit der Wissenschaft freigesetzt" (Lash 1996, S. 203) und damit sämtliche Orientierungen des Individuums aufgelöst hat. Diese Freisetzung der Akteure aus der Struktur und die Reflexion dieser Bedingungen wird im Begriff der Reflexivität gefasst. Die besondere Bedeutung, die der Reflexivität in diesem Zusammenhang zugeschrieben wird, resultiert im Wesentlichen aus „der Minimierung der Unsicherheit" (Lash 1996, S. 205), die sie durch die Bewusstmachung gesellschaftlicher Bedingungsgefüge wie dem der Individualisierung zulässt. Der Begriff der Selbstbestimmung erhält somit in der Orientierung und in der Minimierung von Unsicherheiten eine weitere Schwerpunktsetzung.

Lash unterscheidet dabei zwei Formen der Reflexivität. Strukturelle Reflexivität hat die Bewusstmachung der Regeln und Ressourcen und der eigenen Strukturen und sozialen Existenzbedingungen der Handelnden zum Ziel, während Selbstreflexivität das Reflektieren der Handelnden über sich selbst beschreibt, das „an die Stelle der früheren heteronomen Bestimmung der Handelnden die Eigenbestimmung" (Lash 1996, S. 203f.) tritt. Reflexivität ist zunächst eine Folge der Prozesse reflexiver Modernisierung. So bringt der Zwang zur Innovativität, in dem sich Unternehmen befinden, es mit sich, dass materiale Arbeitsprozesse abnehmen und wissensintensive Entwicklungsprozesse zunehmen. Die Zunahme von Wissensintensität jedoch

> *„bedingt Selbstreflexion in dem Sinn, dass die Fremdkontrolle der Arbeiter mittels Regeln durch Eigenkontrolle ersetzt wird. Das bedeutet strukturelle Reflexivität inso-*

> *fern, als die Regeln und Ressourcen des Unternehmens, das die Arbeiter nicht mehr kontrolliert, für die Handelnden zum Gegenstand der Reflexion werden, die diese Regeln und Ressourcen auf vielfältige Art umformulieren und verwenden können, um ständig innovativ zu sein"* (Lash 1996, S. 209f.).

Dieser soziologischen Betrachtung Lashs zur Reflexivität liegt eine Unterscheidung zwischen struktureller und Selbstreflexivität zugrunde, die als Erweiterung der Selbstreflexion anzusehen ist. Die oben herausgearbeitete Aufschlüsselung von Selbstbestimmung in produktive Kritik und Selbstreflexion wird dadurch weiter differenziert. Reflexivität wird dabei in Verbindung mit der Fähigkeit des Einzelnen zur Distanzierung von sich selbst (Selbstreflexivität) und von seiner Umwelt (strukturelle Reflexivität) gesehen. Mit der über die Selbstreflexivität hinausgehenden strukturellen Reflexivität nimmt Lash die Anforderung der Gestaltung von Umwelt- und Arbeitsbedingungen durch das Subjekt in den Reflexivitätsbegriff auf und bezieht sie auf die gesellschaftlich-strukturelle Seite von Reflexivität, die die Grundlage für gesellschaftliche Veränderungs- und Gestaltungsprozesse durch die Handelnden darstellt. Die Fähigkeit zur Distanzierung von sich selbst und den umgebenen Strukturen wird durch die Biographie und die darin absolvierten Bildungs- und Entwicklungsschritte bestimmt, beeinflusst diese aber wiederum rekursiv. So stellt Lash mit dem Bild der Reflexivitätsgewinner und Reflexivitätsverlierer fest, dass der Grad individueller Reflexivität über die Stellung des Einzelnen in der Gesellschaft entscheidet. Auch Faulstich formuliert die Notwendigkeit einer reflexiven Kompetenz als Meta-Kompetenz, „welche die Fähigkeit beschreibt, sich von den unmittelbaren Zusammenhängen zu distanzieren und sich zu sich selbst in Beziehung zu setzen" (Faulstich 1996, S. 376).

Diese soziologisch begründete Bedeutung von Reflexivität für die individuelle Lebensgestaltung lässt sich durch empirische Ergebnisse aus der Handlungspsychologie zumindest teilweise bestätigen. So haben Hoff und Ewers u.a. in einer Studie (2002 und 2003) unter dem Paradigma des „reflexiv handelnden Subjekts" die Bedeutung von Reflexivität für die subjektive Auseinandersetzung mit diskrepanten oder widersprüchlichen externen Handlungsanforderungen und internen Handlungszielen untersucht. Sie beziehen sich auf ein

> „Verständnis vom Menschen, dessen Handeln nicht nur einseitig durch externe, sozialstrukturell bedingte Anforderungen, sondern auch durch interne Strebungen und autonom gesetzte Ziele bestimmt wird" (Hoff 2003, S. 3).

Die (ersten) Ergebnisse dieser Studie weisen darauf hin, dass Handeln im Sinn eines „reflexiv handelnden Subjekts" in der untersuchten Gruppe zu beobachten ist. Reflexiv handelnden Subjekten kann demnach zugesprochen werden, dass sie in Abgrenzung zur Arbeitszentrierung des Arbeitskraftunternehmers neben Arbeit auch andere soziale Umfelder wie Partner oder Familie haben und in ihrer Lebensführung Arbeit und Freizeit integrieren. Zudem wird ihnen die Fähigkeit zur Reflexion diskrepanter Motive und Ziele sowie „kontrollierte Autonomie" zugesprochen (Hoff u.a. 2003). Damit wird belegt, dass sich neben Selbstreflexivität auch strukturelle Reflexivität im Verhalten von Arbeitenden nachweisen lassen. Das hier zentrale Leitbild der reflexiven Handlungsfähigkeit lässt sich also nicht nur aufgrund berufspädagogisch-bildungstheoretischer Überlegungen begründen, sondern auch durch empirische Befunde stützen.

Zusammenfassend lässt sich in Bezug auf das Leitbild der reflexiven Handlungsfähigkeit und seine Entwicklung festhalten: Während in den 1960er und 1970er Jahren Reflexion bzw. Reflexivität auf die Selbstbestimmung des Individuums gegenüber seiner Umgebung bezogen war und als Verbindung von Selbstreflexion und produktiver Kritik gesehen wurde, der eine emanzipatorisch-kritische Konnotation innewohnt, wird dieses Bild durch Analysen zur reflexiven Modernisierung erweitert. Insbesondere Lash betont durch die Differenzierung von Reflexivität den nach innen gerichteten Aspekt der Minimierung von Unsicherheit und führt zugleich den Aspekt der strukturellen Reflexivität ein, wodurch das Verhältnis des Individuums zu seiner Umgebung bzw. zu den Umgebungsbedingungen stärker gewichtet wird. Die Differenzierung in strukturelle Reflexivität und Selbstreflexivität stellt eine Verknüpfung zwischen der emanzipatorisch-kritischen Bedeutung und der in jüngster Zeit entstandenen Konnotation von Reflexivität her. Zur Klärung des Leitbilds der reflexiven Handlungsfähigkeit kann damit festgehalten werden: Reflexive Handlungsfähigkeit bildet eine über die berufliche Handlungskompetenz hinausgehende Zielsetzung von Kompetenzentwicklung (vgl. Dehnbostel 2001, S. 78).

Aufgrund der dargestellten Bezüge ist reflexive Handlungsfähigkeit sowohl am Aspekt der Selbststeuerung im Sinne nach innen gerichteter Minimierung von Unsicherheit, Souveränität und Eigenverantwortung als auch an jener Form der Selbstbestimmung orientiert, die auf eine Emanzipation von äußeren Bedingungen zielt. Beide Formen von Selbststeuerung erfordern jedoch ein Handeln in sozialer bzw. gesellschaftlicher Verantwortung. Als wesentlicher Faktor der Förderung und Entwicklung reflexiver Handlungsfähigkeit kann eine Reflexivität gelten, die sich in strukturelle und Selbstreflexivität unterteilen lässt (vgl. Lash 1996). Dieses Leitbild beruflicher Bildung ist für die vorliegende Arbeit insofern maßgebend, als es eine Zielorientierung der konzeptionellen Merkmale für kompetenzförderliche Kompetenzanalysen bereitstellt. Daran anknüpfend wird in Kapitel 6 diskutiert, welcher Beitrag zur Förderung reflexiver Handlungsfähigkeit durch kompetenzförderliche Kompetenzanalyse geleistet werden kann.

Die hier ausgeführte Orientierung am Leitbild der reflexiven Handlungsfähigkeit muss jedoch ihrerseits kritisch reflektiert werden, da sie in die Bildung der Leitkriterien zur Kompetenzentwicklung einfließt. So ist bereits der Begriff der Emanzipation in der Diskussion um die kritische Erziehungswissenschaft vielfach kritisiert worden. Zu den zentralen inhaltlichen Kritikpunkten gehört die fehlende begriffliche Präzisierung des Begriffs Emanzipation. So ist zum einen der Beitrag von Erziehungsprozessen zur Emanzipation näher zu bestimmen (vgl. König/ Zedler 1998, S. 137). Zum anderen wurde eine Klärung des Emanzipationsbezugs zu individuellen Entwicklungsprozessen als Desiderat benannt. Einer solchen Kritik muss auch das Leitbild der reflexiven Handlungsfähigkeit unterzogen werden. Auch wenn die obige Begriffsfassung zu konkreten Aussagen über den Charakter von reflexiver Handlungsfähigkeit kommt und pädagogisch sowie soziologisch abgesichert ist, besteht doch in der abstrakten Normativität von Bildungszielen gegenüber der pädagogischen Praxis ein Spannungsfeld, das auch hier deutlich geworden ist.[14] Bezüglich reflexiver Handlungsfähigkeit wäre z.B. zu diskutieren und empirisch zu untersuchen, ob und wie pädagogisches Handeln Einfluss auf die Reflexivität der Lernenden nehmen kann und wie erfolgreich Lernmethoden sind, die Reflexion zum zentralen Ansatzpunkt nehmen. Auch das Verhältnis zwischen Biographie und Reflexivitätsniveau, das oben mit dem Bild von Reflexivitätsgewinnern und -verlieren skizziert wurde, muss weiter diskutiert werden. Zudem wäre weiterführend zu fragen, wie der Dualismus zwischen dem Individuum und den umgebenden Strukturen bearbeitet werden kann und einer „Dualität" – im Sinne der Vermittlung zwischen individuellen Lern- und Handlungsprozessen und betrieblichen Arbeitsbedingungen und Organisationsstrukturen – zugeführt werden kann. Diese Frage lässt sich in analytischer, theoriebildender und anwendungsorientierter Hinsicht z.B. durch strukturationstheoretische Ansätze bearbeiten (vgl. u.a. Ortmann/ Sydow/ Windeler 1997).[15]

---

14 Zur Begründung und Fundierung von pädagogischen Zielen weist Klafki (1989) fünf Aspekte aus, an denen sich Erziehungswissenschaft orientieren kann und muss. Diese oder andere Kriterien könnten zu einer weiteren Bearbeitung des Leitbildes der „reflexiven Handlungsfähigkeit" herangezogen werden.

3.3.2 Der Prozess der Kompetenzentwicklung in der pädagogischen Theorie

Hinsichtlich der Kompetenzentwicklung stehen in der Berufspädagogik besonders Fragen in Bezug auf das Leitbild von Kompetenzentwicklung im Mittelpunkt. Außerdem werden didaktisch-methodische Fragen der Entwicklung von Kompetenz z.B. in den Konzepten der Handlungsorientierung oder des selbstgesteuerten Lernens verfolgt. Die berufspädagogische Betrachtung findet also auf dem bildungstheoretischen sowie auf dem erziehungspraktischen Niveau statt.

Die genaue Betrachtung der Frage, wie sich der Erwerb und die Entwicklung von Kompetenzen vollzieht und welche umgebenden Bedingungen demzufolge kompetenzförderlich sind, haben in der jüngeren berufspädagogischen Diskussion jedoch einen eher geringen Stellenwert.[16] Da das hier formulierte Anliegen, zu Leitkriterien für Kompetenzentwicklung zu gelangen, jedoch eine Klärung der individuellen Prozesse von Kompetenzentwicklung voraussetzt, muss die Frage, wie sich Kompetenzentwicklung konkret vollzieht, im Folgenden näher betrachtet werden. Dazu ist es erforderlich, auf Theorieansätze der allgemeinen Erziehungswissenschaft zurückzugreifen, die mit den berufspädagogischen Traditionen verknüpfbar sind.

Eine solche Analyse sieht sich nicht nur der hohen Komplexität des Gegenstandes Kompetenz und dessen Entwicklung gegenüber, sondern auch einer Vielzahl von Theorien, die Einzelaspekte der Kompetenzentwicklung thematisieren. In der Tradition der kritischen Erziehungswissenschaft, die aufgrund der wissenschaftstheoretischen Verortung dieser Arbeit hier besondere Bedeutung hat (vgl. Kap. 1.3), haben sich im Wesentlichen zwei erziehungswissenschaftliche Konzepte zur Kompetenzentwicklung herausgebildet. So thematisiert zum einen die im Wesentlichen von Aufenanger begründete erziehungswissenschaftliche Richtung der Entwicklungspädagogik kompetenztheoretische Überlegungen. Zum anderen bezieht sich

---

15 Zudem ist zu bedenken, dass reflexive Handlungsfähigkeit eine berufspädagogisch begründete Zielsetzung von Kompetenzentwicklung darstellt, die von anderen Interessengruppen nicht angestrebt wird. So zielt Kompetenzentwicklung in der Auffassung von Sauer explizit nicht auf den „emanzipierten Mensch der 70er Jahre, der sich aus den Bedrängnissen herauslöst, sich daneben stellt" (Sauer 2002, S. 51). Vielmehr wird dafür ein „Typ Mensch" benötigt, der „in distanzierter Auseinandersetzung mit den Notlagen und damit der Knappheit der Ressourcen sich auseinandersetzt" (Kohn/ Weinberg zit. nach Sauer 2002, S. 51).

16 Einzig die Überlegungen von Geißler (1974), der die Bedeutung und Entwicklung kritischer Kompetenz in der beruflichen Ausbildung in den Blick nimmt, können dieser Frage zugeordnet werden. Da dieser Ansatz jedoch im Wesentlichen die Entwicklung von Kritik und Kritikfähigkeit, weniger aber die Entwicklung von Kompetenz betrachtet, ist er für die hier relevante Frage eher unergiebig. Aufgrund dieser Theorielage in der Berufspädagogik muss hier der Fokus auf ande-re erziehungswissenschaftliche Theorieansätze erweitert werden.

die handlungstheoretisch orientierte Erziehungswissenschaft, wie sie etwa von Krüger und Lersch vertreten wird, z.T. ebenfalls auf kompetenztheoretische Ansätze. Beide Zugänge greifen auf ähnliche kompetenztheoretische Ursprungs- bzw. Bezugstheorien zurück und machen sie für pädagogische Zusammenhänge nutzbar. Diese beiden Konzepte nehmen hier eine Schlüsselfunktion ein, obschon sie nicht auf der grundsätzlichen Ebene von kompetenztheoretischen Ausgangstheorien verortet sind. Gleichwohl betrachten sie die Frage, wie sich Kompetenzentwicklung konkret vollzieht, sehr genau und bewegen sich zudem in der Tradition kritischer Erziehungswissenschaft. Ihre nähere Betrachtung erklärt sich also zum einen wissenschaftstheoretisch, zum anderen dadurch, dass beide Ansätze Kompetenzentwicklung bereits für pädagogische Belange und Prozesse nutzbar machen und damit eine gewisse Nähe zur berufspädagogischen Betrachtung von Kompetenz aufweisen.

Der Versuch, eine berufspädagogische Perspektive unter Bezugnahme auf verschiedene Erklärungsansätze der allgemeinen Erziehungswissenschaft zu entwerfen, scheint insofern aussichtsreich, als die Theorien nicht völlig unterschiedlichen wissenschaftlichen Traditionen entstammen, sondern von vergleichbaren Grundauffassungen ausgehen und – wie im Folgenden deutlich werden wird – mit den oben für die Berufspädagogik herausgearbeiteten Begriffsauffassungen durchaus kompatibel sind. So zeigt sich, dass in diesen Ansätzen Kompetenz als subjektbezogene Kategorie angesehen wird und Kompetenzentwicklung als Ergebnis von adaptiven und konstruktiven Handlungsprozessen des Subjekts mit seiner Umwelt, also als Resultat der Wechselbeziehung zwischen Individuum und Umwelt.

Bei der Analyse dieser beiden erziehungswissenschaftlichen Ansätze und, soweit notwendig, ihrer kompetenztheoretischen Bezugs- bzw. Ausgangstheorien soll zunächst untersucht werden, welche kongruenten Aspekte für die Entwicklung von Kompetenzen auszumachen sind und welche pädagogischen Schlussfolgerungen daraus von den Autoren jeweils gezogen werden. Die erarbeiteten Aspekte können dann zu Leitaspekten für Kompetenzentwicklung und ihre pädagogische Gestaltung im Kontext betrieblich-beruflichen Lernens verdichtet werden.

(1) Der Entwicklungspädagogische Ansatz von Aufenanger

Das Konzept der Entwicklungspädagogik ist insbesondere von Aufenanger (1992) begründet worden. Den Begriff der Entwicklungspädagogik übernimmt er von Roths Überlegungen zur pädagogischen Anthropologie und definiert ihn als

> *„eine Theorie pädagogischen Handelns, die Entwicklung als Ziel der Erziehung ansieht, indem einerseits die zum menschlichen Handeln in der Gesellschaft notwendigen Entwicklungsprozesse hervorgebracht und andererseits gleichzeitig die Entwicklungsbedingungen des Subjekts mitberücksichtigt werden"* (Aufenanger 1992, S. 11).

Aufenanger fokussiert zur (Weiter-)Entwicklung der Theorie der Entwicklungspädagogik den Aspekt der soziogenetischen Perspektive, worunter er die Aspekte der sozialen Konstitution von Kompetenzen versteht. In Anlehnung an das von Klafki (1976) formulierte Bildungsziel sieht er das Ziel von Erziehung im Sinn der Entwicklungspädagogik in der Autonomie des zu erziehenden Subjekts. Damit steht die Entwicklungspädagogik nach dem Ansatz von Aufenanger in der Tradition der kritischen Erziehungswissenschaft.

Bei der Ausarbeitung der Entwicklungspädagogik setzt Aufenanger an entwicklungspädagogischen Überlegungen Roths an. Im zweiten Band seiner „pädagogischen Anthropologie" (Roth 1971), der den Untertitel „Entwicklung und Erziehung. Grundlagen einer Entwicklungspädagogik" trägt, hat Roth einen eigenen entwicklungspädagogischen Ansatz entwickelt, als dessen Grundbegriffe er Persönlichkeit bzw. Individualität, Entwicklung und Lernen nennt. Zentral sind ihm zum einen die Fragen nach der Entstehung von Individualität und dem Wechselverhältnis von Individuum und Umwelt dabei sowie ihre Förderung durch angemessene pädagogische Entwicklungsaufgaben, zum anderen die Frage des pädagogischen Leitbilds einer Entwicklung der Persönlichkeit, also der Zielrichtung von Entwicklung. Roth geht von einem weiten Entwicklungsbegriff aus, der eher einen Lern- als einen Reifungsprozess beschreibt. Er bezieht sich sowohl auf den organismischen Reifeprozess (Entwicklung der Fähigkeit zum Stehen, zum Laufen etc.) als auch auf den umfangreicheren Bereich der Entwicklung von Kompetenzen, die vom Subjekt in Sozialisations-, Lern-, und Entwicklungsprozessen eigentätig erworben werden. Entwicklung bezeichnet für ihn demzufolge den Prozess „von den ersten Anfängen instinkthaften Reagierens bis zur mündigen, selbstverantworteten Entscheidungshandlung" (Roth 1971, S. 589).

Damit bezieht Roth die Entwicklung von Kompetenz auf die gesamte Lebenszeit des Menschen und sieht den Entwicklungsprozess selbst als Stufenprozess an. Das höchste Niveau menschlicher Entwicklung sieht er in der moralischen Handlungsfähigkeit als einem Verhalten, das durch „Selbstbestimmung, Mündigkeit, Kritikfähigkeit, Kreativität und Freiheit" (Roth 1971, S. 589) gekennzeichnet ist. Den entscheidenden Schritt zu jener höchsten Stufe der menschlichen Handlungsfähigkeit sieht Roth in der Entwicklung zur „Freiheit im Sinne einer immer wirksamer werdenden Emanzipation aus den Zwängen seiner eigenen und der äußeren Natur [...] aber auch aus den Zwängen der Gesellschaft" (Roth 1971, S. 446). Das Entwicklungsziel ist also am Begriff der Mündigkeit ausgerichtet. Er versteht sie

> *"als Kompetenz zu interpretieren, und zwar in einem dreifachen Sinn:*
>
> *– als Selbstkompetenz (self competence), d.h. als Fähigkeit für sich selbst verantwortlich handeln zu können,*
>
> *– als Sachkompetenz, d.h. als Fähigkeit, für Sachbereiche urteils- und handlungsfähig und damit zuständig sein zu können, und*
>
> *– als Sozialkompetenz, d.h. als Fähigkeit, für sozial, gesellschaftlich und politisch relevante Sach- und Sozialbereiche urteils- und handlungsfähig und ebenfalls zuständig sein zu können" (Roth 1971, S. 180).*

Die pädagogische Aufgabe sieht er deshalb – wie bereits in Kapitel 3.2.2 ausgeführt – in der Entwicklung des Menschen zur Handlungsfähigkeit mittels Förderung der drei grundsätzlichen Kompetenzen, und zwar durch die Bewältigung komplexer Lern- und Erziehungsprozesse, in denen das Subjekt weder sich selbst überlassen bleibt noch eine „Dressur" stattfindet und die es „freimachen und zur Selbstbestimmung führen" (Roth 1971, S. 14f.).

Ausgehend von Roths Grundüberlegungen sieht Aufenanger (1992) drei Schritte zur weiteren Ausarbeitung eines entwicklungspädagogischen Ansatzes für notwendig an, zum einen die Bestimmung der Strukturen eines voll entwickelten Subjekts und damit der höchsten Stufe der Entwicklung, zum anderen die Beschreibung der Entwicklung und ihrer Bedingungen und schließlich die Herausarbeitung des Anteils pädagogischen Handelns für die Entwicklung (vgl. Aufenanger 1992, S. 29). Zur Bearbeitung dieser drei Schritte greift er auf die entwicklungstheoretischen Überlegungen Chomskys, Piagets und Kohlbergs zurück sowie auf Überlegungen, wie sie von Habermas und Oevermann im Rahmen der „rekonstruktiven Sozialforschung" angestellt wurden. Auf der Grundlage dieser Theorien führt Aufenanger zur Spezifizierung erzieherischen Handelns folgende zentrale Aspekte für die Entwicklung von Kompetenzen zusammen (vgl. Aufenanger 1992, S. 174f.):

Die höchste Stufe der Entwicklung von Kompetenzen wird in der autonomen Stellungnahme des Subjekts zur Sach-, Sozial-, und Innenwelt gesehen (vgl. Aufenanger 1992, S. 199). Aufenanger definiert Kompetenzen als kultur- und gesellschaftsunabhängiges Potenzial des Menschen, das jedoch kultur- und gesellschaftsspezifisch ausgebildet und entwickelt wird (vgl. Aufenanger 1992, S. 50ff.). Nach dieser Auffassung stellen Kompetenzen methodologisches, universales Wissen dar, „mit dessen Hilfe sich Probleme in unterschiedlichen Welten bewältigen lassen" (Aufenanger 1992, S. 200). Damit beschreibt auch er Kompetenz als subjektbezogene Kategorie, die sich im konkreten Handeln äußert und die Bewältigung offener Anforderungen ermöglicht. Zudem arbeitet er die Bedeutung von Kooperation für die Entstehung und die stufenweise Weiterentwicklung von Kompetenzen heraus. Die Teilnahme an Gemeinschaft und die Ausübung sozialer Beziehungen sowie die dafür notwendige Kooperation und Interaktion sind in diesem Ansatz für die Stimulierung von Kompetenzentwicklung entscheidend. So zeigt sich, dass auch die für Kooperationen erforderlichen Kommunikations- und Interaktionsstrukturen in unterschiedlicher Weise entwicklungsförderlich sind. Auch spezifische situative Bedingungen wie z.B. Wärme und Unterstützung, die Kinder durch ihre Eltern erfahren oder soziale Gerechtigkeitsstrukturen führen zur Weiterentwicklung von Kompetenzen. Dieser Aspekt wird auch als Atmosphäre bezeichnet und beschreibt die kompetenzförderliche Beschaffenheit des situativen Umfelds bzw. den situativen Rahmen (vgl. Aufenanger 1992, S. 194f.), die Aufenanger eingehend unter dem Aspekt der Soziogenese betrachtet. Er kommt zu dem Schluss, dass eine kompetenzförderliche Atmosphäre so zu gestalten ist, dass dem Kind eine Als-ob-Autonomie unterstellt wird, die ihm mehr Kompetenz zuspricht, als es faktisch realisieren kann und damit zur Entwicklung von Autonomie in den jeweiligen Kompetenzbereichen führt; so

> „dass das Erleben von Reziprozität ermöglicht wird, dass Widerspruch konstruktiv erfahren werden kann, dass Argumentationen möglich sind und Begründungen für Entscheidungen gegeben werden, dass das Kind an Entscheidungen beteiligt wird und dass es Vertrauen und eine positive affektive Beziehung erfahren kann" (Aufenanger 1992, S. 195).

Da Aufenanger Kompetenzentwicklung als Aufbau von Strukturen durch den Prozess der reflektierenden Abstraktion[17] versteht, folgert er, dass erzieherisches Handeln diesen Lernmechanismus unterstützen soll, indem eine Als-ob-Autonomie unterstellt wird, wodurch eine Interaktionsstruktur geschaffen wird, an der sich die zu erlernenden Regeln ablesen lassen. Eine Voraussetzung dafür, dass dieser Lern-

---

17 Der Begriff „reflektieren" soll beschreiben, dass anhand realer oder interiorisierter Handlungen neue Strukturen durch Reflexion auf einer höheren Ebene gebildet werden (vgl. Aufenanger 1992, S. 112).

mechanismus gelingt, sieht er in der Neugierde und Bereitschaft des Kindes (vgl. Aufenanger 1992, S. 203).

Inwiefern diese Zusammenhänge für die berufliche Kompetenzentwicklung nutzbar sind, wird weiter unten ausgeführt.

(2) Handlungstheoretisch orientierte Erziehungswissenschaft

Die handlungstheoretisch orientierte Erziehungswissenschaft wie sie von Krüger und Lersch (1993) entwickelt wurde, stellt das zweite hier wesentliche erziehungswissenschaftliche Konzept zur Kompetenzentwicklung dar. Es geht insbesondere auf die für Kompetenzentwicklung notwendigen strukturellen Rahmenbedingungen ein. Dabei wird u.a. Deweys Ansatz der pädagogischen Handlungstheorie herangezogen und der Erfahrungsbegriff als zentrale pädagogische Kategorie betont. Bei der Untersuchung der organisatorischen und institutionellen Bedingungsfaktoren wird zudem auf organisationstheoretische Konzepte aus der Tradition des Symbolischen Interaktionismus zurückgegriffen. In diesem Konzept werden also die organisatorischen und gesellschaftlichen Rahmenbedingungen in der Analyse intensiver betrachtet als in der Entwicklungspädagogik Aufenangers.

Auch die handlungstheoretisch orientierte Erziehungswissenschaft steht in der Tradition der kritischen Erziehungswissenschaft und sieht u.a. in Anlehnung an das persönlichkeitstheoretische Konzept von Habermas das Ziel von Erziehung in der Befähigung der „Edukandi zu autonomem Handeln in dieser Gesellschaft" (Krüger/ Lersch 1993, S. 105). Das höchste Niveau der Entwicklung wird im autonom handlungsfähigen gesellschaftlichen Subjekt gesehen, womit diese Zielsetzung wiederum mit dem Leitbild der reflexiven Handlungsfähigkeit kompatibel ist. Zur Beschreibung der Kompetenzstrukturen des Subjekts und der notwendigen Bedingungen ihrer Entfaltung werden ähnlich wie bei Aufenanger kompetenztheoretische Überlegungen angestellt.

Der Entwicklungsprozess selbst wird auch hier in Anlehnung an Piaget als konstruktiver Prozess auf der Grundlage assimilativer und akkommodativer Vorgänge beschrieben, der sich in zunehmend komplexer werdenden Entwicklungsstufen vollzieht und mit einer zunehmenden Autonomie des Subjekts einhergeht (vgl. Krüger/ Lersch 1993, S. 107f.). Ausgehend von den Entwicklungstheorien von Piaget, Habermas und Kohlberg beziehen Krüger und Lersch Deweys Theorie der Erfahrung auf den Prozess der Kompetenzentwicklung und führen damit die Bedeutung von Erfahrung als weiteren wesentlichen Aspekt von Kompetenzentwicklung aus.

> *„Seine [Deweys, J.G.] Konzeption kann als pädagogisches Komplement zu den Persönlichkeits- und Sozialisationstheorien von Piaget, Habermas und Kohlberg angesehen werden, die sich selber um eine pädagogische Auswertung ihrer entwicklungstheoretischen Ansätze – mit Ausnahme von Kohlberg – kaum bemüht haben"* (Krüger/ Lersch 1993, S. 144).

Dewey bestimmt den Zusammenhang zwischen individuellen Entwicklungsprozessen und intentionalem pädagogischen Handeln näher. In seiner Konzeption stellt der Begriff der Erfahrung eine zentrale Kategorie dar, die bereits in seinem Hauptwerk „Demokratie und Erziehung" (Dewey 1949) ausführlich begründet und beschrieben wird. Dewey sieht Erfahrung als Prozess an, für den die aktive Handlung und die sinnliche Rückmeldung als zwei voneinander abhängige Phasen konstitutiv sind. Das Wesen von Erfahrung kann nur verstanden werden,

> *„wenn man beachtet, dass dieser Begriff ein aktives und ein passives Element umschließt, die in besonderer Weise miteinander verbunden sind. Die aktive Seite der Erfahrung ist ein Ausprobieren, ein Versuch – man macht Erfahrungen. Die passive Seite ist ein Erleiden, ein Hinnehmen"* (Dewey 1949, S. 187ff.).

Die einfache Verknüpfung von aktiver Handlung und Erleiden ist dabei jedoch nur der Ansatzpunkt der Erfahrung. Abgeschlossen ist der Prozess der Erfahrungskonstitution nach Deweys Theorie erst, wenn

> *„das Denken die aktive und passive Phase der äußeren Erfahrung durchdringt, zwischen beiden Dimensionen der äußeren Erfahrung einen Zusammenhang herstellt, diesen in der inneren Erfahrung reflexiv verarbeitet, so dass es anschließend zum Aufbau neuer Erfahrungen kommt"* (Krüger/ Lersch 1993, S. 145).

Der Prozess der Erfahrungskonstitution verläuft also kreisförmig. Er vollzieht sich in der Interaktion des Subjekts mit der Umwelt und ist mit dem Prozess der Kompetenzentwicklung vergleichbar wie Piaget ihn beschreibt. Angesichts dieses Erfahrungsbegriffs stellen Erziehungsprozesse für Dewey einen spezifisch ausgewählten Ausschnitt des Prozesses adaptiv-konstruktiver Erfahrung dar. Pädagogisch intentionale Erfahrungsprozesse müssen das Kriterium der Wechselwirkung einerseits und der Kontinuität andererseits erfüllen (vgl. Dewey 1986, S. 291ff.).

Bei der Konzeption einer handlungstheoretisch orientierten Erziehungswissenschaft gründen Krüger und Lersch ihre Ausführungen zum Unterricht als kompetenzfördernden Handlungs- und Erfahrungsprozess auf Deweys Theoriekonzeption und arbeiten neun zentrale Prinzipien zur Kompetenzentwicklung in Unterrichtsprozessen heraus:

1. Das Prinzip der *Motivation* bezieht sich darauf, dass Unterrichtsprozesse nur dann kompetenzförderlich sind, wenn sie „im Schüler Interesse an weiteren Erfahrungen entstehen lassen und damit eine Entwicklung im Sinne einer kontinuierlichen Reorganisation derselben ermöglichen" (Krüger/ Lersch 1993, S. 168). Demzufolge können nur Interesse und Neugierde des Lernenden seinen Entwicklungsprozess voranbringen.

2. Ein weiteres Prinzip stellt das *Interdependenztheorem* dar. Trotz der analytischen Dimensionierung von Kompetenz in Einzelkompetenzen wie logische, sprachliche und soziale Handlungsfähigkeit, die auch in anderen entwicklungstheoretischen Ansätzen vorgenommen wird, beschreibt dieses Prinzip, dass die einzelnen Dimensionen in einem engen Wechselverhältnis zueinander stehen und miteinander verknüpft sind (vgl. Krüger/ Lersch 1993, S. 109). Mit der Annahme der Interdependenz von einzelnen Kompetenzdimensionen wird in Frage gestellt, inwieweit Fachunterricht die Entwicklung des Einzelnen im allgemeinen zu fördern vermag. Dadurch wird implizit eine Forderung nach Ganzheitlichkeit erzieherischen Handelns erhoben.

3. Das Prinzip der *Repräsentation* bezeichnet die Schlussfolgerung, dass sich Kompetenzentwicklung im Zuge der aktiven Auseinandersetzung des Subjekts mit der Realität vollzieht. Daraus wird für Unterrichtsprozesse gefolgert, dass sie strukturell und methodisch „repräsentativ für eine adäquate Wirklichkeitsbewältigung" (Krüger/ Lersch 1993, S. 185) sind.

4. Die Vermittlung zwischen gegenstandsadäquater Repräsentation und den jeweils entwicklungsabhängigen Besonderheiten der Lernenden wird als *Präsentation* begriffen. Es bezieht sich darauf, dass Kompetenzentwicklung an bestehenden Erfahrungen ansetzt und Unterrichtsprozesse demnach in Hinblick auf Inhalt und Form den jeweiligen Entwicklungsstand berücksichtigen müssen.

5. *Differenzierung* als weiteres Prinzip steht mit dem Vorhergehenden in enger Verbindung. Es besagt, dass eine Lernsituation so zu gestalten ist, „dass sie den in ihr beinhalteten Anforderungen auf der einen Seite eine Integration in die bereits vorhandenen Schemata und Strukturen gestatten, zugleich aber auch auf der anderen Seite die Schüler zu einer konstruktiven Auseinandersetzung veranlassen" (Krüger/ Lersch 1993, S. 191).

6. Ein nächstes Prinzip wird in der *Selbstorganisation*[18] gesehen, das das Bild eines sich selbst konstruierenden und selbst bestimmten Subjekts in sich trägt. Diesem Prinzip folgend sollen Unterrichtsprozesse ermöglichen, den individuellen Lernweg selbstorganisiert zu gehen.
7. Das Prinzip der *Aktivität* bezieht sich auf den Zusammenhang von Lernen und Handeln, worunter sowohl äußeres Handeln als auch Denken verstanden werden. Wichtig ist demnach in Unterrichtsprozessen zum einen, dass solche Aktivitäten ermöglicht werden, die dem Niveau der individuellen Entwicklung entsprechen und zum anderen, dass diese Aktivitäten durch den Zusammenhang von Lernen und Handeln gekennzeichnet sind (vgl. Krüger/ Lersch 1993, S. 203).
8. Das Prinzip der *Kooperation* beinhaltet, dass der Prozess der Kompetenzentwicklung auf einer Interaktion des Subjekts mit seiner Umwelt beruht. Die im Unterricht stattfindenden Interaktionsprozesse können damit selbst als Medium von Kompetenzentwicklung gelten. Sie können darüber hinaus aber auch zum Gegenstand des Unterrichts werden und haben damit sowohl inhaltliche als auch methodische Bedeutung.
9. Das Prinzip der *Partizipation* (vgl. Krüger/ Lersch 1993, S. 208) hat ebenso wie das Prinzip der Kooperation einen inhaltlichen und einen methodischen Aspekt und beschreibt zum einen die Notwendigkeit eines individuellen Handlungsspielraums zur Entwicklung von Kompetenzen, zum andern die Möglichkeit der Partizipation.

Durch diese Prinzipien kompetenzförderlicher Unterrichtsgestaltung wird von Krüger/ Lersch eine didaktische Dimension von Kompetenzentwicklung erarbeitet, die in eine konkrete didaktisch-methodische Konzeption einfließt, die zu einem Entwurf eines unterrichtlichen Handlungsplans konkretisiert wird.

Die von ihnen herausgearbeiteten Prinzipien zur Kompetenzentwicklung in Unterrichtsprozessen sind ebenso wie deren theoretische Grundlage für den hier relevanten Zusammenhang bedeutsam, weil sie eine Antwort auf die Frage geben, wie sich der Prozess der Kompetenzentwicklung vollzieht und welche Kriterien dafür bedeutsam sind.

---

18 In Abgrenzung zu dem unter 3.1.2 diskutierten Verständnis der Selbstorganisation wird in diesem Kontext auf ein Begriffsverständnis verwiesen, das die Steuerung der Ziele und Inhalte des Lernprozesses, ebenso die Methoden, die Instrumente und die Hilfsmittel zur Regulierung des Lernens durch den Lernenden betont, während die Organisation des Handlungsrahmens von außen erfolgt. Es wird im Folgenden mit dem Begriff der Selbststeuerung beschrieben.

Zusammenfassend lässt sich sagen, dass sich sowohl im entwicklungspädagogischen als auch im handlungstheoretisch orientierten Ansatz Überschneidungen oder sogar Kongruenzen mit den bereits ausgeführten theoretischen Erkenntnissen der Berufspädagogik zeigen, die eine Verknüpfung möglich erscheinen lassen. Neue Aspekte zeigen sich jedoch hinsichtlich der zentralen Frage, wie sich Kompetenzen entwickeln, so etwa die Bedeutung von Interaktion und Kooperation für die Kompetenzentwicklung. Hier ergibt sich also eine Erweiterung und Differenzierung der bestehenden Erkenntnisse. Obwohl sich beide Ansätze besonders auf intentionale Lernsituationen beziehen, lassen sich doch Erkenntnisse für das beruflich-betriebliche Lernen festhalten und zu berufspädagogisch relevanten Kriterien zusammenführen.

3.4 Leitkriterien für die Entwicklung von Kompetenzen

Kompetenz und Kompetenzentwicklung wurde im Vorangehenden aus drei Perspektiven beleuchtet. Erstens wurde der Begriff der Kompetenz betrachtet, zweitens die Zielsetzung der reflexiven Handlungsfähigkeit, die Prozesse der Kompetenzentwicklung aus bildungstheoretischer Perspektive erschließt, und drittens der Prozess der Kompetenzentwicklung. Auf dieser Grundlage können die wesentlichen konvergenten Aspekte zusammengeführt werden und konstituierende Elemente bzw. Leitkriterien für Kompetenzentwicklung ausgewiesen werden. Die Bildung der Leitkriterien für Kompetenzentwicklung wird unternommen, um damit im Weiteren den Gegenstand der Kompetenzanalyse unter kompetenzförderlicher Perspektive beleuchten zu können. Insofern wird hier ein wesentlicher Analyseschritt zur exemplarischen Untersuchung des Beitrags von Kompetenzanalysen zur Förderung der Kompetenzentwicklung geleistet (vgl. Kap. 5), aus dem konzeptionelle Merkmale für eine kompetenzförderliche Kompetenzanalyse abgeleitet werden sollen (vgl. Kap. 6). Dabei wird versucht, zunächst einen Allgemeinheitsgrad zu erreichen, der es ermöglicht, diese Kriterien nicht nur auf den Gegenstand der Kompetenzanalyse anzuwenden, sondern auch auf andere Methoden und Formen des beruflich-betrieblichen Lernens. Dieser Allgemeinheitsgrad wird am Gegenstand Kompetenzanalyse konkretisiert, woraus sich erste Folgerungen für die Gestaltung von Kompetenzanalysen ziehen lassen, obschon Kompetenzanalysen innerhalb dieser Arbeit erst in Kapitel 4 eingehender betrachtet werden.

3.4.1 Subjektbezug

Als erstes Leitkriterium von Kompetenz ist der Subjektbezug festzuhalten. Er besagt, dass Kompetenz nicht losgelöst vom Individuum gesehen und nur vom Subjekt selbst entwickelt werden kann. Im Unterschied zu anderen Begriffen beruflicher Bildung steht Kompetenz damit für die Angebotsperspektive, wohingegen die Verwertungsperspektive etwa im Qualifikationsbegriff zum Tragen kommt. Kompetenzen sind im Sinne eines Handlungspotenzials zu verstehen und sind damit an das Subjekt und seine Befähigung und Bereitschaft zu eigenverantwortlichem Handeln gebunden.

Dieses Kriterium lässt sich aus der berufspädagogischen Betrachtung von Kompetenz ableiten (vgl. Kap. 3.2.1). Eine vergleichbare Auffassung zeigt sich aber auch in der Entwicklungspädagogik, für die Kompetenz methodologisches, universales Wissen des Subjekts darstellt, das, kultur- und gesellschaftsspezifisch ausgebildet, im Verlauf der individuellen Entwicklung ausgeformt wird und mit dessen Hilfe sich Probleme in unterschiedlichen Welten bewältigen lassen (vgl. Aufenanger 1992, S. 50ff.). Auch Krüger und Lersch gehen vom Subjektbezug von Kompetenz aus. So bezieht sich das von ihnen entwickelte Prinzip der Motivation darauf, dass nur die Interessen und die Neugierde des Lernenden selbst seinen Entwicklungsprozess voranbringen können. Zudem nehmen sie den Subjektbezug im Prinzip der Selbststeuerung auf, das darauf abzielt, in Unterrichtsprozessen selbstgesteuert individuelle Lernwege zu gehen.

Für eine an der Förderung von Kompetenzentwicklung orientierte beruflich-betriebliche Weiterbildung bedeutet der Subjektbezug eine tiefgreifende Umorientierung. Doch ist betriebliche Weiterbildung unter den Bedingungen veränderter Arbeits- und Organisationsprozesse ohnehin gezwungen, auf neue und vorher unbekannte Anforderungen zu reagieren. Die bisherigen Formen seminaristischer und langfristig geplanter Bildungsveranstaltungen, die von betrieblichen Bedarfen ausgehen, müssen daher um neue Formen und Inhalte des Lernens ergänzt werden. Aus dem Kriterium des Subjektbezugs ist der Schluss zu ziehen, dass beruflich-betriebliches Lernen verstärkt von der Angebotsperspektive ausgehen muss. Demzufolge darf beruflich-betriebliche Weiterbildung nicht allein durch den betrieblichen Bedarf bestimmt sein, sondern muss eine Verknüpfung individueller Bedürfnisse und betrieblicher Bedarfe herstellen (vgl. Kap. 2.1.3). Zudem muss ein am Subjektbezug orientiertes beruflich-betriebliches Lernen die Kompetenzentwicklung der Lernenden in fachlicher, sozialer und humaner Hinsicht unterstützen und der individuellen Leistungsfähigkeit der Lernenden angemessen sein.

Für die Gestaltung betrieblicher Kompetenzanalysen lässt sich aus diesem Leitkriterium vorerst die Annahme ableiten, dass Kompetenzanalysen in Bezug auf das Individuum erfolgen müssen, wobei das Individuum selbst den „Maßstab" bildet. Konsequenterweise wären damit Kompetenzbewertungen, die Skalierungen von außen anlegen, kritisch darauf hin zu prüfen, ob sie tatsächlich das Individuum oder aber äußere Ansprüche zum Ausgangspunkt der Analyse machen. Als „Gradmesser" kann letztlich nur die aktuelle Kompetenz in Relation zu einem vorherigen Kompetenzstand des Individuums gesetzt werden, der die Entwicklung der Kompetenz eines Individuums darstellt. Zudem ist es wichtig, dass das Niveau und der Anspruch betrieblich eingesetzter Kompetenzanalysen der Leistungsfähigkeit des Individuums methodisch und inhaltlich angemessen sind. Weiterhin lässt sich aus dem Kriterium die Forderung ableiten, nicht nur formell, sondern auch informell erworbene Fach-, Sozial- und Humankompetenzen ebenfalls zu erheben, um das Prinzip der Ganzheitlichkeit einzulösen, das mit dem Subjektbezug eng verbunden ist.

3.4.2 Biographische Entwicklung

Als weiteres Leitkriterium von Kompetenz lässt sich die biographische Entwicklung bzw. der Entwicklungsbezug von Kompetenz benennen. Das Kriterium gründet sich auf die Erkenntnis, dass sich Kompetenzen während der gesamten Lebens- und Arbeitszeit entwickeln. Es findet sich in berufspädagogischen Überlegungen zur Kompetenz ebenso wie in den anderen angeführten Ansätzen. Bereits Piaget und Roth gehen davon aus, dass Kompetenzentwicklung ein lebensbegleitender Prozess ist. Dabei lässt sich unterscheiden zwischen dem biographischen Prozess des Kompetenzerwerbs einerseits, der sich im Kindes- und Jugendalter in einer stufenmäßigen Abfolge vollzieht, und der Weiterentwicklung und dem Neuaufbau von Kompetenzen im Erwachsenenalter andererseits. Roth (1971) unterschied in diesem Zusammenhang zwischen einem Entwicklungsbegriff im engeren und im weiteren Sinne. Aufgrund der Fragestellung und der wissenschaftsdisziplinären Orientierung dieser Arbeit ist besonders der Prozess der Kompetenzentwicklung im Erwachsenenalter von Bedeutung, dessen weiter Entwicklungsbegriff hier zugrundegelegt wird. Gleichzeitig soll die biographische Entwicklung von Kompetenzen als konvergenter Aspekt von Kompetenzentwicklung anerkannt werden. Diese Perspektive impliziert, dass Prozesse der Kompetenzentwicklung in allen Lebensphasen stattfinden und durch unterschiedlich geartete Formen der pädagogischen Unterstützung zu fördern sind.

Für eine an der Kompetenzentwicklung orientierte beruflich-betriebliche Weiterbildung ist aus dem Kriterium des Entwicklungsbezugs zu folgern, dass sie die

Entwicklung der in der Arbeit im Wesentlichen informell erworbenen Kompetenzen unterstützen muss und zugleich auch Kompetenzen anerkennen muss, die jenseits oder vor der aktuellen Arbeitstätigkeit erworben wurden. Dieser erweiterte Blick auf die gesamte Kompetenzbreite von Beschäftigten kann zum einen bedeuten, dass sie aufgrund bestehender Kompetenzen in ihrer Arbeitstätigkeit breit eingesetzt werden können. Zugleich kann eine Abwechslung innerhalb der Arbeitstätigkeit (z.B. durch gezielte Arbeitsorganisationsformen wie Jobrotation) oder ein bestimmter Zuschnitt des jeweiligen Aufgabenfeldes sinnvoll sein, weil verschiedenartige Tätigkeiten die Kompetenzentwicklung unterstützen. Aufgabe der beruflich-betrieblichen Weiterbildung ist es in diesem Fall, die darin angelegten Lernmöglichkeiten gezielt z.B. durch personelle Begleitung zu unterstützen und mit organisierten Formen des Lernens zu verbinden, um nicht nur kurzfristigen Wissenserwerb, sondern eine nachhaltige Kompetenzentwicklung zu fördern.

Da berufliche Kompetenzentwicklung die gesamte Berufsbiographie durchzieht, müssen auch von der Berufspädagogik berufliche Umbrüche wie Berufswechsel als Anlässe für Kompetenzentwicklung erkannt und gestaltet werden.

Das Prinzip des Entwicklungsbezugs bedeutet für betriebliche Kompetenzanalysen konkret, dass sie nicht losgelöst von anderen Entwicklungs- und Veränderungsprozessen im beruflich-betrieblichen Lernen gesehen werden dürfen, sondern idealerweise mit dem Angebot einer Entwicklungsbegleitung zu kombinieren sind. Hier liegt die These zugrunde, dass eine punktuelle Standortbestimmung durch die Kompetenzanalyse nichts anderes als einen Schritt der Kompetenzentwicklung darstellt. Wichtig ist dabei, dass den Lernenden die Möglichkeit gegeben wird, die Ergebnisse der Kompetenzanalyse mit einem Lern- oder Entwicklungsberater zu diskutieren und durch professionelle Begleitung und Beratung Konsequenzen für den weiteren Entwicklungsprozess zu ziehen. Zudem muss Freiwilligkeit und eine Bereitschaft des Subjekts zur Kompetenzanalyse gegeben sein, da dies eine Voraussetzung für eine nachhaltige Kompetenzentwicklung darstellt.

3.4.3 Interaktion

Als drittes Leitkriterium für Kompetenzentwicklung kann das Kriterium der Interaktion und der Interaktionsstruktur genannt werden. Es trägt dem Umstand Rechnung, dass sich Kompetenz in der Bewältigung konkreter Handlungssituationen erweist und darin entwickelt wird. So können Widersprüche und Störungen, die sich nicht auf der Grundlage routinemäßiger Strukturen bearbeiten lassen, als Anlässe für Kompetenzentwicklung identifiziert werden.

Das Kriterium ergibt sich daraus, dass in allen hier dargestellten Ansätzen gleichermaßen die Wechselbeziehung zwischen Umwelt und Individuum bzw. die Bedeutung der Umwelt für die Kompetenzentwicklung betont wird (vgl. z.B. Krüger/Lersch 1993, S. 107). So wird davon ausgegangen, dass Kompetenzentwicklung das Resultat der Interaktion von Subjektstruktur und Umweltstruktur ist, das wiederum die Konstruktion neuer Strukturen auf einer jeweils höheren Ebene ermöglicht. Wie in der für diesen Aspekt grundlegenden Kompetenztheorie von Piaget deutlich wird, verläuft dieser Prozess in wiederholten Phasen der Aktion und deren Verarbeitung durch Akkommodation und Assimilation. Durch den Übergang der Erfahrungsbestände vom akkommodativen zum assimilativen Zustand, die „reflektierende Abstraktion" (Aufenanger 1992), ergeben sich jeweils neue Handlungsgrundlagen für weitere Kompetenzentwicklungsprozesse. Damit verläuft der Prozess der Kompetenzentwicklung zyklisch und erhöht das Niveau der individuellen Kompetenzstrukturen. Konflikte und das Erleben von Widersprüchen sind in dieser Wechselbeziehung von Individuum und Umwelt entscheidend (vgl. Aufenanger 1992, S. 119ff.), denn Kompetenzen entwickeln sich gerade durch die Kompensation von Störungen, Lücken oder Widersprüchen.

Für die beruflich-betriebliche Weiterbildung lässt sich aus diesem Leitkriterium zunächst der Schluss ziehen, dass sich Kompetenzentwicklung im beruflichen Kontext in der Auseinandersetzung mit Arbeit vollzieht. Sie hängt deshalb von der Selbsttätigkeit und der aktiven Auseinandersetzung des Subjekts mit der Realität ab. Differenzierte Anforderungen sind kompetenzförderlich, weil sie eine Integration in bereits vorhandene Schemata und Strukturen gestatten, aber auch eine konstruktive Auseinandersetzung erfordern. Letztere wird in der Arbeitswelt zum einen durch Störungen und Problembezug ermöglicht, zum andern eine „Als-ob-Autonomie" bzw. durch Verantwortung. Für eine an der Kompetenzentwicklung ausgerichtete betriebliche Weiterbildung ist es demzufolge wichtig, dass die Rahmenbedingungen der Arbeit lernförderlich gestaltet werden, damit dieses Leitkriterium eingelöst werden kann. Zur Frage der Gestaltung lernförderlicher Arbeit gibt es an der Schnittstelle verschiedener Disziplinen wie der Arbeits- und Betriebspsychologie, der Pädagogischen Psychologie und der Berufspädagogik verschiedene Ansätze und differenzierte Ergebnisse.

Aus dem Leitkriterium der Interaktion lässt sich für die Gestaltung betrieblicher Kompetenzanalysen an dieser Stelle vorläufig ableiten, dass die Bedingungen, unter denen Kompetenzanalysen durchgeführt werden, lern- bzw. kompetenzförderlich gestaltet sein müssen und die Bearbeitung von Störungen wie beruflichen Umbruchsituationen oder anderen Veränderungen unterstützen sollten.

3.4.4 Kooperation

Als besondere Form von Interaktion ist außerdem die zwischenmenschliche Interaktion mit anderen Personen, hier als Kooperation bezeichnet, als weiteres Leitkriterium von Kompetenzentwicklung zu nennen. Kooperation mit anderen Personen sowie der situative Rahmen dieser Kooperation tritt in der kompetenztheoretischen Literatur als konvergenter Aspekt auf und wird als konstitutiv für die Entwicklung von Kompetenzen angesehen. So betont z.B. Aufenanger (vgl. 1992, S. 194f.), dass die Teilnahme an Gemeinschaft und die Ausübung sozialer Beziehungen für die Stimulierung von Kompetenzentwicklung entscheidend und in unterschiedlicher Weise entwicklungsförderlich sind.

Im beruflich-betrieblichen Lernen weist dieses Leitkriterium auf die Bedeutung sozialer Kontakte in der Arbeitswelt hin. Die Kooperation mit anderen ermöglicht die Validierung und den Abgleich eigener Erkenntnisse, die in der Kommunikation mit anderen ausgetauscht und überprüft werden. Zudem ermöglicht dieser Erfahrungsaustausch das Lernen von den Erfahrungen anderer. Damit hat Kooperation sowohl für Novizen als auch für Experten im Arbeitsprozess eine Bedeutung, denn beide Gruppen werden, von der jeweils anderen durch die Kommunikation zur Validierung ihrer eigenen Erkenntnisse angeregt (vgl. Rambow/ Bromme 2000).
[19] Da betriebliche Weiterbildung zunehmend darauf angewiesen ist, informelle und formelle Lernformen zu verbinden und das Erfahrungslernen stärker aufzunehmen, ist das Leitkriterium der Kooperation somit wichtig, um die eigenen Erfahrungen in andere Kontexte einzubinden. Arbeits- und Lernformen wie KVP (Kontinuierliche Verbesserungsprozesse), Qualitätszirkel oder Communities of Practice, innerhalb derer die unterschiedlichen Erkenntnisse der Anwesenden zusammengebracht werden, gewinnen dementsprechend an Bedeutung.

Für die Gestaltung von Kompetenzanalysen lässt sich aus diesem Leitkriterium vorläufig folgern, dass auch hier die Kooperation mit anderen, die kommunikative Anteile beinhaltet, als konstitutiv für die Entwicklung von Kompetenzen gelten kann. Die Struktur und der situative Rahmen der Kommunikationssituation muss lern- bzw. kompetenzförderlich sein, damit die bestehende Kommunikation unterstützend wirksam werden kann.

---

19 Hier liegen die Überlegungen der menschlichen Entwicklung vom Novizen zum Experten von Dreyfus/ Dreyfus (1987) zugrunde.

3.4.5 Erfahrung

Als weiteres Leitkriterium für Kompetenzentwicklung ist Erfahrung zu benennen. Kompetenzentwicklung ist gemäß der vier genannten Kriterien Ergebnis von adaptiven und konstruktiven Handlungsprozessen des Subjekts mit seiner Umwelt und wird als Resultat der Wechselbeziehung zwischen Individuum und Umwelt begriffen. Die Bedeutung von Erfahrung wird dabei besonders von Dewey hervorgehoben. Erfahrung und ihre Verarbeitung ist für die Konstruktion neuer Strukturen auf einer jeweils höheren Ebene notwendig. Der Prozess der Erfahrungskonstitution verläuft kreisförmig und vollzieht sich durch Wechselwirkung und Kontinuität (vgl. Dewey 1986, S. 291ff.). Wechselwirkung als Notwendigkeit der Bezugnahme auf vorhandene Erfahrungen, die die Lernenden bereits erworben haben und Kontinuität als gegenseitiger innerer Bezug und wechselseitige Beeinflussung von Erfahrungsprozessen, die sich in verschiedenen situativen Kontexten vollziehen, sind wesentliche Aufgaben von Erziehung. Krüger und Lersch entwickeln daraus das Prinzip der Präsentation, das erfordert, dass Kompetenzentwicklung an den bestehenden Erfahrungen ansetzt und dass Unterrichtsprozesse in Hinblick auf Inhalt und Form dementsprechend den jeweiligen Entwicklungsstand berücksichtigen müssen.

Das Leitkriterium erfordert im beruflich-betrieblichen Lernen eine Orientierung an Erfahrungsprozessen. So ist es für die Kompetenzentwicklung wichtig, dass Erfahrungen ermöglicht werden und nicht z.B. durch ständige Routinen oder infolge fehlender Verantwortung unterbunden werden. Die Bedeutung von Erfahrung und Erfahrungslernen für das Lernen in der Arbeit wird auch in diversen erfahrungsorientierten Lernansätzen hervorgehoben (Bauer/ Böhle/ Munz/ Pfeiffer 1999; Dehnbostel 2000; Lisop/ Huisinga 1994). Sie wurden in den vergangenen Jahren entwickelt, da die klassischen Vermittlungsdidaktiken den aktuellen Anforderungen von Arbeit nicht mehr gerecht werden. Die ersten Ansätze erfahrungsorientierten Lernens entstanden in den 1970er Jahren in der gewerkschaftlichen Arbeiterbildung und lösten in der Folgezeit eine intensive Theoriediskussion aus. Dabei entstand die Konzeption des „Exemplarischen Erfahrungslernens" von Negt (1975). Erfahrungen wurden zum Inhalts-, Ausgangs- und Bezugspunkt von Lernprozessen gemacht.

> „[...] man ließ Erfahrungen berichten und strukturierte und systematisierte sie, um praxisnahe Inhalte für den Lernfortgang zu bestimmen. Man nahm die eingebrachten Erfahrungen zu unmittelbaren Lernanlässen und strebte an, die dabei eingebrachten Deutungen von innen heraus zu erweitern, auszudifferenzieren" (Gieseke/ Siebers 1996, S. 207).

In der betrieblichen Weiterbildung ist es zunehmend wichtig, die Erfahrungen der Beschäftigten in Bezug auf den Arbeitsprozess als Potenzial aufzugreifen und in organisierte Lernprozesse zu überführen. Deswegen ist auch das Leitkriterium der Erfahrung wichtig für eine an der Kompetenzentwicklung orientierte betriebliche Weiterbildung. Sie stellt einen zentralen Aspekt des modernen betrieblichen Lernens dar und zielt darauf ab, informelle Lernprozesse anzuerkennen und zu fördern.

Für die Gestaltung von Kompetenzanalysen lässt sich aus dem Leitkriterium des Erfahrungsbezugs zunächst folgern, dass die Verfahren die verschiedenen Erfahrungshintergründe und unterschiedlichen Ausgangsbedingungen der Nutzer berücksichtigen müssen. Zudem dürfen Kompetenzanalysen nicht punktuell bleiben, sondern müssen kontinuierlich und wiederholt erfolgen, um einen kontinuierlichen Prozess der Erfahrungskonstitution zu ermöglichen.

3.4.6 Reflexion

Als letztes Leitkriterium der Kompetenzentwicklung soll schließlich das Kriterium der Reflexion festgehalten werden. Wie beschrieben entwickeln sich Kompetenzen durch Störungen im Handlungsvollzug, die nicht mit den bestehenden Strukturen gelöst werden können und durch mehr oder weniger bewusste Formen der Reflexion bearbeitet werden. In Piagets Theorie des Kompetenzerwerbs wird die reflektierende Abstraktion für Auf- und Ausbau der Wechselwirkung von „Assimilation" und „Akkommodation" als relevant ausgewiesen (vgl. Piaget 1975 und Krüger/Lersch 1993, S. 128). Auch aus der bildungstheoretischen Argumentationsführung zum Leitbild der reflexiven Handlungsfähigkeit geht hervor, dass Selbstreflexivität und strukturelle Reflexivität einen bedeutenden Aspekt für Kompetenzentwicklung zur reflexiven Handlungsfähigkeit darstellen.

Es zeigt sich also zusammenfassend, dass Reflexion einen zentralen Stellenwert bei der Entwicklung von Kompetenzen im Rahmen des hier beschriebenen Handelns einnimmt. Da sie die Möglichkeit schafft, informell verlaufende Lernprozesse in der Arbeit bewusst zu machen und dadurch das Kompetenzniveau zu erhöhen, ist sie als zentraler Aspekt zur Kompetenzentwicklung in der Arbeit zu begreifen. Reflexion findet auf sehr unterschiedliche Art eine Entsprechung in der betrieblichen Wirklichkeit und stellt einen wesentlichen Verknüpfungsaspekt zwischen informellen Lernprozessen und intentionalen Lernprozessen dar. So bieten informelle Gespräche zwischen Kollegen ebenso wie gezielt eingesetzte Arbeitsorganisationsformen wie Qualitätszirkel, Lernstatt etc. in unterschiedlicher Intentionalität Anlass zur Reflexion. Reflexionsanlässe können im beruflich-betrieblichen Lernen aber auch durch gezielte Reflexionsformen der eigenen Kompetenzen wie Mitarbeitergespräche oder Zielvereinbarungsgespräche eingeführt werden. Reflexion ist somit ein Medium zur Verknüpfung der informellen Lernprozesse mit übertragbaren Erkenntnissen. Zugleich wird durch sie die reflexive Handlungsfähigkeit gefördert.

Aus dem Prinzip des Reflexionsbezugs lassen sich verschiedene Schlussfolgerungen zur methodischen Gestaltung von Kompetenzanalysen ziehen. Es führt dazu, dass Methoden der Selbsteinschätzung und Selbstbeobachtung wesentliche Bedeutung erhalten und Fremdeinschätzung lediglich eine Spiegelungsfunktion einnimmt, die wiederum dazu dient, die Ergebnisse von Selbsteinschätzungen zu reflektieren. Zudem kann die These aufgestellt werden, dass Verfahren, die methodisch mit Dialogen oder Gesprächen operieren, dem Anspruch der Kompetenzentwicklung in besonderer Weise entsprechen, da durch die Interaktion mit anderen die Reflexion verstärkt wird. Weiterhin ist abzuleiten, dass Kompetenzanalysen auf die Förderung der Selbstreflexivität abzielen und sie methodisch z.B. durch Selbsteinschätzungen unterstützen müssen. Daneben ist aber auch die Förderung von struktureller Reflexivität anzustreben.

Das hier gewählte Vorgehen der Verdichtung zu Leitaspekten von Kompetenzentwicklung im Kontext beruflich-betrieblichen Lernens lässt ein Analyseschema entstehen, das geeignet ist, den Gegenstand der Kompetenzanalyse unter kompetenzentwicklungstheoretischer Perspektive zu beleuchten.[20] Die Schaffung eines kompetenzförderlichen Konzepts der Kompetenzanalyse setzt die theoriegeleitete Erstellung von Kriterien der Kompetenzentwicklung voraus. Dementsprechend wurden an die Leitkriterien jeweils Schlussfolgerungen für die betriebliche Weiterbildung allgemein, aber auch erste Überlegungen für die Gestaltung von Kompetenzanalysen geknüpft. Bei der Erarbeitung der Leitkriterien hat sich gezeigt, dass es auf diesem theoriegeleiteten Weg gelingt, einzelne Kriterien voneinander abzugrenzen, auch wenn eine Interdependenz der einzelnen Kriterien besteht. Ausgehend von diesen Leitkriterien werden in Kapitel 5.1.4 die Grundannahmen für die empirische Untersuchung entwickelt. Zunächst gilt es aber den Gegenstand der Kompetenzanalysen sowie die damit verbundenen Problemaspekte und möglichen Typen genauer zu betrachten.

---

20 Dennoch ist an dieser Stelle auch darauf hinzuweisen, dass ein solches Vorgehen zugleich mit einer Komplexitätsbearbeitung der zugrunde liegenden kompetenztheoretischen Überlegungen einhergeht, in deren Verlauf die Theorien nicht nur konzentriert, sondern auch reduziert werden.

4 Kompetenzanalysen – Systematisierung und Problematisierung

Mit der Konjunktur von Kompetenz und Kompetenzentwicklung ist auch die Frage der Erfassbarkeit von Kompetenzen in den Fokus praktischer und wissenschaftlicher Überlegungen gerückt. Während demzufolge auf der betrieblichen ebenso wie auf der außerbetrieblichen Ebene bereits zahlreiche Verfahren entwickelt worden sind (vgl. Kap. 2.3), bemüht sich die wissenschaftliche Diskussion darum, dieses Praxisfeld zu problematisieren und zu reflektieren.

Aufgrund der Aktualität des Themas lassen sich in der wissenschaftlichen Diskussion noch keine überblicksartigen Darstellungen oder Systematisierungen von Verfahren der Kompetenzanalyse finden. Es existieren lediglich einzelne Unterscheidungsansätze. Daher soll zunächst eine Systematisierung bestehender Ansätze zur Kompetenzanalyse vorgenommen werden, um einen Beitrag zur Klärung und Analyse des Praxisfelds von Kompetenzanalysen zu leisten (vgl. Kap. 4.1). Auf der Grundlage dieser Systematisierung werden drei Instrumente (Bildungspass, Schweizer Qualifikationsbuch, Job-Navigator) vorgestellt (vgl. Kap. 4.2). Des Weiteren gilt es einige der zentralen Problemaspekte, die bezüglich Kompetenzanalysen diskutiert werden, aufzugreifen und zu reflektieren (vgl. Kap. 4.3). Ziel ist es, in Anknüpfung an den Überblick über das Praxisfeld in Kapitel 2 die in der wissenschaftlichen Diskussion thematisierten Problemaspekte darzustellen und zu vertiefen.

Auch hier wird zunächst von dem bereits eingeführten Arbeitsbegriff für Kompetenzanalysen ausgegangen, in dem Ansätze, Konzepte und Modelle als Verfahren zur Kompetenzanalyse zusammengefasst werden, die darauf abzielen, informell und formell erworbene Kompetenzen sichtbar zu machen. Im Verhältnis zum Begriff der Kompetenzentwicklung, der notwendigerweise prozessbezogen ist, sind Kompetenzanalysen durch ihren Augenblicksstatus charakterisiert.

4.1 Systematisierung von Verfahren der Kompetenzanalyse

Zur Darstellung der wissenschaftlichen Diskussion des Gegenstands Kompetenzanalysen soll hier zunächst die Frage der Systematisierung von Kompetenzanalysen bearbeitet werden. Anlässlich der unterschiedlichen Formen von Kompetenzanalysen in der betrieblichen und außerbetrieblichen Praxis ist eine Systematisierung von Verfahren der Kompetenzanalyse hilfreich. Ähnlich wie z.B. auch in der Netzwerkforschung (vgl. Sydow/ Duschek/ Möllring/ Rometsch 2003; Faulstich/ Vespermann/ Zeuner 2001) können anhand der in der Systematik zusammengestellten Merkmale je nach Fragestellung und Zielen unterschiedliche Verfahrenstypen erstellt werden. Zudem ermöglicht die Systematisierung eine begründete Auswahl für die im Weiteren empirisch fokussierten Verfahren der Kompetenzanalyse.

4.1.1 Bestehende Ansätze zur Differenzierung von Kompetenzanalysen

Ansätze zur Kompetenzanalyse werden in unterschiedlichen Zusammenhängen entwickelt und eingesetzt. Ein Blick auf das Feld bestehender Ansätze zur Kompetenzanalyse zeigt, dass zurzeit eine Vielfalt unterschiedlicher Verfahren existiert. Diese Vielfalt kann unter verschiedenen Aspekten systematisch bearbeitet, typologisiert oder geordnet werden. So machen die folgenden Unterscheidungen deutlich, dass Kompetenzanalysen durch eine Reihe von Merkmalen differenziert werden können, unter denen zu nennen sind:

- die Funktion der Kompetenzanalyse (summativ – formativ)
- die Zielorientierung der Kompetenzanalyse (Erfassung – Anerkennung)
- der zugrunde liegende Kompetenzbegriff (objektiv – subjektiv)
- die Methoden der Datenerhebung (direkt – indirekt, situativ – biographisch)

Ein Ansatz zur Unterscheidung von Kompetenzanalysen findet sich z.B. in einer Differenzierung, die Björnavold (2001, S. 15ff.) vornimmt, indem er zwischen summativer und formativer Funktion von Verfahren der Kompetenzerhebung unterscheidet. Unter der *summativen* Funktion[21] fasst Björnavold Verfahren

---

21 Diese Unterscheidung zwischen formativen und summativen Verfahren ist auch aus der Evaluationsforschung seit den 1970er Jahren bekannt. Während dort die summative Evaluation auf eine zusammenfassende Bewertung abzielt und damit einen abschließenden Charakter besitzt (Ergebnisorientierung), wird mit der formativen Evaluation eine prozessbegleitende Gestaltungsverbesserung angestrebt (Prozessorientierung) (vgl. Wottawa/ Thierau 1998, S. 35). Der Nutzen der summativen Evaluation liegt hier vor allem darin, Erkenntnisse für zukünftige gleiche oder ähnliche Programme zu gewinnen. Der Zweck formativer Evaluation dagegen ist es, laufende Programme zu stabilisieren oder zu verbessern.

zusammen, die den Nachweis von absolvierten Arbeits- und Lernabschnitten in Form von Zertifikaten oder Zeugnissen anstreben und in bestehende Berufsbilder einzuordnen sind. Sie haben damit eine vergangenheitsbezogene bzw. rückblickende Perspektive. Der Nutzen der summativ konzipierten Verfahren der Kompetenzanalyse ist vor allem darin zu sehen, dass sie Erkenntnisse über den Kompetenzbestand nach einer Maßnahme o.ä. bieten. Aufgrund dessen sind summative Verfahren auf bestehende Systeme bezogen und orientieren sich entweder an nationalen Qualifikationssystemen und Berufen oder an unternehmensspezifischen Aufgaben- oder Tätigkeitsbereichen (vgl. Björnavold 2001, S. 23). Verfahren mit *formativer* Funktion dienen in der Differenzierung von Björnavold demgegenüber der Unterstützung von Lern- und Entwicklungsprozessen, indem sie Lernenden eine Rückmeldung über ihren Leistungsstand und ihr Entwicklungspotenzial geben. Sie sind darauf ausgerichtet, laufende Lern- und Entwicklungsprozesse zu hinterfragen und evtl. neu auszurichten. Formativ konzipierte Verfahren nutzen die Feststellung des Kompetenzbestandes deswegen als Datenbasis, um daraus Schlussfolgerungen für zukünftige Entwicklungsschritte zu ziehen und sind in ihrer Vorgehensweise auf den Entwicklungsprozess vor und nach der Kompetenzerhebung bezogen.

Eine an der Frage der Zielsetzung orientierte Unterscheidung ergibt sich aus der Abgrenzung von Verfahren, die auf die Erfassung von Kompetenzen ausgerichtet sind, und solchen, die die Bewertung oder Beurteilung von Kompetenzen anstreben. Diese Unterscheidung erhält insbesondere in der bildungspolitisch geführten Diskussion derzeit besondere Bedeutung und wird z.B. von Schläfli (1998) vorgenommen. Unter dem Begriff der *Erfassung* von Kompetenzen ist zunächst die Aufnahme und Identifizierung des Inventars und die Bewusstmachung der Kompetenzen zu verstehen (vgl. Schläfli 1998, S. 29), die durch unterschiedliche Methoden (Test, Interview, Assessment etc.) erfolgen kann. Die Erfassung ist Schläfli zufolge gegenüber der *Bewertung* von Kompetenzen abzugrenzen, die die erfassten Kompetenzen an bestimmten Anforderungen bemisst. Die Bewertung kann durch Zertifizierung, durch Fremd- oder Selbstbewertung erfolgen (vgl. BMBF 2004, S. 46). Unter Erfassung wird also zunächst das Verfahren der Dokumentation verstanden, während Bewertung die Anrechenbarkeit der Ergebnisse der Kompetenzanalysen in bestehenden Systemen wie dem formalen Bildungssystem oder dem Arbeitsmarkt beinhaltet (vgl. Laur-Ernst 2003, S. 3; BMBF 2004, S. 55).

Ein weiterer Unterscheidungsansatz ergibt sich aus der Abgrenzung zwischen subjektiven und objektiven Verfahren der Kompetenzanalyse. Diese geht auf eine Unterscheidung von Verfahren der Kompetenzanalyse zurück, die z.B. Erpenbeck und Rosenstiel (2003, S. XIXf.) verwenden. Als *objektiv* werden dort Verfahren bezeichnet, die davon ausgehen „Kompetenzen wie naturwissenschaftliche Größen definieren und messen zu können" (Erpenbeck/ Rosenstiel 2003, S. XIX). Diese Verfahren sind zum überwiegenden Teil psychologisch geprägt und streben an, Aussagen über zukünftiges Handeln zu machen. Demnach werden „objektive Kompetenzmessverfahren" entwickelt, in denen Kompetenzen von einer äußeren Instanz an festgelegten Standards gemessen werden, wodurch diese Verfahren eine hohe Normativität aufweisen. Die Messung von Kompetenzen wird insbesondere durch quantitative Methoden wie Tests oder Fragebogen unterstützt, in denen Selbsteinschätzungen eine geringe Rolle einnehmen. Demgegenüber gehen *subjektive* Verfahren davon aus, dass Kompetenzen nicht objektiv erfassbar sind und streben eher eine Einschätzung bzw. Beschreibung als eine objektive Messung der Kompetenzen an. Zugrunde liegt hier die Überzeugung, „dass eine solche Objektivität für human- und sozialwissenschaftliche Variablen prinzipiell nicht zu erreichen sei" (Erpenbeck/ Rosenstiel 2003, S. XIX). In subjektiven Verfahren der Kompetenzanalyse wird methodisch deswegen zum einen die Innenperspektive bzw. die subjektive Sichtweise des Beobachters und des Beobachteten betont und Selbst- und Fremdeinschätzungen ein ähnliches Gewicht zugesprochen. Zum anderen wird nicht auf die Messung, sondern auf die Beschreibung und Einschätzung von Kompetenzen abgezielt. Somit arbeiten subjektive Verfahren überwiegend mit qualitativen Methoden wie Interviews o.ä. Die Unterscheidung zwischen subjektiven und objektiven Verfahren der Kompetenzanalyse ergibt sich aus dem Kompetenzbegriff, der diesen Verfahren zugrunde liegt. Auf die Frage, ob Kompetenz objektiv messbar ist oder sich als subjektive Konstruktion darstellt, wird später noch einmal zurückzukommen sein (vgl. Kap. 4.3.1).

Eine andere Unterscheidung ergibt sich, wenn in Bezug auf die Datenerhebung direkte und indirekte Erhebungsverfahren gegeneinander abgegrenzt werden. So entstehen in *direkten* Verfahren, z.B. Assessment-Center oder Tests, die Daten, indem die Untersuchungspersonen innerhalb von Erhebungssituationen aufgrund ihres situativen Verhaltens beobachtet und eingeschätzt werden. Dagegen umfassen *indirekte* Verfahren Herangehensweisen, in denen nicht aktuelle Situationen, sondern zuvor stattgefundene Situationen oder Situationsbündel die Grundlage für eine Einschätzung bieten. Auch für diese Unterscheidung lässt sich in der qualitativen Sozialforschung eine Entsprechung finden. So trifft Flick (2000a) die Unterscheidung zwischen reaktiven und nicht-reaktiven Verfahren der Datenerhebung und beschreibt Verfahren, in denen der Forscher Teil der Untersuchungssituation ist, als reaktiv und Verfahren, in denen die Daten nicht für die Forschung erstellt wurden als nicht-reaktiv.

Eine weitere Unterscheidung bezüglich der Datenerhebung bilden schließlich biographische und situative Ansätze. *Biographische* Ansätze nehmen die Lebens- und Arbeitsbiographie zum Ausgangspunkt und rekonstruieren anhand dessen den Prozess der Kompetenzentwicklung. Mit biographischen Methoden werden individualisierte und generalisierte Kompetenzbiographien analysiert und mit Methoden wie narrativen oder fokussierten Interviews erhoben (vgl. Erpenbeck/ Heyse 1999a). *Situative* Ansätze dagegen nehmen die zum Erhebungszeitpunkt vorhandenen Kompetenzen unabhängig von der Form oder dem Ort ihres Erwerbs in den Blick. Sie fragen demnach nicht nach der zurückliegenden Kompetenzentwicklung, sondern nach dem aktuellen Kompetenzstand.

Wie die angeführten Unterscheidungen für Verfahren zur Kompetenzanalyse zeigen, lassen sich mehrere Aspekte ausweisen, nach denen Kompetenzanalysen differenziert werden können. Eine Einordnung bezüglich dieser Unterscheidungen liegt jedem Verfahren implizit oder explizit zugrunde. Die Ansätze lassen sich in der unten dargestellten Abbildung zusammenführen:

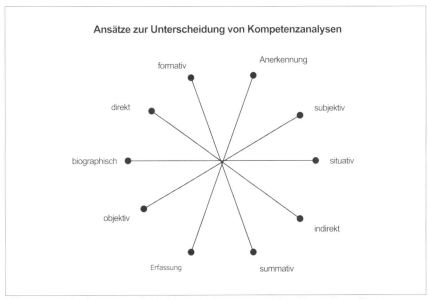

Abb. 3 Unterscheidungsraster für Verfahren der Kompetenzanalyse (eigene Darstellung)

Ein solches Unterscheidungsraster kann dazu verwendet werden, Verfahren der Kompetenzanalyse hinsichtlich dieser Merkmale zu beschreiben und zu analysieren. Eine Systematisierung anhand dieses Rasters ermöglicht es, die Vielzahl unterschiedlicher Verfahren aus der Praxis zu ordnen. Im Rahmen dieser Arbeit bildet diese Systematik deswegen eine Orientierung zur Darstellung der in Kapitel 4.2 aufgeführten Verfahren.

4.1.2 Kompetenzanalyse im Spannungsfeld zwischen Anforderungs- und Entwicklungsorientierung

Da sich die bestehenden Merkmalsunterscheidungen zwischen Verfahren der Kompetenzanalyse nur begrenzt auf die Frage der Kompetenzförderlichkeit von Kompetenzanalysen beziehen lassen, soll hier eine weitere Systematisierung[22] für Kompetenzanalyseverfahren eingeführt werden. Sie orientiert sich an der Perspektive, unter der Verfahren der Kompetenzanalyse im betrieblichen Kontext eingesetzt werden und unterscheidet zwischen entwicklungsorientierten und anforderungsorientierten Verfahren.

Diese Unterscheidung wurde im Rahmen der vorliegenden Arbeit entwickelt, um den Aspekt der Kompetenzentwicklung im betrieblichen Kontext näher in den Blick zu nehmen. Sie erscheint hier notwendig, da in bestehenden Systematisierungsansätzen noch nicht ausreichend beachtet wurde, dass Kompetenzentwicklung im betrieblichen Kontext divergierenden oder konvergierenden Interessenlagen ausgesetzt ist (vgl. Kap. 2.1.3). Die hier vorgenommene Systematisierung geht vom grundsätzlichen Interesse, das mit der Analyse von Kompetenzen verfolgt wird, aus und leitet daraus weitere Differenzierungskriterien ab. Die gewählte Herangehensweise ermöglicht es aber auch, unterschiedliche Zielsetzungen sowie die methodologischen Konsequenzen und die praktischen Umsetzungen der Verfahren aufzunehmen und differenziert zu betrachten. Die hier vorgenommenen Unterscheidungen dienen der theoretischen Analyse und Systematisierung von Verfahren der Kompetenzanalyse im betrieblichen Kontext. Die Systematisierung bezieht sich auf Verfahren, die im Kontext von Arbeit eingesetzt werden:

---

22 Die dargestellte Systematik wurde auf der Grundlage einer Literaturrecherche zu bestehenden Verfahren der Kompetenzanalyse entwickelt (vgl. z.B. Erpenbeck/ Rosenstiel 2003 u.a.). Sie wurde in ähnlicher Form bereits im Rahmen der Veröffentlichung Gillen (2004) publiziert.

Tab. 1 Kompetenzanalysen zwischen Arbeit und Individuum (eigene Darstellung)

	Arbeit	Individuum
	anforderungsorientierte Verfahren	entwicklungsorientierte Verfahren
Zentrale Zielsetzung	Verbesserung des Arbeitsprozesses durch Arbeitsplatzanalyse und Einschätzung des Individuums	Standortbestimmung des Individuums durch Einschätzung des Individuums
Hintergrund der Kategorien	Anforderungen am Arbeitsplatz, Arbeits- und Tätigkeitsmerkmale	Personenmerkmale
Methodologie des Verfahrens	Tätigkeitsbeschreibungen, Arbeitsplatzanalysen	Subjektiv orientierende Kompetenzeinschätzung
Zentrale Methode	Fremdeinschätzung	Selbsteinschätzung
Ergebnis des Verfahrens	Beschreibung der Kompetenzen, die zur Erfüllung der Arbeitsaufgaben bzw. der Tätigkeit notwendig sind	Einschätzung der individuellen Kompetenzbestände und personelle Begleitung

Die unterschiedlichen Verfahren zur Analyse von Kompetenzen in beruflichen Zusammenhängen bewegen sich zwischen den beiden Polen *Arbeitsanforderung* und *individuelle Entwicklung*. Die beiden Pole bestimmen die Konzeption von Einzelverfahren im Sinne eines leitenden Prinzips. Während der Pol Arbeitsanforderung im Sinne einer Verbesserung und Optimierung von Arbeitsabläufen zu beschreiben ist, steht der Pol der individuellen Entwicklung für die Förderung und Entwicklung des Einzelnen. Unter dieser *entwicklungsorientierten Perspektive* lassen sich Kompetenzanalysen zusammenfassen, die von der aktuellen Standortbestimmung des Individuums ausgehend Entwicklungsfelder identifizieren und Entwicklungsprozesse begleiten. Die Zielsetzung dieser Verfahren besteht darin, Beschäftigten und Arbeitslosen angesichts des komplexen gesellschaftlichen Wandels Unterstützung und Orientierung bei ihrer Lebens- und Berufswegeplanung zu geben (vgl. Schuler/ Skroblin 2001/ 2, S. 153f.). Im Fokus dieser Verfahren stehen die Kompetenzen eines Menschen, die er sich an verschiedenen biographischen Stationen der Lebens- und Arbeitswelt angeeignet bzw. entwickelt hat. Die Analyse der Kompetenzen bietet dabei Ansatzpunkte, um Stärken weiter zu entwickeln und mögliche Defizite zu identifizieren und zu reduzieren. Die Orientierung an den in der Lebens- und Arbeitswelt erworbenen Fähigkeiten, Fertigkeiten und Kenntnissen von Individuen einerseits und die Unterstützung von Kompetenzentwicklung als lebensbegleitendender Prozess andererseits, sind zentrale Elemente entwicklungsorientierter Kompetenzanalysen. Diese Verfahren zielen darauf ab, den Individuen Klarheit über ihre individuellen Fähigkeiten, Fertigkeiten, Kenntnisse und Abschlüsse zu ermöglichen. Sie sollen helfen, auf dieser Grundlage ihre weitere berufliche Entwicklung zu gestalten und verschiedene Lernformen und Lernwege nutzbringend für sich selbst zu verbinden.

Auch wenn diese Verfahren sich methodisch und inhaltlich voneinander unterscheiden, sind folgende gemeinsame Verfahrensaspekte auszuweisen: In der Regel werden in Verfahren der entwicklungsorientierten Perspektive zunächst die individuellen Kompetenzbestände erhoben. Auf der Grundlage der erhobenen Ergebnisse werden dann in Verbindung mit einer begleitenden Reflexion Entwicklungsmöglichkeiten erarbeitet und umgesetzt. Damit wird das Ziel verfolgt, die weitere individuelle berufliche Entwicklung zu gestalten und verschiedene Lernformen und Lernwege effizient zu verbinden. Eine zentrale Rolle ist in diesen Verfahren den Personen zuzuschreiben, die die „Analysierten" bei der Umsetzung begleiten, da die Verknüpfung der punktuellen Standortbestimmung mit einem längerfristigen Entwicklungsprozess durch Begleiter oder Coaches unterstützt werden muss. So wird z.B. im Kontext des Schweizer Qualifikationsbuchs (vgl. Kap. 4.2.1) auf die Notwendigkeit der Professionalisierung des Begleitungspersonals hingewiesen (vgl. Calonder-Gerster 2003). Methodisch kommen in Verfahren, die die entwicklungsorientierte Perspektive verfolgen, vor allem Interviews und Selbsteinschätzungen zum Einsatz. Durch Dialoge bzw. Gespräche im Sinne einer kommunikativen Validierung (Käpplinger 2002) wird versucht, zu gemeinsamen und beiderseitig anerkannten Ergebnissen bzw. Konsequenzen zu gelangen.

Ein Beispiel für Verfahren, die diesem Ansatz folgen, ist im Portfolio zu sehen. Das Portfolio kann die Form einer Lern- oder Qualifizierungsmappe haben und erfasst besonders institutionell nicht anerkannte Lern- und Lebenserfahrungen (vgl. Schläfli 1998). Als Beispiele für Verfahren, die sich in diese Perspektive einordnen lassen, sind außerdem der „Job-Navigator" der IG Metall (IG Metall o.J.), das „Schweizerische Qualifikationsbuch" (Autorengemeinschaft Schweizerisches Qualifikationsbuch 2000), der „Bildungspass" der Daimler Chrysler AG (Daimler Chrysler AG o.J.) oder das Verfahren der „Kompetenzbilanz" des Deutschen Jugendinstituts (vgl. Erpenbeck/ Rosenstiel 2003) zu nennen.

Den oben herausgearbeiteten Leitkriterien zur Kompetenzentwicklung entsprechen diese Verfahren hinsichtlich ihrer Orientierung am Subjekt bzw. am Beschäftigten (Subjektbezug) und seiner individuellen Entwicklung (Entwicklungsbezug). Zudem wird auch die Bedeutung von Kommunikation erkannt und damit das Kriterium der Kooperation in vielen dieser Verfahren eingelöst.

Im Unterschied zu entwicklungsorientierten Verfahren fokussieren Kompetenzanalysen, die eine *anforderungsorientierte Perspektive* einnehmen, aktuelle berufliche Tätigkeiten. Verfahren, die dieser Perspektive zugeordnet werden können, werden derzeit bereits zahlreich in betrieblichen Kontexten entwickelt. Sie zielen auf die Verbesserung des Arbeitsprozesses durch Beobachtung, Beurteilung oder Messung des Individuums von außen. Im Fokus stehen dabei die Kompetenzen eines Mitarbeiters in Bezug auf die am Arbeitsplatz erwarteten Anforderungen. Zielsetzungen, Form und Systematik dieser Kompetenzerhebungen orientieren sich an den spezifischen Unternehmenserfordernissen. Dabei können eigenschaftsbasierte und aufgabenorientierte Kompetenzmodelle unterschieden werden (vgl. Paschen 2003). In den eigenschaftsbasierten betrieblichen Kompetenzmodellen werden als Anforderung Persönlichkeitseigenschaften zusammengestellt, die für ein erfolgreiches Handeln im jeweiligen Unternehmen relevant sind. Die gewünschten Persönlichkeitseigenschaften gelten nicht selten für alle Mitarbeiter eines Unternehmens. Aufgabenorientierte Kompetenzmodelle gehen dagegen von den Aufgaben aus, die an einem spezifischen Arbeitsplatz bewältigt werden müssen. Deswegen bilden konkrete Aufgaben in diesen Modellen die Kriterien. Aufgrund der Anforderungsperspektive, die beiden Herangehensweisen zueigen ist, werden mögliche Potenziale, die in der aktuellen Tätigkeit nicht gefordert sind, z.T. ausgeblendet. Die Kompetenzbestände der Individuen werden möglichst objektiv erhoben, um zu Potenzial- und Effektivitätseinschätzungen zu kommen.

Auch hier können gemeinsame Verfahrensaspekte ausgewiesen werden. So wird in anforderungsorientierten Verfahren ausgehend von den Anforderungen am Arbeitsplatz zunächst nach den Kompetenzanforderungen gefragt, die an einen bestimmten Arbeitsplatzinhaber gestellt werden. Ausgehend von den Merkmalen des Arbeitsplatzes wird eine Dokumentationsform erarbeitet, die die eigenschafts- oder tätigkeitsorientierten Anforderungen an den Mitarbeiter beschreibt. Aufgrund der Bedeutung, die in diesem Zugang der Einschätzung des Individuums von außen zukommt, nehmen Fremdeinschätzungen in anforderungsorientierten Verfahren eine bedeutende Rolle ein, da den Ergebnissen eine hohe Aussagekraft zugesprochen wird (vgl. Sonntag/ Schäfer-Rauser 1993, S. 168). Als Beispiele sind der in der Schweiz entwickelte „Kompetenz-Kompass®" (Hänggi 2003) oder das Verfahren zur Kompetenz-Diagnostik und -entwicklung KODE (vgl. Erpenbeck 2003b) zu nennen. Auch das betrieblich eingesetzte Assessment-Center kann als Beispiel genannt werden.

Diese Verfahren der Kompetenzanalyse entsprechen damit in einem wesentlichen Punkt nicht den erarbeiteten Kriterien der Kompetenzentwicklung. Da sie nicht von der „Angebots-" sondern der „Verwertungsperspektive" (vgl. Kap. 3.2.1) ausgehen, legen sie den Schluss nahe, dass nicht die Kompetenzentwicklung, sondern die Entwicklung des Beschäftigten hinsichtlich der aktuellen Arbeitsplatzanforderungen angestrebt wird. Demzufolge könnten nach der Kompetenzanalyse z.B. Anpassungsqualifizierungen als Maßnahmen der weiteren Qualifizierung angestrebt werden, die der Kompetenzentwicklung des Beschäftigten nicht explizit oder nur zufällig dienen.

Diese Herangehensweise der Verknüpfung von Arbeitsplatzanforderungen und Persönlichkeitsvoraussetzungen ist aus berufspädagogischer Sicht auf mehreren Ebenen problematisch. Zum einen wird der Begriff der „Kompetenz", der im berufspädagogischen Verständnis am Subjekt und seiner Entwicklung orientiert ist, vom Subjekt gelöst und aus der Verwertungs- und Anforderungsperspektive genutzt. Damit werden nicht in erster Linie Personenmerkmale, sondern Arbeits- und Tätigkeitsmerkmale erhoben. Auch werden Tätigkeiten mit den zur Bewältigung dieser Tätigkeit notwendigen Kompetenzen gleichgesetzt. Dazu weist Faulstich (1996) darauf hin, dass eine Aufhebung der Trennung zwischen Funktion einerseits und Kompetenz andererseits die Frage nach dem Verhältnis zwischen den beiden Ebenen umgeht und damit „inadäquate Begriffe auf theoretische Leerstellen" (Faulstich 1996, S. 369) gesetzt werden. „Beim Sprung in derartige ‚Anforderungsanalysen' bleibt man auf derselben Seite des Grabens, wähnt sich aber schädlicherweise auf der anderen Seite" (Volpert 1974, S. 71).

Vor diesem Hintergrund lässt sich schließen, dass es grundsätzlich als problematisch anzusehen ist, derartige Analyseverfahren dem Feld der Kompetenzanalysen zuzurechnen. Der berufspädagogischen Begriffslogik (Kap. 3.2.1) folgend müssten sie als „Qualifikationsanalysen" bezeichnet werden, weil nicht die Kompetenzen des Subjektes erhoben werden, sondern ausgehend von Arbeitplatzanforderungen die Fähigkeiten von Mitarbeitern eingeschätzt bzw. gemessen werden. Dennoch wird diese arbeitsbezogene Perspektive insbesondere in betrieblich entwickelten Verfahren häufig realisiert, weil davon ausgegangen wird, dass sich die betriebliche Funktionalität mit dieser Herangehensweise erhöht. In der Personalwirtschaftslehre wird in der Regel direkt von den Anforderungen einer Stelle auf Qualifikationsanforderungen und – in simplifizierenden Konzepten – über Profilvergleiche auf das notwendige Qualifikationsprofil geschlossen, d.h. das angedeutete berufspädagogische Problem des Zusammenführens von Qualifikationsanforderungen und individueller Kompetenz wird dort weitgehend ausgeblendet (vgl. Berthel 1995, S. 136ff.).

Dieser neue Systematisierungsansatz erhält besondere Bedeutung bezüglich der Frage, unter welchen Bedingungen Kompetenzanalysen die Kompetenzentwicklung von Beschäftigten in betrieblichen Zusammenhängen unterstützen können, da daraus erste Schlüsse für die Gestaltung zu formulieren sind und eine grundsätzliche Unterscheidung zwischen unterschiedlichen Ansätzen getroffen werden kann.

Zur weiteren Erläuterung dieses Systematisierungsansatzes sollen drei der bereits kurz genannten Beispiele für entwicklungsorientierte Verfahren näher dargestellt werden. Auch wenn sie nicht vorwiegend im betrieblichen Kontext eingesetzt werden, sondern vielmehr außerbetrieblichen Kontexten entstammen, stellen sie innerhalb dieser Arbeit den Ansatzpunkt für die empirische Untersuchung dar.

4.2 Beispiele für entwicklungsorientierte Verfahren der Kompetenzanalyse

Zur Verdeutlichung der oben eingeführten Systematik zwischen anforderungs- und entwicklungsorientierten Kompetenzanalysen werden im nächsten Schritt drei Verfahren näher dargestellt, die nach den eingeführten Unterscheidungsmerkmalen als entwicklungsorientiert eingestuft werden können. Dazu wurden das „Schweizerische Qualifikationsbuch" (vgl. Autorengemeinschaft Schweizerisches Qualifikationsbuch 2000), der „Bildungspass" der Daimler Chrysler AG (Daimler Chrysler o.J.) und der „Job-Navigator" der IG Metall (IG Metall o.J.) ausgewählt, da sie dem entwicklungsorientierten Typ von Kompetenzanalyse nahezu umfassend entsprechen.

Diese Auswahl der Verfahren zeigt, dass nicht ausschließlich auf betrieblich eingesetzte Verfahren Bezug genommen wird. Diese Erweiterung des Fokus erscheint hier notwendig, da die Zahl der unter entwicklungsorientierter Perspektive einzuordnenden betrieblichen Verfahren sehr gering ist und die Entwicklungsorientierung vorwiegend im außerbetrieblichen Kontext Bedeutung zu haben scheint. Da aber – wie bereits in Kap. 2.3 deutlich hervorgehoben – die Frage der Kompetenzförderlichkeit von Kompetenzanalysen auch in betrieblichen Zusammenhängen wichtig ist, wird hier diese Erweiterung getroffen. Die Darstellung der Verfahren bezieht sich ausschließlich auf die veröffentlichten Materialversionen der Verfahren und z.T. diesbezüglich erschienene Aufsätze oder Beiträge. Sie orientiert sich zudem an den unter Kapitel 4.1 eingeführten Merkmalen für entwicklungsorientierte Kompetenzanalysen und hat deswegen einen exemplarisch-explanativen Charakter. Ziel der folgenden Darstellung ist zum einen die Erläuterung und Fundierung der vorgelegten Systematisierung. Zum anderen dient diese Darstellung der Hinführung zum Untersuchungsgegenstand der empirischen Untersuchung.

4.2.1 Das Schweizerische Qualifikationsbuch

Mit dem Ansatz des „Schweizerischen Qualifikationsbuchs" (vgl. Autorengemeinschaft Schweizerisches Qualifikationsbuch 2000) werden seit Ende 2001 in der Schweiz vorhandene Kompetenzen im Rahmen einer nationalen Bildungsinitiative systematisch erfasst und anerkannt. Als Zielsetzungen des Schweizerischen Qualifikationsbuchs werden die Sammlung von Grundlagen für den individuellen Entwicklungsweg in Bildung und Beruf sowie die Förderung der beruflichen Flexibilität und Mobilität ausgewiesen (vgl. Marty 2001, S. 78). Mit diesem Konzept wird die bildungspolitische Zielsetzung verfolgt, einen landesweit anerkannten und einheitlichen Ansatz zur Erhebung von Kompetenzen zu schaffen und damit einen „Bildungspass" zu implementieren, der äquivalent zu formell erworbenen Zeugnissen und Diplomen Gültigkeit hat und innerhalb wie außerhalb von Unternehmen Einsatz findet. Er soll dazu dienen, „das berufliche und persönliche Potenzial sichtbar zu machen, nachzuweisen und so Anerkennung in Bildung und Beruf zu erreichen" (Autorengemeinschaft Schweizerisches Qualifikationsbuch 2000, S. 3). Damit ist das Schweizerische Qualifikationsbuch also darauf ausgerichtet, Kompetenzen nicht nur zu erfassen, sondern sie auch einer staatlichen Anerkennung zuzuführen. Eingesetzt wird es im Personalwesen ebenso wie im Erwerbslosenbereich für Personen in der Erstausbildung, Personen mit Berufserfahrung oder Wiedereinsteiger.

Das 80-seitige Handbuch soll der Erstellung eines individuellen Portfolios dienen und besteht aus zwei Teilen. Zum einen aus einer Arbeitsanleitung zum Umgang mit dem Instrumentarium sowie zu den Zielsetzungen, die damit verfolgt werden, und zum anderen aus einem Ordner zur systematischen Einordnung von entsprechenden Nachweisen. In diesem Hauptteil, dem eigentlichen Formularteil werden folgende Bereiche unterscheiden: persönliche Daten; Ausbildung; Weiterbildung; Erwerbstätigkeit; Nicht-Erwerbstätigkeit und besondere Berufs- und Lebenssituationen. Dabei sollen jeweils zeitliche Angaben, Angaben zur Art des Lernens, zu formellen Nachweisen sowie genaue Erläuterungen zu den erworbenen Kompetenzen und Fähigkeiten gemacht werden. Es wird also angestrebt, in Kursen und Lehrgängen erworbene formelle Lernleistungen, aber auch informell erworbene Lernleistungen zu erfassen. Zudem enthält der Hauptteil die Anleitung sowie die Formulare zur Selbsterarbeitung des eigenen zusammenfassenden Kompetenz- und Qualifikationsprofils. Der abschließende Teil des Qualifikationsbuchs leitet zur Erarbeitung konkreter Schritte der Laufbahnplanung an. Aufgrund seiner Anlage als Selbstbearbeitungsinstrument, das sich auf die gesamte Lebenszeit bezieht, ist das Schweizerische Qualifikationsbuch als indirektes und biographisches Instrument einzustufen.

Es unterscheidet zwischen Fähigkeiten, Kompetenzen und Qualifikationen. Qualifikationen werden dabei als von „externen Autoritäten" (vgl. Autorengemeinschaft Schweizerisches Qualifikationsbuch 2000, S. 10) anerkannte Kompetenzen definiert. Kompetenzen stellen die Verbindung von Fähigkeiten dar, die eingesetzt werden, um bestimmte Anforderungen zu erfüllen oder eine bestimmte Handlung vorzunehmen. Demzufolge liegt hier ein subjektiver Kompetenzbegriff zugrunde. Die Beurteilung der Kompetenzen erfolgt durch Angabe der Fähigkeiten und Kernkompetenzen, des Orts ihres Erwerbs bzw. ihrer Entwicklung, eine Beschreibung der konkreten Erfolge und schließlich eine eigene Beurteilung bzw. die Nennung einer von anderen Personen dazu bekannten Beurteilung (vgl. Autorengemeinschaft Schweizerisches Qualifikationsbuch 2000, S. 48ff.). Dem Qualifikationsbuch liegt eine Dimension zwischen fachlichen Fähigkeiten, methodischen Fähigkeiten sowie persönlichen und sozialen Fähigkeiten zugrunde.

In Verbindung mit dem Schweizer Qualifikationsbuch wurde zugleich ein Qualifikationsprogramm aufgelegt, in dem der Prozess von der Erhebung und Beurteilung bis zur Anerkennung begleitet wird und Begleiter ausgebildet werden (vgl. Marty 2001). Das Konzept des Qualifikationsbuches dient damit zum einen der Archivierung formaler Qualifikationen und informell erworbener Kompetenzen, zum anderen werden im Zuge der Dokumentation das individuelle Kompetenzprofil reflektiert und aus diesem Reflexionsprozess mögliche Defizite und erforderliche Maßnahmen abgeleitet. Deshalb kann es hier als Instrument mit formativer Funktion bezeichnet werden. Ähnlich dem französischen Konzept der bilans des compétences fehlen auch zum Schweizer Qualifikationsbuch bislang empirische Befunde. Doch genießt es offenbar sowohl bildungspolitisch als auch in der praktischen Anwendung einen hohen Grad an Akzeptanz (vgl. Käpplinger 2002, S. 16).

Das Schweizerische Qualifikationsbuch ist als entwicklungsorientiertes Verfahren zu bezeichnen, da eine Standortbestimmung bezüglich des persönlichen Kompetenzprofils angestrebt wird. Methodisch beruht es auf einem Selbstverfahren, in dem Personenmerkmale durch Selbsteinschätzung erhoben werden. Hinsichtlich der personellen Begleitung im Reflexions- und Kompetenzentwicklungsprozess zeigt sich, dass zum einen bereits innerhalb des Formularteils des Qualifikationsbuchs ein Aktionsplan für weitere Entwicklungsschritte enthalten ist. Zum anderen beinhaltet das Qualifikationsprogramm die Begleitung bei der Umsetzung des Qualifikationsbuchs sowie die Unterstützung der weiteren Kompetenzentwicklung durch personelle Begleitung. Die Einordnung des Schweizer Qualifikationsbuchs in die oben ausgewiesenen Unterscheidungskriterien für Kompetenzanalyse führt zu folgendem Überblick:

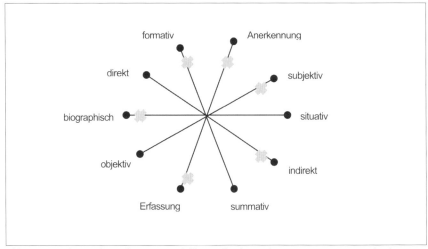

Abb. 4 Einordnung des Schweizer Qualifikationsbuchs in die Ansätze zur Unterscheidung von Kompetenzanalysen (eigene Darstellung)

4.2.2 Der Bildungspass

Der Bildungspass ist im Rahmen der Aktivitäten des BIBB-Modellversuchs[23] „Entwicklung von lernförderlichen Arbeitsumgebungen und neuen Formen des Lernens" bei der Daimler Chrysler AG im Werk Gaggenau entstanden. Er wurde von der Unternehmensabteilung „Betriebliche Bildung" in Kooperation mit dem Betriebsrat erarbeitet. Seine zentrale Zielsetzung ist die Gestaltung kontinuierlicher selbstgetragener Weiterbildungsprozesse zur aktiven Förderung des Unternehmenswandels. Somit wird der Bildungspass als „ein Instrument zur beruflichen Standortbestimmung für die Mitarbeiter und Mitarbeiterinnen" (Daimler Chrysler o.J.) bezeichnet, das eine formative Funktion erfüllt. Mit seinem Einsatz wird angestrebt, dass interessierte Beschäftigte des Werks eine Zwischenbilanz ihres formell und informell erworbenen Wissens, ihrer Fähigkeiten und Kompetenzen ziehen und eine Übersicht darüber erhalten. Zudem soll mit dem Bildungspass ermöglicht werden, „dass sich jeder Mitarbeiter über das in der Betriebsvereinbarung vorgeschriebene jährliche Qualifikationsgespräch hinaus Gedanken über das macht, was er kann" (Sommer 2004, S. 30). Aufgrund dieser Zielsetzung

---

23 Der dem Bildungspass zugrunde liegende Modellversuch orientiert sich an folgenden Fragestellungen: „Wie kann Lernbereitschaft, wie können der Wille und die Kompetenz zur aktiven Mitgestaltung des Arbeitsfeldes bei Mitarbeitern und Führungskräften gefördert werden? In welcher Form gestaltet sich in Zukunft eine dauerhafte, eigenverantwortliche und arbeitsplatzintegrierte Weiterbildung?" (BiBB 2004).

kann der Bildungspass als Instrument gelten, das zentral die Erfassung der erworbenen Kompetenzen anstrebt, nicht jedoch eine Anerkennung der Kompetenzen.

Der Pass wird auf freiwilliger Basis und ausschließlich durch Selbsteinschätzung des Beschäftigten erarbeitet. Die erhobenen Angaben und Daten verbleiben beim Beschäftigten. Sie können jedoch als Vorbereitung für die Eintragung im unternehmenseigenen Skillmanagementsystem „ePeople" dienen. Der Bildungspass enthält neun Analyseschritte, die die interessierten Beschäftigten schriftlich in das 24-seitige Selbstbearbeitungsinstrument eintragen:

1. Schule und Berufsausbildung
2. Tätigkeiten und Jobs außerhalb des Unternehmens
3. Fort- und Weiterbildungen mit Zeugnis oder Zertifikat
4. Fort- und Weiterbildungen mit oder ohne Teilnahmebescheinigung
5. Sprachliche Kompetenzen
6. Persönlicher Arbeitslebenslauf
7. Spezielle Tätigkeiten außerhalb der Hauptaufgabe
8. Besondere Kompetenzen und Erfahrungen, die außerbetrieblich erworben wurden
9. Vorstellungen über die persönliche Zukunft

Die Datenerhebung erfolgt somit indirekt, da Selbsteinschätzungen über Situationen in der Vergangenheit erfasst werden. Durch diese Form der Selbstaussagen bzw. Selbsteinschätzungen werden fachliche Qualifikationen und informell erworbene Kompetenzen erhoben, die sich die Beschäftigten außerhalb des Werks angeeignet haben. Dabei werden auch Tätigkeiten und erworbene Kompetenzen in vorigen Arbeitsstellen, in der Ausbildung oder auf Seminaren, beim Organisieren im Sportverein oder am Computer erhoben, wodurch ein biographischer Ansatz realisiert wird. Auch persönliche Stärken wie besondere Kompetenzen beim Lösen von Konflikten oder besondere handwerkliche Begabungen sollen in den Bildungspass eingetragen werden. Die auf diese Weise entstehenden Angaben werden Kategorien zugeordnet, die dem unternehmenseigenen Skillmanagementsystem zugrundeliegen (Fachkompetenzen, IT-Kompetenzen, Sozialkompetenzen, Methodenkompetenzen, Sprachen, Nachweise und Zeugnisse). Die Beurteilung der persönlichen Kompetenzen erfolgt durch die Beschreibung besonderer Fähigkeiten, Kompetenzen oder Erfahrungen bezüglich der neun Analyseschritte. Neben dieser qualitativen Beschreibung werden jedoch keine Aussagen zum Beherrschungsgrad o.ä. verlangt. Wie diese Deskription bereits zeigt, ist der dabei zugrunde gelegte Kompetenzbegriff als subjektorientiert zu bezeichnen, er wird jedoch nicht spezifisch definiert. So wird von Bildung, Wissen, Erfahrungswissen, Fertigkeiten und Fähigkeiten, aber auch Kompetenzen gesprochen.

Der Bildungspass lässt sich als entwicklungsorientiertes Verfahren einordnen, da er den in der Systematisierung herausgearbeiteten Merkmalen weitgehend entspricht. So wird in der zentralen Zielsetzung explizit die Standortbestimmung der aktuellen formellen und informellen Kompetenzen betont. Zudem werden in einer Selbsteinschätzung individuelle Personenmerkmale erhoben, die einen Status quo des aktuellen Kompetenzbestands ergeben. Bezüglich des in der Systematik für entwicklungsorientierte Verfahren herausgearbeiteten Merkmals der personellen Begleitung im Prozess der Reflexion können aus dem verfügbaren Material keine Angaben entnommen werden. Die Einordnung des Bildungspasses in die oben ausgewiesenen Unterscheidungskriterien für Kompetenzanalysen führt zu folgendem Überblick:

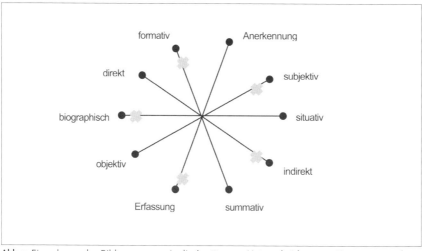

Abb. 5 Einordnung des Bildungspasses in die Ansätze zur Unterscheidung von Kompetenzanalysen (eigene Darstellung)

4.2.3 Das Kompetenz-Handbuch im Job-Navigator

Als erste gewerkschaftliche Initiative hat die IG Metall den Job-Navigator entwickelt. Als Angebot für die berufliche Zukunfts- und Weiterbildungsgestaltung von Arbeitnehmern soll er dazu anleiten, selbstverantwortlich die persönliche berufliche Zukunft zu gestalten (vgl. IG Metall 2001, Vorwort). Der Job-Navigator besteht aus verschiedenen Bausteinen wie einem Angebot einer computerausgewerteten persönlichen Potenzialanalyse des geva-Instituts in München, einem Kompetenz-Handbuch als Anleitung und Unterstützung zum Sammeln, Entdecken und Sichtbarmachen persönlicher und beruflicher Kompetenzen sowie zur Festlegung von persönlichen Weiterbildungszielen. Mit der Weiterbildungs-Checkliste kann man anhand grundlegender Kriterien herausfinden, inwieweit die regionalen Weiterbildungsträger seriös sind und den gängigen qualitativen Ansprüchen genügen. Zudem wird ein persönliches Begleitungsgespräch oder ein Gruppengespräch angeboten, in dem Unterstützung bei der Handhabung der Produkte, Hilfe bei der Reflexion der Ergebnisse der Potenzialanalyse oder des Kompetenz-Handbuchs sowie bei der Auswahl einer zielgenauen Weiterbildungsmaßnahme gegeben werden.

Das für die Kompetenzanalyse zentrale Produkt dieses Leistungsangebots ist das Kompetenz-Handbuch. Das ca. 35-seitige Selbstbearbeitungsmaterial soll interessierte Mitglieder der Gewerkschaft dazu anleiten, sich anhand eines Formularordners mit der eigenen beruflichen Biographie und den auf diesem Weg erworbenen Kompetenzen zu beschäftigen. Dabei kann die Erfassung der erworbenen Kompetenzen als zentrale Zielsetzung gelten. Das Kompetenz-Handbuch ist als Leittext konzipiert und in drei aufeinander aufbauende Phasen gegliedert. In der Bestandsaufnahme werden formell und informell erworbene Kompetenzen zunächst gesammelt und geordnet. Dazu werden Daten zur Bildungsbiographie (Schulausbildung, berufliche Erstausbildung, Studium, Umschulungen etc.) einerseits und Angaben zur Erwerbsbiographie (berufliche Beschäftigungen, Ferienjobs etc.) sowie zu außerhalb davon liegenden Aktivitäten (außerberufliche Tätigkeiten) andererseits gesammelt.

In der anschließenden Profilanalyse sollen diese Kompetenzen bilanziert und bewertet werden. Die Selbstbeurteilung der Kompetenzen erfolgt dabei anhand der übergreifenden Dimensionen Fach-, Methoden- und Sozialkompetenzen durch eine dreigegliederte Taxonomie (vgl. IG Metall o.J., S. 31ff.). Die Ergebnisse dieser Phase dienen im dritten Schritt dazu, einen gezielten Aktionsplan zu entwerfen, in dem die beruflichen Entwicklungsziele festgelegt werden. Das Kompetenz-Handbuch beruht auf einem indirekten, biographischen Vorgehen.

Der verwendete Kompetenzbegriff umfasst „die Fähigkeiten, Fertigkeiten und Kenntnisse, die notwendig sind, um bestimmten Arbeits- und Leistungsanforderungen zu genügen" (IG Metall 2001, S. 52) und ist als subjektiv einzuordnen. Als Qualifikationen werden dagegen Kompetenzen angesehen, „die für den betrieblichen und beruflichen Verwertungszusammenhang von besonderer Bedeutung sind" (IG Metall 2001, S. 53).

Mit diesem Instrument der Kompetenzerhebung wird auf Seiten der IG Metall die Hoffnung verbunden, Arbeitnehmer und Arbeitslose bei der Gestaltung ihrer beruflichen Entwicklungs- und Aufstiegswege gezielt zu unterstützen und dadurch ihre Beschäftigungsfähigkeit zu sichern und sie vor Arbeitslosigkeit zu bewahren. Er hat damit eine formative Funktion. Zudem soll das Kompetenz-Handbuch die Mitglieder dabei unterstützen, „ihre beruflichen Handlungskompetenzen so zu stärken, dass sie ihre berufliche Zukunftsplanung selbstbestimmt vertreten können" (Schuler/ Skroblin 2001/ 02, S. 162). Ebenso wie die beiden anderen Beispiele ist auch das Kompetenz-Handbuch im Job-Navigator als entwicklungsorientiertes Instrument einzuordnen, da es die Möglichkeit zur Standortbestimmung vorsieht und dabei an die Person gebundene Angaben zu Kompetenzen erhebt. Es fußt im Wesentlichen auf einer qualitativen Selbsteinschätzung. In das übergreifende Angebot des Job-Navigators ist das Angebot zur personellen Begleitung im Prozess der Reflexion und der weiteren Kompetenzentwicklung eingebunden. Die Einordnung des Kompetenz-Handbuchs in die oben ausgewiesenen Unterscheidungskriterien für Kompetenzanalysen führt zu folgendem Überblick:

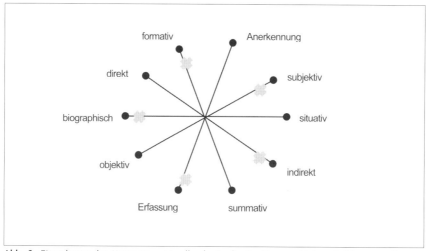

Abb. 6 Einordnung des Kompetenz-Handbuchs in die Ansätze zur Unterscheidung von Kompetenzanalysen (eigene Darstellung)

Zwischenfazit

Als Zwischenfazit bei der Betrachtung des Gegenstands lässt sich also festhalten, dass die Frage der Systematisierung bislang ein noch weitgehend unbearbeitetes Forschungsfeld darstellt und nur wenige Ansätze zur Unterscheidung zusammengeführt werden konnten. Aus diesem Grund wurde unter Bezug auf die Frage der Kompetenzentwicklung durch Kompetenzanalysen ein Unterscheidungsraster herausgearbeitet, das auf bestehenden Ansätzen zur Einordnung von Kompetenzanalysen beruht. Darüber hinaus wurde eine eigene Systematik entwickelt, die den Aspekt der Kompetenzentwicklung im betrieblichen Kontext näher in den Blick nimmt und zwischen anforderungsorientierten betrieblichen Kompetenzanalysen und entwicklungsorientierten Verfahren unterscheidet. In der exemplarischen Vorstellung von drei ausgewählten Verfahren ist zudem deutlich geworden, dass sich die für diesen Verfahrenstyp herausgearbeiteten Merkmale an praktischen Verfahren nachweisen lassen. Die bei der Vorstellung geleistete Analyse der Verfahren hinsichtlich der ausgewiesenen Systematisierungsmerkmale zeigt zudem, dass alle drei Verfahren

- eine formative Funktion haben,
- einen subjektiven Kompetenzbegriff zugrunde legen
- und zur Datenerhebung indirekte, biographische Methoden einsetzen.

Hinsichtlich der Unterscheidung zwischen Erfassung und Anerkennung als Zielorientierung der Kompetenzanalysen, ist keine eindeutige Übereinstimmung festzustellen, da das Schweizerische Qualifikationsbuch als staatlich konzipiertes Verfahren auch die Anerkennung der erworbenen Kompetenzen anstrebt, während die beiden übrigen Beispiele lediglich die Erfassung der Kompetenzen zum Ziel haben.

Auch wenn auf diesem Weg bereits eine Orientierung im Praxisfeld der Kompetenzanalyse hinsichtlich der Frage der Kompetenzentwicklung geleistet werden konnte, bedarf diese Frage noch einer weitergehenden Bearbeitung, die in Kapitel 5 durch die eingehende empirische Untersuchung eines der drei vorgestellten Instrumente erfolgen wird. Zunächst gilt es aber, einen weiteren Zugang zum Gegenstand der Kompetenzanalyse zu eröffnen und die in der Diskussion ausgewiesenen Problemaspekte von Kompetenzanalysen zu reflektieren. Dazu werden im Folgenden einige Problemaspekte dargestellt und interpretiert sowie mit theoretischen Positionen fundiert.[24]

---

24 Die Problemaspekte wurden in ähnlicher Form bereits im Rahmen der Veröffentlichung Gillen/ Kaufhold (2005) publiziert.

4.3 Problemaspekte bei der Analyse von Kompetenzen

Die Analyse von Kompetenzen ist mit einer Reihe von methodischen, inhaltlichen und wissenschaftstheoretischen Problemen behaftet und die Diskussion dieser Aspekte nimmt in der wissenschaftlichen Literatur einen breiten Raum ein, was darauf hinweist, dass Kompetenzanalysen wissenschaftlich durchaus kontrovers diskutiert werden.

Die Aufarbeitung der relevanten Problemaspekte ist hier notwendig, um sie hinsichtlich der folgenden Analyse, der empirischen Untersuchung und in der Zusammenführung kompetenzförderlicher Merkmale berücksichtigen zu können und die Analyse nicht ungeachtet der zentralen Problemlagen der wissenschaftlichen Diskussion durchzuführen. Deshalb werden hier vor dem Hintergrund der gewählten Blickrichtung besonders die berufspädagogisch relevanten Problemaspekte ausgeführt. Zudem erscheint die folgende problemorientierte Analyse notwendig und sinnvoll, um unabhängig von konkreten Instrumenten und Verfahren grundsätzliche Fragen, die sich hinsichtlich der Kompetenzanalyse stellen, aufzugreifen.

Die hier diskutierten Problemaspekte resultieren zum einen aus der Unschärfe bzw. Mehrdeutigkeit des Kompetenzbegriffes, die aufgrund unterschiedlicher wissenschaftstheoretischer Perspektiven zustande kommt (vgl. Kap. 3.1.2). Diese Perspektiven, die in den folgenden Teilkapiteln deutlich werden, führen zu unterschiedlichen Anforderungen an die Kompetenzanalyse und die damit verbundene Forschung. Die Problemaspekte sind aber auch auf bisherige Erkenntnisse zum betrieblichen Einsatz von Kompetenzanalyseverfahren zurückzuführen. Sie lassen sich nur zu einem geringen Teil tatsächlich eindeutig auflösen, vielmehr verlangt der Umgang mit ihnen aufgrund ihres Charakters und ihrer Komplexität vielfach eine begründete Entscheidung bzw. Positionierung für einen der möglichen Wege. Die Bearbeitung und Zusammenführung der Problemaspekte lässt jedoch erwarten, dass vor dem Hintergrund der in Kapitel 3.4 herausgearbeiteten Leitkriterien zur Kompetenzentwicklung bei einigen der diskutierten Problemaspekte eine eindeutige Positionierung möglich ist und damit auch ein Beitrag zur Weiterentwicklung und Erkenntnisgewinnung hinsichtlich der angeführten Probleme.

4.3.1 Kompetenz zwischen objektiver Messbarkeit und subjektiver Konstruktion

In der Frage, ob Kompetenz objektiv messbar oder als subjektive Konstruktion zu begreifen ist, liegt ein erstes grundsätzliches Problemfeld im Kontext von Kompetenzanalysen. Diese Frage verweist auf divergierende Auffassungen menschlichen Handelns in handlungstheoretisch unterschiedlich bestimmten Situationen.

Dabei steht auf der einen Seite eine *normative handlungstheoretische Auffassung*. Sie geht davon aus, dass Interaktionsteilnehmer den Rollen folgen, die ihnen durch das „soziokulturelle Wertesystem vorgegeben sind" (Abels 2001, S. 156). Zudem bildet ein „raum-zeitlich strukturierter und von einem Horizont von Mitgegebenheiten begrenzter Komplex von objektiven Bestimmungen eines sozialen Bestimmungsgefüges" (Hillmann 1994, S. 786) die objektiven Bedingungen von Situationen. Ein solches Situationsverständnis impliziert die Annahme, dass sich Handeln weitgehend an objektiven Kriterien orientiert und jede Person eine konkrete Situation in ähnlicher Weise wahrnimmt, was zu vergleichbarem Handeln führt. In einem solchen Kontext können Handlungsziele als situationsspezifisch verallgemeinerbar gefasst werden, so dass sie vergleichbar und unter Rückbezug auf normative Vorgaben auch verwertbar werden. Ein solches „Erfassungskonzept" menschlichen Handelns ermöglicht es deswegen, die in einer Situation erfassten Kompetenzen verschiedener Personen gegenüberzustellen und zu vergleichen. Dabei wird davon ausgegangen, dass sich objektives Wissen aus objektiven Tatsachen und Fakten zusammensetzt, die nach logischen Prinzipien kombiniert werden. Die Auffassung von der Objektivierbarkeit von Kompetenzen ist „eng mit der Ermittlung von ‚unbestreitbaren' Wissensbereichen verbunden, die eine objektive Bewertung gestatten" (Björnavold 1997, S. 70). Demzufolge operieren Verfahren der Kompetenzanalyse, denen diese normative Auffassung zugrunde liegt, vermehrt mit quantitativen Messungen und mit kardinalen oder metrischen Systematiken. Die Qualität dieser Verfahren bemisst sich daran, wie genau sie in der Lage sind, die objektiven Wissensbestände zu ermitteln.

Dieses Verständnis von Kompetenz ist insofern problematisch, als es den Aspekt der Subjektivität von Kompetenz nicht anerkennt. Zudem bleibt zu bedenken, dass diese Messungen

> *„in hohem Maße den innerhalb dieser Systeme festgelegten Normen entsprechen, jedoch nicht unbedingt den im wirklichen Leben erworbenen Kenntnissen und Kompetenzen gerecht werden" (Björnavold 1997, S. 66).*

In der Praxis erweist sich diese Herangehensweise als einseitig, weil alle an der Kompetenzmessung Beteiligten diese Normen anerkennen und ein gleiches Verständnis der Normen mitbringen müssen.

Dem steht eine Betrachtungsweise gegenüber, die Situationen als subjektive Konstruktionsleistungen der Akteure und als Produkt sozialen Handelns versteht. Diese Sichtweise wird als *interpretatives handlungstheoretisches Paradigma* bezeichnet (vgl. Abels 2001, S. 156ff.). Es erklärt Handeln als wechselseitiges Interpretieren von Situationen durch die Handelnden. Situationen werden folglich durch sinnproduzierende Kommunikation von Akteuren herausgebildet. Die dabei entstehenden Möglichkeiten der Situationsdefinition von Zielen und Sinnstrukturen müssen nicht unbedingt anhand normativer Vorgaben erfolgen. Diese Betrachtungsperspektive impliziert Gestaltungs- und Handlungsspielräume für die Akteure, so dass eine Vielzahl von Handlungen denkbar ist, die nur schwer miteinander vergleichbar sind. Diesem Verständnis folgend sind Kompetenzen, die die Grundlage dieses Handelns darstellen, nicht quantitativ messbare, sondern subjektiv konstruierte, qualitative Kategorien. Der Charakter eines „qualitativen Erhebungsmerkmals", den auch Weiß (1999b, S. 181) betont, ist Kompetenz deswegen zuzuschreiben, weil dieses Verständnis es ermöglicht, Kompetenzen bezüglich individuell unterschiedlicher Merkmalsausprägungen und deren Intensitäten zu erheben bzw. qualitativ einzuschätzen.

Ausgehend von den obigen Überlegungen zur Kompetenzentwicklung ist ein solches qualitatives Verständnis, das auf das interpretative handlungstheoretische Verständnis von Situationen zurückgeht, dem Gegenstand Kompetenz angemessener, da es den Aspekt der Subjektivität berücksichtigt. Dieser Aspekt wird – wie gezeigt wurde (vgl. Kap. 3) – in der berufspädagogischen Literatur als ein wesentliches Kennzeichen von Kompetenz immer wieder hervorgehoben. Die Orientierung an diesem Grundverständnis von Kompetenz ermöglicht damit auch eine fundierte Positionierung bezüglich der Frage, ob Kompetenz objektiv messbar oder als subjektive Konstruktion zu begreifen ist. Als Konsequenz für die Frage der Gestaltung von Kompetenzanalysen im beruflich-betrieblichen Lernen (vgl. Kap. 6) kann deshalb bereits hier festgehalten werden, dass die Subjektivität von Kompetenz methodisch und inhaltlich durch den Einsatz qualitativer Verfahren anerkannt und umgesetzt werden muss.

4.3.2 Die Unterscheidung zwischen Kompetenz und Performanz

Ein anderer Problembereich ist durch die Differenzierung zwischen Kompetenz und Performanz und die Analysierbarkeit beider Kategorien determiniert. Die Unterscheidung zwischen Kompetenz und Performanz geht – wie bereits angesprochen wurde – auf ein entsprechendes linguistisches Paradigma bei Chomsky (1972) zurück. Sprachliche Kompetenz besteht darin, gemessen an grammatischen und lexikalischen Regeln korrekte Äußerungen tätigen zu können. Die Kompetenz eines Sprechers ist jedoch von dem tatsächlichen, aktuellen Sprachgebrauch, der Performanz, zu unterscheiden (vgl. Chomsky 1972, S. 13f.). Performanz ist dadurch gekennzeichnet, dass sie der Kompetenz durch die Anwendung von Sprache tatsächlich Ausdruck verleiht, indem korrekte und die Fülle der Sprackompetenz ausschöpfende Aussagen generiert werden. Zwischen Kompetenz und Performanz besteht demnach die Differenz zwischen dem bloßen Vermögen über sprachliche Fähigkeiten einerseits und dessen erfolgreicher Anwendung bzw. Umsetzung andererseits. Chomsky trifft diese Unterscheidung aufgrund der Beobachtung, dass natürliche Rede zahlreiche Abweichungen von Regeln und Abänderungen der Gesprächsstrategien im Sprechen aufweist, selbst wenn der Sprecher über die Kenntnis der korrekten Regeln verfügt (vgl. Chomsky 1972, S. 14). Das lässt den Rückschluss zu, dass es eine Tiefenstruktur (Kompetenz) und eine Oberflächenstruktur (Performanz) des menschlichen (Sprach-)Handelns gibt, wovon nur letztere empirisch wahrnehmbar ist. Die vorhandene Tiefenstruktur entzieht sich der unmittelbaren Wahrnehmung und kann nur über die Oberflächenstruktur der Performanzebene rekonstruiert werden. Damit bleibt Performanz als praktische Produktion korrekter Aussagen per se hinter dem vorhandenen Kompetenzpotenzial zurück.

Zugleich aber ermöglicht das vorhandene Kompetenzpotenzial eine unendliche Zahl an Performanzformen, die durch ihre jeweiligen spezifischen Bedingungsfaktoren geprägt sind. Die besondere Beziehung zwischen Kompetenz und Performanz ist demnach zum einen dadurch charakterisiert, dass Performanz in einer konkreten Situation eine Teilmenge von Kompetenz darstellt und qualitativ hinter ihr zurückbleibt. Zum anderen ermöglichen in quantitativer Hinsicht wenige Grundelemente der Kompetenz eine unendliche Zahl an Performanzen (vgl. Erpenbeck 2003a). Bezogen auf das Handeln in beruflichen Situationen führt die Unterscheidung zwischen Kompetenz und Performanz zunächst auf die Abgrenzung einer Tiefenstruktur von der Oberflächenstruktur des wahrnehmbaren beruflichen Handelns. Demnach kann festgehalten werden, dass Kompetenz das mögliche Handlungspotenzial beschreibt, was auch mit dem Begriff der Disposition im Sinne einer ursprünglichen, aber im Handeln aktualisierbaren Anlage beschrieben wird, die von der tatsächlichen Handlung zu unterscheiden ist.

Bezüglich der Förderung von Kompetenzen stellt sich demnach die Frage, ob und wie dieses Handlungspotenzial durch äußere direkte oder indirekte Einflussnahme entwickelt und gemessen werden kann. Unbearbeitet, für pädagogische Belange aber durchaus interessant, ist ebenso das genaue Verhältnis beider Begriffe zueinander, das sich z.B. in der Frage äußert, ob eine höhere Kompetenz zugleich zu höherem Performanzniveau führt oder ob eine nicht gezeigte Performanz zwangsläufig auf einen Mangel an Kompetenz schließen lässt.

Diese Differenzierungen zwischen Kompetenz und Performanz führen hinsichtlich der Kompetenzanalyse zu dem Schluss, dass Kompetenzen aufgrund ihres Charakters nicht vollständig erfassbar sind, da es nicht möglich ist, eine umfassende „objektive" Erkenntnis über subjektive Kategorien zu erlangen. Da die gesamte Kompetenzbreite und -tiefe eines Menschen in der Realität nicht sichtbar und damit nicht von außen analysierbar ist, bleiben Kompetenzanalysen hinter der gesamten Kompetenzbreite eines Menschen sowohl qualitativ als auch quantitativ zurück. Auch aufwändige Verfahren zur Kompetenzerhebung erlauben deswegen nur eine angenäherte Einschätzung der vorhandenen Kompetenzen. Damit führt jede Bewertung informell erworbener Kompetenzen zwangsläufig zu einer Vereinfachung, da sie die tatsächlich vorhandenen Kompetenzen weder vollständig erheben noch darstellen kann (vgl. Björnavold 1997, S. 78f.).

Hinsichtlich der Gestaltung von Kompetenzanalysen (vgl. Kap. 6) lässt sich jedoch festhalten, dass die Singularität von Aussagen einzelner Analysemethoden durch eine Kombination verschiedener Analyseverfahren erreicht werden kann. Außerdem lässt sich festhalten, dass die Aussagekraft eines Erhebungsverfahrens bei der Umsetzung beachtet und transparent gemacht werden muss, damit alle Beteiligten die Reichweite der Ergebnisse einschätzen können.

4.3.3 Situations- und Kontextbezug von Kompetenz

Ein weiterer Diskussionsaspekt ist im Situations- und Kontextbezug von Kompetenz zu sehen. Wie auch aus dem in Kapitel 3.4 herausgearbeiteten Interaktionsbezug von Kompetenz hervorgeht, ist Kompetenz als Kategorie zu begreifen, die sich im konkreten Handlungsvollzug erweist und dort entwickelt wird. Das führt dazu, dass Kompetenzen, die sich in einer konkreten Situation gezeigt haben, in einer ähnlichen Situation zu einem anderen Zeitpunkt nicht unbedingt in der gleichen Weise sichtbar werden können, wenn kontextabhängig andere Bedingungen herrschen. So variiert z.B. die Kommunikationsfähigkeit einer einzelnen Person abhängig von unterschiedlichen situativen Bedingungen und eigenen Rolleninterpretationen, was sich darin zeigt, dass die Individuen im beruflichen Kontext andere Rollen haben als in Kontexten jenseits des Arbeitslebens und daran auch ihr Kommunikationsverhalten angleichen.

Zudem wird durch die jeweilige Handlungssituation auch determiniert, welche Kompetenzen sichtbar werden. Da Situationen jeweils nur eine spezifische Form und einen bestimmten Zuschnitt an Kompetenzen erfordern, die zu ihrer Bewältigung notwendig sind, wird auch nur der erforderliche Zuschnitt der Kompetenz im Handeln sichtbar. Es wird jeweils nur derjenige Teil vorhandener Kompetenzen aktiviert, der zur Bewältigung der spezifischen Situation erforderlich ist. Damit bestimmt die Situation die notwendige Kompetenzbreite. Auch umgekehrt kann es dazu kommen, dass Kompetenzen sichtbar werden, die in der jeweiligen Situation nicht oder noch nicht adäquat sind.

Für die Verfahren der Kompetenzanalyse folgt aus dem Situationsbezug von Kompetenzen, dass insbesondere direkte Verfahren wie Assessment-Center, die durch Beobachtung des Handelnden in konkreten Situationen zu Ergebnissen kommen, nur die aktuellen und situativ erforderlichen Kompetenzen des Beobachteten erfassen können. Diesbezüglich zeichnen sich zwei unterschiedliche wissenschaftliche Einschätzungen ab. Auf der einen Seite stehen solche Autoren, die Kompetenzen in erster Linie als situationsübergreifend vorhandene und bestimmbare Fähigkeiten beschreiben und daraus Verfahren ableiten, die Kompetenzen subjektbezogen und unabhängig von situativen Faktoren analysieren (vgl. Erpenbeck/ Heyse 1999a). Auf der anderen Seite stehen Autoren, die den situativen Charakter von Kompetenzen betonen und daraus den Ansatz ableiten, Kompetenzen entsprechend kontextualisiert zu erheben (vgl. Kauffeld/ Grote/ Frieling 2000). Kompetenz ist für sie weniger Ausdruck situationsübergreifender Persönlichkeitsmerkmale als vielmehr ein Begriff, der an die Bewältigung konkreter Arbeitsaufgaben gekoppelt ist. Eine isolierte und vor allem statische Beschreibung funktionsübergreifender Anforderungen erscheint dieser Auffassung nach nicht zielführend, da Kompetenzen nicht abstrakt definierbar und überprüfbar sind, sondern sich nur berufs- und arbeitsbezogen und im Kontext der jeweiligen Handlungssituation bewerten lassen. Aufgrund der Situativität von Kompetenzen wird deswegen eine Verallgemeinerung der Analyseergebnisse abgelehnt. Hier stellt sich jedoch perspektivisch die Notwendigkeit, zwischen der Situativität des Erwerbs und der Anwendung zu unterscheiden und zu berücksichtigen, dass durch eine Verknüpfung verschiedener Anwendungssituationen die Problemaspekte, die sich aus der Situativität ergeben, verringert werden können.

Bezüglich der Frage der Gestaltung von Kompetenzanalysen innerhalb des beruflich-betrieblichen Lernens führt auch diese Problematik zu der Notwendigkeit, die Situativität und den Kontextbezug von Kompetenzen methodisch zu berücksichtigen. So ist zum Beispiel eine Kombination unterschiedlicher Verfahren und Situationen der Datenerhebung oder eine Kombination direkter und indirekter Verfahren denkbar. In direkten Verfahren wie Assessment-Centern entstehen Daten, indem die Untersuchungspersonen innerhalb von Erhebungssituationen aufgrund ihres situativen Verhaltens beobachtet und eingeschätzt werden. Dagegen umfassen indirekte Verfahren Herangehensweisen, in denen nicht aktuelle Situationen, sondern zuvor stattgefundene Situationen oder Situationsbündel die Grundlage für eine Einschätzung geben (zur Unterscheidung zwischen direkten und indirekten Verfahren vgl. Kap. 4.1). Eine Kombination beider Herangehensweisen stellt eine Möglichkeit dar, den Situationsbezug von Kompetenzen zu verringern.

4.3.4 Differenzierung von Kompetenz

Die Differenzierung des komplexen Kompetenzbegriffes stellt eine weitere zentrale Fragestellung zu Kompetenzanalysen dar.[25] Besonders in Bezug auf die praktische Entwicklung von Verfahren der Kompetenzanalyse stellt sich die Anforderung, den Kompetenzbegriff durch eine Untergliederung von der abstrakten Form eines wissenschaftlichen Terminus zu einer Kategorie oder einem Kategoriensystem umzuwandeln, durch die eine Anwendung des Begriffs in praktischen Verfahren der Kompetenzanalyse möglich wird. In Bezug auf die in der Berufspädagogik bislang existierenden Ansätze, lässt sich folgende Situation beschreiben:

Die allgemeine *Differenzierung* im Sinne einer Untergliederung von Kompetenz als Oberbegriff lehnt sich in der Berufspädagogik an den Begriff der beruflichen Handlungskompetenz an, der seit den 1980er Jahren als Leitbild der beruflichen Bildung angesehen werden kann. Die im Gutachten zur Neuordnung der Sekundarstufe II vom Deutschen Bildungsrat getroffene Unterteilung von Handlungskompetenz in die drei Bereiche Fach-, Human- und Sozialkompetenz ist deswegen in der Berufspädagogik am weitesten verbreitet (vgl. Kap. 3.2).

Einen Ansatz zur weiteren Differenzierung im Sinne einer feineren Untergliederung durch Matrixbildung formuliert Bader (1989), indem er zunächst die drei Dimensionen des Deutschen Bildungsrats anerkennt und Methodenkompetenz, Sprach- und Lernkompetenz als dazu querliegende Dimensionen begreift. Damit sind Methoden-, Sprach und Lernkompetenz als Bestandteile aller drei Grunddimensionen zu beschreiben (Bader 1989, S. 72). Aus dieser Überlegung entwickelt Bader ein Strukturgitter aus neun Feldern, in dem die drei Kompetenzbereiche Fach-, Sozial- und Humankompetenz mit drei „formalen" Kompetenzbereichen Methoden-, Lern- und Sprachkompetenz verknüpft. Weiter ausformuliert müsste

---

25 Sie wurde bereits in Kap. 3 angesprochen, soll hier jedoch noch einmal hinsichtlich ihrer Bedeutung für Kompetenzanalysen diskutiert werden.

z.B. von einer fachlich-methodischen, fachlich-sprachlichen bzw. fachlich-lernbezogenen Unterdimension ausgegangen werden.

Ähnlich versucht Faulstich (1997) mit Hilfe einer Matrix die Kompetenzbereiche Fach-, Methoden-, Sozial- und Reflexionskompetenz mit den psychischen Aspekten kognitiv, emotional, motorisch und sensorisch zu verbinden. Mit Bezug auf persönlichkeitstheoretische Ansätze argumentiert er, dass jede psychische Aktivität sensomotorische, emotional-affektive und kognitive Elemente beinhaltet, die immer eine Einheit bilden (vgl. Faulstich 1997, S. 165). Zum anderen greift er auf die Diskussion der Schlüsselqualifikationen zurück, in der Fach-, Methoden- und Sozialkompetenz als wesentliche Dimensionen von Kompetenz herausgearbeitet wurden. Fachkompetenz ist dabei bezogen auf Arbeitsinhalte, -gegenstände und -mittel, Methodenkompetenz hingegen auf formale, logische und informationelle Aspekte von Verfahren der Arbeitstätigkeit, soziale Kompetenzen schließlich auf den Umgang mit Menschen in Kommunikations- und Kooperationsprozessen. Faulstich fügt als Meta-Kompetenz zu dieser Dimensionierung noch die reflexive Kompetenz hinzu, „welche die Fähigkeit beschreibt, sich von den unmittelbaren Zusammenhängen zu distanzieren und sich zu sich selbst in Beziehung zu setzen" (Faulstich 1997, S. 165).

Tab. 2 Matrix der Kompetenzbereiche (nach Faulstich 1997, S. 166)

	Sensomotrisch	Emotional Affektiv	Kognitiv
Fachlich			
Methodisch			
Sozial			
Reflexiv			

Der Ansatz von Faulstich scheint hier insofern interessant, weil er Reflexivität als weitere Grunddimension aufnimmt. Diese Erweiterung ist im Hinblick auf das Leitbild der reflexiven Handlungsfähigkeit relevant, dennoch erscheint es nicht schlüssig, Reflexivität mit den anderen drei Kompetenzbereichen auf eine Ebene zu stellen. Vielmehr entspricht es dem Leitbildcharakter reflexiver Handlungsfähigkeit, wenn reflexive Elemente den drei Kompetenzen übergeordnet sind.

Als dritte Quelle berufspädagogischer Differenzierung von Kompetenz ist die Matrix von Dilger/ Sloane (2003) zu nennen. Sie greifen die drei vom Deutschen Bildungsrat gefassten Grunddimensionen ebenfalls auf und übernehmen von Bader die Umsetzung der querliegenden Kompetenzdimensionen Methoden-,

Lern- und Sprachkompetenz. Den drei Grunddimensionen weisen Dilger/ Sloane unter Berücksichtigung der aus der Soziologie stammenden Professionalisierungstheorien die Perspektiven Domäne, Gruppe und Individuum zu. Eine Weiterentwicklung dazu stellt eine dreidimensionale Matrix von Dilger/ Sloane (2003) dar. Hergeleitet aus dem kognitionspsychologischen Begriffsverständnis von Kompetenz als „Handlungsermöglichungsraum" halten sie für Kompetenzen grundsätzlich drei Perspektiven der Betrachtung dieses Raums für relevant: Eine technische, eine organisatorische und eine „Aufgaben-Perspektive". Damit ist die erste Dimension der Matrix bestimmt. In Anlehnung an die in der beruflichen Bildung diskutierten Dimensionen und unter Berücksichtigung der aus der Soziologie stammenden Professionalisierungstheorien wird die zweite Dimension durch die Perspektiven Domäne (Fach), Gruppe (soziales System) und Individuum (Autonomie) aus dem oben skizzierten Modell übernommen. Die dritte Dimension schließlich bilden drei Wissens- bzw. Verhaltenskomponenten. Zu ihnen gehören Wissensbestände, die sprachlich gefasst werden, methodische Zugänge und Werte.

Durch die Berücksichtigung dieser Dimension wird versucht, den Kompetenzrahmen an die Diskussion zum handlungsleitenden Wissen anschlussfähig zu halten.

> *„Mit Hilfe der drei Dimensionen wird ein Handlungs-Ermöglichungsraum aufgespannt, der eine Füllung benötigt. Die perspektivischen Ankerpunkte der jeweiligen Dimension stehen in einem Implikationszusammenhang und können kaum trennscharf analysiert werden. Durch das Aufnehmen eines perspektivischen Blickwinkels kann jedoch ein im Vordergrund stehendes Bild mit seinen Verbindungen zu den anderen Teilbereichen berücksichtigt werden, ohne sich dabei im Raum der Beliebigkeit zu verlieren. Der aufgezeigte Ermöglichungsraum kann durch die Kreuzung jeweils dreier Perspektiven konkretisiert werden"* (Dilger/ Sloane 2003, S. 11f.)

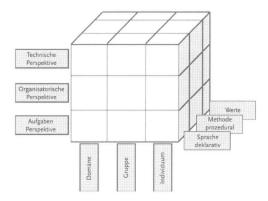

Abb. 7 Kompetenzmatrix (nach Dilger/ Sloane 2003, S. 11)

Die hier angeführten Differenzierungen von Kompetenzen über Matrixdarstellungen ermöglichen es auf der analysetheoretischen Ebene, zunächst unterschiedliche Perspektiven auf den Kompetenzbegriff zusammenzuführen. Mit Blick auf die praktische Umsetzbarkeit in Kompetenzanalysen ist jedoch anzumerken, dass diese theoretischen Systematisierungsansätze einer sehr abstrakten Ebene verhaftet bleiben und damit für praktische Erhebungsverfahren nur wenig hilfreich erscheinen, weil sie letztlich keine Antwort auf die Frage bieten, wie die drei Kompetenzdimensionen Fach-, Sozial- und Humankompetenz schlüssig und allgemeinverständlich für Kompetenzanalysen operationalisiert werden können.

Da sich die Differenzierungen durch Matrixbildung für die praktische Anwendung als wenig hilfreich erweisen, gilt es im Folgenden, Ansätze der *Operationalisierung* von Fach-, Sozial-, und Humankompetenz (im Sinne einer Bestimmung von Indikatoren von Kompetenz auf der Performanzebene) näher zu beleuchten. Bezüglich einer solchen Operationalisierung von Kompetenz finden sich in der neueren berufspädagogischen Literatur keine schlüssigen allgemeingültigen Ansätze zur Gestaltung, Beurteilung oder Entwicklung. Diese Tatsache verwundert besonders angesichts der zahlreichen Operationalisierungsversuche, die im Kontext der Schlüsselqualifikationsdebatte entstanden sind. Im Wesentlichen mit Bezug auf konkrete berufliche Kontexte wie den Einzelhandel (vgl. Schulze 1990, S. 164), gewerbliche Berufe (vgl. Schulz 1990, S. 62) o.ä. sind in dieser Diskussion Operationalisierungen entwickelt worden, um das universale Modell der Schlüsselqualifikationen in den einzelnen Ausbildungsgängen umzusetzen. Aufgrund des direkten Bezugs zu einzelnen Ausbildungsberufen weisen auch diese Operationalisierungen jedoch keine Systematisierung auf, die für den Kontext allgemeiner Kompetenzanalysen verwendbar ist.

Es lässt sich also festhalten, dass in der wissenschaftlichen Diskussion die Frage der Operationalisierung und Differenzierung von Kompetenzen bisher nur wenig in den Blick genommen wurde. Zwar liegen verschiedene arbeitswissenschaftliche, personalwirtschaftliche, berufspädagogische und didaktische Klassifikationen und Systematiken von Kompetenz vor (vgl. Weiß 1999a; Erpenbeck 2003a), sie haben jedoch nicht zu einem anerkannten Kategoriensystem von Kompetenzen geführt. Zudem steht wissenschaftlich die Klärung der Grundsatzfrage noch aus, ob derartige Kategoriensysteme überhaupt sinnvoll sind und wie allgemein bzw. differenziert die Kategorien sein sollten. So wird in der Berufspädagogik die Kategorisierung von Kompetenzen z.T. sehr kontrovers diskutiert. Es stellt sich das Problem, dass Kategoriensysteme entweder mit wenigen, eher allgemeinen Kategorien operieren und damit zu wenig differenziert und demzufolge für die Kompetenzanalyse zu wenig aussagekräftig sind. Oder aber es besteht das Problem, dass Kategoriensysteme weite Tätigkeitsfelder abstecken und zwangsläufig so umfassend und komplex werden, dass sie zu einem „Bildungs-Taylorismus" führen (vgl. Weiß 1999a, S. 442; Faulstich 1997, S. 149). So zeigt sich z.B. am britischen System der NVQ, dass eine zu detaillierte Gliederung von Kompetenzkriterien zu einer „unendlichen Spirale der Spezifikationen" (Björnavold 2001, S. 116) führen kann.

Auch die Kategorienbildung an sich wird sehr ambivalent betrachtet, da sie voraussetzt, dass ein Gebiet von Kompetenzen definiert wird, aus dem sich allgemeingültige Unterkategorien entwickeln lassen. Dieser Aspekt von Kompetenz führt zu der Frage, wie zweckmäßig es ist, Kompetenzen vom Prozess des Kompetenzerwerbs zu entkoppeln, zu verallgemeinern und z.B. für Industriearbeiter ebenso wie für Beschäftigte in sozialen Berufen einen ähnlichen Fokus auf Sozialkompetenz zu legen. Kompetenzen, die in einer Situation oder in einem beruflichen Kontext relevant sind, können in anderen Bereichen weniger Bedeutung haben.

Es existieren zahlreiche Beispiele mit arbeitsplatz- oder tätigkeitsspezifischen Operationalisierungen, da in unternehmensspezifischen Ansätzen die Kategorien durch die Unternehmenserfordernisse definiert werden und dort die Zielsetzung besteht, den individuellen Kompetenzbestand zu bestehenden Arbeitsanforderungen ins Verhältnis zu setzen.[26] Dennoch ist sowohl die Entstehung der Kategorien zu hinterfragen als auch die Form der qualitativen Einschätzung dieser Kategorien in den jeweiligen Anwendungssituationen. Diese grundsätzlichen Problemaspekte können einen Grund dafür darstellen, warum in der Berufspädagogik zwar bislang das Thema Kompetenzentwicklung intensiv diskutiert wird und inzwischen auch die Analyse von Kompetenz immer mehr ins Blickfeld rückt, aber zur Systematisierung von Kompetenzen nur wenige Erkenntnisse vorliegen.

Demzufolge arbeiten derzeit die praktischen Verfahren zur Kompetenzanalyse mit jeweils spezifischen Formen der Differenzierung, was jedoch die Frage der Vergleichbarkeit der entstehenden Daten und ihrer Erhebungsmethoden aufwirft. Aus berufspädagogischer Perspektive bleibt angesichts dieser Problematik lediglich die Orientierung an der vom Deutschen Bildungsrat entwickelten ganzheitlichen Dimensionierung von Handlungskompetenz als leitendem Aspekt für die Gestaltung von Kompetenzanalysen innerhalb des beruflich-betrieblichen Lernens festzuhalten (vgl. Kap. 6).

4.3.5 Gütekriterien bei der methodischen Erfassung von Kompetenzen

Ein anderes Problemfeld lässt sich in Bezug auf die in Kompetenzanalysen entstehenden Daten ausweisen. Auch Verfahren der Kompetenzanalyse werden mit gängigen Kriterien sozialwissenschaftlicher Forschung konfrontiert. In Anbetracht der Reichweite und der möglichen Konsequenzen solcher „Kompetenzdaten" ist gerade hier eine Qualitätssicherung von hoher Relevanz. Aufgrund vielfältiger, heterogener Erfassungsmöglichkeiten und des stark subjektiven Charakters von Kompetenz erweist sich die Qualitätsdiskussion jedoch als sehr einseitig.

So werden die Gütekriterien wie Objektivität, Reliabilität und Validität für die Analyse von Kompetenzen eingefordert (vgl. Weiß 1999b; Björnavold 1997). Mit dieser Forderung werden Kriterien, die insbesondere in der quantitativen Forschung Bedeutung haben, auf den Gegenstand der Kompetenzanalyse angewendet. Bezüglich dieser Gütekriterien stellt Weiß fest, dass Kompetenzanalysen in der Regel geringe Werte hinsichtlich dieser Gütekriterien aufweisen und dass ein „erhebliches Maß an Unschärfe" (Weiß 1999b, S. 181) unabhängig von der methodologischen und methodischen Anlage der Verfahren in Kauf zu nehmen ist. Zudem sei davon auszugehen, dass die Erhebung von Kompetenzen einen subjektiven und spekulativen Charakter hat, da sie weder in Fremd- noch in Selbstbewertungen von subjektiven Wertmaßstäben loszulösen ist. Unterschiedliche Beurteilungsmaßstäbe, Wahrnehmungsverzerrungen und Beurteilungsfehler, z.B. durch die subjektive Perspektive der Bewertenden, werden als zentrale Problemfelder angegeben (vgl. Weiß 1999b, S. 181). Auch Björnavold merkt an, dass Gütekriterien wie Validität

---

26 Auch die berufspädagogischen Ansätze aus dem europäischen Ausland entsprechen in hohem Maße den innerhalb von Berufsbildungssystemen festgelegten Normen und Kategorien (vgl. Björnavold 1997, S. 66). Sie stellen unter dem Aspekt der Employability von Mitarbeitern eine Verbindung zwischen dem Kompetenzbestand und den Arbeitsmarkterfordernissen her.

und Reliabilität als „grundsätzliche Herausforderungen" gelten können, „denen sich die Verfahren stellen müssen" (Björnavold 1997, S. 68). Der Grund für die geringe Affinität von Kompetenzanalysen zu den Gütekriterien Reliabilität, Validität und Objektivität ist in der bereits diskutierten Situativität und Kontextgebundenheit von Kompetenzen sowie in ihrem Subjektbezug zu suchen (vgl. Björnavold 1997, S. 69).

Dieser Problemaspekt müsste jedoch aus der Perspektive der oben ausgeführten Leitkriterien der Kompetenzentwicklung m.E. anders bearbeitet werden als es die bisherige Diskussion versucht. Grundsätzlich ist die Frage zu stellen, inwieweit diese Kriterien der *quantitativen* Forschung überhaupt adäquat sind und ob nicht die Anwendung von Kriterien *qualitativer* Sozialforschung der Analyse einer *qualitativen* Kategorie wie Kompetenz angemessener ist. Es ist geradezu paradox, den qualitativen, subjektbezogenen Charakter von Kompetenz und Kompetenzanalysen zu betonen und gleichwohl quantitativ orientierte Kriterien für die Erhebung dieser Kategorie zu fordern.

Überträgt man zudem die Gütekriterien qualitativer Forschung, wie Mayring (2002, S. 140f.) sie einführt auf das Praxisfeld der Kompetenzanalyse, so kommt man zu hilfreichen Ergebnissen. Mayring gibt u.a. sechs Gütekriterien für eine qualitative Messung vor:

- Verfahrensdokumentation: Unter dem Gütekriterium „Verfahrensdokumentation" ist die detaillierte und weitgehende Dokumentation des Vorgehens zu verstehen. Dies wird notwendig, da es sehr spezifisch auf den jeweiligen Gegenstand bezogen ist und Erhebungsmethoden teilweise speziell für einen bestimmten Gegenstand entwickelt werden. Verfahrensdokumentation erfolgt durch die Explikation des Vorverständnisses, die Zusammenstellung eines Analyseinstrumentariums und erst daran anschließend die Durchführung und Auswertung der Datenerhebung.
- Argumentative Interpretationsabsicherung: Darin wird davon ausgegangen, dass sich Auslegungen in interpretativen Teilen nicht beweisen lassen. Deshalb werden sie mit Argumenten belegt, um sie für andere nachvollziehbar zu machen und eine Qualitätseinschätzung zu ermöglichen.
- Regelgeleitetheit: Dieses Kriterium soll sicherstellen, dass bestimmte Verfahrensregeln eingehalten und Materialien systematisch bearbeitet werden. So ist es beispielsweise notwendig, Interpretationen durch ein schrittweises und sequenzielles Vorgehen sowie die detaillierte Planung von Analyseschritten bzw. deren Modifizierung abzusichern.
- Nähe zum Gegenstand: Hier ist bedeutend, dass der „Akteur" sich in seiner natürlichen Umwelt befindet. Laboruntersuchungen sind hier weniger

gewünscht. Ziel ist es, eine aktive Rolle der Fokusperson durch eine Interessennähe zu erlangen. Dadurch wird die Distanz zwischen den Forschungsprozessen und dem zu untersuchenden Gegenstand minimiert.
- Kommunikative Validierung: Darunter ist die Eröffnung der Forschungsergebnisse gegenüber der untersuchten Person zu verstehen. Durch die Überprüfung und Diskussion der Ergebnisse mit den Beforschten können die Ergebnisse abgesichert und rekonstruiert und auf diese Weise validiert werden.
- Triangulation: Dabei werden durch mehrere Analysegänge, verschiedene Datenquellen und/ oder unterschiedliche Methoden zur Verbreiterung der Daten und Auswertungsbasis durchgeführt. Die gewonnenen Ergebnisse können dann verglichen werden, wobei das vorrangige Ziel nicht die völlige Übereinstimmung der Ergebnisse ist. Vielmehr sollen die Vor- und Nachteile der verschiedenen Vorgehensweisen aufgezeigt werden. Das endgültige Ergebnis kann dann zu einem komplexen Bild zusammengesetzt werden.

Nicht alle dieser von Mayring (2002) ausgewiesenen Gütekriterien lassen sich auf die Durchführung von Kompetenzanalysen anwenden. Hinsichtlich des Kriteriums „Verfahrensdokumentation" erscheint jedoch auch für Verfahren der Kompetenzanalyse eine Explikation des Vorverständnisses und die Zusammenstellung eines Analyseinstrumentariums in Vorbereitung der Durchführung und Auswertung der Datenerhebung als sinnvoll und notwendig. Auch der Anspruch der Regelgeleitetheit könnte sich bei der Durchführung von Kompetenzanalysen als sinnvoll erweisen, um eine ausreichende Transparenz des Verfahrens herzustellen. Ebenso erscheint die Anwendung der Kriterien „Kommunikative Validierung" und „Triangulation" im Kontext von Kompetenzanalysen brauchbar und sinnvoll. So weist z.B. auch Weiß darauf hin, dass es nötig ist, den subjektiven Faktor besonders von dialogorientierten Kompetenzanalysen zum „methodischen Prinzip" (Weiß 1999b, S. 187) zu machen und mit dem „Mehraugenprinzip" einen Ausgleich zu schaffen. Methodisch wird die Unschärfe durch den dialogischen Austausch der am Entscheidungsprozess Beteiligten im Sinne einer kommunikativen Validierung verringert. Das entscheidende Kriterium für die Güte der Ergebnisse ist damit eine Verständigung der Beurteilenden, die durch die Triangulation von Fremd- und Selbsteinschätzungen einerseits und die Verknüpfung verschiedener Fremdeinschätzungen andererseits hergestellt werden kann.

Mit Blick auf die Problemaspekte, die sich infolge der Subjektivität von Beurteilungen und Einschätzungen ergeben, scheint aus dieser Argumentation heraus eine Orientierung an den Gütekriterien der qualitativen Sozialforschung sinnvoll. Das kann zur Frage der Gestaltung von Kompetenzanalysen innerhalb des beruflich-betrieblichen Lernens (vgl. Kap. 6) festgehalten werden. Näher zu untersuchen und an dieser Stelle als weiteres Forschungsdesiderat festzuhalten bleibt jedoch die Frage, ob diese qualitativen Gütekriterien tatsächlich besser zu erfüllen sind und welche Probleme dabei auftreten können.

Hinsichtlich der für die berufspädagogische Diskussion relevanten Problemaspekte von Kompetenzanalysen lässt sich *zusammenfassend* formulieren, dass die Analyse von Kompetenzen mit einer Reihe von Problemfeldern auf unterschiedlichen Ebenen verbunden ist, was die Vermutung aufwirft, dass sie

> *„nicht nur als ein schwieriges Unterfangen, sondern letztlich als ein untauglicher Versuch, die Komplexität menschlicher Eigenschaften und den Wandel der Berufswelt messtechnisch einzufangen" (Weiß 1999b, S. 185)*

angesehen werden könnte. Entgegen dieser Vermutung wurde hier jedoch der Versuch unternommen, diese Problemaspekte unter berufspädagogischer Blickrichtung konstruktiv zu bearbeiten und zu ersten Schlussfolgerungen hinsichtlich einer fundierten Gestaltung von Kompetenzanalysen zu gelangen.

Dieses Vorgehen ist insbesondere dadurch zu begründen, dass die Notwendigkeit der Erfassung besonders informell erworbener Kompetenzen nicht ernsthaft angezweifelt werden kann, zumal derzeit zahlreiche Verfahren und Methoden der Kompetenzanalyse in betrieblichen und außerbetrieblichen Zusammenhängen entwickelt werden. Demnach stellt sich die Herausforderung der Bearbeitung dieser Problemfelder einerseits und der Entwicklung fundierter Verfahren andererseits.

Vor dem Hintergrund der in Kapitel 3 herausgearbeiteten Leitkriterien für Kompetenz und Kompetenzentwicklung wurde deutlich, dass bezüglich einiger der diskutierten Problemaspekte eine eindeutige Positionierung möglich ist. So ist zum Beispiel die Frage der Messbarkeit von Kompetenz angesichts des Subjekt- und Entwicklungsbezugs von Kompetenz eindeutig dahingehend zu klären, dass Kompetenz nach diesem Verständnis als subjektive Kategorie zu begreifen ist, die eine objektive Messbarkeit ausschließt. Es wurden aber auch Problemfelder diskutiert, in denen eine theoretisch begründete „Lösung" nicht sinnvoll erscheint (Situations- und Kontextbezug und Unterscheidung zwischen Kompetenz und Performanz). Auch zur Differenzierung und Operationalisierung von Kompetenz muss festgehalten werden, dass eine allgemeingültig anerkannte Differenzierung nicht existiert und nicht sinnvoll erscheint. Aus berufspädagogischer Perspektive bleibt deshalb zunächst die Orientierung an der Dimensionierung Fach-, Sozial- und Humankompetenz leitender Aspekt für die Gestaltung von Kompetenzanalysen. Zur Frage nach angemessenen Gütekriterien für Kompetenzanalysen konnte mit dem Hinweis auf die Kriterien qualitativer Sozialforschung ein möglicher Ansatz gefunden werden, den Defiziten zu begegnen, die sich bei der Anwendung quantitativer Kriterien ergeben. Dieser Ansatz muss jedoch weiterhin geprüft werden.

5 Empirische Analyse des Kompetenz-Handbuchs

Im Anschluss an die exemplarische Vorstellung von drei entwicklungsorientierten Verfahren zur Kompetenzanalyse sowie die Diskussion der zentralen Problemaspekte im vorhergehenden Kapitel wird im Folgenden eines der vorgestellten Instrumente, das Kompetenz-Handbuch im Job-Navigator, wiederum näher empirisch untersucht. Zur Bearbeitung der zentralen These dieser Arbeit, dass Kompetenzanalysen der Förderung von Kompetenzentwicklung und reflexiver Handlungsfähigkeit dienen können, wenn sie einer berufspädagogischen Fundierung und einer daran orientierten Gestaltung entsprechen, muss nämlich die vorausgegangene theoretische Bearbeitung um eine empirische Perspektive erweitert werden. Mit der empirischen Untersuchung[27] lässt sich insbesondere die Frage der kompetenzförderlichen Gestaltung – also der zweite Teil der zentralen These – näher bearbeiten. So ist die Untersuchung notwendig, um anhand eines exemplarischen Falls (wie dem Kompetenz-Handbuch) subjektive Einschätzungen und Erfahrungen zu entwicklungsorientierten Verfahren der Kompetenzanalyse zu erhalten und damit das in den vorangehenden Kapiteln erarbeitete theoretische Anforderungsgerüst für Kompetenzanalysen um Wissens- und Erfahrungswerte aus der Praxis zu ergänzen. Die spezifische Untersuchungsfrage ist demnach in Anlehnung an die Forschungsfrage der gesamten Arbeit folgendermaßen zu fassen:

- Wie müssen Verfahren der Kompetenzanalyse gestaltet sein, um kompetenzförderlich zu sein und den Kriterien der Kompetenzentwicklung zu entsprechen?

Dazu werden im folgenden Kapitel zum einen das Untersuchungsdesign (vgl. Kap. 5.1) beleuchtet und zum anderen die Einzelergebnisse dargestellt und interpretiert (vgl. Kap. 5.2). Ziel der Untersuchung ist es, zu zwei Arten von Ergebnissen zu gelangen. Zum einen soll die Untersuchung ermöglichen, eine Einschätzung des Kompetenz-Handbuchs hinsichtlich seines Beitrags zur

---

27 Im Folgenden auch kurz als Untersuchung bezeichnet.

Kompetenzentwicklung zu treffen. Zum anderen wird aber auch angestrebt, konzeptionelle Merkmale von Kompetenzanalysen zu erarbeiten. Durch dieses Vorgehen werden neue Erkenntnisse bezüglich der zentralen These der Arbeit generiert, und zwar begründete Dimensionen für Kompetenzanalysen, die als lernförderlich im Sinne der Kompetenzentwicklung gelten können. Sie werden sowohl theoretisch als auch – wie es im folgenden Kapitel geschehen soll – empirisch begründet. Daran anschließend wird die Untersuchung zu zwei unterschiedlichen Aspekten zusammengeführt. Zum einen wird die Frage bearbeitet, inwieweit das Kompetenz-Handbuch als exemplarisch untersuchtes Verfahren der Kompetenzanalyse den Kriterien der Kompetenzentwicklung entspricht, welchen Kriterien es nicht oder nur partiell entsprechen kann und wie es hinsichtlich seines Beitrags zur Kompetenzentwicklung zu verbessern ist (vgl. Kap. 5.3.1). Zum anderen werden durch die empirische Untersuchung die theoretisch geleiteten Grundannahmen erweitert und differenziert (vgl. Kap. 5.3.2).

Da die Frage der Kompetenzförderlichkeit von Kompetenzanalysen eine ganzheitliche und umfassende Perspektive auf den Gegenstand erfordert, richtet sich die Untersuchung sowohl auf das Instrument[28], als auch auf sein Umsetzungsverfahren. In der Untersuchung wird deswegen eine Unterscheidung zwischen dem *Instrument* als gegenständlichem Arbeitsmaterial einerseits und dem *Verfahren seiner Umsetzung* andererseits getroffen. Diese Abgrenzung wird in der Ergebnisdarstellung (vgl. Kap. 5.2) bewusst eingesetzt, um die zwei Praxisebenen voneinander zu unterscheiden.

Die vorliegende empirische Untersuchung hat einen explorativen, exemplarischen Charakter. Als *explorativ* ist sie zu bezeichnen, weil es im Wesentlichen um das Erforschen und das Aufdecken von Haltungen und Einstellungen der Befragten zum Kompetenz-Handbuch geht, aus denen dann Rückschlüsse und Interpretationen zur Konzeption und Gestaltung von kompetenzförderlichen Kompetenzanalysen gezogen werden können. Exploration ist

> *„eine flexible Vorgehensweise, in der der Wissenschaftler von einer anderen Untersuchungsmethode wechselt, im Verlauf seiner Studie neue Beobachtungspositionen einnimmt, in der er sich in neue Richtungen bewegt, an die er früher nicht dachte, und in der er seine Meinung darüber, was wichtige Daten sind, ändert, wenn er mehr Informationen und ein besseres Verständnis erworben hat"* (Lamnek 1995, S. 103)

---

28 In der Darstellung werden die Begriffe Instrument und Verfahren deswegen ebenfalls unterschieden und gezielt eingesetzt.

Die Exploration wird hier insbesondere eingesetzt, um anhand der Interviews zu neuen Sichtweisen und bislang nicht oder zu wenig erkannten Fragen der Kompetenzanalyse zu gelangen. Somit wird mit der explorativen Anlage der Untersuchung eine Erweiterung des bisherigen Erkenntnisstandes zu Kompetenzanalysen erreicht.

Die Bezeichnung *exemplarisch* drückt hier aus, dass die vorliegende Untersuchung auf einem Einzelfall beruht und somit zunächst die Ergebnisse nur für diesen Einzelfall repräsentativ sind, die Untersuchung aber dennoch verallgemeinerbare Schlüsse zulässt.

5.1 Untersuchungsdesign

Ziel der folgenden Darstellung ist es, das Untersuchungsdesign zu erläutern und dazu die Auswahl des Untersuchungsgegenstands zu begründen (vgl. Kap. 5.1.1), die Rahmenbedingungen der Interviews (vgl. Kap. 5.1.2), das methodische Vorgehen (vgl. Kap. 5.1.3) und die inhaltlichen Grundannahmen der Untersuchung (vgl. Kap. 5.1.4) zu dokumentieren und offen zu legen.

Intersubjektive Nachvollziehbarkeit ebenso wie Transparenz des Forschungsprozesses gelten in der Debatte um angemessene Beurteilungsmaßstäbe als wesentliche Gütekriterien qualitativer sozialwissenschaftlicher Forschung (vgl. Steinke 2000, S. 324ff.). Sie werden mit dem Vorgehen der Untersuchung eingelöst. Die Dokumentation und Offenlegung des forschungsmethodischen Vorgehens impliziert jedoch eine Schwierigkeit, die Flick (1995, S. 148) als „Dialektik von Authentizität und Strukturierung" bezeichnet. Diese Schwierigkeit ergibt sich aus der Notwendigkeit, den zirkulär verlaufenden Forschungsprozess in eine lineare Darstellung zu bringen. Als zirkulär kann der Forschungsprozess gelten, da zum einen einige Arbeitsschritte Ergebnisse des Prozesses sind. Zum anderen werden aber auch bereits erfolgte Arbeitsschritte aufgrund des Folgeprozesses überarbeitet oder modifiziert. So wird z.B. die Datenerhebung durch Interviews bereits durch Erkenntnisse vorhergehender Interviews bzw. Erkenntnisse der Datenauswertung beeinflusst, ebenso wird die Bildung der inhaltlichen Grundannahmen durch die persönliche Aktivität der Forscherin im Praxisfeld beeinflusst. In der folgenden Dokumentation ist es jedoch notwendig, diese zirkulären Prozesse in eine logische Linearität zu überführen. Dadurch entsteht beim Leser der Eindruck, die Forscherin sei den zu Beginn der Untersuchung gewählten Weg in der geplanten Weise zielgerichtet gegangen, was in der Realität jedoch nicht der Fall war. Auch in der weiter unten folgenden Ergebnisdarstellung und -interpretation zeigt sich, dass sich die Ergebnisse zum Teil wechselseitig aufeinander beziehen oder dass sie zu ähnlichen Interpretationen führen.

5.1.1 Auswahl des Untersuchungsgegenstands

Das Kompetenz-Handbuch im Job-Navigator wurde in den Jahren 2001/2002 konzipiert. Seit 2002 wird es für die Mitglieder von zehn ausgewählten Verwaltungsstellen der IG Metall pilothaft eingesetzt. Die Daten für die Untersuchung wurden im Juni und Juli 2003 erhoben.

Wie bereits angedeutet (zur näheren Beschreibung des Kompetenz-Handbuchs (vgl. Kap. 4.2.3), stellt das Kompetenz-Handbuch einen von mehreren Bausteinen des Job-Navigators dar. Weitere Bausteine sind z.B. eine persönliche Potenzialanalyse, eine Weiterbildungs-Checkliste oder ein Angebot für ein persönliches Begleitungsgespräch.

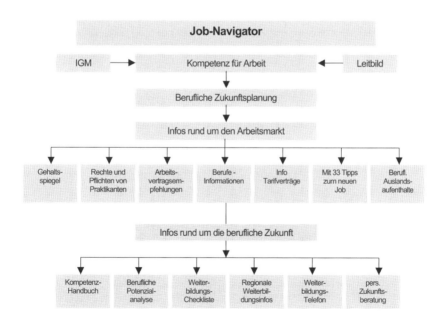

Abb. 8 Bausteine des Job-Navigators (nach IG Metall o.J., S. 6)

Von diesen Bausteinen wurde das Kompetenz-Handbuch als Instrument zur Kompetenzanalyse sowie hinsichtlich seines Einsatzes näher untersucht. Bei der Auswahl des Kompetenz-Handbuchs als Untersuchungsgegenstand standen angesichts der Zielsetzung der Untersuchung folgende Überlegungen im Zentrum: Zum einen sind das Kompetenz-Handbuch und seine Umsetzung – wie in Kapitel 4 angedeutet wurde – als entwicklungsorientiertes Instrument und Verfahren einzuschätzen und können deswegen als geeigneter Gegenstand zur näheren Untersuchung der Kompetenzförderlichkeit von Kompetenzanalysen bezeichnet werden. Nach der oben ausgeführten Argumentation kann bei entwicklungsorientierten Verfahren bereits ein besonderes Potenzial für die Förderung von Kompetenzen durch die Anwendung des Kompetenzanalyse-Instruments angenommen werden, so dass Instrumente dieser Gruppe für eine weitere empirische Untersuchung besonders geeignet sind. Zudem wird das Kompetenz-Handbuch in betrieblichen sowie außerbetrieblichen Kontexten eingesetzt und bildet damit ein angemessenes Beispiel für den Fokus des beruflich-betrieblichen Lernens. Wie bereits ausgeführt (vgl. Kap. 2.1.3) unterliegen Verfahren, die außerhalb betrieblicher Kontexte entwickelt und eingesetzt werden, weniger dem betrieblichen Interessengefüge und nehmen die Zielsetzung der Kompetenzentwicklung stärker auf. Insofern kann davon ausgegangen werden, dass sich aus außerbetrieblichen Verfahren für betrieblich eingesetzte Formen der Kompetenzanalyse wertvolle Impulse ergeben. Schließlich ist das Kompetenz-Handbuch ein bestehendes Instrument der Kompetenzanalyse der IG Metall. Da die hier zugrunde liegende Untersuchung im Rahmen des Projekts KomNetz[29] erarbeitet wurde, das als Entwicklungs- und Forschungsprojekt in Kooperation mit Gewerkschaften durchgeführt wird und von der IG Metall mit der Untersuchung des Instruments beauftragt wurde, war es möglich, einen breiten Zugang zu erhalten und unterschiedliche Personengruppen bezüglich des Instruments zu befragen.

Da die Ergebnisse der Untersuchung an die IG Metall zurückgeführt wurden, hat die Untersuchung neben der oben erwähnten Relevanz innerhalb dieser Arbeit auch eine praktische Relevanz und trägt in der IG Metall zu einer qualitativen Verbesserung und Veränderung des Verfahrens und seiner Anwendung bei. Diese Verknüpfung mit der Praxis wirkt sich auch auf die Frage der konzeptionellen

---

29 Das Projekt KomNetz (Kompetenzentwicklung in vernetzten Lernstrukturen) wird von den Gewerkschaften IG BCE, IG Metall und ver.di durchgeführt, die Leitung und wissenschaftliche Begleitung liegen bei der Helmut-Schmidt-Universität, Universität der Bundeswehr in Hamburg. Die Laufzeit des Projekts beträgt sechs Jahre, von Januar 2001 bis Dezember 2006. Es findet im Rahmen des umfangreichen Forschungsprogramms „Lernkultur Kompetenzentwicklung" des Bundesministeriums für Bildung und Forschung (BMBF) statt, Projektträger ist die „Arbeitsgemeinschaft Betriebliche Weiterbildungsforschung e.V." (ABWF)

Merkmale für kompetenzförderliche Kompetenzanalysen und die Ausführungen in Kapitel 6 aus.

5.1.2 Interviewgruppen und Rahmenbedingungen der Untersuchung

In der vorliegenden Untersuchung zum Kompetenz-Handbuch wurden insgesamt 18 Personen befragt. Zu den Befragten gehören Verantwortliche für die berufliche Bildung bei der IG Metall, Angestellte der Verwaltungsstellen, erwerbstätige und arbeitslose Mitglieder, ehrenamtliche Mitarbeiter, externe Bildungsberater und Mitarbeiter des IAB (Institut für Arbeit und Bildung e.V.). Sie wurden mit unterschiedlicher Schwerpunktsetzung zur Konzeption des Kompetenz-Handbuchs und zu dessen Umsetzung interviewt. Da das Kompetenz-Handbuch zum Zeitpunkt der Untersuchung pilothaft eingesetzt wurde, war die Anzahl der Personen, die dazu interviewt werden konnten, begrenzt. Deswegen wurden alle infrage kommenden Personen, die zu einem Interview bereit waren, befragt. Dabei lassen sich drei unterschiedliche Untersuchungsgruppen unterscheiden. Bezüglich der Untersuchungsfrage, wie Verfahren der Kompetenzanalyse gestaltet sein müssen, um den Kriterien der Kompetenzentwicklung zu entsprechen, konnte jede der drei Interviewgruppen aus ihrer spezifischen Perspektive Aussagen machen, so dass die drei Gruppen auch jeweils mit unterschiedlicher Schwerpunktsetzung befragt wurden (vgl. Kap. 5.2.1).

Die *erste* Gruppe umfasst diejenigen Personen, die politisch und inhaltlich an der Erstellung des Kompetenz-Handbuchs beteiligt waren. Sie werden hier als Konzeptionierer (K) bezeichnet. Zu dieser Gruppe sind insgesamt vier Personen zu zählen. Zwei von ihnen gehören dem Ressort Qualifizierungspolitik und Berufsbildung des Vorstands der IG Metall an und waren insbesondere an der zentralen Zielsetzung und politischen Ausrichtung des Job-Navigators und des Kompetenz-Handbuchs als Teilangebot beteiligt. Die beiden anderen Personen waren zum Zeitpunkt der Entwicklung des Job-Navigators Mitarbeiter des Instituts für Arbeit und Bildung e.V., das von der IG Metall mit der inhaltlichen Erstellung des Kompetenz-Handbuchs beauftragt worden war. Sie haben das Instrument maßgeblich mit entwickelt.

Zur *zweiten* Gruppe gehören Personen, die innerhalb von Verwaltungsstellen oder im näheren Kontext mit den Verwaltungsstellen der Gewerkschaft arbeiten. Diese Gruppe, zu der neun Personen zu zählen sind, wird hier als Begleiter (B) bezeichnet. Dazu gehören die Mitarbeiter der Verwaltungsstellen, die zum Teil die Begleitung der Nutzer in der Umsetzung des Job-Navigators und des Kompetenz-Handbuchs durchgeführt haben. Zu dieser Gruppe werden aber auch zwei externe

Bildungsberater hinzugerechnet, die im Auftrag der Verwaltungsstellen Bildungsberatungen bzw. -begleitungen durchgeführt haben.

Die tatsächlichen Nutzer (N) des Kompetenz-Handbuchs bilden die *dritte* Untersuchungsgruppe. Hier wurden fünf Personen befragt, von denen drei zum Zeitpunkt der Bearbeitung des Kompetenz-Handbuchs und der Durchführung der Interviews erwerbslose Mitglieder der IG Metall waren. Die anderen beiden Personen waren selbstständig tätige Mitglieder.

Tab. 3 Übersicht über die Interviewpartner (eigene Darstellung)

Gruppe	Nr.	Unternehmen	Funktion bezüglich des Kompetenz-Handbuchs im Job-Navigator
Konzeption	K1	ehemaliger Mitarbeiter des IAB	Entwicklung des Kompetenz-Handbuchs im Job-Navigator
	K2	IGM-Vorstand, Ressort Qualifizierungspolitik und Berufsbildung	gewerkschaftliche Konzeption des Job-Navigators
	K3	ehemaliger Mitarbeiter des IAB	Entwicklung des Kompetenz-Handbuchs im Job-Navigator
	K4	IGM-Vorstand, Ressort Qualifizierungspolitik und Berufsbildung	gewerkschaftliche Konzeption des Job-Navigators
Begleiter	B1	Berater des Beratungs- und Qualifizierungsteams, Berufsförderungswerk des DGB Nordrhein-Westfalen	externe Bildungsberatung von Nutzern für die Verwaltungsstelle Herne
	B2	ehrenamtlicher Mitarbeiter der Verwaltungsstelle Herne, ehemaliger Betriebsrat bei der Firma Schwing	interne Beratung und Promotion des Kompetenz-Handbuchs bei der Firma Schwing
	B3	Verwaltungsstelle Herne	Begleitung von Nutzern, intern
	B4	Verwaltungsstelle Siegen	Organisation der Umsetzung in der Verwaltungsstelle
	B5	Bildungsvilla, Beratungsservice Weiterbildung, Technologiezentrum Siegen	externe Bildungsberatung von Nutzern für die Verwaltungsstelle Siegen
	B6	Verwaltungsstelle Duisburg	Organisation der Umsetzung in der Verwaltungsstelle

	B7	Verwaltungsstelle Dortmund	Organisation der Umsetzung in der Verwaltungsstelle
	B8	Verwaltungsstelle Stuttgart	Organisation der Umsetzung in der Verwaltungsstelle
	B9	Verwaltungsstelle Gevelsberg-Hattingen	Organisation der Umsetzung in der Verwaltungsstelle
Nutzer	N1	Mitglied der IG Metall	selbstständig
	N2	Mitglied der IG Metall, Vst. Bochum	arbeitslos
	N3	Mitglied der IG Metall	selbstständig
	N4	Mitglied der IG Metall, Vst Bochum	arbeitslos
	N5	Mitglied der IG Metall, Vst. Herne	arbeitslos

Der Ansatz, dass alle Personen befragt wurden, die zu einem Interview bereit waren, führte zu der in der Abbildung dargestellten Verteilung der Interviewgruppen, bei der insbesondere die geringe Anzahl der Nutzer auffällt. Obwohl deutlich mehr als fünf Nutzer angefragt wurden, waren nur wenige von ihnen bereit zu einem Interview. Diese geringe Bereitschaft ist zum einen darauf zurückzuführen, dass die Nutzer schriftlich über die Verwaltungsstellen angeschrieben werden mussten (dies war eine Anforderung seitens der Gewerkschaft), was zu einer (vermutlich zu) großen Distanz bzw. Anonymität zwischen den Nutzern und der Forscherin geführt hat. Zum anderen waren die Nutzer in einigen Verwaltungsstellen nicht systematisch erfasst worden, so dass nicht mehr nachvollzogen werden konnte, wer bereits mit dem Kompetenz-Handbuch gearbeitet hatte. Schließlich entzogen sich insbesondere Nutzer aus dem betrieblichen Einsatz des Kompetenz-Handbuchs dem Zugriff der Untersuchung, weil eine Befragung bei diesen wenigen Fällen seitens der Betriebe nicht zugelassen wurde. Diese einzelnen Gründe führten dazu, dass in der Gruppe der Nutzer keine erwerbstätigen Mitglieder befragt werden konnten.

Auch bei der Gruppe der Begleiter konnten nicht alle angesprochenen Personen der Pilot-Verwaltungsstellen befragt werden, weil die Umsetzung des Job-Navigators zum Zeitpunkt der Befragung in diesen Verwaltungsstellen teilweise nicht erfolgt war. Dennoch hat sich die Gruppe der Begleiter als zahlenstärkste Interviewgruppe ergeben. Dies kann darauf zurückgeführt werden, dass zwischen den Verwaltungsstellen und dem IG Metall-Vorstand, in dessen Interesse die Untersuchung durchgeführt wurde, eine höhere Verbindlichkeit besteht, als zwischen den Nutzern bzw. Mitgliedern und dem Vorstand der Gewerkschaft.

Probleme traten während der Untersuchung vor allem aus zeitlichen Gründen in der Erhebungsphase auf. Als vorteilhaft stellte sich heraus, wenn die Interviews in einer entspannten Atmosphäre stattfanden, in der das Tagesgeschäft die Interviewpartner nicht ablenken konnte. Nachteilig hingegen waren zeitliche Einschränkungen seitens der Interviewten. Sie machten es zum Teil notwendig, dass die Interviews nicht face-to-face durchgeführt werden konnten, sondern am Telefon erfolgten. Eine Interviewpartnerin stand zum Interview aus zeitlichen Gründen gar nicht zur Verfügung und hat ihre Antwort in schriftlicher Form abgegeben. Die transkribierten Interviews wurden von keinem der Interviewpartner zur Genehmigung angefordert, obwohl das Angebot dazu bestand. Verfälschungen der Interviewdaten traten allerdings in einem Fall auf, in dem die Geräuschkulisse so laut war, dass Teile des aufgenommenen Gesprächs bei der Transkription nicht mehr zu verstehen waren. In den Interviews wurden nicht alle Fragen in der gleichen Reihenfolge und auch teilweise nicht vollständig gestellt, wenn der Gesprächsverlauf dies sinnvoll oder notwendig erscheinen ließ. Ebenso wurden in einigen Gesprächen dem Gesprächsverlauf entsprechend vertiefende Fragen gestellt.

5.1.3 Methodisches Vorgehen

Für den empirischen Erhebungs- und Auswertungsprozess der Untersuchung wird ein qualitatives Vorgehen gewählt, das sich aus zwei Perspektiven begründet: Aus forschungsmethodischer Perspektive macht die auf Exploration gerichtete Untersuchung ein qualitatives Vorgehen notwendig, da mit diesem Vorgehen nicht – wie in quantitativen Ansätzen – eine Prüfung und Falsifizierung, sondern eine Einschätzung und Erweiterung bestehender Erkenntnisse sowie die Generierung konzeptioneller Merkmale angestrebt wird. Zudem scheint es auch forschungsmethodisch sinnvoll, ein qualitatives Vorgehen zu wählen, das den Charakter des Forschungsgegenstandes und der zentralen Begriffe wie Kompetenzen, Kompetenzentwicklung und Kompetenzanalyse inhaltlich unterstützt und so offen ist, dass es subjektive Einstellungen sowie individuelle Deutungen der Akteure mit einbezieht.[30] Qualitative Verfahren sind nämlich geeignet, subjektive Konstruktionen, Sinnzuschreibungen und Zusammenhänge zugänglich zu machen, auf die es in der vorliegenden Untersuchung ankommt.

---

30 Demzufolge ist ein qualitatives Vorgehen hier als gegenstandsangemessen einzuschätzen. Auch Gegenstandsangemessenheit gilt als Gütekriterium qualitativer Sozialforschung (vgl. Steinke 2000, S. 324ff.). Sie drückt die Forderung aus, dass der gesamte Forschungsprozess sowie wie die Erhebungs- und Auswertungsmethoden gegenstandsangemessen sein sollen.

Die Beschreibung des methodischen Vorgehens wird geleistet, um die Entscheidungen über die Untersuchung und den Forschungsprozess nachvollziehbar zu machen, und erfolgt hier in zwei Schritten. Zunächst werden bezüglich des Erhebungsprozesses die Begründung des erhebungsmethodischen Vorgehens und die Durchführung der Erhebung beschrieben. Anschließend werden die Auswahl geeigneter Auswertungsmethoden sowie das auswertungsmethodische Vorgehen erläutert.

Erhebungsmethodisches Vorgehen

Die in der qualitativen Sozialforschung angewendeten Methoden beruhen im Wesentlichen auf sprachlicher Basis (vgl. Mayring 2002, S. 66f.). Verbale Zugänge wie Kommunikationssituationen und Gespräche haben demnach eine besondere Rolle, denn

> *„subjektive Bedeutungen lassen sich nur schwer aus den Beobachtungen ableiten. Man muss hier die Subjekte selbst zur Sprache kommen lassen; sie selbst sind zunächst die Experten für ihre eigenen Bedeutungsinhalte"* (Mayring 2002, S. 66).

Anhand dieses Zitates wird deutlich, dass das Erheben von Meinungen, subjektiven Wertungen, Wünschen oder Einstellungen eine zentrale Zielsetzung qualitativer Sozialforschung darstellt. In der vorliegenden Arbeit wurden die Daten deswegen anhand von Interviews erhoben.

Zur Untersuchung des Kompetenz-Handbuchs im Job-Navigator wurden in der Erhebungsphase leitfadengestützte Experteninterviews sowie fokussierende Leitfadeninterviews durchgeführt. Interviews wurden als Erhebungsmethoden gewählt, weil sie gestatten, den Blick gleichzeitig auf das Kompetenz-Handbuch als gegenständliches Instrument und auf seine Umsetzung zu richten sowie die Wissens- und Erfahrungswerte aus der Praxis aufzunehmen. Dagegen hätte z.B. ein textanalytisches Verfahren eine Untersuchung des Instruments zwar ebenfalls zugelassen, aber die subjektive Einschätzung der Personen, die es entwickelt, eingesetzt oder bearbeitet haben, nicht erfassen können.

Leitfadeninterviews sind allgemein dadurch gekennzeichnet, dass mehr oder weniger offene Fragen in der Interviewsituation durch den Interviewten frei beantwortet werden sollen (vgl. Flick 2000b). Dem Interviewtyp liegt die Auffassung zugrunde, dass „in standardisierten Interviews oder Fragebögen der Weg zur Sicht des Subjekts eher verstellt als eröffnet wird" (Flick 2000b, S. 112). Da insbesondere die persönlichen Einschätzungen und Erfahrungen der Befragten mit dem Kompetenz-Handbuch erhoben werden sollten, musste eine gering-standardisierte Erhebungsform gewählt werden. Die gewählte Form der Leitfadeninterviews zeichnet sich durch die notwendige Offenheit aus, lässt aber dennoch eine Vergleichbarkeit der einzelnen Interviews zu. Sowohl in der Erhebungssituation als auch bei der Auswertung des Datenmaterials hilft die Geordnetheit der Themen, vergleichend zu interpretieren und die Vielfalt der Informationen zusammenzuführen (vgl. Liebold/ Trinczek 2002), was sich auch in der vorliegenden Untersuchung gezeigt hat.

Die Kombination von leitfadengestützten Experteninterviews sowie fokussierenden Leitfadeninterviews in der Untersuchung, also verschiedener Arten leitfadengestützter Interviews, war aus mehreren Gründen sinnvoll und notwendig. Zum einen erforderten die unterschiedlichen Gruppen der Befragten einen jeweils angepassten Charakter der Interviews. Zudem erwies es sich in der Erhebungsphase als hilfreich, zunächst Interviews mit der Gruppe der Konzeptionierer zu führen und erst daran anschließend die Begleiter und Nutzer zu befragen.

Damit konnten in der ersten Gruppe zunächst das politische und konzeptuelle Grundverständnis und die Zielsetzung des Kompetenz-Handbuchs bearbeitet werden, wohingegen in den beiden anderen Gruppen gezielter hinsichtlich der Untersuchungsfragen gefragt wurde. Zudem ergaben sich erst im Gang der Untersuchung einige wesentliche Aspekte und Schwerpunkte für die Entwicklung des Interviewleitfadens der beiden anderen Gruppen. Im Einzelnen wurden in der ersten und zweiten Gruppe (Konzeptionierer und Begleiter) *leitfadengestützte Experteninterviews* durchgeführt (Leitfäden vgl. Kap. 9.1).

Experteninterviews als spezielle Anwendungsform qualitativer Leitfadeninterviews zeichnen sich dadurch aus, dass weniger die befragte Person als ihr Wissen über ein bestimmtes Handlungsfeld im Fokus des Interesses steht (vgl. Flick 2000b, S. 109). Sie werden eingesetzt,

> *„wenn das Forschungsinteresse darauf abzielt, komplexe Wissensbestände zu rekonstruieren, ohne auf bereits vorab formulierte theoretische oder sekundäranalytische Überlegungen zu verzichten [...], neue Einblicke in Forschungsfelder zu gewinnen, ohne konzeptuelle Vorüberlegungen außen vor lassen zu müssen bzw. diese erst gar nicht zu explizieren"* (Liepold/ Trinczek 2002).

Experteninterviews ermöglichen damit thematische Schwerpunktsetzungen und gegenstandsbezogene Hypothesen. Sie können dem Erwerb von Detailwissen ebenso dienen wie dem explorativen Sondieren in wenig erforschten Gebieten.

Durch den Terminus „Experteninterview" wird zunächst die Gruppe der Befragten charakterisiert, jedoch ist generell offen, in welcher Form diese Interviews durchgeführt werden. In der Diskussion um Experteninterviews tritt insbesondere die Frage der Offenheit leitfadengestützter Interviews in den Fokus (vgl. Trinczek 1995). Anhand dieser Diskussion zeigt sich, dass Experteninterviews auf eine „geschlossene Offenheit" (Liepold/ Trinczek 2002) ausgerichtet sein sollten und mit der nötigen Balance zwischen einem restriktiven Interview entlang des Leitfadens einerseits und dem Prinzip der Offenheit andererseits eine Herausforderung für den Interviewer darstellen.

Bei den Konzeptionierern und den Begleitern bot sich die Form des leitfadengestützten Experteninterviews an, weil beide Gruppen in ihrer Funktion als Experten des Kompetenzanalyse-Instruments Kompetenz-Handbuch befragt wurden. Der Expertenstatus lässt sich ihnen an dieser Stelle zuweisen, weil nicht die Biographie der Befragten, sondern ihre Expertenmeinung in Bezug auf den Untersuchungsgegenstand im Zentrum der Interviews stand. Wie in der Ergebnisdarstellung deutlich wird, sind die Aussagen dieser Gruppen (insbesondere der Begleiter) durch Erfahrungen, Einstellungen und Haltungen geprägt, die sich aus der Umsetzungs- und Begleitungsarbeit mit den Nutzern ergeben. Demnach liegt den Aussagen dieser beiden Untersuchungsgruppen nicht die direkte eigene Erfahrung der Nutzung und Bearbeitung des Kompetenz-Handbuchs zugrunde, sondern vielmehr eine Metaperspektive auf das Instrument, seine Umsetzung und seine Nutzer. Als Experten werden sie hier also angesehen, weil allein ihre Erfahrungen und Meinungen bezüglich des Kompetenz-Handbuchs erhoben wurden. Ein Leitfaden wurde diesen Interviews zugrunde gelegt, um – wie bereits angedeutet – die Strukturierung und Vergleichbarkeit sowie einen inneren Zusammenhang zwischen den Interviews sicherstellen, wodurch sich wiederum die Auswertung einfacher gestaltet. Zudem sollte durch den Leitfaden der Expertenstatus gewährleistet und damit thematisch abweichende Narrationen und eigene biographische Darstellungen verhindert werden.

Mit den Nutzern des Kompetenz-Handbuchs wurden anschließend an die Experteninterviews *fokussierende Leitfadeninterviews* durchgeführt, die in Anlehnung an die Form der fokussierten Interviews entstanden sind, diesen jedoch nicht genau entsprechen.

Als fokussierte Interviews – die die Ausgangsform der durchgeführten Interviewform darstellen – werden qualitative Interviews bezeichnet, wenn im Verlauf des Interviews ein zuvor festgelegter Gegenstand näher fokussiert wird und dabei versucht wird, die Reaktionen und Interpretationen des Interviewpartners in offener Form zu erheben (vgl. Hopf 2000, S. 353). Entstanden ist diese Form des qualitativen Interviews im Zusammenhang mit der Kommunikationsforschung und Propagandaanalyse. Solche Studien wurden erstmals in den vierziger Jahren von Merton und Kendall durchgeführt. Das Charakteristische an diesen Interviews ist die Fokussierung auf einen im Vorhinein bestimmten Gesprächsgegenstand oder -anreiz. Dies kann beispielsweise ein Film sein, den der Befragte gesehen hat, oder eine soziale Situation, die er durchlebt hat. Im anschließenden fokussierten Interview werden dann auf der Basis eines Gesprächsleitfadens die Reaktionen und Interpretationen des Befragten zum zuvor festgelegten Fokus in relativ offener Form festgehalten. Fokussierten Interviews liegen Gesprächsleitfäden zugrunde. Ein Ziel fokussierter Interviews ist es, „die Themenreichweite zu maximieren und den Befragten die Chance zu geben, auch nicht antizipierte Gesichtspunkte zur Geltung zu bringen" (Hopf 2000, S. 354).

Die besonderen Merkmale fokussierter Interviews werden von Merton und Kendall (1993) darin gesehen, dass der Forscher zum einen weiß, dass die interviewte Person eine konkrete Situation, auf die das Interview rekurriert, bereits erlebt hat. Zudem wurden die „hypothetisch bedeutsamen Elemente, Muster und die Gesamtstruktur dieser Situation" (Merton/ Kendall 1993, S. 171) vom Forscher vorher analysiert und auf dieser Grundlage zu Hypothesen über bestimmte Aspekte der Situation entwickelt. Anschließend wird aus diesen Hypothesen der Interviewleitfaden entwickelt, der die wesentlichen Hypothesen enthält und es ermöglicht, auf die wesentlichen Aspekte zu fokussieren. Ziel fokussierter Interviews ist die Analyse der subjektiven Erfahrungen der Personen, die sich in der analysierten Situation befinden.

Für die Untersuchungsgruppe der Nutzer schien eine Interviewform in Anlehnung an fokussierte Interviews sinnvoll, weil die Interviews mit dem Ziel geführt wurden, die subjektiven Erfahrungen und Einstellungen der Personen, die das Kompetenz-Handbuch selbst bearbeitet haben, zu erheben. Zudem wurde diese Methode des fokussierenden Interviews ausgewählt, weil bekannt war, dass die interviewten Personen mit dem Kompetenz-Handbuch gearbeitet haben und damit die konkrete Situation, auf die das Interview rekurriert, bereits erlebt hatten. Hier liegen den Aussagen also im Unterschied zur Metaperspektive der beiden anderen Gruppen direkte eigene Erfahrungen zugrunde. Es konnte also eine Fokussierung auf den im Vorhinein bestimmten Gegenstand realisiert werden. Im Verlauf der Interviews wurde an bestimmten Punkten in die Tiefe gefragt und durch die ganze Bandbreite des zu behandelnden Gegenstandes das Kriterium der Tiefgründigkeit eingelöst. Zugleich wurde versucht, eine offene Form des Interviews durchzuführen, um auch nicht antizipierte Gesichtspunkte zur Geltung zu bringen.

Die Interviews fanden mehrheitlich in den Verwaltungsstellen der IG Metall statt und dauerten durchschnittlich 35 Minuten. Vor den Gesprächen wurden alle Teilnehmer auf die Freiwilligkeit ihrer Teilnahme hingewiesen und die Interviews wurden mit Zustimmung der Befragten auf Tonband aufgezeichnet. Die Interviews wurden ausnahmslos durch die Autorin dieser Arbeit durchgeführt. Anschließend wurden sie vollständig inhaltlich transkribiert und anonymisiert. Dabei wurden keine sprachbegleitenden Signale (Pausen, Räuspern etc.) berücksichtigt. Dialekteinflüsse wurden geglättet, weil sie für die hier gewählte Form der inhaltlichen Auswertung nicht relevant sind, sondern höchstens für eine linguistische Auswertung Bedeutung hätten. Nach der Transkription erfolgte die Auswertung nach dem unten dargestellten Verfahren.

Vorgehen bei der Auswertung

Ein weiterer relevanter Aspekt des methodischen Vorgehens ist im *Auswertungsprozess* zu sehen. Dabei liegt die Frage zugrunde, auf welchem methodischen Weg man aus qualitativen Interviews Aussagen generiert, die zu neuen Erkenntnissen bezüglich der forschungsleitenden Fragestellung führen. Diese Frage wird in der Literatur zur qualitativen Sozialforschung weniger eingehend bearbeitet als die Frage der Erhebungsmethoden. Zudem erscheinen die in der Literatur ausgewiesenen konkreten Verfahren zur Auswertung von qualitativen Daten (vgl. Mayring 2002; Flick 2000b) im vorliegenden Fall nur bedingt geeignet. Anders als in vielen Untersuchungen qualitativer Sozialforschung stehen hier nicht menschliche Verhaltensweisen im Fokus, sondern ein konkretes Instrument zur Erhebung von Kompetenzen. Auswertungsmethoden, die auf die Erforschung menschlicher Verhaltensweisen abzielen und diese z.B. typisieren (vgl. z.B. Kelle 2000, S. 495) lassen sich deswegen nicht direkt auf die hier vorliegende Untersuchung übertragen.

Aufgrund des gewählten erkenntnistheoretischen Ansatzes folgt auch die Auswertung der Daten dem Ziel, die aus den Leitkriterien erschlossenen Grundannahmen hinsichtlich des untersuchten Instruments einzuschätzen und zugleich zu erweitern. Demzufolge muss in der Auswertung ein Verfahren gewählt werden, das die Einschätzung einerseits und die Erweiterung andererseits möglich macht. Die Auswertung erfolgt deswegen in einem selbst strukturierten Verfahren, das auf Kodierung bzw. Kategorisierung von Interviewtexten beruht:

- Der erste Auswertungsschritt besteht in der *Kodierung*[31] der transkribierten Interviewtexte und Dokumente, die das Material nach inhaltlichen Themen-

---

31 Die Kodierung wurde EDV-gestützt mit der Software MaxQDA vorgenommen, da diese es möglich macht, das gesamte Spektrum an Aussagen zu erschließen und die Daten dem gewählten Vorgehen entsprechend zu bearbeiten und auszuwerten.

feldern, die sich an den Subcodes orientieren, strukturiert. Zunächst wird also das empirische Datenmaterial nach Aussagen bezüglich der einzelnen Subcodes bzw. der ihnen zugrunde liegenden Grundannahmen durchsucht.
- Im zweiten Auswertungsschritt werden die zu einzelnen Grundannahmen kodierten Textstellen zu Gruppen bzw. *Clustern* ähnlicher oder gleicher Aussagen zusammengefasst, wodurch der Umfang der Daten in quantitativer, jedoch nicht in qualitativer Hinsicht reduziert wird. Somit entstehen einzelne Cluster inhaltsgleicher Aussagen, die wiederum mit einer Kennzeichnung bzw. einem neuen Code versehen werden können.
- Der letzte, mehrfach wiederholte Schritt der Auswertung, besteht in der *Verdichtung* der Daten zu einem Fließtext, in dem nur noch vereinzelt direkte Interviewausschnitte zur Erläuterung enthalten sind. Die Auswahl der Interviewausschnitte richtet sich dabei nach ihrer Aussagekraft. So wurden insbesondere solche Ausschnitte verwendet, die Aussagen zu dem spezifischen Code oder seiner Differenzierung pointiert wiedergeben und die sich für die anschließende Interpretation eignen.

Mit diesem Vorgehen von der Kodierung über das Clustern zur Verdichtung ergibt sich die Möglichkeit, das Kompetenz-Handbuch hinsichtlich der Grundannahmen einzuschätzen. Es besteht aber gleichzeitig die Möglichkeit, die Grundannahmen und bisherigen Erkenntnisse zu erweitern und zu differenzieren. Der zu Beginn des Auswertungsprozesses aufgestellte Codebaum (vgl. Anlage III) wird dadurch erweitert, dass bestehende Subcodes untergliedert bzw. differenziert werden und so neue, bisher unbekannte Fragen, Differenzierungen und Konsequenzen in Bezug auf die Grundannahmen entstehen (vgl. Anlage III). Die Weiterentwicklung der theoretisch geleiteten Grundannahmen ist ein erkenntnisbildender Prozess, weil die Grundannahmen dadurch jeweils auf ein höheres Differenzierungsniveau gehoben werden. Hier liegt die These qualitativer Forschung zugrunde, dass insbesondere Irritationen und Probleme, die das Datenmaterial ergibt, die Theorie – oder in diesem Fall die bestehenden Annahmen – erweitern (vgl. Bühler-Niederberger 1985, S. 478). Die Erweiterung bildet einen die drei Auswertungsschritte begleitenden Prozess.

Die einzelnen zuvor erläuterten Elemente der empirischen Untersuchung lassen sich in der folgenden Abbildung darstellen:

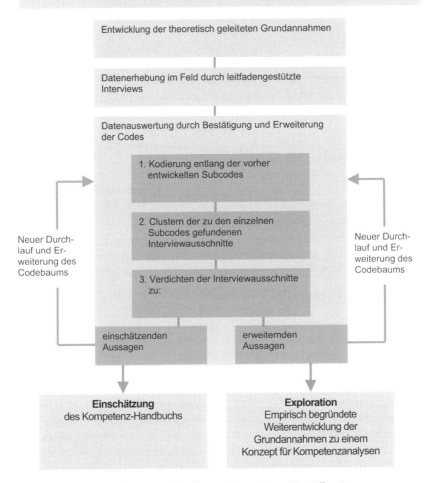

Abb. 9 Ablaufschema in der empirischen Untersuchung (eigene Darstellung)

Wie bereits ausgeführt, werden mit der vorliegenden Untersuchung zwei unterschiedliche Arten von Ergebnissen angestrebt. Zum einen wird das vorliegende Instrument an den theoretisch geleiteten Grundannahmen gespiegelt, indem die Frage bearbeitet wird, inwieweit das Kompetenz-Handbuch und seine Umsetzung als Verfahren zur Kompetenzanalyse den Kriterien der Kompetenzentwicklung entspricht. Zum anderen werden die theoretisch entwickelten Grundannahmen an den Interviewaussagen zum Kompetenz-Handbuch gespiegelt, indem durch die empirische Untersuchung die Grundannahmen erweitert und differenziert werden. Während dabei der erste Auswertungsweg zu einer *Einschätzung* des Kompetenz-Handbuchs als Instrument führt, zielt der zweite Auswertungsweg auf die *Exploration* bzw. Weiterentwicklung der theoretisch geleiteten Grundannahmen ab. Diese beiden Ergebnistypen finden sich in der Darstellung der Ergebnisse (vgl. Kap. 5.2) dergestalt wieder, dass dort zu den jeweiligen Leitkriterien zunächst die einschätzenden Aussagen und die zugehörigen Interpretationen und im Anschluss daran die Erweiterungen und neu entstandenen Problembereiche beschrieben werden.

Die Doppelfunktion (Einschätzung und Exploration) des hier gewählten Vorgehens erweist sich für die Zielsetzung als sinnvoll. Denn auf diese Weise ist es nicht allein möglich, eine Untersuchung mit evaluativem Charakter durchzuführen, in der ein Instrument wie das Kompetenz-Handbuch nach vorgegebenen Kategorien eingeschätzt wird, sondern es besteht auch die Möglichkeit der Exploration, indem erneut Fragen entwickelt und damit neue theoretische Überlegungen generiert werden.

5.1.4 Grundannahmen für die Untersuchung des Kompetenz-Handbuchs

Den Ausgangspunkt der vorliegenden Untersuchung bilden theoretisch geleitete Grundannahmen. Sie stellen einen zentralen Schritt der Erkenntnisgewinnung im vorliegenden Forschungsprozess dar und gestatten eine Begrenzung der empirischen Bearbeitung der Fragestellung durch theoretisch hergeleitete Analysekategorien. Die Grundannahmen leiten sich aus den in Kapitel 3 zusammenfassend erarbeiteten Leitkriterien für Kompetenzentwicklung ab und operationalisieren den Gegenstand der Kompetenzanalyse. Für jedes der sechs Leitkriterien (Subjektbezug, biographische Entwicklung, Interaktion, Kooperation, Erfahrungsbezug und Reflexion) werden somit für die Untersuchung mehrere Grundannahmen gebildet. Aus den unterschiedlichen Grundannahmen, die auf diese Weise aufgestellt werden, können dann Anforderungen für Kompetenzanalyseverfahren herausgearbeitet werden, die einen Beitrag zur Förderung von Kompetenzentwicklung leisten.

Der Bildung der Grundannahmen liegt das Ziel zugrunde, anhand der Leitkriterien Schlussfolgerungen zur Konzeption und Gestaltung von Kompetenzanalysen und damit einen Erkenntnisgewinn zu generieren. Die Grundannahmen sind somit als *theoretisch geleitet* zu bezeichnen, da sie lediglich theoretisch begründet sind und ihre empirische Anwendung durch die Untersuchung noch aussteht. Dieses Vorgehen wird von Moser für eine theoriegeleitete Praxisforschung empfohlen:

> *„Sollen solche Untersuchungen auch wissenschaftlich ergiebig sein, scheint es sinnvoll, diese mit der Formulierung von Prozesshypothesen zu verbinden, welche Vermutungen und Propositionen darstellen, die auf der Basis des wissenschaftlichen Diskussionsstandes entwickelt werden"* (Moser 1995, S. 112).

Als Prozesshypothesen bezeichnet Moser Hypothesen, die anhand von Praxisprozessen formuliert werden, sich aber auf den Hintergrund wissenschaftlicher Theoriebildung beziehen. Zur Generierung der theoretisch geleiteten Grundannahmen (bzw. Prozesshypothesen) werden Um-Zu-Aussagen gebildet, die den Zusammenhang zwischen den Leitkriterien und den Grundannahmen herstellen. So ist die Form der Grundannahmen z.B. folgendermaßen zu fassen:

Um die Kompetenzentwicklung zu unterstützen, müssen Kompetenzanalysen im Niveau und Anspruch der jeweiligen Leistungsfähigkeit des Individuums methodisch und inhaltlich angemessen sein.

In dieser Form werden die Grundannahmen imperativ formuliert, um dem hier theoretisch begründbaren Anspruch an Kompetenzanalysen Ausdruck zu verleihen. Konkret wurden folgende theoretisch geleitete Grundannahmen gebildet:

Zum Leitkriterium *Subjektbezug* sind für die Untersuchung folgende fünf Grundannahmen relevant:

- Da Kompetenz als Kategorie des Individuums gelten kann, müssen Kompetenzanalysen das Individuum selbst als Maßstab verwenden und dürfen keine aus Arbeits- oder Betriebserfordernissen hervorgehenden Maßstäbe enthalten. (Subcode[32] 1: Datenmaßstab des Instruments)
- Verfahren, besonders aber die Ergebnisse der Kompetenzanalyse, müssen in einer Form vorliegen, die das Individuum für seine weitere Entwicklung verwenden kann. (Subcode 2: Individuelle Verwertbarkeit der Daten)
- Kompetenzanalysen müssen im Niveau und Anspruch der jeweiligen Leistungsfähigkeit des Individuums methodisch und inhaltlich angemessen sein. (Subcode 3: Anspruchsniveau des Instruments)

---

32 Die Subcodes geben die in der Auswertung der Untersuchung zugrunde gelegten Codes an.

- Kompetenzanalysen müssen sowohl informell erworbene Kompetenzen erheben als auch formell erworbene Kompetenzen und Qualifikationen. (Subcode 4: Kompetenzart)
- Kompetenzanalysen müssen sich auf Fach-, Sozial- und Humankompetenzen beziehen. (Subcode 5: Kompetenzbreite)

Zum Leitkriterium *biographische Entwicklung* wurden für die Untersuchung die folgenden drei Grundannahmen abgeleitet:

- Kompetenzanalysen müssen den Prozesscharakter von Kompetenzentwicklung aufnehmen und sind als punktuelle Erhebung zu verstehen, die ins Verhältnis zu kurz- oder längerfristigen biographischen Entwicklungen gesetzt werden müssen. (Subcode 1: Prozesscharakter des Verfahrens)
- Kompetenzanalysen müssen konkrete Lern- und Entwicklungsfelder und Entwicklungsziele in Bezug auf die weitere berufliche Entwicklung ergeben. (Subcode 2: Entwicklungsbezug der Ergebnisse)
- Kompetenzanalysen erfordern die Freiwilligkeit und Bereitschaft des Subjekts zur Bearbeitung des Instruments. (Subcode 3: Prämisse der Freiwilligkeit)

Zum Leitkriterium der *Interaktion* sind für die Untersuchung die folgenden drei Grundannahmen zu nennen:

- Die Bedingungen, unter denen Kompetenzanalysen durchgeführt werden, müssen lern- bzw. kompetenzförderlich gestaltet sein. (Subcode 1: Lernförderliche Gestaltung des Verfahrens)
- Kompetenzanalysen müssen so gestaltet sein, dass sie die Individuen in beruflichen Umbruchssituationen oder anderen Veränderungen unterstützen. (Subcode 2: Unterstützungsfunktion des Verfahrens)
- Da sich Kompetenz in der Bewältigung konkreter Handlungssituationen erweist, müssen sich Kompetenzanalysen auf mehrere unterschiedliche Performanzausprägungen beziehen und damit mehrere Methoden miteinander kombinieren. (Subcode 3: Methodenkombination)

Als besondere Form der Interaktion ist *Kooperation* als Leitkriterium für Kompetenzentwicklung benannt worden. Folgende Grundannahmen lassen sich ableiten:

- Da Kooperation mit anderen als konstitutiv für die Entwicklung von Kompetenzen angesehen wird, müssen Kompetenzanalysen kommunikative Anteile beinhalten. (Subcode 1: Kommunikation)

- Zudem muss die Struktur und der situative Rahmen der Kommunikationssituation lern- bzw. kompetenzförderlich sein. (Subcode 2: Lernförderliche Gestaltung der Kommunikationssituationen)

Für das Leitkriterium des *Erfahrungsbezugs* können folgende Grundannahmen geschlussfolgert werden:
- Da der Erwerb und die Verarbeitung von Erfahrung einen individuellen Prozess darstellen, müssen Kompetenzanalysen beachten, dass Individuen verschiedene Erfahrungshintergründe und unterschiedliche Ausgangsbedingungen haben. (Subcode 1: Individuelle Barrieren)
- Um den kontinuierlichen Prozess der Erfahrungskonstitution zu ermöglichen, dürfen Kompetenzanalysen nicht punktuell verbleiben, sondern müssen kontinuierlich und wiederholt erfolgen.[33] (Subcode 2: Wiederholung des Verfahrens)

Zum Leitkriterium *Reflexion* sind für die Untersuchung die folgenden beiden Grundannahmen zu nennen:
- Kompetenzanalysen müssen auf die Förderung der Selbstreflexivität abzielen und diese methodisch z.B. durch Selbsteinschätzungen unterstützen. (Subcode 1: Selbstreflexivität)
- Kompetenzanalysen müssen die Förderung von struktureller Reflexivität unterstützen. (Subcode 2: Strukturelle Reflexivität)

Diese Grundannahmen, die die Leitkriterien operationalisieren, bilden das Kodierungsraster für die Auswertung zu Beginn der Untersuchung und finden sich anhand der Subcodes im Kodierungsbaum wieder. Auch den Interviewleitfäden der Erhebung lagen diese Grundannahmen zugrunde. Die Anzahl und die Tiefe der zu den einzelnen Leitkriterien entwickelten Grundannahmen ist nicht bei allen sechs Leitkriterien gleich. Diese quantitativen und qualitativen Unterschiede entstehen zum einen dadurch, dass die einzelnen Kriterien nicht trennscharf voneinander zu betrachten sind und sich auch auf mehrere Leitkriterien beziehen können, hier jedoch einem Leitkriterium zugeordnet werden, um die Wiederholung von Ergebnissen zu vermeiden. Zum anderen sind diese Grundannahmen als logische und intersubjektiv nachvollziehbare Ableitungen aus den Leitkriterien zu verstehen, sie entziehen sich jedoch nicht dem subjektiven Blick der Forscherin auf das

---

33 Diese Grundannahme ergibt sich auch aus dem Leitkriterium biographische Entwicklung, da zur Unterstützung der Kompetenzentwicklung der Prozesscharakter des Verfahrens erforderlich ist, der sich auch in der wiederholten Anwendung dokumentieren kann.

Untersuchungsfeld und hätten demnach von anderen Personen mit anderen Schwerpunktsetzungen formuliert werden können.

Aufgrund des hier angestrebten Erkenntnisgewinns sind diese Grundannahmen nicht als ein zu überprüfendes Hypothesenraster zu begreifen, sondern sie sollen eine Einschätzung ermöglichen und durch die Empirie differenziert und erweitert werden. Damit stellen auch die zugrunde liegenden Leitkriterien kein vorgefertigtes Theorieraster dar, sondern sie sind als „sensibilisierende Konzepte" (vgl. Lamnek 1995, S. 131) zu verstehen, die die Untersuchung der Kompetenzförderlichkeit von Kompetenzanalysen ermöglichen, aber nicht einschränken sollen. Deswegen wird explizit der Begriff der *Grundannahmen* verwendet, wenngleich sie den Charakter von Prozesshypothesen haben.

Der Umgang mit Hypothesen berührt einen zentralen Diskussions- und Abgrenzungsaspekt der qualitativen Sozialforschung. Während quantitative Forschung die Kontrolle des Forschers und die bewusste Strukturierung des Forschungshandelns durch Hypothesenbildung und -überprüfung fordert, stellt qualitative Forschung „die Angemessenheit der vom Forscher verwendeten Kategorien und seine Offenheit für das potenziell ‚Andere' des Forschungsfeldes" (Meinefeld 2000, S. 267) in den Vordergrund. Offenheit des Forschers gegenüber den Untersuchungspersonen, Untersuchungssituationen und Untersuchungsmethoden stellt ein Postulat qualitativer Sozialforschung dar (vgl. Lamnek 1995, S. 29). Dem Prinzip der Offenheit entsprechend wird bereits in den programmatischen Arbeiten zur Grounded Theory von Glaser/ Strauss (1967) die Forderung aufgestellt, dass sich Forscher von ihrem Vorwissen freimachen, auf theoretische Arbeiten zu dem entsprechenden Themenbereich verzichten müssen, um eine möglichst hohe Unvoreingenommenheit gegenüber dem Forschungsgegenstand zu gewährleisten. Damit wird in Abgrenzung zu quantitativen Arbeiten das Ziel des Forschungsprozesses nicht in der Theorie- bzw. Hypothesenüberprüfung gesehen, sondern vielmehr in der unvoreingenommenen Theoriegenerierung i.S. von Verstehen und Interpretieren sozialer Zusammenhänge (vgl. Hoffmann-Riem 1980, S. 341). Aus dieser Forderung ist abzuleiten, dass sich eine „Hypothesenbildung ex ante" ausschließt, da sie die Untersuchung durch ein auferlegtes Kategoriensystem begrenzt.

Bei dem hier gewählten Vorgehen besteht also die Möglichkeit, dass es einen Problembereich der qualitativen Sozialforschung berührt, da die theoretisch geleiteten Grundannahmen eine zentrale Funktion im Erkenntnisprozess einnehmen, Grundannahmen bzw. Hypothesen jedoch in der qualitativen Sozialforschung sehr kritisch gesehen werden. Dennoch erscheint dieses Vorgehen hier aus zwei Gründen sinnvoll:

Zum einen ist die Funktion der theoretisch geleiteten Grundannahmen hier nicht im Sinne der Falsifizierung oder Bestätigung von Hypothesen zu sehen, wie quantitative Forschung sie begreift. Die theoretisch geleiteten Grundannahmen können als Schlüsse aus den Leitkriterien zur Kompetenzentwicklung in Bezug auf den Gegenstand Kompetenzanalyse gelten und sollen einen Ausgangspunkt für die Untersuchung von Kompetenzanalysen hinsichtlich ihrer Kompetenzförderlichkeit bilden. Es ist also zu betonen, dass hier mit einem aus der Theorie hervorgehenden Vorverständnis gearbeitet wird, das an den Gegenstand herangetragen wird und die Durchführung des Forschungsprozesses operationalisierbar und leistbar macht. Zugleich wird aber auch dem Gegenstand die Gelegenheit gegeben, dieses Vorverständnis zu modifizieren und zu erweitern.

Als zweite Begründung ist hier an der Grundannahme sozialwissenschaftlicher Hermeneutik anzusetzen, dass der Interpretierende, die Interpretation selbst und der Interpretationsgegenstand immer in einen soziohistorischen Sinnzusammenhang eingebettet sind (vgl. Soeffer 2000, S. 171f.) und dass die Forderung der Unvoreingenommenheit deswegen nur partiell oder gar nicht einzulösen ist. Zudem ist die Einschränkung zu beachten, dass jede Interpretation und jede Wahrnehmung immer unter Rückbezug auf eigene Deutungsschemata erfolgt und damit das Vorwissen die Wahrnehmungen des Forschenden unvermeidlich beeinflusst. Aufgrund dessen wird von verschiedenen Autoren gefordert (vgl. Meinefeld 2000, S. 273; Lempert 1971, S. 323), dass eine bewusste Reflexion des alltagsweltlichen Vorwissens einerseits und der bestehenden theoretischen Konzepte sowie des Erkenntnisinteresses andererseits geleistet wird. Diese Forderung weist auf ein bewusstes Anerkennen und Reflektieren des Vorwissens hin. Dem wird in der vorliegenden Arbeit dadurch entsprochen, dass das leitende Erkentnisinteresse und die Theoriebezüge zum eigenen Themenfeld dargestellt und bearbeitet werden (vgl. Kap. 1.3) und daraus dann theoretisch geleitete Grundannahmen gebildet werden, mit denen im empirischen Teil gearbeitet werden kann.

Mit diesem Vorgehen wird also trotz der Arbeit mit Grundannahmen dem Grundprinzip der Offenheit, das in der qualitativen Forschung als zentral angesehen wird, Rechnung getragen. Diese Überlegung schließt sich an die Ausführungen Meinefelds an, der darauf hinweist, dass Offenheit für das Neue gerade nicht davon abhängt, dass auf der inhaltlichen Ebene das Vorwissen nicht bewusst gemacht wird, sondern davon, in welcher Weise die Suche nach dem Neuen methodisch gestaltet wird (Meinefeld 2000, S. 272). Damit ist neben der inhaltlichen Offenheit die Frage nach der methodischen Offenheit berührt. Sie bezieht sich zum einen auf die Wahl der einzusetzenden Methoden für die Einschätzung und Erweiterung der theoretisch geleiteten Grundannahmen. Zum anderen bezieht sie sich auf den

Charakter der gewählten Methoden, der ebenfalls einen unterschiedlichen Grad an Offenheit aufweisen kann.

5.2 Untersuchungsergebnisse zum Kompetenz-Handbuch

In der folgenden Zusammenfassung der Untersuchung werden die Ergebnisse hinsichtlich der theoretisch geleiteten Grundannahmen dargestellt und besondere Problemaspekte dabei ausgeführt (vgl. Kap. 5.2.1 bis 5.2.6). Weiterhin wird auf die Frage eingegangen, welche Auffälligkeiten sich hinsichtlich der verschiedenen Interviewgruppen zeigen (vgl. Kap. 5.2.7).

Das in der vorliegenden Untersuchung gewählte methodische Vorgehen ermöglicht eine Untersuchung, die einerseits einen evaluativen Charakter hat, wobei das Kompetenz-Handbuch nach vorgegebenen Kategorien eingeschätzt wird, und andererseits die Generierung neuer theoretischer Überlegungen zur Kompetenzförderlichkeit von Kompetenzanalysen ermöglicht. Um diese beiden Funktionen zu realisieren, wird im Folgenden eine Darstellungsart gewählt, die zunächst eine Einschätzung des Kompetenz-Handbuchs hinsichtlich der jeweiligen Grundannahmen aufzeigt und zudem jeweils die Problemaspekte benennt, die sich in der Untersuchung hinsichtlich der Gestaltung des Kompetenz-Handbuchs ergeben haben. Diese Zweiteilung findet sich in der folgenden Darstellung wieder. Die Einzelergebnisse können dann anschließend zu einer Einschätzung des Kompetenz-Handbuchs (vgl. Kap. 5.3.1) und zu weiterführenden Problemaspekten (vgl. Kap. 5.3.2) zusammengefasst werden. Zudem kann abschließend auch eine konstruktiv kritische Einschätzung und Reflexion der methodischen Aspekte der Untersuchung erfolgen (vgl. Kap. 5.3.3). Bei der Erarbeitung der Einzelergebnisse wurde methodisch folgendermaßen vorgegangen: Zunächst wurden die einschätzenden sowie die erweiternden Interviewausschnitte zusammengefasst. In einem zweiten Schritt wurden aus diesen Interviewausschnitten einzelne aussagekräftige Zitate herausgesucht, die eine einschätzende Interpretation der Grundannahmen möglich machen. Die Auswahl der Zitate richtet sich demzufolge nach ihrer Aussagekraft für die Interpretation. Die Zitate konnten dann im dritten Schritt der Interpretation unterzogen werden und werden in dieser Form hier dargestellt. Die folgende Abbildung verdeutlicht dieses Vorgehen.

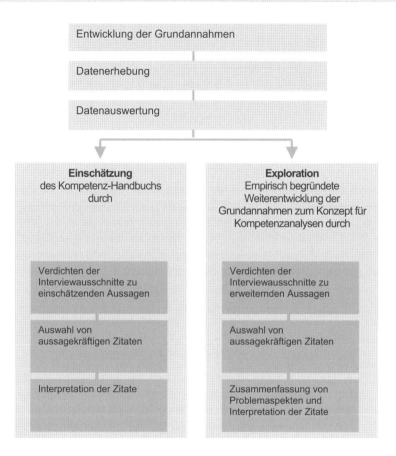

Abb. 10 Verfeinerte Darstellung der Ergebnisgenerierung in der empirischen Untersuchung (eigene Darstellung)

5.2.1 Subjektbezug des Kompetenz-Handbuchs

Das theoretisch entwickelte Leitkriterium Subjektbezug wurde für die Untersuchung in Form mehrerer Grundannahmen operationalisiert (vgl. Kap. 5.1.4). So wurde unter dem Subjektbezug der Datenmaßstab des Instruments (1), die individuelle Verwertbarkeit der Daten (2), das Anspruchsniveau des Instruments (3), die

Kompetenzart (4) (Fach-, Sozial- und Humankompetenz) sowie die Kompetenzbreite (5) des Kompetenz-Handbuchs erhoben.

Insgesamt lässt sich zunächst feststellen, dass die Aussagen in den Interviews darauf hindeuten, dass das Kompetenz-Handbuch dieses Leitkriterium bedient, da es den Grundannahmen zum Subjektbezug weitgehend entspricht. Diese Aussage bezieht sich im Einzelnen darauf, dass der Datenmaßstab des Instruments (1) am Subjekt orientiert ist, da ausschließlich mit Selbsteinschätzungen gearbeitet wird. Die entstehenden Daten werden also nicht von außenstehenden Personen generiert, sondern gründen sich in der Konzeption des Verfahrens auf Selbstaussagen und -einschätzungen des Nutzers. Demnach richtet sich der Datenmaßstab dieses Instruments nach den Maßstäben, die die Nutzer in ihrer Selbsteinschätzung anlegen, so dass er als subjektiv einzuordnen ist.

Zudem weist auch das Verhältnis zwischen den individuellen Bedürfnissen und Erwartungen der Nutzer und der individuellen Verwertbarkeit der Daten (2) auf den Subjektbezug des Instruments hin. So zeigt sich bereits in der Konzeption des Verfahrens (vgl. Kap. 4.2.3), dass das Kompetenz-Handbuch auf unterschiedliche Motivations- und Bedürfnislagen ausgerichtet ist, was auch ein Interviewausschnitt mit einem der Konzeptionierer belegt. Dort wird eingeschätzt, dass

> *„das Kompetenz-Handbuch so offen gestaltet ist, dass es Situationen wie Arbeitssuche und berufliche Veränderungen, Aufstieg, Arbeitsplatzsicherung, berufliche Eingliederung von Migranten, Nachholen von Schul- und Ausbildungsabschlüssen und beruflicher Wiedereinstieg nach der Familienpause in gleicher Weise ansprechen soll." (K3)*

Diese Offenheit wird durch die Begleiter bestätigt, deren Erfahrung sich auf mehrere Nutzer bezieht. Aber auch die Interviews mit den Nutzern ergeben, dass das Kompetenz-Handbuch als Instrument bewertet wird, das auf die tatsächlich vorhandenen aktuellen Bedürfnislagen der Nutzer reagiert und dass ein angemessenes Verhältnis zwischen den individuellen Bedürfnissen und der Leistungsfähigkeit des Verfahrens besteht, auch wenn dort kein akuter Handlungsbedarf vorliegt:

> *„Das andere ist, dass das Kompetenz-Handbuch mich dazu anregt und ich schon geguckt habe, wo kann ich denn mal ganz ehrlich mit mir noch einmal in Unterhaltung treten und an meiner eigenen Geschichte oder an meiner eigenen Zukunft noch mal ein bisschen rumknausern und verbessern." (N2)*

In diesen Aussagen zeigt sich, dass die in der Konzeption ausgewiesene Orientierung an individuellen Motivations- und Bedürfnislagen auch durch die Einschätzung der interviewten Nutzer und Begleiter bestätigt.

Hinsichtlich der Frage des Anspruchsniveaus (3), das der Job-Navigator als Instrument an die Nutzer stellt, deutet sich an, dass die Anforderung des Subjektbezugs dahingehend einzuschränken ist, dass die Bearbeitung des Instruments nicht durch Personen mit geringer oder fehlender Schulausbildung geleistet werden kann und demnach durch den kognitiven Anspruch an Nutzer eine gewisse Selektion erfolgt. Dieses Ergebnis wird weiter unten noch einmal problematisiert.

Bezüglich der Kompetenzart (4) zeigt die Untersuchung, dass das Instrument sowohl auf informell erworbene als auch auf formell erworbene Kompetenzen und Qualifikationen ausgerichtet ist und damit einer weiteren Grundannahme zum Subjektbezug entspricht. So geht aus dem Material des Kompetenz-Handbuchs (vgl. IG Metall o.J.) hervor, dass angestrebt wird, formelle wie informelle Kompetenzen zu erheben. Es werden Daten formeller Bildungssequenzen zur Bildungsbiographie sowie Daten zur Erwerbsbiographie und zu außerhalb davon liegenden Aktivitäten gesammelt, in denen überwiegend informelle Kompetenzen erworben wurden. Der folgende Interviewausschnitt belegt die Bedeutung dieses Ansatzes:

> *„Dass nicht nur formale Abschlüsse nachgefragt werden, das ist selbst für jemanden, der so seinen Papierkram zu Hause in Ordnung hat, was ja auch die wenigsten haben, selbst für den ist es hochgradig spannend sich damit zu beschäftigen und mal die Fragen, die da drin sind auch mal zu beantworten, weil ich nicht glaube, dass die meisten wirklich erfahren haben, dass wenn sie dann bspw. auch nur mal ein Seminar gemacht haben bei den Pfadfindern, sage ich mal, oder die sind beim THW, das sind ja bei uns viele in diesem Bereich, dass dort Kompetenzen sind, die sie erfahren haben, die für ihren Beruf genauso gut wichtig sein können, als wenn sie da wirklich mit dem THW da los fahren und da irgend eine Leiter ausfahren und da einen Hund vom Baum holen. Die ganzheitliche Betrachtung von erworbenen Kompetenzen, ich denke das ist diese spannende Erfahrung und das ist dieses Spannende an dem Kompetenz-Handbuch, du erfährst eigentlich Dinge von dir, die du so bewusst nie wahrgenommen hast."* (B3)

Hier zeigt sich, dass die kombinierte Erhebung informeller und formeller Kompetenzen von dem befragten Begleiter als dafür relevant angesehen wird, dass die Nutzer eine reflektierte Einschätzung der eigenen Person leisten können.

Die Orientierung an den Dimensionen Fach-, Sozial- und Humankompetenzen, also die Frage nach der Kompetenzbreite (5) kann für das Kompetenz-Handbuch nur teilweise bestätigt werden. Dem Instrument liegt die Unterscheidung von Fach-, Sozial- und Methodenkompetenz zugrunde, ohne dass der Humankompetenz Bedeutung zugemessen wird.

Die hier zusammengefassten Ergebnisse der Untersuchung weisen darauf hin, dass die Anforderung des Subjektbezugs vom untersuchten Instrument eingelöst wird. Neben dieser positiven Einschätzung, die es ermöglicht, die Subjektorientierung des Instruments zu bewerten, ist jedoch auch zu fragen, welche besonderen Problemaspekte oder Irritationen sich aus den Interviews bezüglich des Subjektbezugs ergeben. Dazu sind aus der Untersuchung folgende Punkte zu nennen:

Als problematisch erweist sich zum einen die *einseitige Betrachtung von Kompetenzen durch Selbsteinschätzungen* im Kompetenz-Handbuch. Selbsteinschätzung stellt die wesentliche Methode zur Erhebung der Kompetenzen innerhalb des Instruments dar. Diesbezüglich hat die Untersuchung ergeben, dass die Fähigkeit zur Selbsteinschätzung sehr unterschiedlich entwickelt ist. So ergeben die Aussagen der Begleiter, deren Metaperspektive es zulässt, verschiedene Nutzer miteinander zu vergleichen, dass es einigen Nutzern zwar leicht fällt, Einschätzungen über sich selbst zu treffen, anderen aber schwer:

> *„Die wenigsten von uns sind es gewohnt, sich selber einzuschätzen und ich denke da ist schon eine kleine Gefahr in beiden Instrumenten ob es Kompetenz-Handbuch ist oder auch die Potenzialanalyse. Denn es erfordert ja schon auch ein gewisses Selbstbewusstsein, bei einigen Fragen zu sagen, ja, das kann ich. Das kann ich wirklich. Das kann ich gut. Weil im Grunde genommen viele ja auch heute noch die Erfahrung machen, dass sie ja, wenn überhaupt etwas stattfindet wie eine Leistungsbeurteilung, dass sie im Grunde genommen, weil sie mit Geld verbunden ist, der Arbeitgeber sie unterqualifiziert, dann eingruppiert in solchen Dingen. Die machen ja nicht die Erfahrung jeden Tag, was bist du für ein Guter, was bist du für eine Feine, sondern sie machen ja eher die Erfahrung, dass sie sagen, na ja, das reicht ja mal so gerade eben, was du hier abgeliefert hast." (B3)*

Es deutet sich dabei an, dass diese Diskrepanz nach Einschätzung der Begleiter auf die Gewohnheit bzw. Routine der Nutzer im Umgang mit Selbsteinschätzungen einerseits sowie auf ihr Selbstbild andererseits zurückzuführen ist. Auch die Aussagen der Nutzer bestätigen die Bedeutung von Routine für die Fähigkeit zur realistischen Selbsteinschätzung. Für den Fall fehlender Routine lässt sich feststellen:

> „Das kommt, glaube ich, zu einem großen Anteil auch einfach daher, dass man es nicht tut, sehr oft nicht tut, meistens nicht tut. Wir müssen uns nicht oft selbst einschätzen. Das ist das eine, denke ich mal, und das andere ist, es ist in unserer Gesellschaft nicht unbedingt einfach zu sagen, ich bin gut in dem und dem. Also das kennt man ja aus irgendwelchen Übungen oder Kommunikationstrainings, es fällt den Menschen schwerer zu sagen, ich kann das gut, als zu sagen, ich kann das schlecht. Und dann eben so eine saubere Selbsteinschätzung von sich selber hinzukriegen, ist natürlich unter diesem Aspekt schwer und möglicherweise auch unter diesem anderen Aspekt, wenn man plötzlich gefragt wird, wo liegen Ihre Stärken und Schwächen, was können Sie gut oder weniger gut, da tendiert man natürlich dazu, sich selber zu bescheißen." (N2)

Doch lässt sich nach den Aussagen der Nutzer auch für den Fall vorhandener Routine feststellen:

> „Das wusste ich vorher auch schon. Weil irgendwie, wenn man arbeitet oder in der Schule, man weiß ja eigentlich, was man kann, was einem Spaß macht, wo seine Interessen auch liegen oder nicht." (N4)

Diesen Aussagen zufolge stellt Routine einen wichtigen Faktor für die Fähigkeit von Selbsterkenntnis dar. Neben der fehlenden Routine führen die Befragten dieses Problem auch auf fehlendes Selbstbewusstsein zurück.

> „Sich selbst bewusst werden, sich selbst reflektieren und daraus auch eine Handlungsorientierung zu kriegen, aber erst einmal geht es darum, sich zu reflektieren und dann auch zu sagen, selbstbewusst werden im Sinne von ‚ach das kann ich ja, das habe ich schon gemacht, das habe ich gemacht und kann es. Und um dann auch wieder in die Praxis überzugehen." (K1)

Daraus kann geschlossen werden, dass Routine und das persönliche Selbstbild der Nutzer eine wichtige Voraussetzung für die Fähigkeit darstellen, realistische und reflektierte Aussagen über sich selbst zu treffen, und dabei weder zu positiv noch zu negativ über sich selbst zu urteilen. In der Umsetzung des Kompetenz-Handbuchs führt dieser Zusammenhang zu der Schwierigkeit, dass Nutzer zum Teil nicht in der Lage sind, das Selbstbearbeitungsmaterial eigenständig auszufüllen, da ihnen der individuelle Maßstab zur Einschätzung der eigenen Person fehlt. Aufgrund dieser Problematik erweist sich für die in dieser Untersuchung leitende

Frage nach der kompetenzförderlichen Gestaltung von Kompetenzanalysen eine personelle Begleitung bei der Bearbeitung des Kompetenz-Handbuchs als notwendig, um die individuellen Schwierigkeiten zu bearbeiten.

Zudem deutet sich an, dass der Weg der Datenerhebung durch Selbsteinschätzung eine Ergänzung durch Fremdeinschätzungen erfordert.

> *„Das ist auch noch einmal ein weiterer Punkt, den die Beratungstätigkeit ermöglicht, das Verhältnis von Fremd- und Selbsteinschätzung ist notwendig, um zu einer realistischen Wahrnehmung zu gelangen." (K3)*

Neben der Selbsteinschätzung wird somit die Fremdeinschätzung als Rückmeldung bzw. Reflexionsmoment für relevant gehalten, da sie dabei unterstützen kann, die Ergebnisse von Selbsteinschätzungen zu reflektieren, zu korrigieren oder zu bestätigen. Diese Validierung der auf Selbsteinschätzung beruhenden Ergebnisse durch Fremdeinschätzungen ermöglicht eine realistische Darstellung der eigenen Person.

> *„Möglicherweise in die Richtung zu gehen, dass ich Selbstbild und Fremdbild auf den gleichen Nenner kriege und dann kann ich mir auch vorstellen, wenn wir dann wieder die Kurve zum beruflichen Leben kriegen, dass ich dann natürlich auch ganz anders und realistischer ans Berufsleben rangehe." (N2)*

Dieser Interviewausschnitt verdeutlicht, dass auch seitens der Nutzer die Ergänzung der Selbsteinschätzung durch Fremdeinschätzungen als hilfreich angesehen wird.

Als weiterer Problemaspekt des Subjektbezugs hat sich ergeben, dass die *Realisierbarkeit der Ergebnisse*, die im Kompetenz-Handbuch entstehen, insbesondere bezüglich der geplanten Aktivitäten nicht nur – wie in den Grundannahmen angenommen – von individuellen Bedürfnissen und Wünschen abhängt, sondern auch von den realen Kontextbedingungen des Nutzers.

> *„Also so, subjektorientiert, individuell auch auf die Lebenssituation zugeschnitten, es kommt ja darauf an, ob man Familie hat oder wie man die zeitliche Einteilung hat usw. Dass man dann gemeinsam sich die geeignete Weiterbildungsmaßnahme in der Region heraussuchen kann." (K1)*

Hier lässt sich nachzeichnen, dass die Mobilität und Flexibilität innerhalb der familiären Situation die tatsächliche Umsetzung des im dritten Teil des Kompetenz-Handbuchs erarbeiteten Aktionsplans ist.

Ebenso wirkt sich das individuelle Leistungspotenzial auf kognitiver, disziplinärer o.ä. Ebene auf die individuelle Realisierbarkeit der entwickelten Aktivitäten und Maßnahmen aus.

> *„Ich kann nicht zu einem Maschinenarbeiter sagen, ein höheres Ziel wäre es, jetzt das Abitur nachzuholen und zu studieren." (B5)*

Auch dieser Ausschnitt verdeutlicht, dass die vorhandenen Bedürfnislagen nicht losgelöst von den bestehenden spezifischen Rahmenbedingungen zu sehen sind, sondern mit zum Subjektbezug von Kompetenzanalysen zu rechnen sind. In der Umsetzung des Kompetenz-Handbuchs erwies sich deswegen die Berücksichtigung der individuellen Kontextbedingungen für die Realisierbarkeit von Ergebnissen und Aktionsplänen als relevant. Für die hier leitende Frage der kompetenzförderlichen Gestaltung von Kompetenzanalysen ergibt sich daraus, dass es notwendig ist, die Nutzer bei der Einschätzung der Realisierbarkeit der Ergebnisse durch eine personelle Begleitung zu unterstützen.

Als weiteren Problemaspekt des Leitkriteriums Subjektbezug hat die Untersuchung – wie oben bereits angedeutet – ergeben, dass die *Fähigkeit zur Bearbeitung* des Kompetenz-Handbuchs sehr stark zwischen einzelnen Personengruppen variiert. Unterschiedliche Gründe und Merkmale lassen sich diesbezüglich anführen. Zum einen wurde von den Begleitern beobachtet, dass schreib- und leseungewohnte Personen mit der Bearbeitung des Kompetenz-Handbuchs überfordert sind und eine personelle Begleitung beim Ausfüllen des Materials benötigen:

> *„Das [Kompetenz-Handbuch, J.G.] wendet sich an den gut gebildeten Facharbeiter, der über eine hohe kommunikative schriftliche und Ausdrucksvermögen verfügt. Andere Leute, also angefangen von den funktionalen Analphabeten über Ausländer, schriftungeübte Menschen tun sich da sehr schwer oder sind dazu gar nicht imstande, was dann so im Extremfall bei Migranten, Marokkanern usw. die deutsch reden, schon 20 Jahre bei VW arbeiten, aber Deutsch reden als wären sie gestern am Bahnhof angekommen, da mussten sogar die Berater den Fragebogen ausfüllen, die waren nicht imstande, den Fragebogen auszufüllen." (K3)*

In dieser Aussage wird die Einschätzung deutlich, dass sich die Ausbildungszeit und Ausbildungsform der Nutzer auf ihre Fähigkeit zur Bearbeitung des Kompetenz-Handbuchs auswirkt.

Ein weiteres Merkmal für einen erfolgreichen Umgang mit dem Kompetenz-Handbuch lässt sich am Bildungsabschluss von Beschäftigten festmachen. Angestellte und Facharbeiter finden am ehesten Zugang zu diesem Angebot, während für Ungelernte, aber auch für Beschäftigte der industriellen Produktion, die Motivation und der Umgang mit dem Kompetenz-Handbuch am schwierigsten zu sein scheint.

> *„Wenn ich diese beiden Dinger mal betrachte, dann sage ich, das ist schwierig für jemanden, der einen Beruf gelernt hat, jahrelang nichts mehr gemacht hat und soll sich jetzt damit befassen. Da hat jeder Angestellte, der ständig einen Bleistift oder heute ja nicht mehr, den Computer, hat er natürlich sehr viele Vorteile, weil das sehr kompliziert und aufwändig ist. Der gemeine Schlosser in Anführungszeichen hat da seine Probleme mit."* (B2)

Anhand dieser Aussage wird deutlich, dass der Befragte den Bildungsabschluss als relevant für die Bearbeitung des Kompetenz-Handbuchs ansieht.

Zudem hat sich nach Aussagen der Begleiter gezeigt, dass Personen, deren (Arbeits-)Biographie in der jüngeren Vergangenheit explizite Lernzeiten enthalten hat, besser mit entsprechenden Fragestellungen zurechtkommen als diejenigen, die längere Zeit keine Bildungsphasen erlebt haben.

> *„Wir haben bei solchen Erhebungen immer wieder, oder so einem Fragebogen immer wieder festgestellt, Lerngewohnte, deren Lernphase nur bezogen auf ihre Arbeitssituation, vielleicht ein Jahr zwei oder drei oder vier Jahre zurückliegt kommen besser mit entsprechenden, auch abstrakten Fragestellungen zurecht als diejenigen, die möglicherweise 10, 20 Jahre keinerlei Lernsituation im klassischen Sinne, also mit Fachbüchern und dergleichen vor sich hat. Training on the job meine ich damit nicht mit. Learning bei doing, sondern wirklich ein organisiertes Lernen und von daher ist es nicht bildungsabhängig, nicht mehr so abschlussabhängig, sondern wie nahe man einem Bildungsabschluss noch war oder ist. Um so einfacher kann man mit solchen Fragebögen umgehen."* (B3)

Damit scheint die zeitliche Nähe zu Phasen organisierten Lernens (z.B. einem Bildungsabschluss) ein Faktor für den erfolgreichen Umgang mit dem Kompetenz-Handbuch zu sein.

Ein anderes Kriterium für den erfolgreichen Umgang mit dem Kompetenz-Handbuch hängt von der Art der täglichen Arbeitsaufgaben der Beschäftigten ab. So weist die Einschätzung eines Begleiters darauf hin, dass diejenigen Gruppen im Unternehmen Vorteile im Umgang mit einem solchen Instrument haben, die sehr selbstbestimmt und selbstorganisiert arbeiten können.

> „Die Gruppen im Unternehmen, die schon sehr selbstbestimmt und selbstorganisiert arbeiten können, [...] haben einfach von ihrer Grundstruktur her Vorteile, mit einem solchen Instrument umzugehen, und können das auch relativ schnell handhaben und für sich Nutzen daraus ableiten." (B1)

Nach dieser Aussage bestimmt die Art der täglichen Arbeitsaufgaben die Fähigkeit zur Bearbeitung des Kompetenz-Handbuchs.

Schließlich lässt sich auch am Lebensalter ein unterschiedlich leichter Zugang zum Angebot des Kompetenz-Handbuchs festmachen.

> „Besonders Jugendliche sind begeistert über die angebotene Orientierungshilfe." (B8)

Diese Beobachtung könnte darauf zurückgehen, dass ältere Arbeitnehmer in der Regel von Phasen organisierten Lernens weiter entfernt sind oder aufgrund ihrer beruflichen Perspektiven weniger Motivation zur Auseinandersetzung mit ihrer beruflichen Entwicklung aufweisen als junge Menschen, die die Chance haben, eine eventuelle Neuorientierung auf dem Arbeitsmarkt tatsächlich zu realisieren.

Die Darstellung macht deutlich, dass im Kompetenz-Handbuch verschiedene Faktoren wie Schreib- und Lesegewohnheit, Bildungsnähe, Bildungsabschluss, Arbeitsaufgaben und Lebensalter die Fähigkeit zur Bearbeitung des Kompetenz-Handbuchs beeinflussen. Bei der Umsetzung des Kompetenz-Handbuchs wirken sich diese Faktoren darin aus, dass die in der Konzeption anvisierte Zielgruppe durch die Form des Kompetenz-Handbuchs selektiert wird, so dass nicht alle Mitglieder der Gewerkschaft damit erreicht werden können. Bezüglich der Frage der Gestaltung von kompetenzförderlichen Verfahren deutet sich deswegen an, dass eine methodische Differenzierung bei Instrumenten der Kompetenzanalyse notwendig ist, die es ermöglicht, auf die individuellen Fähigkeiten und das Leistungsvermögen der Nutzer angemessen einzugehen. Zudem ist zu schließen, dass eine personelle Begleitung der Nutzer während der Bearbeitung des Kompetenz-Handbuchs und bei der Umsetzung seiner Ergebnisse notwendig ist.

Zudem zeigt sich in der Untersuchung als weiterer Problemaspekt, dass die *Präsenz der fachlichen Kompetenzen* bei den Nutzern wesentlich höher ist, als ihre sozialen oder methodischen Kompetenzen. Folgende Aussage lässt diesen Schluss zu:

> *„Nein ich denke es ist wichtig deutlich zu machen, dass es diese unterschiedlichen Kompetenzen gibt und dass wir wieder lernen müssen, nicht nur auf die Fachkompetenzen hohes Augenmerk zu legen, sondern diese soziale oder Humankompetenz entsprechend wieder auch einen Stellenwert zu geben, der ihr zusteht. Weil ich denke, in den letzten Jahren ist einfach die Fachkompetenz überbewertet worden. Und da finde ich, ist wichtig, dass wir wieder versuchen, auch deutlich zu machen, wie wichtig die anderen Kompetenzfelder wirklich sind, auch im Umgang miteinander und im Betrieb und im Alltag. Das halte ich für unheimlich wichtig."* (B3)

Wie diese Aussage eines Begleiters deutlich macht, kann die Einschätzung individueller Fachkompetenzen durch die Nutzer leichter geleistet werden als die Einschätzung der anderen Kompetenzdimensionen. Dies könnte darauf zurückzuführen sein, dass die bisherige Orientierung an beruflichen Abschlüssen und Zertifikaten, aber auch Stellenausschreibungen im Wesentlichen auf die fachlichen Kompetenzen bezogen waren und die Bedeutung von sozialen oder personalen Kompetenzen in der Berufsbildung, aber auch auf dem Arbeitsmarkt erst seit den 1990er Jahren zugenommen hat (vgl. Kap. 3). Demnach bezieht sich die Einschätzung beruflicher Kompetenzen bei einem Großteil der Nutzer auf fachliche Schwerpunkte. Für die Gestaltung von Kompetenzanalysen ist aus diesem Problemaspekt keine konkrete erweiterte Anforderung abzuleiten, doch bestätigt sich dadurch die in der Grundannahme formulierte Anforderung der Verbindung von Fach-, Sozial-, und Humankompetenz.

Ein letzter Problemaspekt zum Subjektbezug zeigt sich in der *Übertragung informell erworbener Kompetenzen* auf das Arbeitsleben:

> *„Und dass Leute auch unheimliche Probleme haben, Kompetenzen, die sie sich in anderen Bereichen erworben haben, zu übertragen ins Arbeitsleben. Also was weiß ich, einer der 10 Jahre lang Schulsprecher war und da Schulfeten organisiert hat und weiß der Teufel was, bis hin zu Abschlussfeten mit Kapelle und was weiß ich, die da unheimlich gerödelt haben, aber einen Job hatten, wo sie einfach nur am Band gestanden*

haben oder Fließbandtätigkeiten gemacht haben, ich kann das nicht. Und dann kriegst du so mit, da hast du doch die Riesendinger gemacht, ich kann mich daran erinnern, das stand doch sogar in der Zeitung und da ist sogar noch Kohle bei rumgekommen für irgendein Projekt in der Weltgeschichte, das ihr da gespendet habt, so jetzt versuch das mal zu übertragen." (N3)

Diese Aussage verdeutlicht, dass die Verbindung formell und informell erworbener Kompetenzen zwar – wie bereits erwähnt – auf der konzeptionellen Ebene für sinnvoll gehalten wird, auf der Ebene der praktischen Umsetzung jedoch Schwierigkeiten birgt. Ähnlich wie im vorausgehenden Aspekt ist anzunehmen, dass diese Übertragung von Kompetenzen, die in außerberuflichen Zusammenhängen erworben wurden, in die berufliche Erfahrungswelt der Nutzer zu ungewohnt ist und erst „erlernt" werden muss. Für die Gestaltung von Kompetenzanalysen lässt sich daraus die Folgerung ziehen, dass die Bewusstmachung informell erworbener Kompetenzen einer besonderen methodischen Anleitung bedarf.

Zusammenfassend lassen sich die Untersuchungsergebnisse zum Subjektbezug in der folgenden Abbildung darstellen:

Tab. 4 Ergebnisse bezüglich des Leitkriteriums Subjektbezug (eigene Darstellung)

Subcodes der Grundannahmen	Einschätzung bezüglich der Grundannahmen
Datenmaßstab des Instruments (1)	Der Datenmaßstab des Kompetenz-Handbuchs ist am Subjekt orientiert, da das Instrument auf Selbsteinschätzungen beruht.
Individuelle Verwertbarkeit der Daten (2)	Die individuelle Verwertbarkeit der Ergebnisse ist gegeben, da das Instrument auf unterschiedliche Motivations- und Bedürfnislagen ausgerichtet ist und diesen Anspruch auch einlöst.
Nutzerorientiertes Anspruchsniveau des Instruments (3)	Die Anforderung eines nutzerorientierten Anspruchsniveaus des Instruments ist einzuschränken, da die Bearbeitung des Instruments nicht durch alle Nutzer geleistet werden kann und demnach durch den kognitiven Anspruch eine Selek-tion unter den Nutzern erfolgt.
Kompetenzart (4)	Die Erfassung der Kompetenzarten ist als subjektorientiert einzuschätzen, da das Instrument sowohl auf informell erworbene als auch auf formell erworbene Kompetenzen und Qualifikationen ausgerichtet ist.
Kompetenzbreite (5)	Die Orientierung an den Dimensionen Fach-, Sozial- und Humankompetenzen, also die Frage der Kompetenzbreite, kann nur teilweise bestätigt werden, da eine Unterscheidung hinsichtlich Fach-, Sozial- und Methodenkompetenz vorliegt.

Problemorientierte Erweiterung	Mögliche Konsequenzen für die kompetenzförderliche Gestaltung
Die Betrachtung der Kompetenzen durch Selbsteinschätzungen ist zu einseitig und überfordert z.T. die Nutzer.	• personelle Begleitung bei der Bearbeitung des Instruments • Ergänzung der Selbsteinschätzungen durch Fremdeinschätzungen
Die Realisierbarkeit der Ergebnisse wird auch maßgeblich durch die individuellen Kontextbedingungen beeinflusst.	• personelle Begleitung und gemeinsame Einschätzung bei der Verarbeitung der Ergebnisse

Problemorientierte Erweiterung	Mögliche Konsequenzen für die kompetenzförderliche Gestaltung
Die individuelle Fähigkeit zur Bearbeitung ist sehr unterschiedlich ausgeprägt.	• methodische Differenzierung • personelle Begleitung der Nutzer während der Bearbeitung und bei der weiteren Kompetenzentwicklung
Die Präsenz der fachlichen Kompetenzen bei den Nutzern ist hoch, während die Fähigkeit zur Einschätzung der sozialen und methodischen Kompetenzen eher gering ausgeprägt ist.	• Ausrichtung des Instruments auf Ganzheitlichkeit (Fach-, Sozial- und Humankompetenz)
Die Übertragung informell erworbener Kompetenzen, die außerhalb der Arbeit erworben wurden, ins Arbeitsleben, bereitet Schwierigkeiten.	• besondere methodische Anleitung zur Bewusstmachung informell erworbener Kompetenzen

5.2.2 Förderung der biographischen Entwicklung durch das Kompetenz-Handbuch

Auch das Leitkriterium der biographischen Entwicklung kann als vom Kompetenz-Handbuch weitgehend eingelöst betrachtet werden, da es den theoretisch geleiteten Grundannahmen zum Kriterium der biographischen Entwicklung weitgehend entspricht. Das Kriterium der biographischen Entwicklung wurde für die Untersuchung in Fragen nach dem Prozesscharakter des Verfahrens (1), den Entwicklungsbezug der Ergebnisse (2) und die Prämisse der Freiwilligkeit (3) operationalisiert.

Im Einzelnen lässt sich dieses Ergebnis dadurch belegen, dass das Kompetenz-Handbuch und sein Umsetzungsverfahren den Prozesscharakter von Kompetenzentwicklung (1) unterstützt, indem die punktuelle Erhebung durch das Instrument mit kurz- oder längerfristiger biographischer Entwicklung ins Verhältnis gesetzt wird. Am deutlichsten tritt dies im Angebot einer weiteren Entwicklungsbegleitung hervor, das in der praktischen Umsetzung des Kompetenz-Handbuchs als Zusatzangebot zum Instrument seitens der Gewerkschaft gemacht wird.

Somit ist die Umsetzung des Kompetenz-Handbuchs darauf angelegt, die Kompetenzentwicklung der Nutzer zu unterstützen. Diese Zielsetzung wird sowohl im Benutzerhandbuch des Kompetenz-Handbuchs beschrieben als auch von den Konzeptionierern hervorgehoben, indem betont wird, dass mit dem Instrument eine „berufliche Zukunfts- und Weiterbildungsberatung" (vgl. IG Metall 2001, S. 2) unterstützt werden soll. Auch die Untersuchung hat bestätigt, dass die erfolgreiche Umsetzung der erarbeiteten Ergebnisse und Entwicklungsziele von einer anschließenden Begleitung der weiteren beruflichen Entwicklung abhängt, wie die folgenden Ausschnitte zeigen:

> *„Die Befragten sollten nicht mit dem Aktionsplan jetzt schlicht entlassen werden, sondern die Durchführung des Aktionsplanes sollte weiterhin durch Berater supervisioniert werden. Diese Supervision kann in gewisser Weise sicherstellen, dass dieser Zusammenhang zwischen Kompetenzerhebung, Kompetenzentwicklung und Handlungsfähigkeit systematisch als Lernaspekt bearbeitet werden kann. Also die Supervision halte ich für sehr wichtig über die unmittelbare Erhebung hinaus und dass das weitere Vorgehen gecoacht wird."* (K3)

Die Aussage dieses Konzeptionierers verdeutlicht die in der Konzeption angelegte Verbindung der punktuellen Erhebung mit einer nachhaltigen Kompetenzentwicklung und unterstützt damit den Entwicklungsbezug des Verfahrens.

Auch zur Frage nach der Entwicklungsorientierung der Ergebnisse (2) zeigt die Konzeption des Kompetenz-Handbuchs, dass es das Leitkriterium der biographischen Entwicklung unterstützt und individuelle Entwicklungsfelder aufdeckt. Im Wesentlichen werden im Aktionsplan, dem letzten Teil des Instruments, individuelle Lernfelder und Entwicklungsziele erarbeitet und damit auf der instrumentellen Ebene eine Grundlegung für die weitere Kompetenzentwicklung ermöglicht. Dabei werden drei Teilschritte vorgeschlagen (vgl. IG Metall 2001, S. 36ff.), deren erster in der Formulierung des Entwicklungsziels (z.B. Beendigung der Arbeitslosigkeit, beruflicher Aufstieg etc.) besteht. Als weiterer Teilschritt wird ein Kompetenzabgleich zwischen den vorhandenen Kompetenzen und – im Hinblick auf die Erreichung des beruflichen Ziels – noch fehlenden Kompetenzen vorgenommen. Schließlich soll ein Plan bezüglich der notwendigen Weiterbildungsaktivitäten festgelegt werden. Somit deutet sich an, dass in der Konzeption des Kompetenz-Handbuchs auf der instrumentellen Ebene ein Entwicklungsbezug realisiert wird. Auch aus den Aussagen der Untersuchung geht hervor, dass diese Konzeption dazu angelegt ist, die Beratenen bei der Formulierung zielgenauer Qualifizierungs- und Entwicklungswünsche zu unterstützen, so dass die Ergebnisse eine Entwicklungsorientierung aufweisen:

> *„Und das bestätigt sich beim Kompetenz-Handbuch, dass eben auch vieles da gefunden wurde, nicht nur formelle Qualifikationen, sondern eben auch persönliche Kompetenzen, wie Kommunikationsfähigkeit und ähnliches, das sind Dinge, da denkt man*

nicht drüber nach und da haben einige wirklich oft Talente und das wird da gefördert. Auch in der Beratung kann man dann gezielter wirksam werden." (B6)

Anhand dieses Interviewausschnitts lässt sich verdeutlichen, dass die Erarbeitung von Entwicklungsfeldern innerhalb des Instruments für die weitere Begleitung relevant ist und dass ein Entwicklungsbezug auf der instrumentellen Ebene die Verfahrensebene bedingt.

Hinsichtlich der Prämisse der Freiwilligkeit (3) zur Bearbeitung des Kompetenz-Handbuchs lässt sich ebenfalls ein positives Resümee zum Entwicklungsbezug des Kompetenz-Handbuchs ziehen. Dieser Aspekt ist hier von Belang, da auf der Grundlage der theoretischen Bearbeitung in Kapitel 3 davon auszugehen ist, dass die Durchführung von Kompetenzanalysen die grundsätzliche Bereitschaft des Individuums erfordert. Damit erscheint eine von außen vorgeschriebene Kompetenzanalyse, wie sie in betrieblichen Zusammenhängen erfolgen kann, als problematisch, da dort nicht unbedingt von der Freiwilligkeit einer Teilnahme ausgegangen werden kann. Dem Anspruch der Freiwilligkeit wird das Kompetenz-Handbuch aufgrund seiner Konzeption gerecht, da es sich an interessierte (also freiwillige) Mitglieder wendet. Somit kann es auch hinsichtlich dieser Grundannahme als entwicklungsorientiert angesehen werden. Dennoch ist an dieser Stelle zu fragen, welche individuellen Anlässe es für die Bearbeitung des Kompetenz-Handbuchs gibt, da die freiwillige Teilnahme nur eine von mehreren Grundvoraussetzungen für die Bearbeitung darstellt. Dieser Aspekt wird deswegen weiter unten noch einmal aufgegriffen.

Die hier zusammengefassten Ergebnisse der Untersuchung weisen darauf hin, dass die Anforderung des Entwicklungsbezugs vom untersuchten Instrument eingelöst wird. Neben dieser positiven Einschätzung des Kompetenz-Handbuchs hinsichtlich des Entwicklungsbezugs ist jedoch auch zu fragen, welche besonderen Problemaspekte sich aus den Interviews hinsichtlich des Entwicklungsbezugs ergeben. Aus der Untersuchung lassen sich folgende Ergebnisse nennen:

Als problematisch erweist sich, dass eine professionelle Begleitung der Nutzer seitens der Verwaltungsstellen der Gewerkschaft entweder nicht angeboten wurde oder eine Begleitungs- oder Beratungsleistung aufgrund einer *falschen inhaltlichen Ausrichtung oder fehlenden Professionalität des Begleiters* für den Nutzer nicht hilfreich war, wie der folgende Ausschnitt beschreibt:

"Nein. Auch nicht. Er hat mir nur das bestätigt, was ich auch machen wollte. Ich habe ihm gesagt, das ist bisher passiert, ich habe meine Ausbildung gemacht, keinen Job so

> und so und so. Und ich habe gesagt, ich könnte mir vorstellen, das und das zu machen. Und er hat mir eigentlich nur zugestimmt. Ich wollte einen Kurs machen bei der IHK und das Einzige, was er mir geraten hat [...] nicht nach Dortmund zu gehen zur IHK. Das ist das Einzige." (N4)

Diese Aussage verdeutlicht, dass der Nutzer die Chance, die in der anschließenden Entwicklungsbegleitung zu sehen ist, für seinen Fall nicht bestätigt und keine weiteren Schlussfolgerungen für seine eigene Kompetenzentwicklung zieht. Die Ursache des Misserfolgs der Begleitungssituation könnte entweder in übertriebenen Erwartungen des Nutzers liegen oder aber in der fehlenden Qualität der Begleitung. Für die Frage der Gestaltung kompetenzförderlicher Kompetenzanalysen deutet sich hier an, dass auch die anschließende Begleitung der weiteren beruflichen Entwicklung unter dem Aspekt der Kompetenzförderlichkeit betrachtet werden und den Bedürfnissen der Nutzer inhaltlich und qualitativ angemessen sein muss.

Ein weiterer Problemaspekt ist darin zu sehen, dass auch die freiwillige Bearbeitung des Kompetenz-Handbuchs nur erfolgt, wenn sich die potenziellen Nutzer davon einen besonderen Nutzen versprechen. In der Untersuchung wurden deswegen die *individuellen Beweggründe und Verfahrensanlässe* herausgearbeitet, die zur Beschäftigung mit dem Kompetenz-Handbuch geführt haben. Sie stellen unter der Anforderung der Freiwilligkeit einen Faktor dar, der zur Umsetzung von Kompetenzanalysen beachtet werden muss. Diesbezüglich zeigt sich, dass die individuellen Beweggründe auf den folgenden sehr unterschiedlichen Ebenen liegen:

Ein Anlass für die Bearbeitung des Kompetenz-Handbuchs ist eine drohende Veränderung der Beschäftigungssituation durch Kündigung oder Überführung in eine Transfergesellschaft. So wurde insbesondere von den Konzeptionierern und den Begleitern beobachtet, dass Arbeitnehmer mit bestehenden Arbeitsverhältnissen oftmals erst dann bereit sind, sich über ihre Beschäftigungssituation und ihre berufliche Entwicklung Gedanken zu machen, wenn sie von Arbeitslosigkeit bedroht sind.

> „Sie kommen, weil sie sehen, dass die Firma den Bach runtergeht oder sie sind arbeitslos. Die müssen sich mit ihrer Situation auseinander setzen und mit einer veränderten Situation eventuell auseinander setzen." (B3)

Der Prozess wird entweder durch direkte Arbeitslosigkeit infolge einer Kündigung angestoßen oder durch eine mögliche oder tatsächlich bevorstehende Insolvenz des

Unternehmens. Eine Begründung für diese (späte) Reaktion könnte darin liegen, dass tatsächliche oder scheinbare Arbeitsplatzsicherheit keine Bereitschaft aufkommen lässt.

Ein positiver, aber ebenso akuter Anlass für die Bereitschaft zum Umgang mit dem Kompetenz-Handbuch kann die Vorbereitung auf Zielvereinbarungs- und Mitarbeiterentwicklungsgespräche oder eine Bewerbung um eine neue Arbeitsstelle sein. Zudem können auch Veränderungen in den Arbeitsinhalten oder -zielen (betriebliche Strategie, Produkte etc.) oder bei den Arbeitsmitteln einen individuellen Anlass für die Kompetenzanalyse darstellen.

Als eher latente Anlässe können Neugierde oder der Wunsch nach beruflicher Veränderung infolge von Unzufriedenheit mit der aktuellen Beschäftigungssituation charakterisiert werden. Dies findet sich bei Personen, die das Angebot unverbindlich wahrnehmen:

> *„Dann gibt es eine Gruppe, die sagt, ich wollte eigentlich schon immer noch was tun, das Leben war bisher stärker, aber jetzt, wo ich mit der Nase drauf gestoßen werde, will ich das Angebot wahrnehmen. Und dann gibt es eine Gruppe, die sehr genau weiß, was sie will, wo es vor allem darum geht, den Weg dahin zu ebnen. Die Möglichkeiten, die man hat aufzuzeigen."* (B5)

Diese Aussage verdeutlicht, dass Personen, die aufgrund der hier als latent eingestuften Beweggründe das Kompetenz-Handbuch bearbeiten, den individuellen Nutzen des Instruments in der Klärung und Orientierung beruflicher Fragen sehen. Die deutlichen Unterschiede zwischen akuten und latenten Anlässen könnten auf unterschiedliche Erfahrungen der Gruppen zurückgehen. So ist anzunehmen, dass Personen mit akutem Anlass zur Bearbeitung des Kompetenz-Handbuchs in ihrer bisherigen Arbeitswelt nur wenig von der Chance erfahren haben, die mit einem solchen Instrument verbunden ist. Im Gegensatz dazu scheint es Personen zu geben, die ihre berufliche Entwicklung immer wieder bearbeiten und dazu auch Unterstützungshilfen wie das Kompetenz-Handbuch heranziehen.

So bleibt festzuhalten, dass das Kompetenz-Handbuch nur von Personen in Anspruch genommen wurde, die sich davon unterschiedlich geartete persönliche Vorteile versprechen, wie auch der folgende Interviewausschnitt noch einmal verdeutlicht:

"Das sind sehr lange und sehr schwierige Wege und auch Wege, die nur dann gegangen werden, wenn ein unmittelbarer Nutzen erkennbar ist. Z.B. eben mein ganz konkreter Arbeitsplatz, mehr Geld, wenn das erkennbar ist. Wenn das nicht erkennbar ist, dann gibt es wenig Bewegung bei denen, die sich normalerweise auch nicht bewegen." (K2)

Dabei lassen sich akute (Veränderungsdruck, Vorbereitung auf Mitarbeitergespräch) und latente (Veränderungswunsch, Neugierde) Beweggründe unterscheiden.

Für die hier leitende Frage der kompetenzförderlichen Gestaltung von Kompetenzanalysen weisen diese Anlässe darauf hin, dass im Umsetzungsverfahren von Kompetenzanalysen, insbesondere unter der Prämisse der Freiwilligkeit, die individuellen Bedarfslagen bekannt sein müssen und dementsprechend der Nutzen der Kompetenzanalyse verdeutlicht werden muss, um die Bereitschaft zur Bearbeitung des Instruments bzw. seinen Einsatz zu befördern.

Zusammenfassend lassen sich die Untersuchungsergebnisse zum Entwicklungsbezug in der folgenden Abbildung darstellen:

Tab. 5 Ergebnisse bezüglich des Leitkriteriums biographische Entwicklung (eigene Darstellung)

Subcodes der Grundannahmen	Einschätzung bezüglich der Grundannahmen
Prozesscharakter des Verfahrens (1)	Eine Verbindung der punktuellen Erhebung mit einer nachhaltigen Kompetenzentwicklung ist konzeptionell im Umsetzungsverfahren des Kompetenz-Handbuchs angelegt und unterstützt damit den Entwicklungsbezug des Verfahrens
Entwicklungsbezug der Ergebnisse (2)	Ein Entwicklungsbezug wird eingelöst, da das Kompetenz-Handbuch darauf ausgerichtet ist, individuelle Entwicklungsfelder aufzudecken. Ein Entwicklungsbezug auf der instrumentellen Ebene bedingt die Verfahrensebene.
Prämisse der Freiwilligkeit (3)	Da sich das Kompetenz-Handbuch an interessierte Mitglieder wendet, ist die Prämisse der Freiwilligkeit eingelöst.

Problemorientierte Erweiterung	Mögliche Konsequenzen für die kompetenzförderliche Gestaltung
Die inhaltliche Ausrichtung des Begleiters oder seine Professionalität ist für die Bedürfnisse der Nutzer nicht ausreichend.	• Inhaltlich und qualitativ angemessene Begleitung bei der weiteren Kompetenzentwicklung orientiert an den Bedürfnissen der Nutzer • Kompetenzförderliche Gestaltung der Begleitungssituation
Der individuelle Nutzen des Kompetenz-Handbuchs ist zu wenig erkennbar.	• Verdeutlichung der Chancen, die mit Kompetenzanalysen verbunden sind • Anerkennung individueller Bedarfslagen

5.2.3 Interaktion im Verfahren des Kompetenz-Handbuchs

Das Leitkriterium der Interaktion wurde für die Untersuchung in Fragen nach einer lern- und kompetenzförderlichen Verfahrensatmosphäre (1), die Unterstützungsfunktion des Instruments (2) und die Methodenkombination (3) operationalisiert. Zunächst lässt sich hier die Einschätzung treffen, dass das Kriterium des Interaktionsbezugs vom Kompetenz-Handbuch ebenfalls weitgehend eingelöst wird, da es den theoretisch geleiteten Grundannahmen zu diesem Kriterium entspricht.

Diese Aussage bezieht sich im Einzelnen darauf, dass im Umsetzungsverfahren des Kompetenz-Handbuchs eine kompetenzförderliche Atmosphäre (1) nach Einschätzung der Befragten relevant ist.

> *„Das ist immer so. Wie erfolgreich ein Instrument ist, hängt vor allen Dingen auch davon ab, wie gut man das in den Betrieben publiziert und unter welchen Rahmenbedingungen man es einsetzt. Die Bedingungen müssen schon so sein, dass es den Leuten wirklich weiterhilft. Und wir werden immer Leute haben, die auch eher bildungsresistent sind. Das gibt es tatsächlich auch, das darf man nicht verschweigen, das ist in allen Berufsgruppen so, aber das Instrument wird genutzt, und das sehr erfolgreich." (B5)*

Dieser Interviewausschnitt verdeutlicht, dass die Gestaltung des Umsetzungsverfahrens über die Anerkennung und den Erfolg des Instruments entscheidet. Da sich anhand dieses Ausschnitts jedoch nur die Grundannahme bestätigt, ist weiterführend zu fragen, worin ein kompetenzförderliches Umsetzungsverfahren für das Kompetenz-Handbuch besteht und welche Aspekte es ausmachen. Diese Frage wird deswegen weiter unten wieder aufgenommen.

Auch hinsichtlich der Unterstützungsfunktion bei der Bearbeitung von Störungen (2) kann das Kompetenz-Handbuch als kompetenzförderlich eingeschätzt werden, da es explizit auf die Überwindung beruflicher Umbruchsituationen ausgerichtet ist. Hierzu wurde der Gebrauchswert des Kompetenz-Handbuchs hinsichtlich des tatsächlich eingetretenen Erfolgs eingeschätzt. Dabei liegt die These zugrunde, dass berufliche Umbruchsituationen einen Anlass für Kompetenzentwicklung darstellen können, da sie Störungen im beruflichen Alltag darstellen. Kompetenzanalysen müssen jedoch so gestaltet sein, dass sie die erfolgreiche Bearbeitung dieser Störungen unterstützen. Hier hat die Untersuchung gezeigt, dass – wie bereits deutlich wurde (vgl. Kap. 5.2.1) – das Kompetenz-Handbuch konzeptionell auf die Gestaltung beruflicher Umbrüche gerichtet ist und sie unter günstigen Umsetzungsbedingungen auch zu leisten vermag.

Hinsichtlich der Kombination unterschiedlicher Methoden und Instrumente der Datenerhebung, hier als Methodenkombination (3) begriffen, kann für das Kompetenz-Handbuch festgestellt werden, dass die Methodenkombination für eine Verknüpfung unterschiedlicher Formen und Zugangswege nur in Bezug auf die Selbsteinschätzung erfolgt und somit das Leitkriterium der Interaktion für diesen eingeschränkten Bereich eingelöst wird. Das Kompetenz-Handbuch ist als indirektes Verfahren der Kompetenzanalyse (vgl. Kap. 4.1.1) einzustufen, das im Wesentlichen auf Selbsteinschätzung beruht, so dass Fremdeinschätzungen oder Methoden, in denen die Untersuchungspersonen aufgrund ihres situativen Verhaltens von anderen Personen beobachtet und eingeschätzt werden, in diesem Instrument keine Anwendung finden. Die Frage der Methodenkombination kann hier deswegen lediglich auf die Verknüpfung von unterschiedlichen Erhebungsmethoden der Selbsteinschätzung bezogen werden. Dazu hat die Untersuchung ergeben, dass in der praktischen Umsetzung eine Verknüpfung dadurch erreicht wurde, dass in der Bearbeitung des Kompetenz-Handbuchs sowohl qualitative als auch quantitative Formen der Selbsteinschätzung gefordert werden. Als methodische Verknüpfung wurde in der Umsetzung außerdem eine Kombination von Einzelbearbeitung und Bearbeitung in Gruppen vorgenommen.

> *„Einfach genauer nur mal an praktischen Beispielen arbeiten, weil da immer einer sitzt in der Gruppe, der dann sagt, das ist bei mir einfach so und einen Anstoß gibt. Und dann wird das an der Kante rund und wenn man dann in Ruhe darüber nachgrübelt, wird im nächsten Einzelgespräch dann genauer an solchen Punkten noch mal geguckt." (N3)*

Diese Erfahrungen eines Nutzers verdeutlichen, dass er der Kombination von Einzel- und Gruppenarbeit den Vorteil zuschreibt, dass die Selbsteinschätzung durch die vorausgehende Gruppenarbeit noch einmal bearbeitet bzw. kommunikativ validiert wird.

Auch eine Methodenkombination von Selbst- und Fremdeinschätzungen ist möglich, wie sie im Begleitungs- bzw. Beratungsprozess geleistet werden kann.

> *„Das ist auch noch einmal ein weiterer Punkt, dass die Beratungstätigkeit ermöglicht, das Verhältnis von Fremd- und Selbsteinschätzung ist notwendig, um zu einer realistischen Wahrnehmung zu gelangen. Und die Fremdeinschätzung ist in dem Handbuch gegeben, z.B. durch den Job-Navigator. Da werden hinten in dieser Dokumentenmappe Zeugnisse gesammelt und da sind Zeugnisse, die sind gut und da sind Zeugnisse, die sind weniger gut und da lässt sich dieser Abwägungsprozess auch durchexerzieren."* (K3)

Hier belegt die Aussage, dass der Konzeptionierer die Verknüpfung von Fremd- und Selbsteinschätzung als notwendig ansieht, um den durch das Selbstbild geprägten Ergebnissen von Selbsteinschätzungen (siehe auch 5.2.1) methodisch zu begegnen. Es erweist sich zusammenfassend, dass in der Anwendung und Umsetzung des Kompetenz-Handbuchs Methodenkombinationen durch die Kombination von Einzel- und Gruppenmethoden, von qualitativen und quantitativen Methoden sowie von Selbst- mit Fremdeinschätzung vorgenommen wurden, wodurch das Leitkriterium der Interaktion für diesen Bereich eingelöst wird. Die Anforderung der Methodenkombination bildet diesen Ergebnissen zufolge nicht nur eine aus der theoretischen Vorarbeit abgeleitete Grundannahme, sondern wird auch durch die Aussagen der Untersuchung gestützt.

Die hier zusammengefassten Ergebnisse der Untersuchung weisen also darauf hin, dass die Anforderung des Interaktionsbezugs vom untersuchten Instrument eingelöst wird. Neben dieser positiven Gesamteinschätzung ist jedoch auch hier wieder zu fragen, welche besonderen Problemaspekte sich aus den Interviews zu diesem Leitkriterium zusammenfassen lassen. Dazu ist aus der Untersuchung folgendes Ergebnis zu nennen:

Zum einen stellt sich die Frage, welche Verfahrensbedingungen von den Befragten als (kompetenz-)förderlich angesehen werden. Sie führt zur folgenden Differenzierung: Hinsichtlich der *kompetenzförderlichen Bedingungen* kann festgehalten werden, dass es sich als relevant erwiesen hat, das Instrument *seiner Leistungsfähigkeit entsprechend* einzusetzen und umzusetzen.

> „Also das ist entscheidend, der gezielte Umgang, man kann ihn auch sehr breit einsetzen, auch in Firmen zur Beratung von Beschäftigen und so, aber er ist aus meiner Sicht kein Masseninstrument. Wenn man das dazu macht, dann nimmt man auch ein Stück Qualität." (B6)

Hieraus lässt sich ableiten, dass das Kompetenz-Handbuch für die Zielsetzung, für die es konzipiert wurde, geeignet ist, andere Funktionen, die darüber hinausgehen, jedoch nicht zu erfüllen vermag. Dieser Interviewausschnitt verweist auf einen möglichen Qualitätsverlust, wenn das Instrument zu breit eingesetzt wird, was darauf hindeutet, dass entsprechende Kontextbedingungen und Ressourcen vorherrschen müssen. Eine andere „Überforderung" des Instruments ist denkbar, wenn es zur quantitativen Messung von Kompetenzen herangezogen werden sollte, da es eine qualitative Kompetenzeinschätzung anstrebt.

Weiterhin tritt der Aspekt des Vertrauens in der Untersuchung deutlich als lern- und kompetenzförderliche Bedingung hervor. Er bezieht sich darauf, dass das Verfahren in einem *geschützten Raum bzw. auf der Grundlage von Vertrauen* abläuft, die erarbeiteten Informationen beim Nutzer verbleiben und für ihn keine negativen Folgen wie z.B. Kündigung daraus folgen, wie der folgende Ausschnitt verdeutlicht:

> „Ganz wichtig ist, eine Vertrauensbasis herzustellen. Also vermieden werden muss der Eindruck, dass da irgendwelche Leute in selektiver Absicht ausspioniert werden sollen. Es muss von vornherein klargestellt werden, dass die Befragung oder die Bearbeitung des Handbuches anonymisiert ist und dass Inhalte nicht ohne Rücksprache mit den Befragten weitergegeben werden. Das muss eine absolute Vertrauenssituation sein, in der die Leute sich auch ungeschützt äußern können, ohne Gefahr zu laufen oder das Gefühl zu entwickeln, dass sie möglicherweise damit ans Messer geliefert werden. Also das ist ganz wichtig. Der Datenschutz muss 100% gegeben sein. Und die Inhalte und Ergebnisse dürfen nur nach außen mit dem Betroffenen weiter gegeben werden. Diese Zusicherung, die muss man geben." (K3)

Hier zeigt sich, dass das Vertrauen, das die Nutzer dem Umsetzungsverfahren entgegenbringen, nach Meinung dieses Konzeptionierers auf dem Ausschluss negativer Folgen und der Einhaltung des Datenschutzes beruht, worauf auch der folgende Interviewausschnitt eines Begleiters hinweist:

> „Das ist genau die Gefahr, also ich habe mit vielen die Erfahrung gemacht, wer so ein bisschen Umgang mit dieser Methodik kennt, kommt damit wirklich sehr gut klar. Für alle anderen ist es so eine Ecke, da will einer was von mir wissen, nicht ich will etwas von mir wissen. Und das ist schon schwierig. Deshalb ist es auch so wichtig, dass wir im Vorfeld mit den Kolleginnen und Kollegen reden." (B3)

Die beiden Interviewausschnitte unterstreichen damit den Zusammenhang zwischen der Schaffung einer Vertrauensbasis und der Einhaltung formaler Regelungen wie Datenschutz.

Einen weiteren Aspekt für lernförderliche Verfahrensbedingungen bildet das *Vorhandensein sozialer Unterstützung* und ihre Erreichbarkeit. Diese Unterstützung bezieht sich auf die konkrete Arbeit mit dem Instrument sowie die Begleitung bei der weiteren Kompetenzentwicklung.

> „Hinzu kommt, dass wir den Betrieb, wo wir es zur Zeit einsetzen [...]. Der Ausbildungsleiter, der ist Ansprechpartner, der ist Betriebsratskollege und Ausbildungsleiter. Du, wenn da Fragen kommen, kommen die auf den Kollegen zu und der hilft auch sofort, dann ist das geklärt." (B7)

An diesem Ausschnitt lässt sich verdeutlichen, dass hier die ständige Zugriffsmöglichkeit auf die soziale Unterstützung als besonders hilfreich eingeschätzt wird. Auch die beschriebene Funktion des Ausbildungsleiters als Betriebsrat könnte positiv dazu beitragen, dass er tatsächlich als Person angesehen wird, die bei der Bearbeitung des Kompetenz-Handbuchs Unterstützung bieten kann.

Schließlich zeigt die Untersuchung, dass der *Grad an Professionalität* des Personals, das das Kompetenz-Handbuch umsetzt und begleitet, einen Aspekt der lernförderlichen Verfahrensbedingungen darstellt. Insbesondere für die Personen, die in der Begleitung in direkten Kontakt zu den Nutzern kommen, wird dieser Aspekt reklamiert.

> „Und das halte ich in der Kombination sowieso nur für erfolgreich. Wir bieten etwas an, wir bieten quasi Strukturen an, der Job-Navigator ist ja nur eine Struktur und dann sollten wir uns mit externen Leuten beschäftigen, die für uns dann Beratung machen, was wir nicht können." (B4)

Dieser Interviewausschnitt eines Begleiters, der mit der Umsetzung des Kompetenz-Handbuchs beschäftigt ist, unterstreicht, dass die Zusammenarbeit mit externen und professionalisierten Begleitern für sinnvoll gehalten wird. In der Umsetzung des Kompetenz-Handbuchs zeigt sich in einigen Verwaltungsstellen, dass die Begleitungsarbeit von Mitarbeitern der Verwaltungsstellen erfüllt wird, wodurch die Gruppe der Begleiter sehr heterogen ist. Hier ist kritisch anzumerken, dass nicht davon auszugehen ist, dass diese Mitarbeiter eine ähnliche Professionalität bei ihrer Begleitung anbieten können wie externe Bildungsberater.

Bezüglich der Verfahrensbedingungen für eine kompetenzförderliche Interaktionsstruktur bei der Umsetzung des Kompetenz-Handbuchs ergeben sich damit zusammenfassend unterschiedliche Ansatzpunkte wie: ein angemessener Einsatz des Verfahrens, Vertrauen durch Verbleib der Daten beim Nutzer, Ausschluss negativer Folgen und Datenschutz, aber auch soziale Unterstützung sowie Professionalität des Personals. Für die Frage der Gestaltung kompetenzförderlicher Kompetenzanalysen lässt sich daraus die Folgerung ziehen, dass diese Aspekte der lernförderlichen Rahmenbedingungen in der Umsetzung zu beachten sind.

Als weiterer Problemaspekt ist hervorzuheben, dass die im Kompetenz-Handbuch als positiv eingeschätzte Verfahrensatmosphäre eine *Einschränkung durch betriebliche oder arbeitsmarktbezogene Rahmenbedingungen und Strukturen* erfährt. So zeigt sich in der Untersuchung, dass es insbesondere zur Bearbeitung von Situationen der Arbeitslosigkeit einer komplexen Struktur bedarf, in der das Kompetenz-Handbuch als Verfahren der Kompetenzanalyse nur *einen* Aspekt darstellt. Es ergeben sich z.B. Probleme, wenn insbesondere arbeitslose Nutzer ihre erarbeiteten Ergebnisse nicht im Arbeitsmarktsystem umsetzen konnten:

> *„Ideal wäre gewesen, wenn es nach dem Ausfüllen eine Unterstützung gäbe für eine gewisse Weiterentwicklung oder eine private Arbeitsvermittlung in irgendeiner Form. Dass man da sagen könnte o.k. das ist gut, wir können da ein Stück weitermarschieren, zusammen. Aber das ist das, was ich anfangs gesagt habe zum Arbeitsamt. Die haben sich nicht einmal für meine ausgefüllte Mappe interessiert."* (N5)

Aus dieser Äußerung geht hervor, dass der Nutzer eine Verbindung des Kompetenz-Handbuchs mit Strukturen der Arbeitsagenturen als sinnvoll einschätzt, wodurch Ergebnisse aufgenommen und Möglichkeiten zur Weiterentwicklung bzw. zur Arbeitsplatzvermittlung geboten werden könnten. Hier lässt sich die eingeschränkte Reichweite des Instruments und seines Verfahrens ableiten, die auch am folgenden Beispiel deutlich wird:

> „Also das war die ganze Situation von dem Zeitpunkt an, wo ich dieses Buch zu Hause hatte. Was da alles passiert ist, also mir hat es gar nichts gebracht, ich fand es ehrlich gesagt total überflüssig. Ich habe einfach von diesem Job-Navigator und von dieser Potenzialanalyse viel mehr erwartet." (N4)

In diesem Fall hat die Nutzerin auch nach der Bearbeitung des Kompetenz-Handbuchs keinen Arbeitsplatz erhalten und daran auch den Erfolg des Instruments gemessen. Auch in der betrieblichen Umsetzung könnten nicht vorhandene oder anders ausgerichtete betriebliche Strukturen den Entwicklungszielen entgegenstehen. Aufgrund dieser Problematik deutet sich für die hier leitende Frage der kompetenzförderlichen Gestaltung von Kompetenzanalysen die Notwendigkeit an, eine Einbindung der Verfahren der Kompetenzanalyse in betriebliche oder arbeitsmarktbezogene Rahmenbedingungen und Strukturen zu schaffen, um die eingeschränkte Reichweite der Instrumente und ihrer Umsetzung zu beheben. Für die Frage der Gestaltung kompetenzförderlicher Kompetenzanalysen lässt sich aus diesen Aspekten die Schlussfolgerung ableiten, dass die Beachtung betrieblicher oder arbeitsmarktbezogener Rahmenbedingungen und Strukturen (wie der hier angeführten) für die Umsetzung des Instruments notwendig ist, um die Leistungsfähigkeit des Instruments zu erhöhen.

Zusammenfassend lassen sich die Untersuchungsergebnisse zum Leitkriterium Interaktion in der folgenden Abbildung darstellen:

Tab. 6 Ergebnisse bezüglich des Leitkriteriums Interaktion (eigene Darstellung)

Subcodes der Grundannahmen	Einschätzung bezüglich der Grundannahmen
Kompetenzförderliche Verfahrensatmosphäre (1)	Sofern die entsprechenden Rahmenbedingungen bestehen (s.u.), kann das Umsetzungsverfahren des Kompetenz-Handbuchs als kompetenzförderlich angesehen werden.
Unterstützungsfunktion des Instruments (2)	Auch hinsichtlich der Unterstützungsfunktion bei der Bearbeitung von Störungen kann das Kompetenz-Handbuch als kompetenzförderlich eingeschätzt werden, da es explizit auf die Überwindung beruflicher Umbruchsituationen ausgerichtet ist.
Methodenkombination (3)	Bezüglich der Methodenkombination kann für das Kompetenz-Handbuch festgestellt werden, dass eine Verknüpfung unterschiedlicher Formen und Zugangswege nur in Bezug auf die Selbsteinschätzung erfolgt und somit das Leitkriterium der Interaktion nur für diesen eingeschränkten Bereich eingelöst wird.

Problemorientierte Erweiterung	Mögliche Konsequenzen für die kompetenzförderliche Gestaltung
Eine kompetenzförderliche Verfahrensatmosphäre kann nur durch entsprechende Verfahrensbedingungen hergestellt werden.	• Beachtung und Einhaltung kompetenzförderlicher Rahmenbedingungen im Umsetzungsverfahren wie - ein angemessener Einsatz des Verfahrens - Vertrauen durch Verbleib der Daten beim Nutzer - Vertrauen durch Ausschluss negativer Folgen und durch Datenschutz - soziale Unterstützung - Professionalität des Personals
Durch betriebliche oder arbeitsmarktbezogene Rahmenbedingungen und Strukturen wird eine kompetenzförderliche Verfahrensatmosphäre eingeschränkt	• Beachtung von betrieblichen oder arbeitsmarktbezogenen Rahmenbedingungen und Strukturen bei der Verfahrensumsetzung

Problemorientierte Erweiterung	Mögliche Konsequenzen für die kompetenzförderliche Gestaltung
	• Einbindung ins Bildungs- und Beschäftigungssystem

5.2.4 Kooperation in der Umsetzung des Kompetenz-Handbuchs

Auch das Leitkriterium der Kooperation kann im Fall des Kompetenz-Handbuchs als weitgehend eingelöst betrachtet werden, da es den theoretisch geleiteten Grundannahmen zum Kriterium der Kooperation weitgehend entspricht. Dieses Kriterium wurde für die Untersuchung in Fragen nach kommunikativen Anteilen (1) und der lernförderlichen Gestaltung der Kommunikationssituationen (2) untergliedert. In der Untersuchung hat sich die Bedeutung kommunikativer Anteile in der Umsetzung des Kompetenz-Handbuchs zunächst grundsätzlich bestätigt und wurde von allen drei Interviewgruppen in unterschiedlichen Zusammenhängen betont, wie z.B. der folgende Ausschnitt verdeutlicht:

„In jedem Fall ist es sinnvoll und notwendig, nur über die Beratung kann praktisch sichergestellt werden, dass ohne Exklusion alle einbezogen werden. Das ist ganz wichtig, denn normalerweise ist es ja so, wenn man das auf das Prinzip der Freiwilligkeit stellt, dass dann nur ganz bestimmte Menschen sich melden. Und viele, die es vielleicht noch viel nötiger hätten, die melden sich nicht, weil sie Angst haben sich zu blamieren oder weil sie auch die Skills nicht haben, die man dazu braucht und das ist dann die Aufgabe des Beraters, der die Ängste wegnimmt und beim Ausfüllen den Betreffenden dann unterstützt. Und so kann man auch sicherstellen, dass alle auch einbezogen werden." (K3)

Im Einzelnen finden kommunikative Anteile (1), die für Kompetenzentwicklung notwendig sind, beim Kompetenz-Handbuch in drei unterschiedlichen Phasen Beachtung, die sich deutlich voneinander unterscheiden lassen. So wird in der Vorbereitungsphase eine informierende Beratung, in der Durchführungsphase während der Kompetenzanalyse eine Prozessbegleitung und in der Nachbereitungsphase eine orientierende Entwicklungsbegleitung zur nachhaltigen Kompetenzentwicklung notwendig. Diese drei Phasen sind in der Entwicklung des Kompetenz-Handbuchs nicht explizit konzeptuell angelegt. Sie haben sich jedoch im Umsetzungsverfahren als sinnvoll erwiesen.

Zunächst erweist sich eine informierende und erläuternde *Beratung vor der Bearbeitung* bzw. bei den ersten Schritten des Bearbeitungsprozesses als notwendig. Diese Beratungsform besteht in der Einweisung der Nutzer in den Aufbau des Instruments und den Umgang damit und erscheint in der Umsetzung relevant, da das Instrument nicht selbsterklärend ist.

> *„Ich glaube, dieses Instrument wird zu einem erfolgreichen, wenn vorher die entsprechende Beratung und Information stattfindet. Eine entsprechende direkte Kommunikation mit einer Fachfrau/ Fachmann. Allein aus dem Umstand Bildung ist erst einmal in der Phase der Information was hochindividuelles. Und dazu bedarf es einer individuellen Beratung." (B1)*

Wie in diesem Interviewausschnitt deutlich wird, wird die informierende Beratungsform als sinnvoll eingeschätzt, um einen über das Instrument hinausgehenden persönlichen Kontakt zwischen Nutzern und „Anbietern" herzustellen und das Instrument bekannt zu machen.

> *„Das heißt also, das Heranbringen dieser Produkte oder dieser Instrumente an die Kollegen ist eine sehr intensive Geschichte. Also man muss da eigentlich sehr massiv immer wieder hinterher sein und man den Leuten das immer wieder anbieten, von allein laufen die nicht. Man braucht viele Aktionen, man braucht viele Veranstaltungen, man braucht Multiplikatoren in den Betrieben, die sozusagen diese Dinge dann auch ganz konkret den Leuten präsentieren, in die Hand geben, also von selber geht da wenig." (K2)*

Auch anhand dieser Aussage wird deutlich, dass die informierende Beratung vor der Bearbeitung des Instruments notwendig ist, um es bekannt zu machen. Die besondere Bedeutung der informierenden Beratung vor der Bearbeitung besteht demnach in der Unterstützung des instrumentellen Angebots durch persönlichen Kontakt, der auf die individuellen Bedürfnisse der potenziellen Nutzer eingeht.

Zudem erweist sich eine unterstützende *Prozessbegleitung während der Kompetenzanalyse* als hilfreich, um auch in der Bearbeitungsphase den individuellen Bedarfslagen gerecht zu werden und Schwierigkeiten, die beim autonomen Arbeiten mit dem Instrument entstehen, durch personelle Unterstützung aufzufangen. Ein Grund für die Notwendigkeit der Prozessbegleitung wird darin gesehen, dass die mündliche Kommunikation über eigene Kompetenzen leichter fällt als die schriftliche Beschreibung.

> „Ich stelle mir jemanden vor, der es nicht gewohnt ist, tagtäglich mehr als die Bild-Zeitung zu lesen und der kriegt plötzlich so ein 20-seitiges Pamphlet über sich. Und dann die wichtigen Sachen daraus zu lesen und in eine Aktion zu bringen. Das kann ich mir schwer vorstellen. Und dann muss imGrunde jemand da sein, der durch den Prozess begleitet, aber nicht berät." (N2)

Diese Form der Begleitung wird – wie hier verdeutlicht wird – durch das bereits oben ausgeführte Anforderungsniveau des Instruments (vgl. 5.2.1) erforderlich. Aufgrund dieses Zusammenhangs ist zu vermuten, dass der Bedarf an dieser Form der Begleitung nicht bei allen Nutzern gleich ist. Auch nach Angaben der Berater bzw. Begleiter zeigt sich je nach Klientel ein unterschiedlicher Bedarf an individueller Anleitung und Unterstützung. Da nur Personen mit guten Bildungsvoraussetzungen ein solches Instrument auf sich allein gestellt bearbeiten können, wird mit der Begleitung die Möglichkeit verbunden, das bestehende Konzept zielgruppenspezifisch auszurichten.

> „Aus Erfahrungen wissen wir, dass nur Alphatypen mit sehr guten Bildungsvoraussetzungen imstande sind, eine solche Befragung wie sie das Handbuch vorsieht, auf sich allein gestellt zu meistern. Die meisten Arbeitnehmer, insbesondere Ausländer und ältere, praktisch auch funktionale Analphabeten, sind jedoch auf die Unterstützungsleistung von Beratern angewiesen." (K3)

Hier wird die Prozessbegleitung seitens der Befragten als sinnvoll angesehen, um damit Selektion und Exklusion infolge des kognitiven Anspruchs des Instruments vorzubeugen und die Erarbeitung der eigenen Kompetenzen zu begleiten.

> „Das muss, denke ich mal, auch ganz klar sein, dass diese Beratung, deswegen finde ich Beratung an der Stelle möglicherweise nicht ein siniges Wort, dass es nicht im Endeffekt eine Beratung sein kann oder eine Begleitung durch diesen, jetzt werde ich esoterisch, Selbstfindungsprozess. Es ist eher ein Begleiter der zum einen durch dieses Buch führt, durch die Fragen führt, möglicherweise noch einmal drei, vier Worte sagt, was man da jetzt beachten könnte oder worauf man achten sollte und zum anderen am Ende dasteht und sagt, jetzt musst du aber auch etwas daraus machen. Also eher begleiten." (N2)

In diesem Interviewausschnitt wird deutlich, dass der Begriff der Begleitung in diesem Zusammenhang explizit und implizit von den Befragten verwendet wird, da diese Unterstützungsform sich auf den gesamten Bearbeitungsprozess des Kompetenz-Handbuchs bezieht und weniger beratenden als begleitenden Charakter hat.

Schließlich ist die Bedeutung kommunikativer Anteile auch aus der Notwendigkeit der Begleitung nach dem Analyseprozess abzuleiten, die bereits angesprochen wurde (vgl. Kap. 5.2.2). Diese Form der Beratung kann als *orientierende Entwicklungsbegleitung zur nachhaltigen Kompetenzentwicklung* charakterisiert werden.

> *„Damit steht und fällt der Erfolg dieses Instruments. Die persönliche Beratung ist eigentlich unabdingbar, weil viele der Ratsuchenden so genau auch noch gar nicht wissen, was die wollen. Das ist ein Phänomen, gerade in der Bildung, die kennen nicht alle ihre Möglichkeiten. Und ein Ziel ist es ja, dass man den Ratsuchenden alle Möglichkeiten aufzeigt, die sie haben aufgrund ihres Alters, aufgrund ihrer Vorbildung, ihrer Berufserfahrungen."* (B5)

Hier lässt sich verdeutlichen, dass die Entwicklungsbegleitung zum Umgang mit den erarbeiteten Ergebnissen nach der Bearbeitung des Kompetenz-Handbuchs von dem Begleiter als wichtig eingeschätzt wird, um die punktuelle Erhebung von Kompetenzen mit einem kontinuierlichen Prozess der Kompetenzentwicklung zu verbinden. Zusammenfassend lässt sich das Umsetzungsverfahren des Kompetenz-Handbuchs somit als kommunikationsbezogen einschätzen, da drei Phasen der Beratung bzw. Begleitung angewendet werden, in denen die Nutzer jeweils ihren Bedürfnissen entsprechend unterstützt werden.

Die Frage nach lern- und kompetenzförderlichen Strukturen und Bedingungen in Kommunikationssituationen (2) im Kontext von Kompetenzanalysen stellt die zweite Analysekategorie hinsichtlich des Leitkriteriums Kooperation dar. Da sich bereits hinsichtlich des Entwicklungsbezugs des Kompetenz-Handbuchs (vgl. Kap. 5.2.2) herausgestellt hat, dass eine inhaltlich und qualitativ angemessene Begleitung notwendig ist, um die weitere Kompetenzentwicklung der Nutzer zu unterstützen, kann die Bedeutung von kompetenzförderlichen Kommunikationsstrukturen zunächst grundsätzlich bestätigt werden. Weiterführend ist jedoch zu fragen, worin eine kompetenzförderliche Kommunikationssituation zwischen Nutzern und Begleitern besteht und welche Aspekte dabei wichtig sind. Diese Frage wird deswegen im Folgenden wieder aufgenommen.

Die hier dargestellten Ergebnisse der Untersuchung weisen also darauf hin, dass die Anforderung des Kommunikationsbezugs von dem untersuchten Instrument grundsätzlich eingelöst wird. Neben dieser positiven Einschätzung, die es ermöglicht, die Kommunikationsorientierung des Instruments zu bewerten, ist jedoch auch zu fragen, welche besonderen Problemaspekte oder Irritationen sich aus den Interviews ergeben. Diesbezüglich hat die Untersuchung ergeben, dass sich für das untersuchte Instrument verschiedene Punkte ausweisen lassen, die zur *Kompetenzförderlichkeit von Kooperationssituationen* relevant sind.

Als wesentlicher Aspekt einer kompetenzförderlichen Begleitungssituation ist die *klare Zuordnung von Verantwortlichkeiten* zu sehen.

> „Und sie haben ja auch eine bestimmte Erwartungshaltung. Und man muss den Leuten klar machen, dass es mit dem guten Rat nicht getan ist, sondern dass sie ihr Leben selbst in die Hand nehmen müssen oder selbst machen müssen. Ich kann es nur raten, aber gemacht werden muss es immer von dem Individuum." (B5)

In dieser Aussage wird deutlich, dass dem Begleiter aufgrund seiner Begleitungsfunktion eine zentrale und verantwortungsvolle Bedeutung zukommt, da er über die Inhalte und Ergebnisse des Begleitungsgesprächs an den für Arbeits- und Lebenszusammenhänge wesentlichen Entscheidungen beteiligt ist. Wie am obigen Ausschnitt deutlich wird, wurde von den befragten Begleitern die Beobachtung formuliert, dass dadurch auch die Prozessverantwortung von den Teilnehmern auf den Begleiter übertragen wird.

Einen weiteren Aspekt stellt die *Einhaltung von Neutralität und Vertraulichkeit* seitens des Begleiters dar. So wurde von den Nutzern positiv hervorgehoben, dass Begleiter, die sich außerhalb des betrieblichen (oder gewerkschaftlichen) Interessengefüges bewegen, die jeweiligen Wünsche, Bedürfnisse und Hoffnungen zunächst wertfrei aufdecken können, ohne dabei in Konflikte zu geraten.

> „Das ist vertraulich, weil dort sehr häufig sehr naive Fragen gestellt werden. Es ist anspruchsvoll, weil darüber, über ein solches Beratungsgespräch, sehr häufig berufliche Weichen gestellt werden. Es ist verantwortungsvoll, weil der Berater also durchaus zu Beratende in Richtungen schicken kann, die keine positive Lebenssituationen nach sich ziehen können." (B1)

Dieser Ausschnitt verdeutlicht die Bedeutung der Vertraulichkeit, in der Nutzer „sehr naive Fragen" stellen können und zeigt, dass die Einhaltung von Neutralität und Vertraulichkeit einen wichtigen Faktor für kompetenzförderliche Kommunikationssituationen darstellt.

Als dritter wesentlicher Aspekt kann die *Anerkennung von Individualität* seitens des Begleiters gelten. So wurde von einem Nutzer diesbezüglich formuliert, dass es notwendig ist, auf individuelle Nutzertypen einzugehen und dieses im Begleitungsablauf zu beachten.

> *„Also ich denke, man muss sehr, sehr stark auf den individuellen Typen, der vor einem sitzt, eingehen. So, und ich denke, das ist eine Frage von Fingerspitzengefühl." (N3)*

Anhand dieses Interviewausschnitts zeigt sich, dass der befragte Nutzer eine kompetenzförderliche Kommunikationssituation durch das Verhältnis zwischen den individuellen Bedarfslagen des Nutzers und der Fähigkeit und der Bereitschaft des Begleiters definiert, diesen Bedarfslagen zu entsprechen.

Auch die *Berücksichtigung der Realisierbarkeit* stellt ein Qualitätskriterium des Begleitungsgesprächs dar. So zeigt die Untersuchung, dass es bei Nutzern zu besonderer Enttäuschung führt, wenn durch die Erkenntnisse aus dem Kompetenz-Handbuch oder dem Begleitungsgespräch Hoffnungen geweckt werden, die nicht realisierbar sind.

> *„Ich kann nicht zu einem Maschinenarbeiter sagen, sein höheres Ziel wäre es, jetzt das Abitur nachzuholen und zu studieren." (B5; vgl. auch Kap. 5.2.1)*

Da diese Folgen – wie oben bereits deutlich wurde – z.T. in den Strukturen der Arbeitsverwaltung begründet liegen, lässt sich daraus die Notwendigkeit ableiten, dass der Begleiter die Realisierbarkeit der Ergebnisse und Entwicklungsideen im Blick hat und sie in der Begleitungssituation berücksichtigt, um Frustrationserfahrungen abzuschwächen.

Schließlich lassen sich Frustrationen durch die *Beachtung der familiären und finanziellen Kontextbedingungen* des Nutzers vermeiden, und zwar bevor die Empfehlung ausgesprochen und die konkrete Entwicklungsplanung erarbeitet wird.

> *„Subjektorientiert, individuell auch auf die Lebenssituation zugeschnitten, es kommt ja darauf an, ob man Familie hat oder wie man die zeitliche Einteilung hat usw. Dass man dann gemeinsam die geeignete Weiterbildungsmaßnahme in der Region heraussuchen kann." (B1)*

Dieser Ausschnitt verdeutlicht, dass die bestehenden Kontextbedingungen die Realisierbarkeit der Ergebnisse einschränken können (vgl. auch Kap. 5.2.1), demzufolge stellt die Thematisierung und Beachtung der einschränkenden Kontextbedingungen seitens der Begleiter einen Faktor für eine kompetenzförderliche Kommunikationssituation dar.

Bezüglich der Bedingungen für eine kompetenzförderliche Kommunikationssituation ergeben sich zusammenfassend unterschiedliche Ansatzpunkte wie: die Klarheit von Verantwortlichkeiten, die Einhaltung von Neutralität und Vertraulichkeit, die Anerkennung von Individualität, die Beachtung der Realisierbarkeit der Ergebnisse und die Berücksichtigung der familiären und finanziellen Kontextbedingungen. Für die Frage der Gestaltung kompetenzförderlicher Kompetenzanalysen lässt sich daraus die Folgerung ziehen, dass diese Aspekte der kompetenzförderlichen Kommunikationsbedingungen in der Umsetzung zu beachten sind.

Zusammenfassend lassen sich die Untersuchungsergebnisse zum Leitkriterium Kommunikation in der folgenden Abbildung darstellen:

Tab. 7 Ergebnisse bezüglich des Leitkriteriums biographische Kooperation (eigene Darstellung)

Subcodes der Grundannahmen	Einschätzung bezüglich der Grundannahmen
Kommunikative Anteile (1)	Das Umsetzungsverfahren des Kompetenz-Handbuchs lässt sich als kommunikationsbezogen einschätzen, da drei Phasen der Beratung und Begleitung gegeben sind, in denen die Nutzer jeweils ihren Bedürfnissen entsprechend unterstützt werden.
Lernförderliche Gestaltung der Kommunikationssituationen (2)	Sofern die entsprechenden Bedingungen innerhalb der Kommunikationssituation bestehen (s.u.), kann das Umsetzungsverfahren des Kompetenz-Handbuchs als kompetenzförderlich angesehen werden.

Problemorientierte Erweiterung	Mögliche Konsequenzen für die kompetenzförderliche Gestaltung
Die Kompetenzförderlichkeit von Kooperationssituationen kann nur durch entsprechende Bedingungen innerhalb der Kommunikations-	• Beachtung und Einhaltung kompetenzförderlicher Kommunikationsbedingungen wie - Klarheit von Verantwortlichkeiten

Problemorientierte Erweiterung	Mögliche Konsequenzen für die kompetenzförderliche Gestaltung
situation zwischen Begleitern und Nutzern sichergestellt werden.	- Einhaltung von Neutralität und Vertraulichkeit - Anerkennung der Individualität des Nutzers - Beachtung der Realisierbarkeit der Ergebnisse - Berücksichtigung der familiären und finanziellen Kontextbedingungen

5.2.5 Erfahrungsbezug des Kompetenz-Handbuchs

Das Leitkriterium Erfahrungsbezug bildet das fünfte der in Kapitel 3 abgeleiteten Kriterien. Es wurde für die Untersuchung durch Fragen nach der Bedeutung individueller Erfahrungshintergründe (1), die zur Bearbeitung des Kompetenz-Handbuchs führen oder diese behindern, und der Erfahrungskonstitution (2) operationalisiert.

Zu den individuellen Erfahrungshintergründen (1), die sich bei der Bearbeitung des Kompetenz-Handbuchs als relevant erweisen, etwa positive und negative Erfahrungen der Nutzer, lässt sich für das Kompetenz-Handbuch feststellen, dass ein Erfahrungsbezug in der Freiwilligkeit der Teilnahme und Bearbeitung des Instruments besteht. Dadurch können eventuelle negative Erfahrungen, die die Offenheit gegenüber dem Instrument einschränken, überwunden werden. Da die Erfahrungshintergründe der Nutzer bei der Umsetzung des Kompetenz-Handbuchs berücksichtigt werden, kann das Kompetenz-Handbuch in diesem Punkt als erfahrungsbezogen bezeichnet werden. Dennoch sind hier mögliche Erfahrungen zu thematisieren, die die Offenheit gegenüber dem Instrument einschränken können. Sie werden weiter unten näher beleuchtet.

Zudem wurde der Aspekt der Erfahrungskonstitution während der Bearbeitung des Kompetenz-Handbuchs (2) untersucht. Um einen Prozess der Erfahrungskonstitution zu ermöglichen, dürfen Kompetenzanalysen – so die theoretisch geleitete Grundannahme – nicht punktuell verbleiben, sondern müssen wiederholt erfolgen und reflexive Anteile haben. Die folgende Aussage stützt diese Grundannahme:

> „Nur, ich warne davor, einfach dass sich eine solche Situation bei demjenigen verselbstständigt. So nach dem Motto, einmal so eine Situation erlebt und dann bitte

> beim nächsten Mal daraus eine Erfahrung gezogen haben und selbstorganisiert frühzeitig etwas ankurbeln. Davon gehe ich nicht unbedingt aus. Die verfallen sehr häufig ja in alte Verhaltensmuster zurück, eine ähnliche unsichere Situation, vielleicht in einer neuen Firma, sich da aufbaut. Und dann geht auch solche Erfahrung wieder verschütt." (B1)

Diesem Interviewausschnitt zufolge wird die Wiederholung des Verfahrens zur Ermöglichung einer kontinuierlichen Erfahrungskonstitution als notwendig erachtet, wie sie nach der Konzeption des Kompetenz-Handbuchs auch denkbar ist. Dennoch lassen sich hier keine weiteren Erkenntnisse zusammenführen, da das Kompetenz-Handbuch während der Pilotphase untersucht wurde, als noch keine Erfahrungen bezüglich eines kontinuierlichen oder wiederholten Einsatzes vorlagen. Ein Nutzer des Kompetenz-Handbuchs konnte bereits darauf verweisen, dass er eine ähnliche Kompetenzreflexion bereits im Rahmen anderer Entwicklungsmaßnahmen erfahren hat:

> „Ich glaube schon, dass ich mich objektiv einschätzen kann aufgrund meiner jahrelangen Arbeit auch mit anderen Leuten. Ich habe aber auch während meiner Arbeit immer versucht, selbst zu reflektieren, was ich kann. Das heißt also anfangs war ich noch ungeübt dabei, obwohl da habe ich sehr viele Erfahrungen gesammelt, ich kann aber einschätzen, ist das zu leisten oder nicht. [...] Aufgrund dessen ist es mir im Laufe der Jahre immer leichter gefallen, objektiv über mich selber zu sein." (N5)

Der Interviewausschnitt macht deutlich, dass dieser Nutzer eine wiederholte Reflexion seiner Arbeitserfahrungen und Kompetenzen in den Arbeitsalltag integriert hat und daran seine eigene Weiterentwicklung orientiert.

Neben dieser Einschätzung, die es ermöglicht, den Erfahrungsbezug des Kompetenz-Handbuchs zu bewerten, ist jedoch auch hier wieder zu fragen, welche besonderen Problemaspekte sich aus den Interviews bezüglich des Entwicklungsbezugs zusammenfassen lassen. Dazu sind aus der Untersuchung folgende Ergebnisse zu nennen:

Als ein Problemaspekt zeigt sich die Einschränkung der Offenheit und Bereitschaft gegenüber dem Instrument, die durch unterschiedliche Beweggründe motiviert ist. So wird in der Untersuchung z.B. das grundsätzliche Misstrauen der Nutzer dagegen deutlich, dass eine dritte Instanz (das Unternehmen, die IG Metall etc.) persönliche Daten erhebt, mit denen dann an anderer Stelle weitergearbeitet wird.

Insbesondere wird die Befürchtung geäußert, dass die Daten im Unternehmen dafür verwendet werden könnten, um einen möglichen Kündigungsgrund herauszuarbeiten.

> *„Das ist genau die Gefahr, also ich habe mit vielen die Erfahrung gemacht, wer so ein bisschen Umgang mit dieser Methodik kennt, kommt damit wirklich sehr gut klar, für alle anderen ist es so eine Ecke, da will einer was von mir wissen, nicht ich will etwas von mir wissen. Und das ist schon schwierig."* (B3)

Daraus lässt sich schließen, dass das hier formulierte Misstrauen die Bereitschaft zur Nutzung des Kompetenz-Handbuchs auf einer sehr grundsätzlichen Ebene einschränken kann. Diese mangelnde Bereitschaft könnte auf den Erfahrungshintergrund der Nutzer zurückzuführen sein, der durch Selektion im Arbeitsmarkt geprägt ist und einen entsprechenden Argwohn gegenüber einer Prüfung ihrer individuellen Kompetenzen weckt.

Einen anderen Hinderungsfaktor stellt die *Angst vor neuen Perspektiven und Veränderungen* dar.

> *„Oder ich gehe mal in eine ganz andere Richtung und versuche das einfach mal. Wenn das nicht hinhaut, kann ich ja wieder zurück. Und dieses Nichtzurückkönnen ist wohl das größte Hemmnis in der ganzen Geschichte."* (B2)

Hier wird deutlich, dass die Nutzer die Befürchtung äußern, die Ergebnisse nicht mittels beruflicher Veränderungen umsetzen zu können, da die derzeitige Arbeitsmarktlage oder andere Kontextbedingungen dies nicht zulassen würden oder da sich zu viele Elemente ihrer bisherigen Lebens- und Arbeitswelt zu ändern drohten. Damit schränkt eine latente Angst vor Veränderungen die Offenheit gegenüber Kompetenzanalysen ein.

Da Kompetenzanalysen auch dazu führen können, Erwartungen und Wünsche zur beruflichen Entwicklung zu wecken, die nicht realisierbar sind und dadurch zu Frustrationen führen, muss auch die *Befürchtung vor unerfüllbaren Hoffnungen* als eine Barriere angesehen werden, die sich aus den Erfahrungshintergründen der Nutzer ergibt.

> *„Also wenn man das alles mal so analysiert, was in dir steckt, vielleicht kommt dann ein ganz anderer Beruf heraus. Und auf einmal sage ich, das wollte ich schon immer*

> mal machen. Und dann kommt sofort hinterher, und dann bin ich arbeitslos und was mache ich dann?" (B2)

Zudem kann sich auch die *„Angst" vor kognitiver Überforderung* durch die Bearbeitung des Instruments hinderlich auswirken.

> *„Ich muss ja dann, wenn ich feststelle, ich bin irgendwie nicht da, wo ich sein sollte, muss ich ja als nächsten Schritt auch zulassen, dass ich mich verändere. Und Veränderung macht Angst, glaube ich. Und dann sage ich lieber, ich bin doch zufrieden, wo ich bin und mache so weiter wie bisher."* (B2)

Hier scheint also die Erfahrung mit bisherigen Prüfungs- und Analysesituationen ausschlaggebend für die mangelnde Offenheit gegenüber dem Instrument, da die bisherige Situation als vorteilhafter angesehen wird.

Als weiteren Faktor, der die Bereitschaft zum freiwilligen Umgang mit Kompetenzanalysen einschränkt, hat die Untersuchung ergeben, dass *Situationen hoher Sicherheit* durch ein festes Arbeitsverhältnis oder die Sozialversorgung durch die Bundesagentur für Arbeit die Motivation zur Kompetenzanalyse einschränken.

> *„Bei vielen der Leute, die ich da in meinem Betrieb interviewt habe oder mit denen ich gesprochen habe, jeder hat eigentlich nur in seiner Richtung guckt und hat gesagt ich will mich nur absichern für meinen Job. Wenn ich den Job behalten kann, interessiert mich nichts anderes. Ich muss nicht wissen, was ich vielleicht machen könnte, ich will mich ja gar nicht verändern."* (B1)

So wurde besonders von den Begleitern und Konzeptionierern geäußert, dass durch die Orientierung auf ein langfristiges Beschäftigungsverhältnis in einem Unternehmen die Notwendigkeit zur selbstgesteuerten beruflichen Entwicklung nicht wahrgenommen wird. Dabei ist jedoch zu beachten, dass das in diesem Ausschnitt erwähnte Ziel der Sicherung der eigenen Beschäftigungsfähigkeit nicht explizit mit der Bearbeitung des Kompetenz-Handbuchs in Verbindung gebracht wird.

Es lassen sich also auf unterschiedlichen Ebenen Gründe ausmachen, die die Offenheit gegenüber der Bearbeitung des Instruments einschränken. Für die Frage der Gestaltung ist aus diesen Faktoren abzuleiten, dass die Transparenz der Ziele und Leistungen des Instruments offen gelegt werden müssen, um die Offenheit der Nutzer gegenüber dem Instrument zu fördern.

Zusammenfassend lassen sich die Untersuchungsergebnisse zum Leitkriterium Erfahrung in der folgenden Abbildung darstellen:

Tab. 8 Ergebnisse bezüglich des Leitkriteriums Erfahrung (eigene Darstellung)

Subcodes der Grundannhmen	Einschätzung bezüglich der Grundannahmen
Bedeutung von individuellen Erfahrungshintergründen (1)	Da die Erfahrungshintergründe der Nutzer in der Umsetzung des Kompetenz-Handbuchs berücksichtigt werden, kann das Kompetenz-Handbuch in diesem Punkt als erfahrungsbezogen bezeichnet werden.
Ermöglichung einer Erfahrungskonstitution (2)	Es lässt sich feststellen, dass die Wiederholung einer Kompetenzreflexion eine Voraussetzung für gezielte Kompetenzentwicklung ist. Der Erfahrungsbezug kann nicht abschließend eingeschätzt werden, da das Kompetenz-Handbuch innerhalb der Pilotphase untersucht wurde und noch keine Erfahrungen bezüglich eines kontinuierlichen und wiederholten Einsatzes vorliegen.

Problemorientierte Erweiterung	Mögliche Konsequenzen für die kompetenzförderliche Gestaltung
Die Offenheit und Bereitschaft der Nutzer gegenüber dem Kompetenz-Handbuch wird durch unterschiedliche Aspekte eingeschränkt wie Mißtrauen der Nutzer, Angst vor neuen Perspektiven, vor unerfüllbaren Hoffnungen und vor Veränderungen, Bevorzugung von Situationen mit hoher Sicherheit.	• Transparenz der Ziele und Leistungen des Instruments

5.2.6 Förderung der Reflexion durch das Kompetenz-Handbuch

Das Leitkriterium der Reflexion bildet das letzte der in Kapitel 3 gebildeten Leitkriterien. Das Kriterium der Reflexion wurde für die Untersuchung durch Fragen nach der Förderung von Selbstreflexivität (1) und der Förderung struktureller Reflexivität (2) operationalisiert. Es kann vom Kompetenz-Handbuch insofern als eingelöst betrachtet werden, als es den entsprechenden theoretisch geleiteten Grundannahmen weitgehend entspricht. Im Einzelnen ist das Ergebnis an folgenden Aspekten zu verdeutlichen:

Die Förderung von Selbstreflexivität (1) – im Sinne einer Fähigkeit zur Distanzierung und Reflexion seiner selbst – ist in der Konzeption des Kompetenz-Handbuchs angelegt. Sie stellt ein zentrales Ziel der Gewerkschaft dar, wie sich in der folgenden Aussage eines Konzeptionierers zeigt:

> *„Ich brauche eine aktive Mitgestaltung des Arbeitnehmers ganz konkret. Ich kann das nicht für ihn regeln wollen. Zumindest fällt es extrem schwer, und deswegen muss ich ihn mitnehmen und dazu brauche ich etwas, was ich bei dem Einzelnen, soweit sie nicht vorhanden sind, bestimmte Prozesse der Reflexion anstoße und eine Reflexivität über die eigene Situation, über die eigene Perspektive und über das, was man eigentlich auch will, zu machen, einfach die Ausrichtung des Subjekts ist da eine ganz entscheidende Geschichte, um politikfähig zu werden, und wenn es nicht gelingt, dann hat man eigentlich keine Chance, dieses Thema im Betrieb voranzubringen." (K2)*

Der folgende Interviewausschnitt bestätigt, dass sowohl die Nutzer als auch die Begleiter die intensive Beschäftigung mit der eigenen Person durch das Kompetenz-Handbuch als eine wesentliche Leistung des Instruments ansehen.

> *„So intensiv habe ich mich noch nie mit mir selbst beschäftigt als mit dem Kompetenz-Handbuch, auch mir die Fragen angesehen habe, da habe ich gesehen, wo meine Stärken liegen." (N5)*

Dieser Interviewausschnitt zeigt, dass der Nutzer durch die Bearbeitung des Kompetenz-Handbuchs eine Selbstreflexion erfahren hat, wie er sie in dieser Tragweite noch nicht gekannt hat.

> *„Ich habe mit einigen mal gesprochen, so weit das eben geht und sie waren schon irgendwie überrascht, mal alles ineinander zu schreiben, wo sie schon gewesen sind, was sie schon gemacht haben, abgehoben auf Erfahrungswissen, auf Berufserfahrungen, die man gemacht hat in anderen Bereichen. Ich hatte schon den Eindruck, dass das schon tiefführend ist." (B4)*

In diesen beiden Ausschnitten wird betont, dass die Reflexion des eigenen Kompetenzbestandes als Grundlage für Lernen gelten kann, da damit die eigenen (meist nicht präsenten) Stärken und Schwächen bewusst gemacht und gezielt weiterentwickelt werden können. Die Bedeutung, die Selbstreflexivität zugesprochen wird, gründet sich demzufolge auf ihren Beitrag zur Förderung von Selbststeuerung und zur Stärkung des Selbstbewusstseins, wie auch der folgende Textausschnitt verdeutlicht:

> *„Das ist schon so, wie ich es gesagt habe, Selbstreflexion. Ich beschäftige mich selber viel mit Lernen, denn ich bin gelernter Pädagoge, b) mache ich den Job in der Referentenweiterbildung und da ist so eine Erkenntnis, dass die Selbstreflexion die Grundlage allen Lernens ist. Und da regt so etwas wie der Job-Navigator zu an." (B6)*

Die Frage der Förderung der strukturellen Reflexivität (2) durch das Kompetenz-Handbuch kann nur bedingt gestellt werden, weil es sich ausschließlich auf das Subjekt bezieht und die Frage nach der Reflexion von Strukturen und Arbeitsbedingungen seine Zielsetzung nur am Rande betrifft. Dennoch lassen sich aus der Untersuchung einige Hinweise zur Förderung struktureller Reflexivität durch Kompetenzanalysen ableiten. Zum einen bestätigt sich, dass die Förderung der strukturellen Reflexivität in der Konzeption des Kompetenz-Handbuchs implizit angestrebt wird, wie folgende Aussage eines Konzeptionierers verdeutlicht:

> *„Es ist wichtig, Prozesse der Reflexion anzustoßen und eine Reflexivität über die eigene Situation, über die eigene Perspektive und über das, was man eigentlich auch will, zu machen, einfach die Ausrichtung des Subjekts ist da eine ganz entscheidende Geschichte, um politikfähig zu werden." (K2)*

Zugleich wird an dieser Aussage aber auch deutlich, dass die Reflexion der Arbeitsbedingungen und -umgebungen (strukturelle Reflexion) mit der Reflexion der eigenen Ziele (Selbstreflexion) in Verbindung steht. Selbstreflexion stellt demzufolge den Ausgangspunkt für die Förderung von struktureller Reflexivität dar. Dieser Zusammenhang könnte dadurch erklärt werden, dass die Bewertung und Einschätzung der Umgebungsbedingungen von einer realistischen Selbsteinschätzung und der Fähigkeit zur Selbstreflexion abhängt. Für die Gestaltung von Kompetenzanalysen ist aus dieser Interpretation zu schließen, dass Selbstreflexivität den Ausgangspunkt für strukturelle Reflexivität darstellt.

Als Einschränkung dieser positiven Gesamteinschätzung des Reflexionsbezugs ist jedoch hervorzuheben, dass bei nur einmaligem Einsatz nicht davon ausgegangen werden kann, dass die *Selbstreflexivität nachhaltig und dauerhaft wirksam* ist. So zeigt sich diesbezüglich in den Aussagen der Befragten ein differenziertes Bild:

Zum einen scheinen Nutzer, die in ihrem Leben bereits mehrfach Kontakt mit ähnlichen Formen der Selbstreflexion hatten, z.T. die Fähigkeit entwickelt zu haben, auch ohne eine instrumentelle Unterstützung kontinuierlich Selbstreflexion zu leisten.

> *„Nein, eigentlich nicht. Weil ich mache seit Jahren solche Sachen mit Kommunikationstraining, bzw. ich bin ja seit Jahren in der Ecke tätig, so soziale Kompetenzen und ich denke, das kann man nicht machen, wenn man sich nicht selber damit ein bisschen klar gekommen ist und ich habe im letzten Jahr so eine Seminarreihe besucht, die nannte sich Beruf und Berufung. Also so etwas wie Lebensnavigation. Das nannte sich, glaube ich, Seminarreihe zur Berufs- und Lebensnavigation und da findet sich natürlich der Navigator nahtlos wieder."* (N2)

Demzufolge könnte geschlossen werden, dass Selbstreflexion mit einem Anstoß z.B. durch das Kompetenz-Handbuch nachhaltig unterstützt werden kann. Demgegenüber wird jedoch besonders seitens der Begleiter geäußert, dass die einmalige Beschäftigung mit dem Kompetenz-Handbuch nur punktuell zu einer selbstreflexiven Phase führt, bei der es sein Bewenden hat, wenn die Selbstreflexion nicht weiter von außen gezielt und wiederholt unterstützt wird:

> *„Also durch den Navigator [gemeint ist das Kompetenz-Handbuch, J.G.] könnte vielleicht im Einzelfall ein endgültiger Anstoß erfolgen. Generell davon auszugehen, glaube ich nicht, da gehört dazu, dass mehrere Lebensumstände sich entsprechend verändern und dass dann der- oder diejenige entsprechende Entscheidungen für sich trifft, um sich in der ganzen Lebenssituation neu zu orientieren und damit auch diesen Part der Reflexion über sich selbst, seine Situation in der Arbeitswelt, in der familiären Welt, in seiner Umgebung Eigenverantwortung zu übernehmen und dann auch diese Entscheidungen, diese Selbstorganisation bezogen auf Lernsituationen zu aktivieren. Es geht nicht vom Job-Navigator aus, sondern das ist schon eine ganzheitliche Betrachtung dessen, wo sich jemand im Augenblick befindet, welche Umstände auf ihn einwirken."* (B1)

Diese Aussagen zur Nachhaltigkeit weisen also darauf hin, dass einerseits die Fähigkeit zur Selbstreflexion durch Instrumente wie das Kompetenz-Handbuch angestoßen werden kann, andererseits aber nicht von einer Kontinuität auszugehen ist. Für die Gestaltung kompetenzförderlicher Kompetenzanalysen bedeutet dies, dass die Zielsetzung der Selbstreflexion erst dann nachhaltig eingelöst werden kann, wenn Instrumente wie das Kompetenz-Handbuch wiederholt oder im Zusammenhang mit anderen reflexionsunterstützenden Maßnahmen wie z.B. Reflexionsgesprächen eingesetzt werden.

Zusammenfassend lassen sich die Untersuchungsergebnisse zum Leitkriterium Reflexion in der folgenden Abbildung darstellen:

Tab. 9 Ergebnisse bezüglich des Leitkriteriums Reflexion (eigene Darstellung)

Subcodes der Grundannahmen	Einschätzung bezüglich der Grundannahmen
Förderung von Selbstreflexivität (1)	Der Reflexionsbezug des Kompetenz-Handbuchs ist eingelöst, da dieses Instrument zur Selbstreflexion anleitet. Die Bedeutung, die Selbstreflexivität zugesprochen wird, gründet auf ihrem Beitrag zur Förderung von Selbststeuerung und zur Stärkung des Selbstbewusstseins.
Förderung struktureller Reflexivität (2)	Die Förderung struktureller Reflexivität ist in der Konzeption des Kompetenz-Handbuchs implizit angestrebt. Zugleich zeigt sich, dass die Reflexion der Arbeitsbedingungen und Umgebungen (strukturelle Reflexion) mit der Reflexion der eigenen Ziele (Selbstreflexion) in Verbindung steht. Die Selbstreflexion stellt demzufolge den Ausgangspunkt für die Förderung struktureller Reflexivität dar.

Problemorientierte Erweiterung	Mögliche Konsequenzen für die kompetenzförderliche Gestaltung
Die Fähigkeit zur Selbstreflexion durch Instrumente wie das Kompetenz-Handbuch kann zwar gefördert bzw. angestoßen werden, von einer Kontinuität oder Nachhaltigkeit dieser	• wiederholter Einsatz der Instrumente • Einsatz der Instrumente im Zusammenhang mit anderen reflexionsunterstützenden Maßnahmen

Problemorientierte Erweiterung	Mögliche Konsequenzen für die kompetenzförderliche Gestaltung
Fähigkeit kann jedoch nicht grundsätzlich ausgegangen werden.	

5.2.7 Auffälligkeiten hinsichtlich der Interviewgruppen

Wie bereits in der Beschreibung der einzelnen Interviewgruppen angedeutet, lassen diese sich durch divergierende Perspektiven auf das Kompetenz-Handbuch voneinander abgrenzen.[34] Die verschiedenen Perspektiven zeichnen sich durch besondere Merkmale aus, die im Folgenden im Sinne von allgemeinen Gruppenauffälligkeiten dargestellt werden.

Die besondere Perspektive der *Konzeptionierer*, die an der Erstellung und Entwicklung des Kompetenz-Handbuchs beteiligt sind, ist zum einen dadurch gekennzeichnet, dass sie sich insbesondere mit Fragen der Konzeption und Zielsetzung identifizieren, zu den tatsächlichen Erfahrungen der Nutzer mit dem Instrument jedoch wenig Aussagen machen können:

> *„Aber wir sagen, wir können es ihnen nicht ersparen, dass es [die Bearbeitung des Kompetenz-Handbuchs, J.G.] schwierig ist. Es ist extrem mit Hemmungen und Barrieren versehen, aber wir sagen, dieses müssen wir beiseite räumen, ersparen können wir euch das nicht."* (K2)

Hier wird vom Konzeptionierer eine begründete politische Forderung aufgestellt, in der die Umsetzung bzw. die Reaktionen der Nutzer in der Umsetzung erst in zweiter Linie Relevanz haben. Das Zitat zeigt damit exemplarisch, dass die individuellen Schwierigkeiten, die die Nutzer mit dem Kompetenz-Handbuch haben, zwar wahrgenommen werden, jedoch aus der Perspektive der Konzeptionierer mit den politischen Zielsetzungen und Leitorientierungen des Instruments abgewogen werden.

Weiterhin ist als Merkmal dieser Perspektive zu erkennen, dass die Konzeptionierer die Umsetzung des Instruments vor einem breiteren Hintergrund beurteilen, zumal sie zur Zeit der Befragung zum Teil bereits mit der Verbesserung des

---

34 Mit der Abgrenzung der unterschiedlichen Perspektiven der Interviewten soll der Perspektivität qualitativer Daten Rechnung getragen werden, die sich daraus ergibt, dass die Interviews auf subjektiven Einschätzungen und Einstellungen der Befragten beruhen.

Instruments und seines Umsetzungsverfahrens beschäftigt sind. So führt z.B. ein Konzeptionierer aus:

> *„Mit Blick auf die IG Metall wird es natürlich Überzeugungsarbeit kosten, die Kolleginnen und Kollegen in den 180 Verwaltungsstellen zu erreichen und zu überzeugen, dass es ein sehr umfangreiches, aber sehr hilfreiches Instrument ist. Neben der Überzeugungsarbeit in der Organisation, dass es auch weiter getragen wird, denke ich mal, wird die Weiterentwicklung des Instruments selbst von Nöten sein, weil sich an der einen oder anderen Ecke schon zeigt, dass das Kompetenz-Handbuch für Ungeübte im Lesen und Schreiben, und in der Welt der Arbeit gibt es ja zig Menschen, die da ungeübt sind, da nicht so einfach zu bewältigen ist und dann geht es an denen vorbei." (K4)*

An diesem Zitat lässt sich verdeutlichen, dass die Entstehung und Weiterentwicklung des Kompetenz-Handbuchs einen zyklischen Prozess darstellt, in dem die Erfahrungen in der praktischen Umsetzung wieder in die konzeptionelle Weiterentwicklung zurückgeführt werden.

Neben diesen Merkmalen fällt zudem auf, dass diese Gruppe eine besondere Einschätzung der Problemaspekte hat, die mit dem Instrument und seinem Umsetzungsverfahren verbunden sind. Zum einen ist eine sehr positive Grundeinstellung gegenüber der Initiative des Job-Navigators zu erkennen, was darauf zurückgeführt werden kann, dass die Initiative selbst ein neues Angebot der Organisation an ihre Mitglieder darstellt, das in dieser Form bis dahin weder in der IG Metall noch in anderen deutschen Gewerkschaften existiert. Der Job-Navigator wird deswegen nicht nur als bildungs- und gewerkschaftspolitische Initiative angesehen, sondern vor dem Hintergrund abnehmender Mitgliederzahlen der Gewerkschaften auch als moderne Form der Mitgliederwerbung.

Die Perspektive der Konzeptionierer hat somit den Charakter eines Metablicks auf den Job-Navigator und das Kompetenz-Handbuch. Sie zeichnet sich durch ihr besonderes Interesse an der politischen Verortung und an konzeptionellen Fragen aus sowie durch eine sehr positive Einschätzung und eine hohe Identifikation mit der gesamten Initiative des Job-Navigators.

Auch die Gruppe der *Begleiter* zeichnet sich im Wesentlichen durch eine Metaperspektive auf das Kompetenz-Handbuch und seine Bearbeitung aus, da sie über keine direkten Erfahrungen mit dem Instrument verfügen, sondern Personen begleiten, die wiederum selbst mit dem Instrument arbeiten oder gearbeitet haben. Diese Metaperspektive ist jedoch anders zu charakterisieren als die Perspektive der

Konzeptionierer. Sie drückt sich sehr deutlich darin aus, dass die Begleiter mehrere Erfahrungssituationen zusammenführen und zu pauschalen Aussagen kommen, die ihrer Sicht auf das Kompetenz-Handbuch am ehesten gerecht werden:

> *„Also es gibt sicherlich Leute, die einfach ein Angebot wahrnehmen, die sagen, mir bietet die IG Metall jetzt hier ein Instrument an, dann schau ich mal einfach unverbindlich, vielleicht bringt es ja was oder auch nicht. Dann gibt es eine Gruppe, die sagt, ich wollte eigentlich schon immer noch was tun, das Leben war bisher stärker, aber jetzt, wo ich mit der Nase drauf gestoßen werde, will ich das Angebot wahrnehmen. Und dann gibt es eine Gruppe, die sehr genau weiß, was sie will, wo es vor allem darum geht, den Weg dahin zu ebnen. Die Möglichkeiten, die man hat aufzuzeigen."* (B5)

Hier zeigt sich, dass die Metaperspektive der Begleiter verschiedene Typen bzw. Gruppen von Nutzern unterscheidet.

Eine andere Auffälligkeit ist darin zu sehen, dass die Aussagen der Begleiter, insbesondere der Mitarbeiter in den Verwaltungsstellen, durch das Arbeits- und Interessenverhältnis der Mitarbeiter gegenüber der Organisation beeinflusst werden. Da die Untersuchung auch den Stand der Umsetzung des Instruments in den Verwaltungsstellen erhebt, ist zu vermuten, dass die Aussagen nicht frei von „Beschönigungstendenzen" sind. Diese beziehen sich zum einen auf den Stand der Umsetzung in den jeweiligen Verwaltungsstellen, besonders aber auf die Bandbreite ihrer Erfahrungen in Bezug auf den Einsatz des Kompetenz-Handbuchs. So liegen den Aussagen der Begleiter z.T. nur wenige konkrete Anwendungssituationen zugrunde, was sich auf die Aussagekraft der Interviews negativ auswirkt, da der Erfahrungshintergrund bzw. die oben angesprochene Metaperspektive eingeschränkt ist. Diese Beschönigungstendenzen erklären sich dadurch, dass die Befragten dieser Gruppe legitimerweise – wie oben bereits angedeutet wurde – eigene Interessen verfolgen, die z.B. darin bestehen, gegenüber dem Vorstand der Gewerkschaft ein positives Umsetzungsergebnis zum Job-Navigator darzustellen.

Die Perspektive der Begleiter zeichnet sich demzufolge zum einen durch die Fähigkeit aus, zusammenfassende Aussagen über die Nutzung und die Nutzer des Kompetenz-Handbuchs zu formulieren. Zum anderen liegt den Aussagen teilweise eine interessenorientierte Form der Darstellung zugrunde.

Die Gruppe der *Nutzer* weist infolge ihrer direkten Erfahrung mit der Bearbeitung des Kompetenz-Handbuchs zunächst die Auffälligkeit auf, dass hier am stärksten die individuellen Erfahrungen mit dem Instrument zum Ausdruck kommen. Die

Nutzer verfügen damit als einzige Befragte über Primärerfahrungen mit dem Kompetenz-Handbuch.

Eine Auffälligkeit dieser Perspektive zeigt sich darin, dass die Einschätzung des Nutzens und der Probleme im Zusammenhang mit dem Instrument und seiner Umsetzung in engem Zusammenhang mit der persönlichen Situation gesehen werden. Insbesondere die zur Zeit der Erhebung arbeitslosen Nutzer machen den Wert des Instruments von einer dadurch initiierten Veränderung ihrer Lage abhängig:

> *„Nein, die Beratung hat mir auch nichts gebracht. Er hat mir nur das bestätigt, was ich auch machen wollte. Ich habe ihm gesagt, das ist bisher passiert, ich habe meine Ausbildung gemacht, keinen Job so und so und so. Das war alles überflüssig." (N4)*

In diesem Interviewausschnitt zeigt sich die Abhängigkeit der Einschätzung des Instruments von der individuellen Situation des Nutzers. Zugleich wird damit auf die Begrenztheit des Instruments selbst und seine Einbindung in größere Kontexte hingewiesen. Zudem lässt sich daran verdeutlichen, dass die befragte Person eine (Dienst-)Leistung vom gewerkschaftlichen Begleiter erwartet. Aus dieser Perspektive kann das Verhältnis zwischen der Gewerkschaft bzw. dem gewerkschaftlichen Angebot und den Mitgliedern als dienstleistungsorientiert charakterisiert werden.

Die Perspektive der Nutzer zeichnet sich demzufolge durch die Primärerfahrung einerseits und eine am individuellen Nutzen ausgerichtete Beurteilung andererseits aus.

Es wird also zusammenfassend deutlich, dass sich aus den unterschiedlichen Perspektiven der Befragten Gemeinsamkeiten herausarbeiten lassen, die den Aussagen der jeweiligen Gruppenmitglieder zugrunde liegen. Darüber hinaus lassen sich auch an einzelnen Aspekten der Auswertung Unterschiede zwischen den Gruppen ausweisen, die auf die jeweiligen Perspektiven der einzelnen Gruppen zurückgehen.

5.3 Zusammenfassung der Ergebnisse

Gemäß der mit der vorliegenden Untersuchung angestrebten Erkenntnisziele, zum einen zu einer Einschätzung des Kompetenz-Handbuchs hinsichtlich seiner Kompetenzförderlichkeit zu gelangen und zum anderen neue Essentials hinsichtlich der Kompetenzförderlichkeit von Kompetenzanalysen zu entwickeln, können die zuvor ausgeführten Einzelergebnisse im Folgenden zusammengeführt werden und damit die Darstellung des empirischen Teils der vorliegenden Arbeit abgeschlossen werden.

5.3.1 Einschätzung des Kompetenz-Handbuchs

Das in der empirischen Untersuchung fokussierte Kompetenz-Handbuch bildet im Job-Navigator der IG Metall einen Baustein für die berufliche Zukunfts- und Weiterbildungsgestaltung von Arbeitnehmern. In Kombination mit anderen Angeboten soll das Selbstbearbeitungsmaterial dazu anleiten, selbstverantwortlich die eigene berufliche Zukunft und die persönliche Kompetenzentwicklung zu gestalten. Dem Kompetenz-Handbuch liegt ein Verfahren zugrunde, das nach der in Kapitel 4 entwickelten Unterscheidung als entwicklungsorientiert zu bezeichnen ist, da seine Zielsetzung darin besteht, Arbeitnehmern angesichts des komplexen gesellschaftlichen Wandels Unterstützung und Orientierung hinsichtlich ihrer Lebens- und Berufswegeplanung zu geben. Es geht von einer Standortbestimmung des Individuums aus und strebt an, den Individuen Klarheit über ihre individuellen Fähigkeiten, Fertigkeiten, Kenntnisse und Abschlüsse zu verschaffen, damit sie auf dieser Grundlage ihre weitere berufliche Entwicklung gestalten und verschiedene Lernformen und Lernwege nutzbringend für sich selbst verbinden können.

Neben dieser Einstufung, die bereits vor der empirischen Untersuchung getroffen wurde und die zur Auswahl des Untersuchungsgegenstands beigetragen hat, lässt sich nun nach der empirischen Untersuchung die Gesamteinschätzung treffen, dass das Kompetenz-Handbuch und sein Umsetzungsverfahren grundsätzlich als kompetenzförderlich gelten können. Diese Gesamteinschätzung beruht darauf, dass das Kompetenz-Handbuch den in Kapitel 3 entwickelten sechs Leitkriterien zur Kompetenzentwicklung in wesentlichen Punkten entspricht, wie im Folgenden resümierend deutlich wird:

Das Leitkriterium des *Subjektbezugs*, das in der Untersuchung in vier Subkategorien untergliedert wurde, bedient das Kompetenz-Handbuch insofern, als sein Datenmaßstab am Subjekt orientiert ist, da ausschließlich mit Selbsteinschätzungen gearbeitet wird. Dem liegt ein Kompetenzbegriff zugrunde, der am Individuum ansetzt und nur das Individuum selbst als Maßstab verwendet. Auch hinsichtlich des individuellen Gebrauchswertes der Daten besteht ein angemessenes Verhältnis zwischen den Anforderungen der Nutzer und der Leistungsfähigkeit des Instruments. Demnach kann geschlossen werden, dass beim Kompetenz-Handbuch sowohl der Verfahrensablauf als auch die Ergebnisse ihrer Form nach den Nutzern für ihre weitere Entwicklung dienen. Hinsichtlich der Frage des Anspruchsniveaus, das das Kompetenz-Handbuch als Instrument an die Nutzer stellt, ergibt die Untersuchung, dass der Subjektbezug insofern einzuschränken ist, als die Bearbeitung des Instruments nicht durch Personen mit geringer oder fehlender Schulausbildung geleistet werden kann und demnach durch den kognitiven Anspruch an den Nutzer eine Selektion erfolgt. In der letzten untersuchten Subkategorie hinsichtlich des Subjektbezugs des Kompetenz-Handbuchs zeigt die Untersuchung, dass dieses Instrument sowohl auf informell erworbene als auch auf formell erworbene Kompetenzen und Qualifikationen ausgerichtet ist. Eine Orientierung an den Dimensionen Fach-, Sozial- und Humankompetenzen erfolgt jedoch nicht, weil eine Unterscheidung hinsichtlich Fach-, Sozial- und Methodenkompetenz vorliegt.

Auch das Leitkriterium der *biographischen Entwicklung* kann als vom Kompetenz-Handbuch weitgehend eingelöst betrachtet werden. So kann von einer Entwicklungsorientierung der im letzten Teil des Instruments entstehenden Daten ausgegangen werden, sofern das Instrument bis zum Abschluss ausgefüllt und bearbeitet wird. Das Kompetenz-Handbuch unterstützt den Prozesscharakter von Kompetenzentwicklung, indem es die punktuelle Erhebung mit kurz- oder längerfristigen biographischen Entwicklungen ins Verhältnis setzt. Im Aktionsplan des Instruments werden Lern- und Entwicklungsfelder und Entwicklungsziele erarbeitet, die durch eine weitere Entwicklungsbegleitung kontinuierlich bearbeitet werden. Auch hinsichtlich der Frage individueller Anlässe zur Bearbeitung als weiterer Subkategorie der biographischen Entwicklung lässt sich ein positives Resümee ziehen. Das Instrument entspricht in Konzeption und Leistungsfähigkeit dem Anspruch, aktuelle Entwicklungspunkte der Nutzer aufzunehmen, da es in unterschiedlichen biographischen Situationen wie Umorientierung, Standortbestimmung, Neuorientierung einsetzbar ist. Da es auf dem Prinzip der Freiwilligkeit beruht, kann das Instrument auch diesbezüglich als entwicklungsorientiert angesehen werden.

Zum Leitkriterium *Interaktion* wurde als erste Subkategorie die Verfahrensatmosphäre untersucht. Dabei zeigt sich, dass Struktur und situativer Rahmen der Bearbeitung des Kompetenz-Handbuchs weitgehend als kompetenzförderlich angesehen werden können, sofern verschiedene Aspekte beachtet werden, wie: ein angemessener Einsatz des Verfahrens, Vertrauen durch Verbleib der Daten beim Nutzer, Ausschluss negativer Folgen und Datenschutz, aber auch als verfahrensbezogene Bedingungen, soziale Unterstützung und Professionalität des Personals sowie die externen Kontextbedingungen des betrieblichen und arbeitsmarktbezogenen Rahmens. Auch hinsichtlich der Unterstützungsfunktion bei der Bearbeitung von Störungen kann das Kompetenz-Handbuch als kompetenzförderlich eingeschätzt werden, da es explizit auf die Überwindung beruflicher Umbruchsituationen ausgerichtet ist. Zur Methodenkombination kann für das Kompetenz-Handbuch festgestellt werden, dass sie durch die Verknüpfung unterschiedlicher Formen und Zugangswege von Selbsteinschätzung erfolgt. So werden Kombinationen von Einzel- und Gruppenmethoden, von qualitativen und quantitativen Methoden sowie von Selbst- und Fremdeinschätzungen eingesetzt. Damit entspricht das Instrument partiell dem Anspruch, mehrere Methoden miteinander zu kombinieren, um die Validität zu erhöhen und die Kontextgebundenheit anzuerkennen.

Das Leitkriterium der *Kooperation*, das für Kompetenzentwicklung notwendig ist, findet im Kompetenz-Handbuch in drei Phasen Bedeutung. So wird in der Vorbereitungsphase eine informierende Beratung, in der Durchführungsphase eine Prozessbegleitung während der Analyse und in der Nachbereitungsphase eine orientierende Entwicklungsbegleitung zur nachhaltigen Kompetenzentwicklung notwendig. Da diese unterschiedlichen Formen von Kooperation der Untersuchung zufolge bei der Bearbeitung des Kompetenz-Handbuchs im Wesentlichen zum Einsatz kommen, erfüllt das Instrument den Anspruch der Kooperation. Zur kompetenzförderlichen Kooperationsstruktur als weiterer Subkategorie dieses Leitkriteriums gehört eine kompetenzförderliche Gesprächsatmosphäre, die durch Klärung von Verantwortlichkeiten, Einhaltung von Neutralität und Vertraulichkeit, Anerkennung von Individualität u.a. hergestellt werden kann.

Das Leitkriterium *Erfahrung* wurde für die Untersuchung zum einen in die Subkategorie der Beachtung von individuellen Erfahrungshintergründen untergliedert. Diesbezüglich zeigt sich, dass Erfahrungshintergründe die Offenheit dem Instrument gegenüber sowie den Umgang damit prägen. Zur Förderung der Offenheit von Nutzern erweist sich die Transparenz der Ziele und Leistungen des Instruments als relevant. Da diese bei der Umsetzung des Kompetenz-Handbuchs nicht zuletzt aufgrund des Prinzips der Freiwilligkeit gegeben ist, kann das Kompetenz-Handbuch als erfahrungsbezogen bezeichnet werden. Zum anderen wurde die Subkategorie der Erfahrungskonstitution bei der Umsetzung des Kompetenz-Handbuchs untersucht. Aufgrund des Erhebungszeitpunkts innerhalb der Pilotphase der Umsetzung zeigt sich das Ergebnis, dass eine gezielte Kompetenzentwicklung durch Wiederholung einer Kompetenzreflexion ermöglicht wird.

Reflexion als letztes Kriterium für Kompetenzentwicklung wurde durch die Subkategorien Selbstreflexion und strukturelle Reflexion untersucht. Zur Selbstreflexion lässt sich festhalten, dass das Kompetenz-Handbuch zwar auf Selbstreflexion angelegt ist, bei einmaligem Einsatz aber nicht davon ausgegangen werden kann, dass dies auch nachhaltig ist. Methodisch wird Selbstreflexion durch den Einsatz von

Selbsteinschätzungen unterstützt. Den zweiten Aspekt der strukturellen Reflexion setzt das Kompetenz-Handbuch zumindest in dem Sinne um, dass Selbstreflexion als Voraussetzung struktureller Reflexion gefördert wird. Diese empirisch fundierte Einschätzung belegt, inwieweit das Kompetenz-Handbuch als kompetenzförderliches Verfahren der Kompetenzanalyse gelten kann und an welchen Punkten es die Anforderungen der Kompetenzförderlichkeit nicht oder nur teilweise erfüllt. Dieses Ergebnis wird in den Schlussfolgerungen (vgl. Kap. 6) als Grundlage für ein verbessertes Konzept zur Gestaltung von Kompetenzanalysen herangezogen.

5.3.2 Weitere Untersuchungsergebnisse

Auch wenn das Kompetenz-Handbuch gemäß den entwickelten Leitkriterien als kompetenzförderliches Verfahren einzuschätzen ist, zeigt die Untersuchung, dass sowohl das Instrument als auch sein Umsetzungsverfahren noch Verbesserungspotenzial bergen. Dies lässt sich insbesondere an den in der Untersuchung im Einzelnen herausgearbeiteten Problemaspekten und Erweiterungen festmachen, wie sie in der folgenden Abbildung noch einmal zusammenfassend dargestellt sind:

Tab. 10 Synopse der problemorientierten Erweiterungen und möglicher Konsequenzen (eigene Darstellung)

Problemorientierte Erweiterung	Maßnahmen zur Erhöhung der Kompetenzförderlichkeit
zum Leitkriterium Subjektbezug	
Die Betrachtung der Kompetenzen durch Selbsteinschätzungen ist zu einseitig und überfordert z.T. die Nutzer.	• personelle Begleitung bei der Bearbeitung des Instruments • Ergänzung der Selbsteinschätzungen durch Fremdeinschätzungen
Die Realisierbarkeit der Ergebnisse wird maßgeblich durch die individuellen Kontextbedingungen beeinflusst.	• personelle Begleitung und gemeinsame Einschätzung bei der Verarbeitung der Ergebnisse
Die individuelle Fähigkeit zur Bearbeitung ist sehr unterschiedlich ausgeprägt.	• methodische Differenzierung • personelle Begleitung der Nutzer während der Bearbeitung und bei der weiteren Kompetenzentwicklung
Die Präsenz der fachlichen Kompetenzen bei den Nutzern ist hoch, während die Fähigkeit zur Einschätzung der sozialen und methodischen Kompetenzen eher gering ausgeprägt ist.	• Ausrichtung des Instruments auf Ganzheitlichkeit (Fach-, Sozial- und Humankompetenz)
Die Übertragung informell erworbener Kompetenzen, die außerhalb der Arbeit erworben wurden, ins Arbeitsleben bereitet Schwierigkeiten.	• besondere methodische Anleitung zur Bewusstmachung informell erworbener Kompetenzen
zum Leitkriterium Entwicklung	
Die inhaltliche Ausrichtung des Begleiters oder seine Professionalität ist für die Bedürfnisse der Nutzer nicht ausreichend.	• Inhaltlich und qualitativ angemessene Begleitung bei der weiteren Kompetenzentwicklung orientiert an den Bedürfnissen der Nutzer • Kompetenzförderliche Gestaltung der Begleitungssituation
Der individuelle Nutzen des Kompetenz-Handbuchs ist zu wenig erkennbar.	• Verdeutlichung der Chancen, die mit Kompetenzanalysen verbunden sind. • Anerkennung individueller Bedarfslagen

zum Leitkriterium Interaktion	
Eine kompetenzförderliche Verfahrensatmoshäre kann nur durch entsprechende Verfahrensbedingungen hergestellt werden.	• Beachtung und Einhaltung kompetenzförderlicher Rahmenbedingungen im Umsetzungsverfahren wie - ein angemessener Einsatz des Verfahrens - Vertrauen durch Verbleib der daten beim Nutzer - Vertrauen durch Ausschluss negativer Folgen durch Datenschutz - soziale Unterstützung - Professionalität des Personals
Durch betriebliche und arbeitsmarktbezogene Rahmenbedingungen und Strukturen wird eine kompetenzförderliche Verfahrensatmoshäre eingeschränkt.	• Beachtung von betrieblichen oder arbeitsmarktbezogenen Rahmenbedingungen und Strukturen bei der Verfahrensumsetzung • Einbindung ins Bildungs- und Beschäftigungssystem

zum Leitkriterium Kooperation	
Die Kompetenzförderlichkeit von Kooperationssituationen kann nur durch entsprechende Bedingungen innerhalb der Kommunikationssituation zwischen Begleitern und Nutzern sichergestellt werden.	• Beachtung und Einhaltung kompetenzförderlicher Kommunkationsbedingungen wie - Klarheit von Verantwortlichkeiten - Einhaltung von Neutralität und Vertraulichkeit - Anerkennung der Individualität des Nutzers - Beachtung der Realisierbarkeit der Ergebnisse - Berücksichtigung der familiären und finanziellen Kontextbedingungen

zum Leitkriterium Erfahrung	
Die Offenheit und Bereitschaft der Nutzer gegenüber dem Kompetenz-Handbuch wird durch unterschiedliche Aspekte eingeschränkt wie Misstrauen der Nutzer, Angst vor neuen	• Transparenz der Ziele und Leistungen des Instruments

zum Leitkriterium Erfahrung	
Perspektiven, vor unerfüllbaren Hoffnungen und vor Veränderungen, Bevorzugung von Situationen mit hoher Sicherheit	

zum Leitkriterium Reflexion	
Die Fähigkeit zur Selbstreflexion durch Instrumente wie das Kompetenz-Handbuch kann zwar gefördert bzw. angestoßen werden, von einer Kontinuität oder Nachhaltigkeit dieser Fähigkeit kann jedoch nicht grundsätzlich ausgegangen werden.	• wiederholter Einsatz der Instrumente im Zusammenhang mit anderen reflexionsunterstützenden Maßnahmen

Die Synopse (vgl. Abb. 21) verdeutlicht, dass sich die Einzelergebnisse auf verschiedenen Ebenen bewegen und die Frage der Kompetenzförderlichkeit demnach von unterschiedlichen Bedingungsfaktoren beeinflusst wird. Die Einzelergebnisse können abschließend zu den folgenden sechs zentralen Untersuchungsergebnissen zusammengefasst werden:

Als *erstes* zentrales Untersuchungsergebnis lässt sich aus der Synopse schlussfolgern, dass Kompetenzanalysen nicht allein auf der instrumentellen Ebene bearbeitet und entwickelt werden dürfen. So zeigt sich, dass sich mehrere der in der Synopse dargestellten Problemaspekte daraus ergeben, dass in der Umsetzung der Kompetenzanalyse die Passung zwischen dem Instrument mit seiner theoretischen Anlage einerseits und der praktischen Umsetzung andererseits nicht optimal war. Für ein kompetenzförderliches Konzept der Kompetenzanalyse ist somit eine integrative Perspektive relevant, die sowohl verfahrensbezogen als auch instrumentell auf die Kompetenzentwicklung der Beschäftigten ausgerichtet ist.

Als *zweites* Ergebnis zeigt die Synopse an verschiedenen Punkten die Notwendigkeit sozialer Unterstützung bzw. Begleitung vor, während und nach der Kompetenzanalyse. Der sozialen Begleitung kommt dabei eine Unterstützungsfunktion zu, die durch die Zielsetzung der Kompetenzentwicklung erforderlich wird. So scheint sie z.B. notwendig zu sein, um individuelle Schwierigkeiten und Überforderung durch die Methode der Selbsteinschätzung zu beheben. Ebenso wird soziale Unterstützung nach der eigentlichen Bearbeitung des Kompetenz-Handbuchs notwendig, wenn es um die Umsetzung der Entwicklungsschritte im beruflichen Alltag geht. Die Untersuchung zeigt, das letztlich in jeder Bearbeitungsphase des Kompetenz-Handbuchs, also sowohl in der Vorbereitung, wie auch während der Bearbeitung und in der Nachbereitung, eine Unterstützung zur nachhaltigen Kompetenzentwicklung notwendig ist, auch wenn diese in Abhängigkeit von der Selbstständigkeit der Teilnehmer variiert. Dabei erweist sich die inhaltliche Ausrichtung des Begleiters und seine Professionalität ebenfalls als ein Bedingungsfaktor für Kompetenzförderlichkeit (vgl. Kap. 6.1.3).

Drittens wurde bereits in der Untersuchung die Notwendigkeit kompetenzförderlicher Rahmenbedingungen betont: Die Untersuchung zeigt, dass eine Verfahrensatmosphäre, die von den Nutzern als förderlich betrachtet wird, auf entsprechenden Verfahrensbedingungen wie Vertrauen, Transparenz, soziale Unterstützung und Professionalität beruht. Zudem zeigt sich, dass auch Kooperationssituationen mit Begleitern unter dem Aspekt der Kompetenzförderlichkeit gestaltet werden müssen. Hier sind Aspekte relevant wie Klarheit von Verantwortlichkeiten, Einhaltung von Neutralität und Vertraulichkeit, Anerkennung von Individualität des Nutzers, Beachtung der Realisierbarkeit der Ergebnisse und Berücksichtigung der familiären und finanziellen Kontextbedingungen. Diese Aspekte sind wichtig, weil sich in der Untersuchung des Kompetenz-Handbuchs ergeben hat, dass die Offenheit der Nutzer gegenüber dem Kompetenz-Handbuch und die Bereitschaft zu seiner Bearbeitung durch unterschiedliche negative Faktoren eingeschränkt wird, denen durch kompetenzförderliche Rahmenbedingungen entgegengesteuert werden kann (vgl. Kap. 6.1.4).

Als *viertes* Ergebnis lässt sich festhalten, dass Kompetenzanalysen eine Chance bieten, Erfahrung, Erfahrungslernen und Reflexion nachhaltig zu verbinden. Auch wenn nicht davon ausgegangen werden kann, dass die Fähigkeit zur Selbstreflexion durch den einmaligen Einsatz des Kompetenz-Handbuchs nachhaltig verändert wird, hat die Untersuchung doch gezeigt, dass diese Fähigkeit dennoch gefördert bzw. angestoßen werden kann und dass Reflexion ein wesentliches Element der Kompetenzentwicklung ist (vgl. Kap. 6.1.2 und 6.1.3).

Fünftens hat sich in der Untersuchung mehrfach die Notwendigkeit einer methodischen Differenzierung (im Sinne einer benutzerangemessenen methodischen Gestaltung) von Kompetenzanalysen gezeigt, da die unterschiedlichen Voraussetzungen der Nutzer die Fähigkeit zur Bearbeitung des Instruments beeinflussen. Am deutlichsten trat dies angesichts des Verhältnisses zwischen dem Anspruchsniveau des Instruments und der individuellen Leistungsfähigkeit der Nutzer hervor. Insbesondere Lernungewohnte und so genannte bildungsferne Personen benötigen, so die Ergebnisse der Untersuchung, beim Umgang mit Selbstlernmaterialien personelle Unterstützung oder andere Hilfeleistungen. Dieses Ergebnis lässt den Schluss zu, dass eine methodische Differenzierung bei Instrumenten der Kompetenzanalyse notwendig ist, die es ermöglicht, auf die individuellen Fähigkeiten und das Leistungsvermögen der Nutzer angemessen zu reagieren (vgl. Kap. 6.1.5).

Als *sechstes* Ergebnis lässt sich schlussfolgern, dass es notwendig ist, verschiedene Daten und Methoden miteinander zu kombinieren, um im Kompetenz-Handbuch verwertbare Daten zu erhalten. Dazu hat die Untersuchung ergeben, dass eine Kombination dadurch möglich ist, dass qualitative und quantitative Formen der Analyse verbunden werden oder dass Einzel- und Gruppenbearbeitung vorgenommen wird. Eine weitere Form der Kombination ist die Verknüpfung von dialogorientierten Verfahren mit Selbstbearbeitungsmaterialien. Hier liegt der Vorteil in der kommunikativen Validierung der Selbsteinschätzung durch die Fremdeinschätzung. Die durchgeführte Untersuchung zeigt diesbezüglich, dass die Fokussierung auf eine einzige Form der Datenerhebung, wie Selbsteinschätzungen, hier sogar als problematisch anzusehen ist, weil sie nur auf einen Zugang (in diesem Fall auf dem Selbstbild) aufbaut (vgl. Kap. 5.2.2) und deswegen eine Spiegelung durch Fremdeinschätzungen notwendig macht. Die Form der methodischen Kombination von Selbst- und Fremdeinschätzungen scheint somit im Kontext von Kompetenzanalysen eine besondere Bedeutung zu besitzen (vgl. Kap. 6.1.5).

Neben der Einschätzung des Kompetenz-Handbuchs zeigt die Zusammenfassung der Untersuchungsergebnisse, dass sich in Erweiterung der anhand der Leitkriterien erarbeiteten Anforderungen an kompetenzförderliche Kompetenzanalysen noch verschiedene neue Synthesen ergeben. Diesen Aspekten ist für die Frage der Kompetenzförderlichkeit von Kompetenzanalysen erhebliche Relevanz beizumessen. Sie erweitern die theoretisch geleiteten Grundannahmen durch die in der Umsetzung relevanten Probleme von Kompetenzanalysen. Diese Erweiterung entspricht der auf Exploration angelegten zweiten Zielsetzung der empirischen Untersuchung. Die hier gefassten zentralen Schlussfolgerungen werden deswegen unter die konzeptionellen Merkmale kompetenzförderlicher Kompetenzanalysen aufgenommen (vgl. Kap. 6).

5.3.3 Reflexion der methodischen Anlage der Untersuchung

Nach der Zusammenfassung der Untersuchungsergebnisse können nun abschließend Überlegungen zu methodischen Gesichtspunkten der Untersuchung angestellt werden, um die Aussagekraft der Befunde einschätzen zu können.

Zur Bearbeitung der zentralen Untersuchungsfrage, wie Verfahren gestaltet sein müssen, um kompetenzförderlich zu sein und den Leitkriterien der Kompetenzentwicklung zu entsprechen, wurde ein qualitatives Vorgehen gewählt, das theoretisch begründete Grundannahmen zum Ausgangspunkt nahm. Zu diesem Vorgehen lässt sich reflektierend betonen, dass es durch die Anwendung qualitativer Erhebungsmethoden gelungen ist, die Interviewten anzusprechen und ihre subjektiven Einschätzungen etc. zu erheben und damit die Subjektorientierung, die inhaltlich thematisiert wurde, auch methodisch aufzunehmen. Häufig zeigte sich ein hohes Mitteilungsbedürfnis der Befragten zu ihren eigenen Erfahrungen mit dem Untersuchungsgegenstand. Andererseits schien bei einigen Befragten die Offenheit jedoch aus Angst vor möglichen Konsequenzen eher begrenzt zu sein. Die Orientierung der Untersuchung an zuvor entwickelten Grundannahmen bot den Vorteil, dass die Auswertung zielgerichtet und thematisch an der Kompetenzentwicklung orientiert vollzogen werden konnte, aber dennoch Offenheit für die Entwicklung neuer Erkenntnisse bzw. für bis dahin zu wenig anerkannte Aspekte ermöglichte. Durch das qualitative Vorgehen konnte nicht nur hypothesenüberprüfend bzw. -einschätzend gearbeitet werden, sondern eine Erweiterung des Erkenntnisstandes und die Exploration konzeptioneller Merkmale erfolgen, die etwa mit einem quantitativen Vorgehen nicht realisierbar gewesen wären.

Eine zentrale Frage ist an dieser Stelle, wie weit die Befunde als generalisierbar angesehen werden können und welche Tragweite ihnen eingeräumt werden kann. Obwohl alle Personen befragt wurden, die zu diesem Zeitpunkt im Kontext des Kompetenz-Handbuchs erreichbar waren, ist dies doch eine exemplarische Untersuchung, weil lediglich ein einzelnes Instrument, nämlich das Kompetenz-Handbuch, näher untersucht wurde und es sich damit um einen Einzelfall handelt. Allerdings bestand das Ziel der Untersuchung nicht in erster Linie darin, verallgemeinerbare Ergebnisse zu erzielen, sondern es bestand darin, in einem Feld, das für die Frage der Kompetenzförderlichkeit von Kompetenzanalysen günstige Voraussetzungen bereitstellt, empirische Daten zu erheben. Demnach sollten und konnten aus den Interviews keine generalisierenden Daten gewonnen werden. Mayring formuliert dazu: „Untersuchungsergebnisse humanwissenschaftlicher Forschung besitzen ihre Gültigkeit zunächst nur für den Bereich, in dem sie gewonnen werden" (Mayring 2002, S. 35; vgl. auch Steinke 2000, S. 324ff.). Reichweite und Repräsentativität der entstandenen Aussagen beziehen sich also auf das hier erhobene Feld. Zu der Grenze des Geltungsbereichs der Ergebnisse und den in Kapitel 6 zu entwickelnden konzeptionellen Schlussfolgerungen muss daher festgehalten werden, dass die Ergebnisse nur für den hier zugrunde gelegten theoretischen Kontext Geltung haben und z.B. schon eine andere Begriffsfassung von Kompetenz oder eine veränderte wissenschaftstheoretische Perspektive zu anderen Ergebnissen geführt hätte. Von einer Generalisierbarkeit der Ergebnisse wäre also erst dann auszugehen, wenn die Übertragbarkeit der Ergebnisse auf ein anderes Feld überprüft worden wäre. Dies ist jedoch als Desiderat für weitere Forschungen zu formulieren. Denkbar wäre hier z.B. eine Ausdehnung und Weiterführung der Untersuchung auf weitere entwicklungsorientierte, aber auch anforderungsorientierte Verfahren der Kompetenzanalyse. Im Ergebnis könnten einige der hier ausgeführten Resultate ergänzt, überprüft und differenziert werden.

6 Der Beitrag von Kompetenzanalysen zur Förderung von Kompetenzentwicklung

Betriebliches Lernen und die betriebliche Weiterbildung unterliegen seit einigen Jahren einem starken Veränderungsdruck, der auf den Wandel betrieblicher Arbeitsorganisation zurückzuführen ist. Dieser Veränderungsdruck wirkt sich auf die Ausgestaltung von Lernprozessen, auf institutionelle Aspekte der Weiterbildung, auf die Beteiligung an betrieblicher Weiterbildung sowie ihre rechtlichen und politischen Rahmenbedingungen aus. Er geht mit der Einführung neuer Methoden der betrieblichen Weiterbildung einher und befördert eine Tendenz zur Entformalisierung bisher formalisierter Weiterbildungsformen und zur Anerkennung informeller Lernformen. Diese Veränderungen – sie wurden im Rahmen des Kapitels 2 der vorliegenden Arbeit ausführlich erläutert – haben zu Formen von Weiterbildung geführt, die sich durch Prozessorientierung, Kompetenzentwicklung, Bedeutungszunahme informellen Lernens und eine entwicklungs- und kompetenzorientierte Anerkennung der betrieblichen Lernprozesse charakterisieren lassen.

Aufgrund dieser veränderten Situation der betrieblichen Ausgangsbedingungen und in der Folge auch der betrieblichen Weiterbildung sind neue Formen der Erfassung und Anerkennung erworbener Kompetenzen notwendig geworden. Somit haben sich in den vergangenen Jahren zahlreiche betriebliche, aber auch außerbetriebliche Formen der Erfassung beruflicher Kompetenzen herausgebildet, mit denen Defizite und Problemlagen behoben werden sollen, die sich bei der Erhebung betrieblicher Lernprozesse mit bisherigen Zertifizierungs- und Prüfungsformen abzeichnen (vgl. zusammenfassend Erpenbeck/ Rosenstiel 2003). Kompetenzanalysen – so der hier verwendete Oberbegriff für diese Erhebungsinstrumente und -verfahren – erfüllen dabei eine doppelte Funktion: Zum einen sind sie geeignet, die unterschiedlich gearteten Prozesse informellen und formellen Lernens zu dokumentieren und anerkennbar zu machen. Zum anderen können sie einen Ansatz darstellen, um Lernprozesse im Rahmen der Kompetenzentwicklung innerhalb der beruflich-betrieblichen Weiterbildung gezielt zu gestalten und zu begleiten.

Obwohl im betrieblichen Kontext derzeit eine Reihe von Instrumenten und Verfahren zur Kompetenzanalyse eingesetzt wird, ist festzustellen, dass die betrieblichen Verfahren tendenziell einseitig darauf ausgerichtet sind, die erworbenen Kompetenzen zu messen und zu dokumentieren. Es existieren nur wenige Ansätze zur Kompetenzanalyse, die neben der Erfassung und Anerkennung von Kompetenzen auch die Kompetenzentwicklung konzeptionell verfolgen. Diese Ansätze sind vorwiegend im außerbetrieblichen Bereich zu finden. Außerdem sind diese Verfahren nicht mit anderen Entwicklungs- und Förderungsinstrumenten der betrieblichen Weiterbildung verbunden. Insofern stehen formelles und informelles Lernen unverbunden nebeneinander und werden unabhängig voneinander und mit unangemessenen Instrumenten erfasst und dokumentiert.

Dieses Praxisdefizit bildete den Ausgangspunkt der Argumentation in der vorliegenden Arbeit. Ausgehend davon wird hier das Ziel verfolgt, eine Form der Kompetenzanalyse zu entwickeln, die explizit die Kompetenzentwicklung von Beschäftigten unterstützt und es ermöglicht, sowohl informell als auch formell erworbene Kompetenzen zu erfassen. Hier stellt sich nun abschließend die Frage, welche Erkenntnisse sich aus der vorliegenden Arbeit hinsichtlich der Kompetenzförderlichkeit von Kompetenzanalysen resümieren lassen. Diese Frage wird nachfolgend zusammenfassend bearbeitet, indem die wesentlichen Erkenntnisse der Arbeit zu einer neuen Form der Kompetenzanalyse zusammengeführt werden. Dazu werden konzeptionelle Merkmale für kompetenzförderliche Kompetenzanalysen benannt (vgl. Kap. 6.1), die durch die theoretische Grundlegung und die empirische Untersuchung gestützt werden und dabei die herausgearbeiteten Leitkriterien der Kompetenzentwicklung konstruktiv aufnehmen. Außerdem wird die Form der kompetenzförderlichen Kompetenzanalyse beispielhaft erläutert und systematisch eingeordnet (vgl. Kap. 6.2).

6.1 Merkmale kompetenzförderlicher Kompetenzanalysen

Maßnahmen und Aktivitäten betrieblicher Weiterbildung stehen in einem Spannungsfeld zwischen betrieblichen, pädagogischen und individuellen Ansprüchen. Wie bereits ausführlich dargelegt, führen diese Interessenlagen dazu, dass sehr unterschiedliche Anforderungen an sie gestellt werden. Die Instrumente, die im

Rahmen von Weiterbildung eingesetzt werden, müssen diesem Spannungsfeld Rechnung tragen und zwischen „ökonomischer Zweckorientierung und personaler Entwicklung" (Dehnbostel/ Pätzold 2004, S. 19) abwägen. Der Begriff Kompetenzförderlichkeit, der in der vorliegenden Arbeit einen zentralen Ansatzpunkt bildet, ermöglicht eine Orientierung innerhalb dieses Spannungsfelds:

Basierend auf der Bearbeitung der Begriffe Kompetenz und Kompetenzentwicklung, die eingehend in Kapitel 3 erfolgt ist, können – allgemein formuliert – Maßnahmen betrieblicher Weiterbildung als *kompetenzförderlich* gelten, wenn sie die Leitkriterien für Kompetenzentwicklung erfüllen, die im Rahmen der vorliegenden Arbeit entwickelt und begründet wurden. Demnach müssen sie subjektbezogen, entwicklungsbezogen, interaktionsbezogen, kooperationsbezogen, erfahrungsbezogen und reflexionsfördernd sein. Kompetenzförderlichkeit stellt somit auf dieser allgemeinen Ebene ein theoretisches Konstrukt dar, das dazu geeignet ist, betriebliche Prozesse, Abläufe oder Situationen – und im vorliegenden Fall das spezifische Instrument der Kompetenzanalyse – auf ihren Beitrag zur Förderung von Kompetenzentwicklung hin zu gestalten und zu analysieren. Insofern bietet der Begriff der Kompetenzförderlichkeit ein übergeordnetes Leitprinzip für Maßnahmen der betrieblichen Bildung. Auch Kompetenzanalysen sind dementsprechend als kompetenzförderlich zu charakterisieren, wenn sie diesen Leitkriterien entsprechen.

Auf der konzeptionellen Ebene lassen sich hier über diese grundsätzliche Orientierung an den Leitkriterien hinaus aufgrund der empirischen Untersuchung einige Merkmale festhalten, denen Kompetenzanalysen genügen müssen, um dem Leitprinzip der Kompetenzförderlichkeit zu entsprechen und nicht bei einer bloßen Erfassung oder Messung von Kompetenzen stehen zu bleiben. Kompetenzförderlichkeit stellt insofern eine aus der Perspektive der Weiterbildungsforschung begründbare Zielsetzung für die Gestaltung und Entwicklung von Verfahren zur Kompetenzanalyse dar, die auch auf der konzeptionellen Ebene ihren Niederschlag findet. Sie ist darauf ausgerichtet, die Erfassung von beruflich erworbenen Kompetenzen mit der Entwicklung der Kompetenzen zu verzahnen. Da sie an Überlegungen und Theorien zur Kompetenzentwicklung orientiert ist, charakterisiert der Begriff also eine spezifische Qualität von Kompetenzanalysen. Die folgenden konzeptionellen Merkmale können für kompetenzförderliche Kompetenzanalysen als typisch gelten und grenzen sie gegenüber anderen Formen der Kompetenzanalyse ab, die ausschließlich das Ziel der Messung oder Erfassung verfolgen:

1. *Kompetenzreflexion*: Die Reflexion von Kompetenzen durch das Individuum selbst hat einen zentralen Stellenwert und wird methodisch unterstützt.

2. *Kontinuität:* Die punktuell stattfindende Kompetenzanalyse dient einer kontinuierlichen Kompetenzentwicklung und muss deswegen regelmäßig wiederholt werden.
3. *Begleitete Selbststeuerung:* Die Kompetenzanalyse wird in Verbindung mit einer personellen Begleitung eingesetzt, die den Bedürfnissen der Nutzer angepasst ist.
4. *Lernförderliche Rahmenbedingungen:* Das Gesamtverfahren der Kompetenzanalyse sowie alle einzelnen Phasen werden unter lernförderlichen Bedingungen durchgeführt.
5. *Differenzierung und Kombination von Selbst- und Fremdeinschätzung:* Zur Erhebung und Analyse der Kompetenzen werden teilnehmerorientiert unterschiedliche Methoden eingesetzt sowie Selbst- und Fremdeinschätzungen miteinander kombiniert.

Diese fünf Merkmale bilden eine konzeptionelle Schlussfolgerung aus dem Erkenntnisprozess dieser Arbeit und werden im Folgenden im Hinblick auf ihre Bedeutung für die Kompetenzförderlichkeit von Kompetenzanalysen näher erläutert. Dabei wird jeweils auf die drei wesentlichen Verfahrensphasen von Kompetenzanalysen – die Vorbereitungs-, Durchführungs- und Nachbereitungsphase – eingegangen, wie sie sich als Befund aus der Untersuchung ableiten lassen. Als *Vorbereitungsphase* kann die Zeit gelten, in der Verfahren im Betrieb entwickelt werden, der Nutzer mit der Kompetenzanalyse bekannt gemacht wird und ihm zunächst die Information über das Instrument und sein Umsetzungsverfahren gegeben wird. Zudem ist eine zweite Phase notwendig, in der die *Durchführung* der Analyse bzw. die Bearbeitung des Analyseinstruments erfolgt. Schließlich gibt es eine *Nachbereitungsphase,* in der die Erkenntnisse aus der Analyse in konkrete Schlussfolgerungen für die folgende persönliche Kompetenzentwicklung in die Alltagspraxis übertragen werden. Das kann die Teilnahme an bestimmten Qualifizierungsmaßnahmen bedeuten oder das Anstreben veränderter oder erweiterter Arbeitsaufgaben. In jedem Fall zielt diese Phase darauf ab, konkrete Lern- und Entwicklungsschritte zu fixieren und damit die gewonnenen Erkenntnisse in die konkrete Kompetenzentwicklung zu überführen.

Die Merkmale sind im Wesentlichen auf die Ergebnisse der empirischen Untersuchung zurückzuführen. Zugleich wird jedoch der aktuelle Stand der berufspädagogischen Diskussion in der Weiterbildung, Kompetenzentwicklung und Kompetenzanalyse berücksichtigt und gegebenenfalls vertieft. Die theoretische Fundierung der Merkmale wird daher auch durch Aussagen unterstützt, die den Stand der Theorie widerspiegeln. Schließlich werden jeweils konkrete Hinweise für die Gestaltung eines betrieblichen Konzeptes zur kompetenzförderlichen Kompetenzanalyse dargestellt. Ziel dieser Synthese von empirischen und theoretischen Ergebnissen ist es, die bisherigen Erkenntnisse zu einem kohärenten und praxisrelevanten Gesamtkonzept zu verbinden.[35] Dieser Teil der Arbeit ist damit als *konstruktiv* zu charakterisieren, weil hier die erarbeiteten Erkenntnisse konzeptionell miteinander verbunden werden.

6.1.1 Merkmal 1: Kompetenzreflexion

Kompetenzförderlichkeit wird bei Kompetenzanalysen erreicht, wenn sie auf die Reflexion der Kompetenzen durch den Kompetenzträger selbst abzielen.

Dieses Fazit ist als ein zentrales Ergebnis auszuweisen. So zeigen die empirischen Befunde der vorliegenden Arbeit, dass Verfahren der Kompetenzanalyse, die auf Selbsteinschätzungen beruhen, zur Selbstreflexion der eigenen Kompetenzen und Erfahrungen beitragen und darüber das Selbstbewusstsein der Individuen stärken. Die Reflexion der eigenen Kompetenzen stellt zwar zum Teil eine neue Erfahrung für Beschäftigte dar, sie wird aber meist als Bereicherung beschrieben und führt zu einem neuen Bewusstsein informell und formell erworbener Kompetenzen. Zu diesem Schluss kommt auch Ant (vgl. 2004, S. 313), der in einer Untersuchung mit Arbeitslosen herausgearbeitet hat, dass die Reflexion und Bewusstwerdung eigener Kompetenzen innerhalb von Kompetenzanalysen zur Steigerung des Selbstwertgefühls beiträgt und einen selbstreflexiven und autonomiefördernden Prozess darstellt.

Überträgt man diese empirischen Ergebnisse auf die Theorie der Kompetenzentwicklung, so wird deutlich, dass die Orientierung an der Kompetenzförderlichkeit eine Verbindung zwischen Erfahrung und Reflexion ermöglicht. Diese Verbindung wird in der Berufsbildungs- und Weiterbildungsforschung für Kompetenzentwicklung als zentral angesehen. So spricht z.B. Franke von einer „fundamentalen Bedeutung" (2005, S. 55) der Reflexion für den Nutzwert des Erfahrungslernens. Wie bereits eingehend ausgeführt wurde, stellen Erfahrung und Reflexion sowie ihre Verknüpfung eine wesentliche Grundlage für die Entwicklung von Kompetenzen und für das Erfahrungslernen dar. So hat z.B. Dewey die Bedeutung von Erfahrung und ihrer Verarbeitung für die Konstruktion neuer Strukturen heraus-

---

35 Kohärenz gilt ebenso wie intersubjektive Nachvollziehbarkeit oder Transparenz des Forschungsprozesses in der Debatte um angemessene Beurteilungsmaßstäbe als wesentliches Gütekriterium qualitativer sozialwissenschaftlicher Forschung (vgl. Steinke 2000, S. 324ff.). Es bezieht sich darauf, dass die entwickelte Theorie konsistent sein soll. Das Kriterium der Relevanz bezieht sich darauf, dass die Theorie einen pragmatischen Nutzen haben soll (vgl. Steinke 2000, S. 324ff.).

gearbeitet (vgl. Dewey 1986, S. 291ff.). Es ist demnach davon auszugehen, dass das Lernen aus Erfahrung über die reflektierende Verarbeitung von Erfahrungen erfolgt und damit bewusst verläuft, während implizites Lernen eher unreflektiert und unbewusst stattfindet.

> *„Beim Erfahrungslernen werden Erfahrungen in Reflexionen eingebunden und führen zur Erkenntnis. [...] Die Abfolge von Handlung – Erfahrung – Reflexion und deren kontinuierliche Fortführung unter Berücksichtigung vorheriger Erfahrungs- und Erkenntnisprozesse ist als Prozess des Aufbaus von Erfahrungswissen anzusehen"* (Dehnbostel/ Meyer-Menk 2003, S. 3).

Der Ablauf von Erfahrungslernen und der Aufbau von Erfahrungswissen wird (vgl. Dewey 1949) als zirkulärer, reflexiver Prozess beschreiben. Die zentrale Bedeutung der Reflexion innerhalb dieses Prozesses ist darin zu sehen, dass das Erfahrene bewusst bzw. explizit gemacht wird und das Denken selbst zum Gegenstand gemacht wird.

Diese Überlegungen vertiefend unterscheidet Franke (vgl. 2005, S. 156) drei Funktionen, die die Reflexion für das Handeln hat: Zum einen dient sie der Unterbrechung aktueller Problemlöseaktivitäten, um die Angemessenheit und Erfolgsaussichten bisheriger Bemühungen zu beurteilen. Außerdem fungiert Reflexion als „inneres Problemhandeln", indem alternative Handlungspläne erarbeitet werden und die Konsequenzen möglicher Handlungen durchdacht werden und schließlich ist Reflexion zur Analyse abgeschlossener Handlungsepisoden geeignet, „um die dabei gemachten Erfahrungen auszuwerten und um vergleichbaren Anforderungen künftig besser gerecht werden zu können" (Franke 2005, S. 156).

Diese dritte Form der Reflexion, die der Analyse abgeschlossener Handlungsepisoden dient, wird – so lässt sich resümieren – in Kompetenzanalysen wirksam. Sie wird auch von Schön in seinem Konzept des „Reflective Practitioner" beschrieben und dort als Reflexion über die Handlung (reflection-on-action) bezeichnet. Reflexion bedeutet dabei das Explizieren von Wissen (vgl. Schön 1983). Schön geht davon aus, dass Handelnde, solange sie keine Probleme haben, nicht dazu veranlasst sind, über Probleme explizit zu reflektieren (Schön 1983, S. 69). Zwei Merkmale machen Schön zufolge Reflexion und Distanzierung von Handlungen zu einem wichtigen Element von Kompetenz. Zum einen wird das implizit vorhandene Wissen analysierbar und reorganisierbar. Zum anderen wird es mitteilbar und transparent. Dadurch ist das Explizieren eine Voraussetzung für die individuelle Weiterentwicklung, da die eigenen Handlungsschemata und impliziten Theorien eingeordnet und relativiert werden können. Bei der Reflexion-über-die-Handlung findet ein Heraustreten und Distanzieren von der eigentlichen Handlung statt. Dieses ermöglicht nicht nur eine kognitive Objektivierung, sondern darüber hinaus eine reale Objektivierung des Wissens und die Produktion theoretischer Überlegungen. Eine Reflexion-über-die-Handlung ermöglicht auch die Analyse, Darstellung, Mitteilung, Reorganisation und Optimierung der Handlung. Der Typ der Reflexion-über-die-Handlung beschreibt also die Möglichkeit, in der Arbeitssituation direkt, aber auch zeitversetzt Erfahrungen bewusst zu machen und darauf bezogen neue Ziele zu entwickeln. Er stellt damit die Möglichkeit dar, informell verlaufende Lernprozesse in der Arbeit bewusst zu machen und damit das Kompetenzniveau zu erhöhen. Anlass für Reflexion kann neben Widersprüchen und Störungen auch die Interaktion mit anderen sein, die es jenseits einer akuten Problemlage nötig macht, über das eigene Handlungswissen zu reflektieren.

Im Unterschied zu dem von Schön entwickelten Typ der Reflexion-über-die-Handlung liegt bei Kompetenzanalysen jedoch keine zufällige, sondern eine formelle und gezielte Veranlassung vor, wodurch Kompetenzanalysen eher als *organisierte Form der Reflexion* gelten können. Zudem wird hier nicht über einzelne Handlungen, sondern über die aufgrund unterschiedlicher Handlungssituationen erworbenen Kompetenzen reflektiert. Der Reflexionsgegenstand ist damit sowohl inhaltlich als auch zeitlich komplexer. Diese Form der Reflexion findet in Distanz zum Arbeitsprozess statt und bezieht sich auf Erfahrungen und Kompetenzen aus formellen und informellen Lernprozessen. Auch hinsichtlich der Zielsetzung dieser Form der Reflexion besteht eine Erweiterung, da sie dem Kompetenzprofil und der bisherigen und zukünftigen beruflichen Entwicklung gilt.

Die folgende Abbildung verdeutlicht die Gemeinsamkeiten und Unterschiede der Reflexion durch Kompetenzanalysen einerseits und der Reflexion-über-die-Handlung nach Schön andererseits:

Tab. 11 Formen der Reflexion (eigene Darstellung)

Reflexion-über-die-Handlung (nach Schön)	Reflexion über Erfahrungen in Kompetenzanalysen
• setzt den Erwerb von Erfahrung voraus	• setzt den Erwerb von Erfahrung voraus
• zufällige Widersprüche und Störungen sowie Interaktion mit anderen als Anlass	• organisierte und formelle Veranlassung
• implizit vorhandenes Handlungswissen wird analysierbar, reorganisierbar, mitteilbar und transparent	• informell und formell erworbene Kompetenzen werden analysierbar
• in Distanz zur eigentlichen Handlung	• in Distanz zur eigentlichen Handlung und zum gesamten Arbeitsprozess
• Ziel ist die Analyse, Darstellung, Mitteilung, Reorganisation und Optimierung der Arbeitshandlung	• Ziel ist die Reflexion des Kompetenzprofils und der bisherigen und zukünftigen beruflichen Entwicklung

Kompetenzanalysen stellen also eine Form der organisierten Reflexion des eigenen Kompetenzbestandes und der eigenen Erfahrungen dar und ermöglichen es dem Einzelnen, sich über den Status quo seiner Erfahrungen und Kompetenzen bewusst zu werden. Reflexion fungiert damit als Vermittlungsinstanz zwischen informell erworbenen Kompetenzen und den in formellen Lernprozessen erworbenen Kompetenzen. Diese gezielte und organisierte Form der Reflexion, die auf die Arbeitserfahrungen der Individuen rekurriert, bedarf einer besonderen methodischen Anleitung und trägt aufgrund ihres komplexen Gegenstandsbereichs zur Stärkung des Selbstbewusstseins bei.

Für ein kompetenzförderliches Modell der Kompetenzanalyse für den betrieblichen Einsatz ist demzufolge festzuhalten, dass es die Reflexion von Kompetenzen anstreben und dazu geeignete Methoden einsetzen sollte. Für die drei Phasen von Kompetenzanalysen lässt sich ableiten, dass bereits in der Vorbereitungsphase die Reflexion angebahnt werden sollte. Dazu eignet sich z.B. das gezielte Bewusstmachen von beruflichen Situationen oder Berufsverläufen, in denen die Kompetenzen, die im Folgenden Gegenstand der Reflexion sein sollen, erworben wurden. In der Durchführungsphase sollten dann weder Methoden eingesetzt werden, in denen das Individuum durch eine andere Person beurteilt wird, noch sollten Methoden Anwendung finden, in denen die Kompetenzen anhand metrischer Systeme gemessen werden. Vielmehr geht es darum, zur Selbstreflexion und zur strukturellen Reflexion anzuleiten und die dadurch entstehenden Selbsteinschätzungen mit Fremdeinschätzungen zu kombinieren und abzugleichen. Wie deutlich wurde, erscheinen Fremdeinschätzungen als Ergänzung zu Selbsteinschätzungen sinnvoll (vgl. dazu auch Merkmal 5: Differenzierung der Analysemethoden und Kombination von Selbst- und Fremdeinschätzungen). In der Nachbereitungsphase schließlich sollte die Kompetenzreflexion in der Form aufgenommen werden, dass aus den selbst gewonnenen Erkenntnissen Schlussfolgerungen für weitere Kompetenzentwicklungs- oder Weiterbildungsmaßnahmen gezogen werden.

Tab. 12 Phasen der Kompetenzanalyse und das Merkmal der Kompetenzreflexion (eigene Darstellung)

Phase der Kompetenzanalyse	Form der Kompetenzreflexion
Vorbereitungsphase	Anbahnung der Kompetenzreflexion durch Erinnern und Bewusstmachen beruflicher Situationen oder Entwicklungen
Durchführungsphase	Reflexion als zentrale Methode
Nachbereitungsphase	Konsequenzen und Schlussfolgerungen aus den Erkenntnissen durch die Reflexion

6.1.2 Merkmal 2: Kontinuität

Kompetenzförderlichkeit wird erreicht, wenn Kompetenzanalysen wiederholt eingesetzt werden und nicht punktuell verbleiben.

Diesbezüglich kann als Ergebnis der empirischen Untersuchung festgehalten werden, dass die Wiederholung einer Kompetenzreflexion die Kompetenzentwicklung befördert, weil ein Teil der Nutzer eine wiederholte Reflexion ihrer Arbeitserfahrungen und Kompetenzen in den Arbeitsalltag integriert hat und daran seine eigene Weiterentwicklung orientiert. Diese empirischen Ergebnisse lassen sich theoretisch untermauern, indem auf die Theorie zur Erfahrungskonstitution zurückgegriffen wird, auf die bereits in Kapitel 3 eingegangen wurde. Erfahrung wird – wie dort ausgeführt – von Dewey als Prozess angesehen, in dem die aktive Handlung und die sinnliche Rückmeldung als zwei voneinander abhängige Phasen konstitutiv sind. Sie beginnt mit einer aktiven Handlung, die über eine sinnliche Rückmeldung interpretiert und zudem subjektiv ausgewertet und zu Erkenntnissen zusammengeführt wird. Damit verläuft Kompetenzentwicklung in einem zyklischen, das eigene Niveau ständig erhöhenden Prozess. Im Zyklus aus Handlung und Verarbeitung bzw. Reflexion dieser Aktion wird die individuelle Kompetenzstruktur aufgebaut. Kompetenzentwicklung bzw. Erfahrungskonstitution erfolgt dadurch, dass das Denken die aktive und passive Phase der äußeren Erfahrung durchdringt, einen Zusammenhang zwischen ihnen herstellt und in der inneren Erfahrung reflexiv verarbeitet, wodurch es schließlich zum Aufbau neuer Erfahrungen kommt (vgl. Krüger/ Lersch 1993, S. 145). Dabei verläuft die Erfahrungskonstitution kreisförmig und vollzieht sich in der Interaktion des Subjekts mit der Umwelt. Angesichts dieses Erfahrungsbegriffs stellen Erziehungsprozesse für Dewey einen spezifisch ausgewählten Ausschnitt des Prozesses adaptiv-konstruktiver Erfahrung dar und müssen das Kriterium der Wechselwirkung einerseits und der Kontinuität andererseits erfüllen (vgl. Dewey 1986, S. 291ff.). Das Kriterium der Wechselwirkung – so lässt sich vertiefend ausführen – bezieht sich darauf, dass Lernumgebungen das Verhältnis der Wechselwirkung zwischen subjektiven und objektiven Bedingungen ermöglichen und auf vorhandene Erfahrungen der Lernenden Bezug nehmen sollen. Das Kriterium der Kontinuität bezieht sich darauf, dass „Erfahrungsprozesse, die sich in verschiedenen situativen Kontexten vollziehen, nur dann erzieherisch wirksam sind, wenn die wechselnden Situationen miteinander in Verbindung stehen und sich gegenseitig beeinflussen" (Krüger/ Lersch 1993, S. 148). Mit dem Begriff Kontinuität wird also betont, dass der Auf- und Ausbau der individuellen Kompetenzstruktur eine erweiterte Handlungsgrundlage und damit die Ausgangsbasis für weitere Entwicklungsprozesse bildet (vgl. Dewey 1986, S. 291ff.). Aufgabe von Erziehung ist es in Deweys Verständnis, zur Herstellung von Kontinuität in der Erfahrung beizutragen.

Bezieht man diese Erläuterung zur Erfahrungskonstitution auf den Gegenstand Kompetenzanalyse, so wird deutlich, warum durch Kompetenzanalysen die Entwicklung von Kompetenzen unterstützt werden kann und weshalb Reflexion und Kontinuität dabei zentrale methodische Elemente darstellen. So lässt sich einerseits folgern, dass Kompetenzanalysen einen Ansatz darstellen, die erworbenen beruflichen Erfahrungen bewusst zu machen und zu reflektieren, wobei das Kriterium der Wechselwirkung dadurch realisiert wird, dass auf die vorhandenen Erfahrungen der Lernenden Bezug genommen wird. Das dabei stattfindende Lernen ist als „reflexives Lernen" zu kennzeichnen, weil keine neuen Lerninhalte erworben werden, sondern vorhandene Erfahrungen in einen neuen Bewusstseinszustand überführt werden. Andererseits lässt sich mit Bezug auf Deweys Theorie der Erfahrungskonstitution schließen, dass Kompetenzanalysen das Kriterium der Kontinuität erfüllen, wenn sie wiederholt eingesetzt und in einen Prozess der Kompetenzentwicklung eingebunden werden und nicht punktuell oder einmalig verbleiben. Sie ermöglichen dann also ein „kontinuierliches Lernen", das die Kompetenzentwicklung als Erfahrungsprozess während der alltäglichen Arbeitshandlung unterstützt, indem die punktuelle Reflexion mit kurz- oder längerfristigen biographischen Entwicklungen ins Verhältnis gesetzt wird.

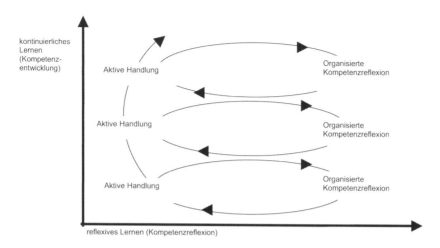

Abb. 11 Verbindung von kontinuierlichem und reflexivem Lernen (eigene Darstellung in Anlehnung an das Modell des Lernens aus Erfahrung nach J. Dewey; vgl. Krüger/ Lersch 1993, S. 149)

Die Verbindung reflexiven und kontinuierlichen Lernens in Anlehnung an Deweys Prozess der Erfahrungskonstitution zeigt also, in welcher Weise Prozesse der Kompetenzentwicklung durch Kompetenzanalysen unterstützt werden können.

Für den betrieblichen Einsatz von Kompetenzanalysen kann das Merkmal der Kontinuität als Anforderung formuliert werden. So sollte z.B. im Rahmen von jährlich stattfindenden Mitarbeitergesprächen eine Wiederholung von Kompetenzanalysen realisiert werden. Dort sollte in der Vorbereitungsphase, in jedem Fall aber in der Durchführungsphase – also während der eigentlichen Kompetenzanalyse – die vorausgegangene Kompetenzentwicklung Eingang finden. Ebenso sollten die Ergebnisse der Kompetenzanalyse in der Nachbereitungsphase in die folgende Entwicklung von Kompetenzen einfließen und zu Schlussfolgerungen führen.

Tab. 13 Phasen der Kompetenzanalyse und das Merkmal der Kontinuität (eigene Darstellung)

Phase der Kompetenzanalyse	Einbindung von Kontinuität
Vorbereitungsphase	Aufnahme der vergangenen Kompetenzentwicklung in der Kompetenzanalyse
Durchführungsphase	
Nachbereitungsphase	Verknüpfung der Ergebnisse der Kompetenzanalyse mit einer weiterführenden Kompetenzentwicklung

Dabei sollte darauf abgezielt werden, die Kompetenzreflexion und die vorangegangene und nachfolgende Kompetenzentwicklung so miteinander zu verknüpfen, dass die Mitarbeiter den Zusammenhang beider Elemente im Sinne der obigen Abbildung erkennen und demnach reflexives und kontinuierliches Lernen gleichermaßen realisieren.

6.1.3 Merkmal 3: Begleitete Selbststeuerung

Kompetenzanalysen erfordern eine stetige personelle Begleitung, wenn sie kompetenzförderlich sein sollen.

Die Bedeutung von Begleitung und Beratung für Kompetenzanalysen ist im Rahmen dieser Arbeit immer wieder deutlich geworden. In den empirischen Ergebnissen der Untersuchung erweist sich die Unterstützungsfunktion dieser Dimension an verschiedenen Punkten. Sie wird zu verschiedenen Zeitpunkten und Phasen und in unterschiedlichen Qualitäten während der Kompetenzanalyse notwendig und es können drei unterschiedliche Formen der Begleitung abgeleitet werden: Zunächst erweist sich der Untersuchung zufolge eine informierende und erläuternde *Beratung vor der eigentlichen Analyse* bzw. bei den ersten Schritten des Bearbeitungsprozesses als notwendig. Diese Beratungsform besteht in der Einweisung der Nutzer in den Aufbau des Instruments und den Umgang damit und erscheint in der Umsetzung relevant, da Instrumente der Kompetenzanalyse nicht selbsterklärend sind. Die informierende Beratungsform ist notwendig, um einen über das Instrument hinausgehenden persönlichen Kontakt zwischen Nutzern und „Anbietern" herzustellen und das Instrument bekannt zu machen. Die besondere Bedeutung einer informierenden Beratung der Nutzer vor der Bearbeitung besteht demnach in der Unterstützung des instrumentellen Angebots durch persönlichen Kontakt, mit dem auf die individuellen Bedürfnisse der potenziellen Nutzer eingegangen werden kann.

Unter der *Prozessbegleitung während der Durchführung* von Kompetenzanalysen ist die Unterstützung während der eigentlichen Analyse zu verstehen. Sie erweist sich angesichts der Untersuchungsergebnisse als notwendig, um Schwierigkeiten zu beheben, die infolge der methodischen und inhaltlichen Anforderung an die Nutzer gestellt werden. Insbesondere in der Frage des Verhältnisses zwischen dem Anspruch, den das Instrument stellt, und den individuellen Fähigkeiten der Nutzer zeigt sich in der Untersuchung, dass die methodische Form des Kompetenz-Handbuchs als schriftlich in Eigenarbeit auszufüllendes Instrument die ursprünglich in der Konzeption vorgesehene Nutzergruppe selektiert, weil nicht alle Nutzer das Instrument selbstständig bearbeiten können. Zudem zeigen sich Probleme hinsichtlich der Selbsteinschätzung, mit der im Kompetenz-Handbuch gearbeitet wird. Allgemein lässt sich also die Notwendigkeit einer begleitenden personellen Unterstützung für Kompetenzanalysen ableiten.

Neben der Notwendigkeit der Prozessbegleitung hat die empirische Untersuchung weiterhin ergeben, dass Kompetenzanalysen besonders dann als kompetenzförderlich einzuschätzen sind, wenn sie mit einem Angebot zur weiteren *orientierenden Entwicklungsbegleitung* verknüpft werden. Diese hier als berufliche Entwicklungsbegleitung bezeichnete Form der Unterstützung bezieht sich damit auf die letzte Bearbeitungsphase bzw. den Umgang mit dem Kompetenz-Handbuch nach der Bearbeitung. Sie erweist sich nach den Ergebnissen der Untersuchung aus unterschiedlichen Gründen als sinnvoll und notwendig.

Ergänzend dazu lässt sich aus der Theorie anführen, dass ein Bedarf an biographieorientierender Beratung besonders in Phasen des beruflichen Übergangs oder Umbruchs entsteht (vgl. Gieseke 2000, S. 16). Im Zentrum dieser Beratungssituationen steht die Entwicklung beruflicher Perspektiven aufgrund bildungsbiographischer Daten, individueller Interessen und vorhandener Kompetenzen. In diesen konstruktiven Beratungsprozessen ist zunächst eine Standortbestimmung und eine Bestandsaufnahme erworbener Qualifikationen und Kompetenzen notwendig, bevor der zweite Schritt zu konkreten Bildungsentscheidungen für ein individuelles Bildungsprofil führen kann. Die drei unterschiedlichen Formen der Beratung sind in der folgenden Abbildung zusammenfasst:

Tab. 14 Phasen der Kompetenzanalyse und das Merkmal der Begleitung ung Beratung (eigene Darstellung)

Phase der Kompetenzanalyse	Form der Begleitung und Beratung
Vorbereitungsphase	Information über das Instrument und sein Umsetzungsverfahren, Beratung vor der Bearbeitung
Durchführungsphase	Prozessbegleitung während der Durchführung
Nachbereitungsphase	orientierende Entwicklungsbegleitung

Eine Unterscheidung zwischen den unterschiedlichen Formen der Begleitung wird auch in einer Machbarkeitsstudie zum deutschen Weiterbildungspass vorgenommen (vgl. BMBF 2004, S. 156), in der die Möglichkeiten und Bedingungen zur Einführung eines bundeseinheitlichen Verfahrens zur Kompetenzanalyse analysiert werden. Dort wird im ersten Schritt die Anleitung und Unterstützung bei der Kompetenzanalyse für notwendig erachtet und im zweiten Schritt eine Begleitung bezüglich weiterer bildungs- und berufslaufbahnbezogener Schritte für erforderlich gehalten und als „fester Bestandteil" eines in Deutschland zu implementierenden Weiterbildungspasses angesehen (vgl. BMBF 2004, S. 156). Die Bedeutung von Beratung und Begleitung wird zudem in der Literatur zu Kompetenzanalysen immer wieder betont. Erpenbeck und Rosenstiel (2003) heben z.B. hervor, dass bei der Erfassung und Bewertung von Kompetenzen individuelle Unterstützung durch eine begleitende Instanz notwendig ist. Somit lässt sich durch unterschiedliche Quellen die Bedeutung personeller Begleitung belegen.

Aus kompetenztheoretischer Perspektive lässt sich die Bedeutung von Begleitung mit dem Leitkriterium der Kooperation begründen, das als wesentlicher Aspekt für Kompetenzentwicklung gelten kann. Im Rahmen dieser Arbeit wurde gezeigt, dass soziale Zusammenarbeit für die Kompetenzentwicklung eine zentrale Funktion hat. Auch als Ergebnis der Empirie ist anzunehmen, dass Kompetenzanalysen kommunikative Anteile beinhalten müssen, da diese als konstitutiv für die Entwicklung von Kompetenzen anzusehen sind. Obwohl also Kompetenzentwicklung einen individuellen Prozess darstellt, verläuft sie nicht ohne personelle Unterstützung.

Die Bedeutung der Begleitung ist dadurch zu belegen, dass die Bearbeitung von Kompetenzanalysen als weitgehend selbstgesteuerter Prozess angesehen werden kann, der nicht von allen Personen gleichermaßen bewältigt wird. Zum einen erfolgt die Bearbeitung des Instruments – insbesondere wenn es ein Selbstbearbeitungsinstrument wie das hier untersuchte Kompetenz-Handbuch ist – im Wesentlichen eigenständig und selbstgesteuert, zum anderen können die individuellen Kontextsituationen, die in die Kompetenzanalyse eingebunden sind, wie z.B. berufliche Umorientierung, Veränderung hinsichtlich einer neuen Tätigkeit etc. als Prozesse angesehen werden, die von Beschäftigten in der Regel selbstgesteuert bearbeitet werden müssen. In diesen Situationen selbstgesteuerten Handelns stellt die Begleitung eine Unterstützungsform dar, die den Charakter der Lernprozesse als „selbstgesteuert" belässt, aber dennoch eine unterstützende Funktion hat. Gieseke (1987) hat für dieses Phänomen den Begriff der „Beratung als Grundform pädagogischen Handelns" geprägt. Dieses Begriffsverständnis wird auch von Schäffter (2000) formuliert, der Beratung gegenüber dem pädagogischen Handeln abgrenzt, das der Vermittlung von Wissen innerhalb didaktischer Lernsituationen dient. Beratung als Form pädagogischen Handelns ist Schäffter zufolge zu kennzeichnen

> „als ein spezifisches pädagogisches Arrangement, das sich nicht auf Vermittlungsprobleme innerhalb didaktisierter Lernsituationen beschränkt, sondern sich dezidiert an einen sozialen Kontext wendet, der außerhalb des Einflussbereichs der pädagogisch Handelnden liegt" (Schäffter 2000, S. 50).

Diese Begriffsbestimmung kann auf die Kennzeichnung von Begleitung übertragen werden. Infolge der spezifischen Kontextbedingungen in Begleitungssituationen wird also nicht ein Zuwachs an Wissen, Kenntnissen, Fertigkeiten oder Fähigkeiten als zentrales Ergebnis fokussiert, vielmehr gilt es in erster Linie, Veränderungen von Situationen und Problemlagen aus dem alltäglichen Handlungsfeld der Unterstützungsuchenden bzw. Beschäftigten zu bearbeiten. Damit beziehen sich Situationen der Begleitung auf soziale Kontexte und streben die Bearbeitung alltäglicher Entwicklungsaufgaben oder Probleme an, sind jedoch zieloffen bzw. zielgenerierend angelegt. Sie kommen durch ein Bedürfnis des Einzelnen nach externer Unterstützung zustande, wobei sie durch Alltagssituationen veranlasst sind, deren Relevanz und Realität sich aus der Perspektive der Personen ergibt. Der Erfolg von Begleitung bemisst sich infolgedessen am „Erwerb kontextspezifischer Kompetenzen und deren situationsadäquater Performanz in relevanten Alltagszusammenhängen" (Schäffter 2000, S. 50). Da in Begleitungssituationen die Bearbeitung aktueller Problemlagen gegenüber dem Vermittlungsaspekt eine besondere Bedeutung innehat und demzufolge die Entwicklung individueller Wissensbestände oder Kompetenzen nicht als erste Zielsetzung verfolgt wird, kann Begleitung als „Komplementärbegriff" (Siebert 2001, S. 98) zu selbstgesteuerten Formen des Lernens betrachtet werden. Sie ermöglicht damit eine *begleitete Selbststeuerung*, die – wie in den empirischen Befunden deutlich wurde – auch im Rahmen von Kompetenzanalysen eine zentrale Funktion erfüllt.

6.1.4 Merkmal 4: Lernförderliche Rahmenbedingungen

Das Leitprinzip der Kompetenzförderlichkeit erfordert, dass Kompetenzanalysen unter lernförderlichen Bedingungen durchgeführt werden.

Auch dieses Fazit lässt sich als zentrales Ergebnis der vorliegenden Arbeit festhalten. Bereits in der theoretischen Grundlegung zur Kompetenzentwicklung in Kapitel 3 hat sich gezeigt, dass die situativen Bedingungen und damit die Struktur und der situative Rahmen bei Kompetenzanalysen einen wesentlichen Einfluss auf die Kompetenzentwicklung haben. So wird davon ausgegangen, dass Kompetenzentwicklung das Resultat einer Interaktion zwischen Subjektstruktur und Umweltstruktur ist, das die Konstruktion neuer Strukturen auf einer jeweils höheren Ebene ermöglicht (vgl. Piaget 1975). Insbesondere solche Anforderungen und Umgebungsbedingungen können als kompetenzförderlich gelten, die eine Integration neuer Erfahrungen in bereits vorhandene individuelle Schemata und Strukturen gestatten und darüber hinaus zu einer konstruktiven Auseinandersetzung mit ihnen veranlassen. Eine derartige konstruktive Auseinandersetzung wird in der Arbeitswelt durch Störungen und Problembezug einerseits und eine „Als-ob-Autonomie" (vgl. Aufenanger 1992) andererseits ermöglicht. Für eine an der Kompetenzentwicklung ausgerichtete betriebliche Weiterbildung ist es demzufolge wichtig, dass die Rahmenbedingungen der Arbeits- und Lernhandlungen lernförderlich gestaltet werden.

Somit erweisen sich lernförderliche Kontextbedingungen auch für kompetenzförderliche Kompetenzanalysen als notwendig. In den empirischen Befunden zeigt sich dazu, dass für die Umsetzung des Kompetenz-Handbuchs lernförderliche Kontextbedingungen wichtig sind. Besonders deutlich wird dieser Befund, wenn Erfolgs- und Misserfolgsfaktoren des Kompetenz-Handbuchs erwähnt werden. Hinsichtlich der lernförderlichen Rahmenbedingungen lassen sich als Ergebnis der Untersuchung unterschiedliche Aspekte herausarbeiten, die in den einzelnen Phasen von Kompetenzanalysen wichtig erscheinen:

In der Vorbereitungsphase, in der Verfahren im Betrieb entwickelt und die Nutzer mit den Instrumenten der Kompetenzanalyse bekannt gemacht werden, indem ihnen Informationen über das Instrument und sein Umsetzungsverfahren gegeben werden, können Partizipation und Transparenz als wichtige Bedingungsfaktoren gelten. Zum einen hat sich in der empirischen Untersuchung gezeigt, dass *Transparenz* über die Ziele und Leistungen des Instruments bestehen muss, um im Gegenzug die Offenheit der Nutzer gegenüber dem Instrument zu fördern und individuelle Erfahrungshintergründe zu berücksichtigen. Ebenso muss die Reichweite und Gültigkeit der entstehenden Daten reflektiert und kommuniziert werden, wie auch aus der Problematisierung der Unterscheidung zwischen Kompetenz und Performanz hervorgeht. Zu diesem Schluss kommt auch eine Arbeitsgruppe der EU (vgl. Björnavold 2004), die Vertrauen und Verlässlichkeit als zentrale Grundsätze für die Validierung des nicht formalen und des informellen Lernens ansieht, wozu insbesondere die Transparenz der Verfahren, der Kriterien und der Verfügbarkeit von Informationen (vgl. Björnavold 2004, S. 6f.) beitragen. Transparenz wird dort zudem auf die Normen, das Entwicklungs- und Umsetzungsvorgehen und die Bedingungen bei der Durchführung, die Ziele und Zwecke der Validierung sowie die Ergebnisverwendung bezogen.

Eine weitere Anforderung in der Vorbereitungsphase, die mit dem Aspekt der Transparenz in Verbindung steht, stellt die *Partizipation* dar. Sie erweist sich infolge der unterschiedlichen betrieblichen Interessenlagen als notwendig, die sich – wie in Kapitel 2 bereits ausgeführt wurde – auch auf den Einsatz von Kompetenzanalysen auswirken. Daraus kann geschlossen werden, dass Kompetenzanalysen ebenso wie andere Maßnahmen betrieblicher Bildungsarbeit dem Spannungsfeld zwischen betrieblichen und individuellen Interessen unterliegen. Wie auch in anderen Situationen betrieblicher Regelung kann Partizipation bei der Konzeptionierung und Planung von Kompetenzanalysen insofern als wesentliches Kriterium gelten, um die Interessen der Beschäftigten aufzunehmen. Unter Partizipation ist im allgemeinen die direkte Beteiligung der Mitarbeiter an Entscheidungen zu verstehen, die ihre Arbeit oder ihr Arbeitsumfeld betreffen. Unter dem Grundsatz der Glaubwürdigkeit und Legitimität wird dieses Kriterium auch in die europäischen Grundsätze aufgenommen. Verstanden wird darunter „die Einbeziehung aller relevanten Interessengruppen auf den entsprechenden Ebenen" (Björnavold 2004, S. 8). Ebenso wie im Bereich des Wissensmanagements ist davon auszugehen, dass ein hoher Grad an Partizipation seitens der Mitarbeiter und der Interessenvertretungen beim Entwicklungsprozess das Klima bei der Durchsetzung der Maßnahmen im Unternehmen positiv beeinflusst (vgl. Wilkesmann/ Rascher 2004, S. 33).

Mit dem Kriterium der Transparenz für eine lernförderliche betriebliche Umsetzung ist auch die Frage der *Vertraulichkeit* in Verbindung zu bringen. Dieses Kriterium ist besonders in der Durchführungsphase von Kompetenzanalysen wichtig, da dort persönliche Daten generiert werden, die nur einem ausgewählten Personenkreis mit Zustimmung des Beschäftigten zugänglich sein dürfen. Insbesondere auf die Einhaltung von datenschutzrechtlichen Bedingungen ist hinzuweisen (vgl. Weiß 1999b, S. 185).

Ein anderes Kriterium für eine kompetenzförderliche betriebliche Durchführung, das sich aus der empirischen Untersuchung ableiten lässt, ist das Prinzip der *Freiwilligkeit*. Außerdem erweist es sich als relevant, weil sich in der theoretischen Grundlegung gezeigt hat, dass die Verknüpfung von Fähigkeit und Bereitschaft (die wiederum Freiwilligkeit voraussetzt) eine berufspädagogisch und lernpsychologisch begründete Ausprägung des Kompetenzbegriffs darstellt, die die Verantwortung des Subjekts für seinen eigenen Entwicklungsprozess betont. In der Untersuchung zeigt die Analyse der individuellen Anlässe zudem, dass das Kompetenz-Handbuch nur von Personen in Anspruch genommen wird, die freiwillig teilnehmen, weil sie sich davon persönliche Vorteile versprechen. Das Prinzip der Freiwilligkeit wird unter dem Terminus der Rechte des Einzelnen auch in den europäischen Grundsätzen (vgl. Björnavold 2004, S. 5) betont.

Eine weitere Anforderung lässt sich aus der Notwendigkeit eines Gesamtkonzepts aus betrieblicher Bildungsarbeit, Organisationsentwicklung und Personalentwicklung begründen, wie sie in Kapitel 2 diskutiert wurde. Sie wird hier als *systematische Einbindung* bezeichnet. Besondere Bedeutung kommt ihr in der Nachbereitungsphase von Kompetenzanalysen zu, denn sie zielt darauf ab, dass betriebliche Kompetenzanalysen in ihren Begründungen und Zielsetzungen auf die Bildungs-

und Qualifikationsansprüche der Mitarbeiter bezogen sein und zugleich mit strategischen Zielen der Organisationsentwicklung in Verbindung gebracht werden sollten. Dazu wurde in der empirischen Untersuchung deutlich, dass betriebliche oder arbeitsmarktbezogene Rahmenbedingungen und -strukturen die Reichweite und Leistungsfähigkeit des Verfahrens beeinflussen. Außerdem wurde festgestellt, dass eine kompetenzförderliche Umsetzung des Kompetenz-Handbuchs durch ungünstige betriebliche oder arbeitsmarktbezogene Rahmenbedingungen eingeschränkt werden kann, weil z.B. Entwicklungswege, die mit dem Instrument erarbeitet und entfaltet wurden, in der betrieblichen Realität nicht umgesetzt werden können oder weil der Arbeitsmarkt die Umsetzung einer eigenen beruflichen Entwicklungsrichtung nicht zulässt. Die systematische Einbindung in das betriebliche System ebenso wie in das staatliche Beschäftigungs- und Bildungssystem stellen somit Determinanten für Kompetenzanalysen dar, weil erst mit der tatsächlichen Umsetzung der erarbeiteten Entwicklungsschritte eine Kompetenzentwicklung erfolgen kann. Insofern wirken sich fehlende Verbindungen zwischen Instrumenten der Kompetenzanalyse und betrieblichen oder arbeitsmarktbezogenen Rahmenbedingungen und Strukturen negativ auf eine kompetenzförderliche Verfahrensatmosphäre aus. Ein vermittelnder Ansatz kann die individuellen ebenso wie die betrieblichen Bedarfe aufnehmen. In der systematischen Einbindung in die Gesamtstrategie, Struktur und Kultur des Unternehmens ist also ein wesentlicher Aspekt für kompetenzförderliche Kompetenzanalysen zu sehen.

Tab. 15 Phasen der Kompetenzanalyse und das Merkmal der lernförderlichen Rahmenbedingungen (eigene Darstellung)

Phase der Kompetenzanalyse	Lernförderliche Rahmenbedingungen
Vorbereitungsphase	Transparenz, Partizipation
Durchführungsphase	Freiwilligkeit, Vertraulichkeit
Nachbereitungsphase	systematische Einbindung

6.1.5 Merkmal 5: Differenzierung der Analysemethoden und Kombination von Selbst- und Fremdeinschätzungen

Kompetenzförderlichkeit erfordert den Einsatz teilnehmerorientierter Methoden und die Kombination von Selbst- und Fremdeinschätzungen.

Eine methodische Eindimensionalität entspricht nicht den Bedürfnissen der Nutzer von Kompetenzanalysen, weil sie voraussetzt, dass die Nutzer mit der jeweilig gewählten Methode z.B. eigenständigem Ausfüllen von Fragebogen umgehen können. Insbesondere in der Durchführungsphase von Kompetenzanalysen, in der die eigentliche Analyse erfolgt, ist eine Differenzierung von Methoden und die Kombination von Einschätzungsperspektiven bedeutsam.

Dieser Befund ist hier festzuhalten, weil sich zum einen in der Untersuchung gezeigt hat, dass ein angemessenes Verhältnis von Komplexität und subjektiver Leistungsfähigkeit herrschen muss. So zeigte die empirische Untersuchung z.b., dass die Fähigkeit zum Umgang mit den Instrumenten sehr stark zwischen einzelnen Personengruppen variiert und von Schreib- und Lesegewohnheit, Bildungsnähe, Bildungsabschluss, Arbeitsaufgaben und Lebensalter abhängt (vgl. Kap. 5.2.1). Diese Ergebnisse lassen den Schluss zu, dass eine *methodische Differenzierung* bei Instrumenten der Kompetenzanalyse notwendig ist, die es ermöglicht, auf die individuellen Fähigkeiten und das Leistungsvermögen der Nutzer angemessen einzugehen. Der Begriff der methodischen Differenzierung ist hier aus der schulisch orientierten Berufspädagogik entlehnt. Dort versteht man unter innerer Differenzierung bzw. Binnendifferenzierung „die geplante Herausbildung und pädagogische Anwendung didaktischer Verschiedenheiten innerhalb eines Bildungsgangs einer Ausbildungsstätte" (Zielke/ Popp 1997, S. 187). Bei der inneren Differenzierung wird durch organisatorisch und methodisch-didaktische Maßnahmen versucht, „in Lerngruppen gemeinsame Ausbildungsziele und -abschlüsse unter Berücksichtigung der unterschiedlichen Voraussetzungen und Interessen der Lernenden, aber auch unterschiedlicher Leistungsniveaus" (Faßhauer/ Rützel 2000, S. 4) zu erreichen. Für die Gestaltung von Kompetenzanalysen bedeutet Differenzierung, dass es kein einheitliches Instrument der Kompetenzanalyse für alle Ebenen einer Mitarbeiterschaft geben kann, sondern über methodische Differenzierung ein Weg gesucht werden muss, Mitarbeiter zu unterstützen, die aufgrund ihrer Fähigkeiten und ihres Leistungsvermögens das allgemeine Instrument nicht bearbeiten können. Dazu bietet sich die Entwicklung unterschiedlicher Instrumente an, die es ermöglichen, das Ziel auf unterschiedlichen Wegen zu erreichen. Außerdem kann eine personelle Begleitung oder Unterstützung eingesetzt werden, in der das Instrument mit den Beschäftigten zusammen bearbeitet wird.

Weiterhin ist es zur Erhöhung der Aussagekraft der Ergebnisse von Kompetenzanalysen wichtig, dass unterschiedliche Zugänge und Methoden miteinander verknüpft werden. Die Anforderung der *Kombination von Selbst- und Fremdeinschätzungen* lässt sich aus der Darstellung der wesentlichen Problemaspekte von Kompetenzanalysen (vgl. Kap. 4.3.2) ableiten. Sie gründet sich auf die Unterscheidung zwischen Kompetenz und Performanz und auf den Situations- und Kontextbezug von Kompetenz. Dort hatte sich ergeben, dass der Singularität von Aussagen einzelner Analysemethoden durch eine Kombination verschiedener Analyseverfahren begegnet werden kann (vgl. dazu auch Erpenbeck/ Rosenstiel 2003, S. XIX). Zur Erhöhung der Aussagekraft von Ergebnissen scheint es deswegen wichtig, unterschiedliche Zugänge und Methoden miteinander zu verknüpfen, ähnlich wie es in der empirischen Sozialforschung durch Triangulation geschieht.[36]

In Ergänzung dazu hat die Untersuchung ergeben, dass eine Kombination dadurch möglich ist, dass sowohl qualitative als auch quantitative Formen der Analyse verbunden werden oder dass Einzel- und Gruppenbearbeitung vorgenommen wird. Eine weitere Form der Kombination ist die Verknüpfung von dialogorientierten Verfahren mit Selbstbearbeitungsmaterialien. Hier liegt der Vorteil in der kommunikativen Validierung von Selbsteinschätzungen durch Fremdeinschätzungen. Auch Björnavold sieht in der Kombination von Fremd- und Selbsteinschätzungen die Möglichkeit „durch ein rationales Gespräch zu einer gemeinsamen Auffassung zu gelangen" (Björnavold 1997, S. 70). Auch die durchgeführte Untersuchung verdeutlicht, dass eine Spiegelung der Selbsteinschätzung durch Fremdeinschätzungen notwendig ist, damit die Kompetenzanalyse nicht nur auf einen Zugang setzt (in diesem Fall auf das Selbstbild) (vgl. Kap. 5.2.2).

Zwar zeigt sich in der Untersuchung zunächst, dass das besondere Potenzial von Selbsteinschätzungen darin liegt, dass sie zur Förderung der Selbstreflexivität beitragen und eine Auseinandersetzung mit dem individuellen Selbstbild ermöglichen (vgl. Kap. 5.2.6). Auch wird in der Literatur festgestellt, dass Selbsteinschätzungen eine persönlichkeitsfördernde und motivierende Wirkung durch die Beschäftigung mit den eigenen Fähigkeiten und Perspektiven haben können (vgl. Käpplinger/ Puhl 2003). Demgegenüber kann allerdings angeführt werden, dass Selbsteinschätzungen zu starker Subjektivität führen, „eine eingeschränkte Realitätsnähe, fehlende Vergleichbarkeit und Allgemeingültigkeit" (BMBF 2004, S. 56) von Analysedaten mit sich bringt und dass die Einschätzung der eigenen Person sehr unterschiedlich entwickelt ist (vgl. Kap. 5.2.2). Bezüglich der Leistungsfähigkeit, der Grenzen und Möglichkeiten von Selbsteinschätzungen liegen auch verschiedene organisations- und arbeitspsychologische Studien vor (vgl. Donat 1991; Sonntag/ Schäfer-Rauser 1993).

Infolge dieser Erkenntnisse und der in der Untersuchung herausgearbeiteten Grenzen von Selbsteinschätzungen lässt sich für die Gestaltung von Kompetenz-

---

36 Der Begriff steht dort für eine Erhebungs- und/oder Auswertungsmethode (vgl. Flick 2000a). Dieser ursprünglich forschungsmethodische Begriff beschreibt die Herangehensweise, für Frage- und Problemstellungen unterschiedliche Lösungs- und Erkenntniswege zu wählen und diese zur Erkenntnisgewinnung zu kombinieren. Dabei können unterschiedliche Interpretationen, Methoden oder Datenquellen miteinander verknüpft werden (vgl. Pätzold 1995, S. 66).

analysen die Forderung der Kombination von Fremd- und Selbsteinschätzungen formulieren: Fremdeinschätzungen können neben Selbsteinschätzungen ein weiterer Reflexions- und Informationsgeber sein. Sie können dazu beitragen, realistische und reflektierte Aussagen über sich selbst zu treffen und angemessen über sich selbst zu urteilen. Durch eine Kombination ist jedoch nicht von einer Objektivierung der Ergebnisse auszugehen, da sowohl Fremdeinschätzungen als auch Selbsteinschätzungen dem Prinzip der Subjektivität unterliegen. Insofern empfiehlt auch Weiß (1999b, S. 187), den subjektiven Faktor besonders von dialogorientierten Kompetenzerhebungen zum „methodischen Prinzip" zu machen und mit dem Mehraugenprinzip einen Ausgleich zu schaffen. Methodisch wird die Unschärfe durch den dialogischen Austausch der am Entscheidungsprozess Beteiligten im Sinne einer kommunikativen Validierung aufgehoben und damit eine Intersubjektivität ermöglicht.

Zusammenfassend lässt sich festhalten, dass die fünf konzeptionellen Merkmale kompetenzförderlicher Kompetenzanalyse zeigen, wie sich das Leitprinzip der Kompetenzförderlichkeit in unterschiedlicher Weise in Verfahren der Kompetenzanalyse niederschlagen kann: Zunächst als *Zielkategorie* von Kompetenzanalysen, wenn diese reflexive Handlungsfähigkeit anstreben und an den Leitkriterien zur Kompetenzentwicklung orientiert sind. Kompetenzförderlichkeit kann darüber hinaus auch ein Prinzip für die *konzeptionelle Strukturierung von Verfahren* der Kompetenzanalyse bilden. Diese Ausrichtung steht für einen kontinuierlichen und wiederholten Einsatz von Verfahren der Kompetenzanalyse (Merkmal 2), die Verknüpfung der Instrumente mit einer unterstützenden Begleitung (Merkmal 3) sowie die Gestaltung lernförderlicher Rahmenbedingungen während des gesamten Prozesses (Merkmal 4). Eine Strukturierung von Kompetenzanalysen am Leitprinzip der Kompetenzförderlichkeit legt schließlich auch eine kompetenzorientierte *methodische Konzeption* nahe. Diese beinhaltet ein Vorgehen, das auf eine teilnehmerorientierte methodische Differenzierung einerseits und die Verbindung und Kombination unterschiedlicher Einschätzungsperspektiven andererseits ausgerichtet ist (Merkmal 5) sowie Reflexion als zentrales methodisches Element einsetzt (Merkmal 1).

Die folgende Abbildung fasst die im Vorangehenden ausgeführten fünf Merkmale zur Kompetenzförderlichkeit und ihre Ausdifferenzierung in den einzelnen Phasen zusammen:

Tab. 16 Merkmale kompetenzförderlicher Kompetenzanalysen in den drei Verfahrensphasen

Phasen der Kompetenzanalyse	Merkmal 1: Form der Kompetenzreflexion	Merkmal 2: Einbindung von Kontinuität	Merkmal 3: Form der Begleitung	Merkmal 4: Lernförderliche Rahmenbedingungen	Merkmal 5: Methoden
Vorbereitungsphase	Anbahnung und Einstimmung der Reflexion	Aufnahme der vergangenen Kompetenzentwicklung in der Kompetenzanalyse	Information über das Instrument und sein Umsetzungsverfahren	Transparenz, Partizipation	
Durchführungsphase	Reflexion als zentrale Methode		Prozessbegleitung während der Durchführung	Freiwilligkeit, Vertraulichkeit	Differenzierung der Analysemethoden und Kombination von Selbst- und Fremdeinschätzungen
Nachbereitungsphase	Konsequenzen und Schlussfolgerungen aus den Erkenntnissen durch die Reflexion	Anknüpfung der Ergebnisse der Kompetenzanalyse an eine weiterführende Kompetenzentwicklung	orientierende Entwicklungsbegleitung	systematische Einbindung	

6.2 Kompetenzförderliche Kompetenzanalysen – Beispiel und Einordnung

Als Beispiel für ein kompetenzförderliches Verfahren der Kompetenzanalyse kann z.B. das Kompetenz-Handbuch im Job-Navigator gelten. Wie bereits in der Untersuchung deutlich wurde, entspricht das Kompetenz-Handbuch den Leitkriterien zur Kompetenzentwicklung weitgehend und ist demnach darauf angelegt, einen Beitrag zur Kompetenzentwicklung zu leisten. Über diese grundsätzliche Einschätzung bezüglich der Leitkriterien für Kompetenzentwicklung hinaus, die bereits eingehend in Kapitel 5 dargelegt wurde, kann das Kompetenz-Handbuch nun abschließend konzeptionell bewertet werden und es können Verbesserungsvorschläge angebracht werden:

Eine Kompetenzförderlichkeit wird bei Kompetenzanalysen erreicht, wenn sie auf die Reflexion der Kompetenzen durch den Kompetenzträger selbst abzielen (Merkmal 1: Kompetenzreflexion). Diesem Merkmal entspricht das Kompetenz-Handbuch in der Weise, dass es sowohl die Selbsteinschätzung während der Durchführung als auch die Schlussfolgerungen in der Nachbereitungsphase in der geforderten Form umsetzt und damit in den verschiedenen Phasen auf Reflexion und Erfahrungslernen angelegt ist. So wurde in der Untersuchung deutlich, dass das Kompetenz-Handbuch ein Verfahren zur Selbstbearbeitung ist, das den Nutzer dazu veranlasst, über seine bisherige Berufsbiographie zu reflektieren und sich der vergangenen und zukünftigen beruflichen Entwicklung bewusst zu werden. Kompetenzreflexion wird somit als zentrale Methode eingesetzt. Auch hinsichtlich der Konsequenzen und Schlussfolgerungen, die sich infolge der Reflexion ergeben, wurde deutlich, dass der letzte Bearbeitungsschritt im Kompetenz-Handbuch dazu dient, einen gezielten Aktionsplan zu entwerfen, in dem die beruflichen Entwicklungsziele festgelegt werden. Deutlich wurde jedoch, dass in der Umsetzung des Kompetenz-Handbuchs in der Vorbereitungsphase keine Anbahnung der Reflexion stattfindet. Dies trägt dazu bei, dass das Reflektieren über die eigene berufliche Entwicklung und über die individuellen Kompetenzen von den Nutzern zwar als sinnvoll erachtet, aber auch als ungewohnt empfunden wird. Die Anbahnung erweist sich folglich als notwendig, um fundierte Ergebnisse in der Durchführung der Kompetenzanalyse erzielen zu können.

Kompetenzförderlichkeit wird erreicht, wenn Kompetenzanalysen wiederholt eingesetzt werden und nicht punktuell verbleiben (Merkmal 2: Kontinuität). Bezüglich dieses

Merkmals hat die Untersuchung gezeigt, dass eine wiederholte Anwendung des Kompetenz-Handbuchs notwendig ist und es nicht nur einmalig eingesetzt werden sollte. Mit diesem Vorgehen kann zum einen der Umgang mit Kompetenzanalysen routiniert werden und zum anderen kann die punktuelle Erhebung immer wieder mit der Kompetenzentwicklung der Nutzer verbunden werden. Nur durch einen wiederholten Einsatz des Kompetenz-Handbuchs ist zu ergründen, ob die erarbeiteten konkreten Lern- und Entwicklungsfelder und Entwicklungsziele in Bezug auf die weitere berufliche Entwicklung tatsächlich realistisch waren und zur Kompetenzentwicklung beigetragen haben. Außerdem hat sich in der Untersuchung gezeigt, dass das Potenzial zur Förderung von Kompetenzentwicklung weniger ausgenutzt wird, wenn die Umsetzung der Ergebnisse in alleiniger Verantwortung der Nutzer verbleibt, ohne dass sie weitere Unterstützung erfahren.

Kompetenzanalysen erfordern eine stetige personelle Begleitung, wenn sie kompetenzförderlich sein sollen (Merkmal 3: begleitete Selbststeuerung). In Bezug auf dieses Merkmal lässt sich aus der Untersuchung die Empfehlung ableiten, dass für eine verbesserte Umsetzung des Kompetenz-Handbuchs Begleiter eingesetzt werden sollten, die dem oben formulierten Anspruch an Begleitung und Beratung gerecht werden. Die Professionalität der Begleitung, die im Kontext des Kompetenz-Handbuchs tätig sind, erweist sich laut der empirischen Ergebnisse vielfach als verbesserungsfähig. Problematisch war zum einen, dass die professionelle Begleitung für die Nutzer seitens der Verwaltungsstellen der Gewerkschaft nicht angeboten wurde bzw. eine Begleitungs- oder Beratungsleistung zwar erfolgte, aber aufgrund falscher inhaltlicher Ausrichtung oder fehlender Professionalität der Begleitung für die Nutzer nicht hilfreich war. Somit konnten die Nutzer die Chance, die in der anschließenden Entwicklungsbegleitung liegt, zum Teil nicht wahrnehmen. Eine professionelle Begleitung ist also wichtig, um damit das Potenzial des Kompetenz-Handbuchs zu realisieren und Schwierigkeiten zu bearbeiten, die infolge der methodischen und inhaltlichen Anforderungen an die Nutzer aufkommen.

Das Leitprinzip der Kompetenzförderlichkeit erfordert, dass Kompetenzanalysen unter lernförderlichen Bedingungen durchgeführt werden (Merkmal 4: Lernförderliche Rahmenbedingungen). Das Kompetenz-Handbuch entspricht diesem Merkmal insofern, als bei der Umsetzung versucht wird, lernförderliche Rahmenbedingungen herzustellen. Wie die Untersuchung zeigt, wird dieser Aspekt besonders von den Begleitern, die das Kompetenz-Handbuch mit den Nutzern zusammen umsetzen, als notwendig erachtet. Für eine verbesserte Gestaltung des Kompetenz-Handbuchs ist in der Frage lernförderlicher Bedingungen besonders zu empfehlen, es stärker in das Bildungs- und Beschäftigungssystem bzw. in die betrieblichen Strukturen einzubinden. Die Untersuchung hat diesbezüglich gezeigt, dass sich Probleme ergaben und die Nutzer den Sinn des Instruments stark in Frage stellten, wenn z.B. arbeitslose Nutzer ihre erarbeiteten Ergebnisse nicht im Arbeitsmarktsystem umsetzen konnten, weil das Instrument bei der zuständigen Arbeitsagentur nicht bekannt war. Erst mit einer Anknüpfung an die bestehenden Strukturen wie z.B. betriebliche Weiterbildungs- oder Personalentwicklungsprogramme können die Ergebnisse, die mit dem Kompetenz-Handbuch erarbeitet werden, in konkrete Entwicklungsmaßnahmen innerhalb des Betriebes oder auf dem Arbeitsmarkt überführt werden und damit der Aktionsplan konkret umgesetzt werden. Die erfolgreiche Umsetzung einer derartigen Verknüpfung von Rahmenbedingungen und Verfahren zur Kompetenzanalyse zeigt sich z.B. in der Umsetzung der „bilans des compétences" in Frankreich.[37]

Kompetenzförderlichkeit erfordert den Einsatz teilnehmerorientierter Methoden und die Kombination von Fremd- und Selbsteinschätzungen (Merkmal 5: Differenzierung und Kombination). Bezüglich dieses Merkmals zeigt sich in der Untersuchung, dass bei der Weiterentwicklung des Kompetenz-Handbuchs besonders die methodische Umsetzung eingehend verändert werden muss. So wurde deutlich, dass die einseitige methodische Umsetzung einige Nutzer überfordert und dazu führt, dass das Material nicht oder nicht vollständig bearbeitet werden konnte. Es lässt sich also für die Gestaltung des Kompetenz-Handbuchs als Verbesserungsnotwendigkeit nennen, dass dort zum einen unterschiedliche Methoden zum Einsatz kommen sollten, um eine höhere Nutzerorientierung zu erreichen, zum anderen sollte eine Methodenkombination von Fremd- und Selbsteinschätzungen angewendet werden. Dies erweist sich beim Kompetenz-Handbuch als wichtig, damit die Selbsteinschätzungen der Nutzer noch einmal diskutiert und reflektiert werden. So zeigt die Untersuchung, dass die einseitige Betrachtung der Kompetenzen durch Selbsteinschätzungen, wie sie im Kompetenz-Handbuch erfolgt, kritisiert wurde, weil die Fähigkeit zur Selbsteinschätzung bei den Nutzern sehr unterschiedlich entwickelt ist. In der Umsetzung des Kompetenz-Handbuchs führt das dazu, dass Nutzer zum Teil nicht in der Lage sind, das Selbstbearbeitungsmaterial eigenständig auszufüllen, da ihnen ein individueller Maßstab zur Einschätzung der eigenen Person fehlt. Neben der Selbsteinschätzung ist deswegen die Fremdeinschätzung als Rückmeldung bzw. Reflexionsmoment sinnvoll, da sie

---

37 Mit dem Verfahren „bilans des compétences" wird in Frankreich seit 1991 ein persönlicher Kompetenzpass eingesetzt, der die informell und formell erworbenen Kompetenzen dokumentiert. Das Modell zielt darauf ab, „Arbeitskräften zu erlauben, ihre beruflichen und persönlichen Kompetenzen sowie ihre Fähigkeiten und Motivationen zu analysieren, um ein berufliches Projekt und gegebenenfalls ein Weiterbildungsprogramm zu definieren" (Drexel 1997, S. 204). Es wird zur Wiedereingliederung in den Arbeitsmarkt oder zur beruflichen Umorientierung, aber auch zur Weiterbildungsplanung eingesetzt (vgl. Ant 2001, S. 72).

dabei unterstützen kann, die Ergebnisse von Selbsteinschätzungen zu reflektieren, zu korrigieren oder zu bestätigen.

Es zeigt sich, dass dieses Vorgehen, in dem Verfahren der Kompetenzanalyse dem leitenden Prinzip der Kompetenzförderlichkeit unterstellt werden, eine konzeptionelle Ausrichtung an der Kompetenzentwicklung und der reflexiven Handlungsfähigkeit als Zielidee ermöglicht. Die fünf konzeptionellen Merkmale sowie die Leitorientierung legen es schließlich nahe, den hier entwickelten Typ der *kompetenzförderlichen Kompetenzanalyse* in die Systematik einzuordnen, die im Rahmen dieser Arbeit entstanden ist und die zwischen anforderungsorientierten und entwicklungsorientierten betrieblichen Kompetenzanalysen unterscheidet. Sie wurde in Kapitel 4 eingehend erläutert. Als Präzisierung lässt sich abschließend festhalten:

Kompetenzförderliche Kompetenzanalysen können als eine Unterform von entwicklungsorientierten Verfahren der Kompetenzanalyse gelten. Sie zielen in erster Linie darauf ab, Prozesse der Kompetenzentwicklung und die Förderung reflexiver Handlungsfähigkeit zu unterstützen und angesichts des arbeitsorganisatorischen Wandels Unterstützung und Orientierung bei beruflichen Entwicklungen zu geben. Diese spezifische Form der Kompetenzanalyse zeichnet sich durch eine theoretische Fundierung aus, d.h. ihrer Konzeption und Entwicklung liegen Überlegungen zugrunde, die an bestehenden theoretischen Erkenntnissen zur Kompetenzentwicklung orientiert sind. Im Fokus kompetenzförderlicher Verfahren in der betrieblichen Weiterbildung steht die Analyse der Kompetenzen, die sich ein Mensch an verschiedenen biographischen Stationen der Lebens- und Arbeitswelt angeeignet hat. Die Analyse erfolgt im Wesentlichen durch Selbst- und Fremdeinschätzung. Insofern orientieren sich die Verfahren an einem *qualitativen* Kompetenzbegriff. Zudem setzt die Analyse am Individuum als Ausgangspunkt an, nicht an betrieblichen Erfordernissen. Die folgende Abbildung fasst diese charakterisierende Darstellung zusammen. Sie stellt eine Erweiterung der in Kapitel 4 entwickelten Tabelle 1 dar:

Tab. 17 Kompetenzförderliche Kompetenzanalysen als Unterform entwicklungsorientierter Verfahren (eigene Darstellung)

	Entwicklungsorientierte Verfahren	Unterform: Kompetenzförderliche Verfahren
Zentrale Zielsetzung	Standortbestimmung des Individuums durch Einschätzung des Individuums	Standortbestimmung des Individuums durch Reflexion zur Förderung von Kompetenzentwicklung und reflexiver Handlungsfähigkeit
Hintergrund der Kategorien	Personenmerkmale	Personenmerkmale
Methodologie des Verfahrens	Subjektiv orientierende Kompetenzeinschätzung	Subjektiv orientierende Kompetenzreflexion
Zentrale Methode	Selbsteinschätzung	Punktuelle Kompetenzreflexion und Begleitung der kontinuierlichen Kompetenzentwicklung
Ergebnis des Verfahrens	Einschätzung der individuellen Kompetenzbestände und personelle Begleitung	Erfassung und Dokumentation der beruflich erworbenen Kompetenzen, kontinuierliche Begleitung der Kompetenzentwicklung

7 Zusammenfassung und Desiderate

Im Rahmen der vorliegenden Arbeit wurden Kompetenzanalysen und ihr Potenzial zur Unterstützung individueller Kompetenzentwicklungsprozesse dargestellt, analysiert und empirisch untersucht. Eine zentrale Intention lag dabei in einer konzeptionellen Verknüpfung von Kompetenz*analysen*, deren vorrangiges Ziel die Bestandsaufnahme von Kompetenzen ist, mit Prozessen der Kompetenz*entwicklung*. Mit diesem Anliegen wurde eine Verknüpfung vorgenommen, die seitens der betrieblichen Bildung notwendig erscheint und bisher nicht systematisch bearbeitet wurde. Das Anliegen gründet sich auf die Ausgangssituation, dass betrieblich eingesetzte Verfahren der Kompetenzanalyse nur in wenigen Einzelfällen mit der Zielsetzung der Kompetenzentwicklung verbunden sind und dass der Beitrag, den sie zur Förderung von Kompetenzentwicklung leisten können, aus der Perspektive der Weiterbildungsforschung nicht hinreichend fundiert und unterstützt wird.

Die vorliegende Arbeit verfolgt insofern die Aufarbeitung eines Themas, das zwar in der betrieblichen Praxis diskutiert wird, aber wissenschaftlich teilweise noch unbearbeitet oder zumindest ungeklärt ist. Dabei wurde ein seitens der Berufs- und Weiterbildungsforschung begründbarer Bezugsrahmen für kompetenzförderliche Kompetenzanalysen innerhalb der betreffenden Theorien erarbeitet. Eine Bearbeitung in einem so verstandenen Sinne ist hier durch die vorgenommene Systematisierung von Verfahren der Kompetenzanalyse, durch die Analyse zentraler Problemaspekte von Kompetenzanalysen und durch die Bildung von Leitkriterien zur Kompetenzentwicklung erfolgt. Als zusammenfassendes Ergebnis dieses Erkenntnisprozesses sind die in Kapitel 6 erarbeiteten konzeptionellen Merkmale für kompetenzförderliche Kompetenzanalysen zu verstehen. Sie stellen die Synthese aus der theoretischen Bearbeitung von Kompetenzentwicklung und Kompetenzanalysen einerseits und der empirischen Erhebung eines Instruments zur Kompetenzanalyse andererseits dar.

Zusammenfassend lässt sich der Weg der Erkenntnisgenerierung dieser Arbeit folgendermaßen nachzeichnen: Zu Beginn wurden in Kapitel 2 zunächst die

Relevanz der Fragestellung und die Veränderungen in der betrieblichen Weiterbildung als zentraler Bezugsrahmen für kompetenzförderliche Kompetenzanalysen in der betrieblichen Bildung dargestellt. Die Analyse dieses Bezugsrahmens erfolgte hinsichtlich der begrifflichen und disziplinären Verortung der betrieblichen Weiterbildung und ihrergegenwärtigen Trends und Entwicklungen in der Praxis und schließlich in Bezug auf die bestehenden Ansätze und Instrumente der betrieblichen Kompetenzanalyse.

Diese Grundlegung aus verschiedenen Perspektiven erwies sich als relevant für den Argumentationsgang, um betriebliche Weiterbildung und Kompetenzanalysen unter Berücksichtigung berufspädagogischer Problemlagen betrachten zu können. Hinsichtlich der Trends und Entwicklungen der betrieblichen Weiterbildung konnte festgestellt werden, dass eine veränderte Orientierung betrieblicher Weiterbildung notwendig erscheint. Leitprinzipien dafür sind Prozess- und Kompetenzorientierung, die Bedeutungszunahme informellen Lernens und eine entwicklungs- und kompetenzorientierte Analyse und Erfassung betrieblicher Lernprozesse und erworbener Kompetenzen. Diese Charakteristika weisen darauf hin, dass die Anerkennung und Erfassung informell erworbener Kompetenzen in der betrieblichen Weiterbildung zunehmend an Bedeutung gewinnt und dass in diesem Kontext auch Kompetenzanalysen eine besondere Relevanz erhalten, weil sie gestatten, die Lernergebnisse moderner Weiterbildung zu erfassen und für Mitarbeiter wie Betriebe Lernfortschritte sichtbar zu machen. Zudem kann damit der besonders auf europäischer Ebene bedeutsamen Anforderung an Mobilität entsprochen werden.

Ausgehend davon wurde der aktuelle Stand des Einsatzes von Kompetenzanalysen im Kontext von beruflich-betrieblicher Weiterbildung thematisiert. Dabei zeigte sich, dass diverse Formen der Kompetenzanalyse in betrieblichen Zusammenhängen eingesetzt werden und es auch denkbar ist, diese Verfahren zur Förderung von Kompetenzentwicklung einzusetzen. Eine tatsächliche konzeptionelle Ausrichtung hinsichtlich dieser Zielsetzung erfolgt in der Praxis jedoch nicht. Sie erfordert einen veränderten Aufbau sowie eine andere Durchführung der Verfahren. Die bestehenden betrieblichen Verfahren zur Kompetenzanalyse sind demzufolge nicht theoretisch fundiert oder für die betriebliche Weiterbildung einsetzbar, da sie nicht systematisch mit der Zielsetzung der Kompetenzentwicklung verbunden sind. Daran ansetzend wurden auch außerbetriebliche Verfahren darauf hin untersucht, welche Impulse sich aus ihnen für betrieblich einzusetzende Verfahren der Kompetenzanalyse ableiten lassen. Die Betrachtung dieser Verfahren hat ergeben, dass es bereits Formen der Kompetenzanalyse gibt, die die Perspektive der Kompetenzentwicklung –

mehr oder weniger intendiert – beinhalten. Diese Verfahren werden jedoch vor allem außerhalb betrieblicher Kontexte von Gewerkschaften oder anderen Institutionen und Organisationen z.B. vom Deutschen Jungendinstitut (DJI) eingesetzt. Der Beitrag, den sie zur Weiterentwicklung von betrieblichen Kompetenzanalysen leisten können, ist insbesondere darin zu sehen, dass sie eine konzeptionelle Gestaltung aufweisen, in der die Analyse von Kompetenzen unter der Zielsetzung einer Kompetenzentwicklung erfolgt. Durch ihre Anwendung wird also gelernt und reflektiert.

Bei der Bearbeitung dieser Ausgangslage standen zwei thematische Komplexe im Mittelpunkt. Zunächst wurde in einer theoriegeleiteten Analyse gefragt, inwieweit Verfahren der Kompetenzanalyse die individuelle Kompetenzentwicklung aus berufspädagogischer Perspektive unterstützen können. Darauf aufbauend stand die Frage im Fokus, wie Kompetenzanalysen kompetenzförderlich gestaltet und wie bestehende Potenziale für Kompetenzentwicklung gezielt aufgenommen und ergänzt werden können.

Zur Bearbeitung dieser Fragen wurden in Kapitel 3 verschiedene kompetenztheoretische Ansätze analysiert. Zum einen wurde der Begriff der Kompetenz betrachtet, zum anderen wurde die Zielorientierung der reflexiven Handlungsfähigkeit in den Blick genommen und schließlich wurde der Prozess der Kompetenzentwicklung analysiert und systematisiert. Auf dieser Grundlage konnten *sechs Leitkriterien für Kompetenzentwicklung* generiert werden. Dabei lag die Annahme zugrunde, dass die Zielsetzung dieser Arbeit, ein kompetenzförderliches Konzept der Kompetenzanalyse zu schaffen, nur dadurch eingelöst werden kann, dass zuvor Kriterien der Kompetenzentwicklung theoriegeleitet ermittelt werden, die im praktisch-konstruktiven Teil der Arbeit aufgearbeitet werden. Die sechs Leitkriterien sind folgendermaßen zu beschreiben:

Der *Subjektbezug* als erstes der sechs Leitkriterien bezieht sich darauf, dass Kompetenz als eine Kategorie gelten kann, die nicht lösgelöst vom Individuum zu sehen ist und die nur vom Subjekt selbst entwickelt werden kann. Kompetenzen sind im Sinne eines Handlungspotenzials zu verstehen und damit an das Subjekt und seine Befähigung und Bereitschaft zu eigenverantwortlichem Handeln gebunden. Als weiteres Leitkriterium von Kompetenz wurde die *biographische Entwicklung* bzw. der Entwicklungsbezug von Kompetenz bezeichnet. Das Kriterium bezieht sich auf die Erkenntnis, dass sich Kompetenzen während der gesamten Lebens- und Arbeitszeit entwickeln. Als drittes Leitkriterium für Kompetenzentwicklung wurde die *Interaktion* bzw. die Interaktionsstruktur festgehalten. Dieses Kriterium bezieht sich darauf, dass sich

Kompetenz in der Bewältigung konkreter Handlungssituationen zeigt und in Handlungen weiterentwickelt wird. Als besondere Form von Interaktion ist die zwischenmenschliche Interaktion mit anderen Personen, d.h. *Kooperation* als viertes Leitkriterium von Kompetenzentwicklung herausgearbeitet worden. Kooperation mit anderen Personen sowie der situative Rahmen dieser Kooperation tritt in der kompetenztheoretischen Literatur als relevanter Aspekt auf, der als konstitutiv für die Entwicklung von Kompetenzen angesehen wird. Als weiteres Leitkriterium für Kompetenzentwicklung wurde zudem der Aspekt der *Erfahrung* generiert. Er weist darauf hin, dass Kompetenzentwicklung ein Ergebnis von adaptiven und konstruktiven Handlungsprozessen des Subjekts mit seiner Umwelt ist und das Resultat der Wechselbeziehung zwischen Individuum und Umwelt darstellt. Als letztes Leitkriterium der Kompetenzentwicklung wurde das Kriterium der *Reflexion* festgehalten. Es beinhaltet die Feststellung, dass sich Kompetenzen veranlasst durch Störungen im Handlungsvollzug entwickeln, die nicht mit den bestehenden Strukturen oder Erfahrungen gelöst werden können. Sie werden durch mehr oder weniger bewusste Formen der Reflexion bearbeitet.

Mit der Generierung dieser sechs Leitkriterien zur Kompetenzentwicklung wurden zum einen die zuvor erarbeiteten Ergebnisse zu Kompetenz und Kompetenzentwicklung zusammengeführt und zum anderen ein Ausgangspunkt für die nachfolgende Untersuchung der Kompetenzförderlichkeit von Kompetenzanalysen geschaffen. Die Leitkriterien nehmen damit eine zentrale Rolle im Erkenntnisprozess dieser Arbeit ein. Für die Berufs- und Weiterbildungsforschung stellen sie insofern eine Weiterentwicklung dar, als sie die Theorie der Kompetenzentwicklung operationalisieren und es ermöglichen, die Frage der Kompetenzförderlichkeit auch in anderen Zusammenhängen zu bearbeiten. Eine solche Aufbereitung der Theorie der Kompetenzentwicklung durch zentrale Analysekriterien stand in der Berufs- und Weiterbildungsforschung bislang noch aus.

In Kapitel 4 wurden Kompetenzanalysen als zentraler Gegenstand fokussiert. Dazu wurde eine Systematisierung von Verfahren der Kompetenzanalyse erarbeitet, deren Typen mittels verschiedener Beispielverfahren illustriert wurden. Anschließend wurden die in der Theoriediskussion relevanten Problemaspekte zu Kompetenzanalysen diskutiert und Positionen erarbeitet, die sich auf die zuvor erfolgte kompetenztheoretische Analyse gründete. Zur Frage der Systematisierung, die bislang ein noch weitgehend unbearbeitetes Forschungsfeld darstellt, wurden zunächst in der Literatur vorliegende Ansätze zur Unterscheidung von Kompetenzanalysen zusammengeführt und ein Unterscheidungsraster entwickelt, das Differenzierungen vornimmt hinsichtlich der Funktion und Zielorientierung von Kompetenzanalysen, bezüglich des zugrunde liegenden Kompetenzbegriffs und in Bezug auf die Methoden der Datenerhebung in den Verfahren. Mit diesem Unterscheidungsraster können Verfahren zur Kompetenzanalyse charakterisiert und vergleichend beschrieben werden.

Auf der Grundlage dieses Unterscheidungsrasters wurde eine Systematik zur Einordnung von Kompetenzanalysen entwickelt, die den Aspekt der Kompetenzentwicklung im betrieblichen Kontext näher in den Blick nimmt und zwischen anforderungsorientierten betrieblichen Kompetenzanalysen und entwicklungsorientierten Verfahren unterscheidet. Diese Systematik bildet ein zentrales Ergebnis der Arbeit. Sie geht davon aus, dass sich die unterschiedlichen Verfahren zur Analyse von Kompetenzen in beruflichen Zusammenhängen zwischen den beiden Polen Arbeitsanforderung und individuelle Entwicklung bewegen. Unter der *entwicklungsorientierten Perspektive* lassen sich Kompetenzanalysen zusammenfassen, die von der aktuellen Standortbestimmung des Individuums ausgehend Entwicklungsfelder identifizieren und Entwicklungsprozesse begleiten. Ihre Zielsetzung besteht darin, Beschäftigten oder Arbeitslosen angesichts des komplexen gesellschaftlichen Wandels Unterstützung und Orientierung hinsichtlich ihrer Lebens- und Berufswegeplanung zu geben. Im Unterschied zu entwicklungsorientierten Verfahren fokussieren Kompetenzanalysen, die eine *anforderungsorientierte Perspektive* einnehmen, vor allem aktuelle berufliche Tätigkeiten. Verfahren, die dieser Perspektive zugeordnet werden können, zielen auf die Verbesserung des Arbeitsprozesses durch Beobachtung, Beurteilung oder Messung des Individuums von außen ab. Sie orientieren sich in erster Linie an den spezifischen Unternehmenserfordernissen. Zur weiteren Erläuterung der Systematik wurden drei Beispielverfahren näher betrachtet: das Schweizer Qualifikationsbuch, der Bildungspass der Daimler-Chrysler AG und das Kompetenz-Handbuch der IG Metall. Alle drei Verfahren sind der entwicklungsorientierten Form von Kompetenzanalysen zuzuordnen.

Mit der Fokussierung der im Diskurs der Berufs- und Weiterbildungsforschung relevanten *Problemaspekte von Kompetenzanalysen* wurde die Diskussion der Kompetenzanalysen abgeschlossen. Dazu wurden Problemaspekte aufgegriffen und erste Schlussfolgerungen zur Gestaltung von Kompetenzanalysen gezogen. So ist zum Beispiel die Frage der Messbarkeit von Kompetenz angesichts ihres Subjekt- und Entwicklungsbezugs dahingehend zu klären, dass Kompetenz eine subjektive Kategorie ist, die sich dem Anspruch „objektiver

Messbarkeit" entzieht. Zur Frage von Differenzierung und Operationalisierung von Kompetenz liegen zwar verschiedene Ansätze vor, die jedoch nicht miteinander kompatibel sind und allenfalls in spezifischen Kontexten sinnvoll erscheinen. Aus berufspädagogischer Perspektive bleibt deshalb zunächst die Orientierung an der Dimensionierung Fach-, Sozial- und Humankompetenz als leitender Aspekt für die Gestaltung von Kompetenzanalysen bestehen, weil diese Unterscheidung für ausgewiesene berufspädagogische Zielorientierungen anschlussfähig ist. Bezüglich der Frage nach angemessenen Gütekriterien für Kompetenzanalysen konnte auf die Kriterien qualitativer Sozialforschung verwiesen werden. Damit konnte dem Problem begegnet werden, dass sich Kompetenz als qualitative Kategorie letztlich nicht durch die Anwendung quantitativer Gütekriterien evaluieren oder prüfen lässt, wie es in der Literatur vielfach angestrebt wird.

Nach der theoretischen Diskussion von Kompetenz, Kompetenzentwicklung und Kompetenzanalysen wurde schließlich in Kapitel 5 ein Instrument der Kompetenzanalyse empirisch untersucht, nämlich das Kompetenz-Handbuch im Job-Navigator der IG Metall. Dieses Instrument kann als exemplarisch für entwicklungsorientierte Verfahren gelten und wird in betrieblichen sowie außerbetrieblichen Kontexten eingesetzt. Ziel der Untersuchung war es, allgemeine Aspekte kompetenzförderlicher Kompetenzanalysen abzuleiten. Die Untersuchung, in deren Rahmen 18 qualitative Interviews geführt wurden, sollte auf empirischer Basis klären, inwieweit das Kompetenz-Handbuch als kompetenzförderliches Verfahren der Kompetenzanalyse gelten kann und an welchen Punkten es die Anforderungen der Kompetenzförderlichkeit nicht oder nur teilweise erfüllt. Dazu wurde festgestellt, dass das Kompetenz-Handbuch und sein Umsetzungsverfahren grundsätzlich als kompetenzförderlich gelten kann, weil es den zuvor herausgearbeiteten Leitkriterien zur Kompetenzentwicklung in wesentlichen Punkten entspricht. Auf der Grundlage der Untersuchung wurden zudem weiterführende Ergebnisse erarbeitet, die in die konzeptionellen Merkmale für kompetenzförderliche Kompetenzanalysen im sechsten Kapitel aufgenommen wurden.

Mit Blick auf das methodische Vorgehen des Forschungsprozesses lässt sich also festhalten, dass zunächst Leitkriterien zur Kompetenzentwicklung entwickelt wurden, die in einer exemplarischen Untersuchung eines praktischen Instruments der Kompetenzanalyse eingesetzt, erweitert und reflektiert werden konnten. Dadurch wurden verschiedene differenzierende Aspekte zur Kompetenzförderlichkeit von Kompetenzanalyse generiert. Sie wurden in Kapitel 6 zu *konzeptionellen Merkmalen* zusammengeführt. Als wesentlicher Teil des Erkenntnisprozesses der vorliegenden Arbeit seien sie hier noch einmal genannt:

Zunächst erweist sich das Merkmal der *Kompetenzreflexion* als zentral. Es steht für den Befund, dass die Reflexion von Kompetenzen durch das Individuum selbst einen zentralen Stellenwert bei der Kompetenzanalyse hat und methodisch unterstützt werden muss. Die Anleitung zur Kompetenzreflexion und die Verbindung von Erfahrung und Reflexion tragen zur Kompetenzentwicklung bei. Sie unterstützen das Selbstbewusstsein von Beschäftigten durch das Bewusstmachen des eigenen Kompetenzprofils und damit auch die Gestaltung beruflicher Entwicklungen und Umbrüche durch die Individuen. Als zweites Merkmal ist die *Kontinuität* festzuhalten. Dieses Merkmal beschreibt, dass die punktuell stattfindende Kompetenzanalyse einer kontinuierlichen Kompetenzentwicklung dient und deswegen regelmäßig wiederholt werden sollte. Es ist deutlich hervorzuheben, dass Instrumente der Kompetenzanalyse lediglich eine punktuelle Unterstützungsfunktion bei der Frage der Kompetenzentwicklung leisten und dass es für eine kompetenzförderliche Gestaltung notwendig ist, die eigentliche Analyse mit einer kontinuierlichen Kompetenzentwicklung während des Arbeitshandelns zu verbinden. Zugrunde liegt hier die Feststellung, dass Kompetenzentwicklung als fortwährender Prozess, der sich über die gesamte Lebenszeit erstreckt, durch Reflexionsphasen auf ein qualitativ höheres Niveau gebracht werden kann. Die *begleitete Selbststeuerung* als drittes Merkmal von Kompetenzförderlichkeit besagt, dass Kompetenzanalysen mit einer den Bedürfnissen der Nutzer angepassten Begleitung vor, während und nach der eigentlichen Durchführung verbunden werden sollten. Auch wenn Kompetenzanalysen im Wesentlichen als selbstgesteuerte Lernprozesse gelten können, sollten sie dennoch begleitet werden. Es hat sich in der vorliegenden Untersuchung gezeigt, dass eine Unterstützung im Umgang mit diesen Instrumenten sowie eine Begleitung bei der Umsetzung nachfolgender Entwicklungsmaßnahmen für die Nutzer notwendig sind.

Ausgehend von dem Befund, dass sich Kompetenzen unter lernförderlichen Umgebungsbedingungen entwickeln, müssen auch Kompetenzanalyseverfahren das Merkmal der *lernförderlichen Rahmenbedingungen* einlösen. Dazu ist eine Reihe von Aspekten ausgewiesen worden, die sich auf die Durchführung des Verfahrens sowie auf seine Einbindung in betriebliche Abläufe beziehen. Das fünfte Merkmal kompetenzförderlicher Kompetenzanalysen besteht in der *Differenzierung der Analysemethoden und Kombination von Selbst- und Fremdeinschätzungen*. Es verlangt, zur Erhebung und Analyse von Kompetenzen unterschiedliche Methoden einzusetzen und miteinander zu kombinieren, um den

Fähigkeiten und Bedürfnissen der einzelnen Nutzergruppen gerecht zu werden. Zudem erweist sich die Ergänzung von Selbsteinschätzungen durch Fremdeinschätzungen als notwendig, um der Subjektivität der jeweiligen Datenerhebung zu begegnen.

Zu der zentralen Frage, inwieweit Verfahren der Kompetenzanalyse die individuelle Kompetenzentwicklung unterstützen können, ist somit aufgrund der empirischen Untersuchung und der vorangegangenen Theoriebearbeitung festzuhalten, dass Instrumente der Kompetenzanalyse im Wesentlichen durch diese fünf Merkmale gekennzeichnet sein müssen, um kompetenzförderlich zu sein. Die Merkmale bilden also die theoretisch begründete Anforderung an die Gestaltung von Kompetenzanalysen in der betrieblichen Bildung, wie sie bislang allenfalls in Ansätzen zu finden waren. Für die Berufs- und Weiterbildungsforschung stellen sie insofern eine Weiterentwicklung dar, als mittels dieser konzeptionellen Merkmale sowohl die Analyse als auch die Entwicklung von Kompetenzanalysen hinsichtlich des Leitprinzips der Kompetenzförderlichkeit ermöglicht wird. Demzufolge können sie gleichermaßen als Konstruktions- und Analysekriterien angesehen werden.

Es spricht grundsätzlich vieles dafür, dass die Analyse von Kompetenzen auch in Zukunft einen relevanten Forschungsgegenstand darstellen wird, da mit der Etablierung von Kompetenzentwicklung innerhalb der beruflichen Aus- und Weiterbildung auch immer wieder die Frage nach ihrer Erfassung auftreten wird und es dabei um die Unterstützung des beruflich-betrieblichen Lernens gehen muss. Auf der Basis der vorliegenden Ergebnisse lassen sich abschließend folgende *Forschungs- und Gestaltungsdesiderate* für die theoretische und praktische Arbeit nennen, die der weiteren Entwicklung und Umsetzung von Kompetenzanalysen in der betrieblichen Bildung dienen sowie auf Mängel und Defizite in der Weiterbildungsforschung hinweisen.

(1) Erforschung und Entwicklung von Begleitungs- und Beratungskonzepten zur Unterstützung von beruflichen Entwicklungen

Als Forschungsfeld hinsichtlich didaktisch-methodischer Fragen ist zunächst über die hier geleistete Diskussion hinaus die Beratung und Begleitung von Beschäftigten bei ihrer Kompetenzentwicklung und der Kompetenzanalyse weiter zu erforschen. Wie hier deutlich wurde, bildet die personelle Begleitung von Beschäftigten eine Form pädagogischen Handelns, welche die Herausforderungen des selbstgesteuerten und informellen Lernens annimmt und in diesem Rahmen bei der Durchführung von Kompetenzanalysen eine hohe Relevanz hat. Zur Begleitung ist jedoch zu fragen, durch wen sie im Kontext von Kompetenzentwicklung und Kompetenzanalysen geleistet werden kann, welchen Konzepten und Zielorientierungen sie folgen soll und welchen Anforderungen und Standards sie genügen muss, um der Leitorientierung der Kompetenzförderlichkeit zu entsprechen.

Mögliche Ansätze dazu finden sich bisher in der Erziehungswissenschaft unter den Begriffen der Lernberatung bzw. der Lernprozessbegleitung und in der Personalentwicklung unter Coaching: Der Begriff der Lernberatung wird seit den 1980er Jahren im Kontext von Weiterbildung thematisiert. Die in dieser Zeit in Modellversuchen des BIBB und des DIE entstandenen Konzeptionen zur Lernberatung beziehen sich besonders auf Schwierigkeiten und Probleme lernungewohnter Zielgruppen in außerbetrieblichen Bildungsmaßnahmen (vgl. Fuchs-Brüninghoff 2000, S. 85). Ebenfalls mit dem Begriff der Lernberatung und der Anerkennung individueller Lernstile und Lerntypen operiert das Konzept der Lernberatung von Kemper und Klein (1998). In Verbindung mit dem Ansatz selbstgesteuerten Lernens (vgl. Gomez-Tutor 2001) greift es die Notwenigkeit zur Unterstützung autonomer und selbstgesteuerter Lernprozesse im Sinne einer Lernprozessbegleitung auf und verfolgt deswegen weniger das Ziel, Defizite auszugleichen, als an Stärken anzusetzen. Eine Weiterentwicklung zu stärker individualisierten Lernsituationen stellt in diesem Kontext auch der Ansatz der Lernprozessbegleitung dar, der im Rahmen der Umsetzung des neuen IT-Weiterbildungssystems und des Konzepts der Arbeitsorientierten Weiterbildung entwickelt wurde (vgl. Rohs 2004). Aufgabe der Lernprozessbegleitung im Rahmen des APO-Konzepts ist es, die Teilnehmer in ihren selbstgesteuerten arbeitsgebundenen Lernprozessen dabei zu unterstützen, Erkenntnisse und Einsichten über fachliche, personale und soziale Herausforderungen der Arbeit zu gewinnen und Defizite im Lernbedarf aufzudecken.

Unter dem Begriff des Coachings werden in der Personalentwicklung Maßnahmen zur Unterstützung von Mitarbeitern verstanden. Als klassischer Ansatz gilt dabei die externe Beratung für Personen mit Managementfunktionen (vgl. Schreyögg 2003; vgl. Rauen 2001). Das übergeordnete Ziel dieses Ansatzes besteht in der Ausschöpfung der maximalen Selbstgestaltung im Beruf oder deren Wiedererwerb zur Förderung eines ausgefüllten beruflichen Daseins. Dieses klassische Coaching wird in der Regel als „neuartige Form der Personalentwicklung" für Führungskräfte angesehen. Zunehmend werden jedoch auch Ansätze bekannt, in denen auch andere Mitarbeiter als Zielgruppe gesehen werden (vgl. beispielsweise Fischer-Epe 2004).

Diese Ansätze zur Beratung und Begleitung beruflicher Entwicklung dienen spezifischen Kontexten und Zielstellungen. Insofern zeigt sich bereits an dieser Stelle die Vielfalt und Interdisziplinarität dieses Entwicklungs- und Forschungsbereichs. Ein Konzept für den Einsatz von Begleitung und Beratung im Kontext von Kompetenzanalysen würde eine Zusammenführung unterschiedlicher Ansätze erfordern und könnte sowohl Begleitung bei diesen arbeitsgebundenen Lernformen als auch Beratung hinsichtlich der beruflichen Entwicklung der Beschäftigten umfassen. In der vorliegenden Arbeit wurde ein erster Beitrag dazu geleistet, indem durch die Erarbeitung der Leitkriterien zur Kompetenzentwicklung und die Untersuchungsergebnisse hinsichtlich lern- und kompetenzförderlicher Strukturen und Bedingungen in Kommunikationssituationen bereits eine Grundlage für ein Konzept kompetenzförderlicher Begleitung und Beratung bereitet wurde. Darauf aufbauend ist dieses Thema weitergehend zu fundieren und weiterzuentwickeln. Zu klären sind neben der konzeptionellen Ebene auch die Rolle von Aus- und Weiterbildnern sowie die Ausrichtung auf spezifische Zielgruppen von Beratung. Es ist davon auszugehen, dass erst die Analyse bestehender Ansätze zur Beratung sowie entsprechende empirische Untersuchungen zu tragfähigen Konzepten der Beratung und Begleitung im Kontext von Kompetenzanalysen führen werden.

(2) Analyse von lernförderlichen Rahmenbedingungen für betriebliche Lernprozesse

Auch die Frage kompetenzförderlicher Rahmenbedingungen innerhalb des betrieblichen Lernens muss noch weiter bearbeitet werden und bedarf einer Differenzierung hinsichtlich spezifischer Lernformen. Lernförderliche Rahmenbedingungen können als wesentlicher Faktor zur Unterstützung betrieblichen Lernens gelten. Da die Frage der Lernförderlichkeit von Arbeit an der Schnittstelle verschiedener Disziplinen wie der Arbeits- und Betriebspsychologie (vgl. Bergmann 1996; Baitsch 1985; Ulich/ Conrad-Betschart/ Baitsch 1989; Ulich/ Baitsch 1987; Sonntag 1996), der Pädagogischen Psychologie (vgl. Reinmann-Rothmeier/ Mandl 2001), der Berufspädagogik (vgl. Lempert 1989) und der Kognitionsforschung (vgl. Franke 1999) zu verorten ist, die mit unterschiedlichen Theoriekonzepten arbeiten, liegen differenzierte Ansätze dazu vor. Sie zielen im Wesentlichen darauf ab, Faktoren auszuweisen, die dazu beitragen, dass in Arbeitssituationen gelernt werden kann. Die Frage lernförderlicher Rahmenbedingungen ist – wie hier gezeigt wurde – auch im Kontext von Kompetenzanalysen relevant, da dort ebenfalls spezifische Faktoren vorliegen müssen, um die Durchführung von Kompetenzanalysen lernförderlich zu gestalten.

Die theoretische Ausarbeitung von Bedingungen und Faktoren lernförderlicher Arbeitsgestaltung kann einen Ansatz darstellen, um die Förderung von Kompetenzentwicklung innerhalb des betrieblichen Lernens insbesondere für arbeitsnahe und informelle Lernformen zu ermöglichen. Sie wird zunächst grundsätzlich dazu führen, dass theoretisch vorliegende Erkenntnisse zu Prozessen der Kompetenzentwicklung für die betriebliche Gestaltung erschlossen werden und somit auf der Praxisebene Anwendung finden. Dazu wurde mit der vorliegenden Arbeit schon ein erster Schritt geleistet, indem die Theorie der Kompetenzentwicklung zu Leitkriterien operationalisiert wurde, wodurch diese nun auch auf die Frage der Lernförderlichkeit von Rahmenbedingungen anwendbar ist. Zudem geben auch die hier erarbeiteten konzeptionellen Merkmale für kompetenzförderliche Kompetenzanalysen schon wichtige Hinweise auf Kennzeichen von lernförderlichen Rahmenbedingungen betrieblichen Lernens.

Im Kontext von Kompetenzanalysen ist die theoretische Analyse und praktische Umsetzung von lernförderlichen Rahmenbedingungen relevant, weil damit eine Möglichkeit geschaffen wird, um die Erhebung von Kompetenzentwicklungsprozessen nicht nur über Kompetenzanalyse- oder Kompetenzmessverfahren zu erreichen, sondern indirekt auch anhand der Kontextbedingungen erschließbar zu machen. Diesen Forschungsbedarf erkennt auch Franke, der anmerkt,

> „dass empirische Untersuchungen des Determinationsgefüges der Kompetenzentwicklung vielleicht in Zukunft eine hinreichend genaue individuelle Kompetenzdiagnostik ermöglichen könnten – auf der Basis von Befragungsdaten zu den Determinanten der Kompetenzentwicklung. Eine derartige ‚indirekte' Kompetenzerfassung wäre ein viel ökonomischeres Verfahren als die ‚direkte' Messung einzelner Konstituenten der Kompetenz und deren systemische und prozessuale Verknüpfung" (Franke 2005, S. 56).

Auch wenn Frankes Einschätzung, dass eine solche Form der Kompetenzanalyse „ökonomischer" sei, kritisch zu sehen ist, weil gerade eine indirekte Erhebung von Kompetenzen einen hohen Aufwand und eine eingehende Begründung der Daten erwarten lässt, so erscheint eine Verknüpfung direkter und indirekter Erhebungsmethoden doch gerade bezüglich der in dieser Arbeit diskutierten Reichweite von Kompetenzanalysen wünschenswert. Die Kombination von indirekt und direkt gewonnenen Daten wird die Aussagekraft von Kompetenzanalysen erhöhen und insofern auch deren Kompetenzförderlichkeit dienen.

Momentan ist eine solche Form der Kompetenzanalyse allenfalls ansatzweise in der Methode des Assessment-Centers realisiert. Hier böte sich auch ein Ansatzpunkt, um bestehende Erkenntnisse zur lernförderlichen Arbeitsgestaltung mit der Analyse von Kompetenzen zu verknüpfen und die visionierte Form der indirekten Kompetenzanalyse zu realisieren. Bis man hier jedoch theoretisch fundierte und praktikable Ansätze erwarten kann, sind noch eingehende Forschungs- und Entwicklungsarbeiten notwendig.

(3) Entwicklung von Instrumenten für die Einschätzung von Kompetenzanalyseverfahren

Zudem ist der Blick der betrieblichen Weiterbildungsforschung auf die Entwicklung von Instrumenten für die Einschätzung von Verfahren zur Kompetenzanalyse zu richten. Wie im Rahmen der vorliegenden Arbeit mehrfach angedeutet, haben sich in den vergangenen Jahren zahlreiche betriebliche, aber auch außerbetriebliche Formen der Erfassung beruflicher Kompetenzen herausgebildet (vgl. zusammenfassend Erpenbeck/ Rosenstiel 2003). Bezüglich dieser Verfahren und Maßnahmen bedarf es wiederum Instrumente zur Einschätzung und Einordnung. In der vorliegenden empirischen Untersuchung sind Aussagen über die Qualität des hier angelegten Analysemusters, seine Anwendbarkeit und Tragweite gemacht worden. Zudem wurde hier ein Ansatz zur Einschätzung von Kompetenzanalyse-Verfahren hinsichtlich ihrer Kompetenzförderlichkeit entwickelt, den es hinsichtlich einer Einschätzung von Verfahren weiterzuentwickeln gilt. Damit ist eine neue Forschungsperspektive eröffnet, da Kompetenzanalysen innerhalb der betrieblichen Weiterbildung zunehmend an Bedeutung gewinnen, so dass auch vermehrt Fragen der Qualität von Kompetenzanalysen in der Praxis auftreten.

Für die Weiterbildungsforschung besteht also die Herausforderung, Instrumente zur Einschätzung von Kompetenzanalysen und deren Kompetenzförderlichkeit bereitzustellen. Einen wichtigen Ausgangspunkt dafür bilden die hier erarbeiteten konzeptionellen Merkmale für kompetenzförderliche Kompetenzanalysen. Sie verknüpfen den Begriff der Qualität mit Erkenntnissen zur Kompetenzförderlichkeit. Ansätze kann zudem die Diskussion um Qualitätssicherung und Zertifizierung bieten, die zur Zeit in der beruflichen Bildung und insbesondere in der Erwachsenenbildung geführt wird, weil auch hier die Frage der Qualität von Maßnahmen und Instrumenten von Weiterbildung thematisiert wird (vgl. beispielsweise Faulstich/ Gnahs/ Sauter 2003). Zu ergänzen sind diese Ansätze, die sich vor allem auf den Bereich formalisierter Weiterbildung außerhalb von Betrieben beziehen, jedoch durch Erkenntnisse der Qualitätsdiskussion im betrieblichen Kontext. Eine solche Verknüpfung ist anzustreben, weil Qualität einen Begriff darstellt, der nur in Abhängigkeit von spezifischen Interessen und Gütevorstellung zu diskutieren ist. Eine weitere Perspektive zur Einschätzung von Kompetenzanalysen leitet sich aus der Diskussion um Gütekriterien ab, wie sie in der qualitativen und in der quantitativen sozialwissenschaftlichen Forschung Anwendung finden (vgl. beispielsweise Mayring 2002; Steinke 2000).

Die Entwicklung theoretisch und empirisch begründeter Analyseinstrumente zur Einschätzung wird dazu beitragen, dass praktische Verfahren der Kompetenzanalyse unter wissenschaftlich fundierten Maßstäben ablaufen. Insbesondere betriebliche Entscheidungsträger werden angesichts der Vielzahl unterschiedlicher und zum Teil konkurrierender Verfahren ihren Bedarf an Entscheidungshilfen anmelden, die über die hier geleistete Perspektive der Kompetenzförderlichkeit hinausgehen. Insofern ist auch hier weitergehende Entwicklungs- und Forschungsarbeit notwendig.

(4) Konzepte zur Verknüpfung von Input-, Output- und Prozessorientierung

Die Anerkennung von Kompetenzanalysen bzw. ihre Integration in das bestehende Bildungs- und Arbeitsmarktsystem stellt besonders aus bildungssystematischer Perspektive ein Problemfeld dar. Nach Vergleichsuntersuchungen des CEDEFOP liegt Deutschland unter allen europäischen Ländern bei der Entwicklung von Ansätzen zur Anerkennung informell erworbener Kompetenzen und der damit verbundenen Reformierung bestehender Prüfungssysteme am weitesten zurück (vgl. Dohmen 2000, S. 767).

Diesbezüglich ist eine Erweiterung des derzeit noch inputorientierten Systems beruflicher Bildung in Richtung Output- und Prozessorientierung notwendig. Dazu wird derzeit das Verhältnis von Inputorientierung und Outputorientierung der staatlichen Regulierung von Bildungsprozessen verstärkt diskutiert (vgl. Clement 2002, S. 46f.). Infolge dieser Diskussion besteht die dringende Notwendigkeit der Entwicklung von Konzepten, die eine Verbindung schaffen zwischen der Prozessorientierung individueller beruflicher Entwicklungen, der Analyse des Outputs von Lernprozessen und dem bestehenden inputorientierten Bildungssystem in Deutschland, ohne diese drei Pole einander bloß gegenüberzustellen. Solche verbindenden Konzepte wären sinnvoll, weil die traditionelle Inputorientierung in Deutschland zwar Aussagen über die Qualität des Lernens erlaubt und zur Anerkennung des deutschen Berufsbildungssystems im Ausland beiträgt (vgl. Bund-Länder-Kommission 2000), aber angesichts der Entwicklungen im europäischen Ausland einer Erweiterung bedarf. Kompetenzanalysen ermöglichen in diesem Zusammenhang zum einen die outputorientierte Erfassung von Sequenzen informellen Lernens. Zum anderen unterstützen sie die prozessorientierte Gestaltung beruflicher Entwicklungen, wenn sie als Kompetenzprofile im Sinne von Curricula eingesetzt werden.

Ein junger und zugleich sehr umfassender Ansatz dafür lässt sich im Rahmen des neuen IT-Weiterbildungssystems finden. Durch ein am Arbeitsplatz durchgeführtes Projekt können Absolventen der IT-Ausbildungsberufe, aber auch Seiten- und Quereinsteiger ohne Abschlüsse, zu anerkannten Weiterbildungsabschlüssen gelangen. Mittels des Weiterbildungsprojektes und der abschließenden Prüfung werden die im Wesentlichen informell erworbenen Kompetenzen erhoben und in einem Zertifikat anerkannt (vgl. Mattauch/ Caumanns 2003). Damit ist die Möglichkeit eines ganzheitlichen Systems der beruflichen Bildung gezeigt, das „die Anerkennung der Gleichwertigkeit unterschiedlicher Bildungsinhalte und methodischer Vorgehensweisen in verschiedenen Bildungswegen" (Dehnbostel 2003, S. 255) ermöglicht. Auch wenn das IT-Weiterbildungssystem aufgrund seines Innovationscharakters nicht ohne weiteres an das bestehende Bildungssystem angeschlossen werden kann, birgt es dennoch einen Ansatz für eine flexible Kopplung modular konzipierter Maßnahmen und informeller Lernprozesse (vgl. Dehnbostel/ Rohs 2003). Das IT-Weiterbildungssystem realisiert insofern zum einen eine Outputorientierung, indem es informelle Lern- und Entwicklungsprozesse aufnimmt, zum anderen realisiert es durch den Einsatz formaler Maßnahmen eine Inputorientierung. Schließlich lässt sich dort auch eine Prozessorientierung nachweisen, die durch eine Lernprozessbegleitung methodisch realisiert wird.

Dieses Beispiel lässt darauf schließen, dass eine Verbindung von Inputorientierung mit Outputorientierung einerseits und Prozessorientierung andererseits die Möglichkeit bietet, traditionelle Bestände des Berufsbildungssystems an neuere Entwicklungen anschlussfähig zu machen. Die im Rahmen der vorliegenden Arbeit fokussierte Frage der Kompetenzförderlichkeit bildet dabei insofern einen wesentlichen Beitrag, als der Typ der kompetenzförderlichen Kompetenzanalyse eine Verknüpfung zwischen Outputorientierung und Prozessorientierung ermöglicht. Für einen breiteren Einsatz von Konzepten zur Verbindung von Input-, Output- und Prozessorientierung steht jedoch noch fundierte Entwicklungs- und Forschungsarbeit aus.

(5) Staatliche Anerkennung von Verfahren zur Kompetenzanalyse

Eine bildungspolitische Herausforderung ist mit der Frage verbunden, ob es staatliche Initiativen oder Strukturen zur Dokumentation und Anerkennung informell erworbener Kompetenzen durch Verfahren der Kompetenzanalyse geben soll, wie es angesichts der vorherrschenden staatlichen Regulierung des formellen Lernens naheliegend erscheint. Ein Forschungsdesiderat besteht also hinsichtlich der Möglichkeiten einer staatlichen Anerkennung informellen Lernens. Diesbezüglich wird betont, dass das Vorhaben, das

> *„vorhandene und ausgebaute, durch zahlreiche rechtliche Vorgaben geprägte System des Lernens und der Anerkennung von Lernen durch Zertifizierungen [in Deutschland, J.G.] zu öffnen und um die Anerkennung von neuen Dimensionen zu erweitern, primär eine bildungspolitische Aufgabe ist, die aber der rechtlichen Absicherung und Unterstützung bedarf"* (Füssel 2003 zit. nach BMBF 2004, S. 58).

Die Relevanz der staatlichen Anerkennung informell erworbener Kompetenzen wird besonders in der derzeitigen Diskussion zum ECTS (European Credit Transfer System) bzw. zum ECVET deutlich. Dazu wurde im Jahr 2002 im Rahmen des so genannten Kopenhagen-Prozesses die Erarbeitung eines Systems zur Anrechnung und Übertragung von Leistungen in der beruflichen Bildung (ECVET) auf der Ebene der europäischen Bildungspolitik vereinbart. Die Grundlage für diese Vereinbarung wurde bereits 1999 in der Bologna-Erklärung der europäischen Bildungsminister gelegt, die eine bildungspolitische Option zur Anrechnung beruflich erworbener Kompetenzen auf Hochschulstudiengänge durch das Leistungspunktesystem ECTS vorsieht (vgl. Laux 2004, S. 21). Der Bologna-Prozess, insbesondere aber der etwas jüngere Kopenhagen-Prozess, der sich explizit auf die berufliche Bildung bezieht, haben auch in Deutschland die Diskussion um eine staatliche Anerkennung informell erworbener Kompetenzen vorangetrieben und unterstreichen die Notwendigkeit von staatlichen Verfahren zur Kompetenzanalyse.

Als bedeutendste bundesweite Initiative wird zur Zeit das Forschungs- und Entwicklungsprojekt „Weiterbildungspass mit Zertifizierung des informellen Lernens" von der BLK und dem BMBF gefördert. Unter Leitung des Deutschen Instituts für internationale pädagogische Forschung (DIPF) wurde eine Machbarkeitsstudie zur Einführung eines Bildungspasses erarbeitet (vgl. BMBF 2004b). Ausgehend von den Erfahrungen zahlreicher Einzelinitiativen soll ein bundeseinheitliches Konzept für einen Bildungspass entwickelt werden, in das bestehende Ansätze zu Bildungspässen integriert werden sollen. Aus den Forschungsergebnissen der Studie wurden Vorschläge für ein Rahmenkonzept zur Entwicklung eines bildungsübergreifenden, breit einsetzbaren Bildungspasses abgeleitet (vgl. Ness 2003, S. 28f.). Demnach soll der deutsche Bildungspass ein Instrument zur Sammlung und Dokumentation bisheriger Lernprozesse innerhalb sowie außerhalb des formalen Bildungssystems erworbener Kompetenzen werden. Der Bildungspass soll erwachsene Lernende zur Reflexion ihrer bisherigen Lern- und Tätigkeitsbiographie anleiten und ihre Lernergebnisse dokumentieren. Er soll Abschlüsse, Zertifikate, Nachweise etc. aus der Schulbildung und beruflichen Aus- und Weiterbildung sowie informell erworbene Lernergebnisse aus der Erwerbstätigkeit und jenseits davon aufnehmen. Das Instrument soll an das formale deutsche Bildungssystem und an europäische Entwicklungen anschlussfähig und zielgruppenunabhägig sowie mehrsprachig gestaltet sein. Dieser grundsätzlichen Positionierung zum bundeseinheitlichen deutschen Weiterbildungspass werden in den folgenden Jahren weitere Forschungs- und Entwicklungsvorhaben folgen.

Der in der vorliegenden Arbeit entwickelte Ansatz kompetenzförderlicher Kompetenzanalysen ist in diesem Zusammenhang ebenfalls als relevant anzusehen, weil er Kompetenzanalysen nicht nur für die Anerkennung, sondern auch für die Entwicklung von Kompetenzen erschließt und auf die Förderung der reflexiven Handlungsfähigkeit abzielt, die eine wesentliche Zielorientierung beruflicher Bildung darstellt.

Der in der vorliegenden Arbeit entwickelte Ansatz kompetenzförderlicher Kompetenzanalysen ist in diesem Zusammenhang ebenfalls als relevant anzusehen, weil er Kompetenzanalysen nicht nur für die Anerkennung, sondern auch für die Entwicklung von Kompetenzen erschließt und auf die Förderung der reflexiven Handlungsfähigkeit abzielt, die eine wesentliche Zielorientierung beruflicher Bildung darstellt.

Erste Ansätze zur Verknüpfung von Verfahren der Kompetenzanalyse bzw. der Anerkennung informell erworbener Kompetenzen mit dem formalen Bildungssystem bietet Laur-Ernst (vgl. 2001). Sie unterscheidet zwischen einem Konvergenzmodell, einem Komplementaritätsmodell und einem Parallelitätsmodell. Alle drei Ansätze sind mit spezifischen Vor- und Nachteilen behaftet, im Vergleich wird jedoch deutlich, dass in Hinblick auf die Anerkennung informellen Lernens das Parallelitätsmodell am sinnvollsten erscheint. Zum einen zielt es weniger auf die Gleichwertigkeit der Lern*ergebnisse* als auf die Anerkennung unterschiedlicher Lern*wege* ab. Zum anderen entspricht dieser Ansatz dem Ziel lebenslangen Lernens am ehesten, Lernen als permanente Aufgabe der gesamten Lebenszeit aufzufassen.

Eine weitere Konkretisierung dieses Integrationsansatzes sowie die Diskussion um ein anerkanntes staatliches Verfahren zur Kompetenzanalyse sind dringend geboten angesichts der Fortschritte in diesem Themenfeld in anderen europäischen Ländern. So zeigt ein Blick auf das französische Modell der bilans de compétences, dass damit die Anerkennung informellen Lernens schon weitgehend vollzogen ist. Auch das britische Konzept der National Vocational Qualification (NVQ) kann beispielhaft dafür herangezogen werden. Es wurde zu Beginn der 1990er Jahre eingeführt und stellt ein gestuftes System zur Anerkennung früher erworbener Kompetenzen dar. Dem NVQ liegt zum einen die Idee zugrunde, einen national standardisierten Bezugsrahmen für Qualifikationen im Bildungssystem zu schaffen, in den bestehende Qualifikationen und Prüfungseinrichtungen eingegliedert werden können. Zum anderen sollte ein explizit output- bzw. ergebnisorientiertes System geschaffen werden, das staatliche Einflussnahme auf die zugrundeliegenden Lernprozesse ausschließt (vgl. Käpplinger 2002, S. 8). Mit der Anerkennung nicht formell erworbener Kompetenzen durch das NVQ-Verfahren einerseits und mit dem Erwerb modularer Qualifikationsbausteine andererseits wird eine Verbindung zum formalen Bildungssystem erreicht. Die Erfahrungen, die in Großbritannien bezüglich der Bewertung informell erworbener Kompetenzen gemacht wurden, gelten als bedeutender Meilenstein für die Bewertungsverfahren anderer Länder (vgl. Björnavold 2002, S. 17).

Außerdem wird in diesem Kontext noch zu entscheiden sein, wer die Dokumentation und Anerkennung der informell erworbenen Kompetenzen übernimmt, wie die Zuständigkeiten und Verantwortlichkeiten und nicht zuletzt die Finanzierung geregelt werden (vgl. Frank/ Gutschow/ Münchhausen 2003, S. 17) und welche Bedeutung bzw. welche Bindung ein bundeseinheitliches Verfahren der Kompetenzanalyse für die Unternehmen haben soll und kann. Erst wenn die bisherigen Ansätze in Deutschland eine größere Konkretisierung erfahren haben und die wesentlichen Fragen diskutiert wurden, kann eine genauere Beschreibung beruflicher Kompetenzen im internationalen Kontext tatsächlich gewährleistet werden, die angesichts eines europäischen und zunehmend globalisierten Wirtschaftsraums und im Hinblick auf internationale Berufsverläufe immer größere Relevanz erhält.

Die hier angeführten Forschungs- und Gestaltungsdesiderate sind bedeutsam, um im theoretischen Diskurs und in der praktischen Gestaltung den Erkenntnisstand zu Kompetenzanalysen und ihrer Konzeptionierung zu erweitern. Einen Beitrag zur Bearbeitung dieses Forschungsfeldes stellt die vorliegende Arbeit dar. Die Relevanz der Arbeit für die Berufs- und Weiterbildungsforschung zeigt sich insofern, als hiermit ein Beitrag zur Theoriebildung im Themenfeld Kompetenzanalyse und ihrer methodischen Gestaltung erarbeitet wurde. Es liegt somit ein Ansatz für Kompetenzanalysen vor, der die Kompetenzentwicklung von Beschäftigten im Sinne der Leitorientierungen beruflicher Bildung unterstützt. Dieser zentrale Befund gründet sich auf die eingangs getroffene Feststellung, dass Kompetenzanalysen in der betrieblichen Weiterbildungsforschung derzeit nur marginal thematisiert werden, was weder angesichts der aktuellen Tendenzen in der betrieblichen Weiterbildung noch angesichts bildungspolitischer Entwicklungen zu rechtfertigen ist.

Die Ergebnisse dieser Arbeit erweitern den bisherigen *theoretischen Erkenntnisstand* zu Kompetenzanalysen, indem hiermit ein Ansatz vorliegt, der nicht nur – wie üblich – auf die Fragen der Erfassung und Anerkennung von Kompetenzen eingeht, sondern sie mit dem Ziel der Entwicklung verbindet. Somit wird der eingangs formulierte Anspruch eingelöst, vorhandene Ansätze der Weiterbildungsforschung theoretisch zu explizieren und sie empirisch und theoretisch zu fundieren sowie Anwendungen im Bereich der Weiterbildungspraxis zu untersuchen. In der *betrieblichen Praxis* können mit dem vorliegenden Ansatz bestehende Instrumente und Verfahren der Kompetenzanalyse hinsichtlich ihrer Kompetenzförderlichkeit überprüft oder unter dieser Zielsetzung neu entwickelt werden.

Literatur

Abels, H. (2001): Einführung in die Soziologie. Band 2: Die Individuen in ihrer Gesellschaft. Wiesbaden

ABWF (1996): Memorandum von der beruflichen Weiterbildung zur Kompetenzentwicklung. In: AG QUEM (Hrsg.): Kompetenzentwicklung '96. Strukturwandel und Trends in der betrieblichen Weiterbildung. Münster u.a., S. 401-462

Achtenhagen, F. (1990): Vorwort. In: Senatskommission für Berufsbildungsforschung (Hrsg.): Berufsbildungsforschung an den Hochschulen der Bundesrepublik Deutschland. Weinheim

Aebli, H. (1980): Denken: Das Ordnen des Tuns. Band I: Kognitive Aspekte der Handlungstheorie. Stuttgart

Alt, C./ Sauter, E./ Tillmann, H. (1993): Berufliche Weiterbildung in Deutschland – Strukturen und Entwicklungen. Bonn

Altrichter, H. (2000): Handlungen und Reflexion bei Donald Schön. In: Neuweg, G.H. (Hrsg.): Wissen – Können – Reflexion: ausgewählte Verhältnisbestimmungen. Innsbruck, S. 201-221

Ant, M. (2001): La validation des acquis professionnels. In: Zeitschrift Grundlagen der Weiterbildung, Jg. 12, Heft 2, S. 70-73

Ant, M. (2004): Die Auswirkungen von Kompetenzbilanzen auf das Selbstwertgefühl von Arbeitslosen. Unveröffentlichtes Dokument

Arnold, R. (1995): Neue Methoden betrieblicher Bildungsarbeit. In: Arnold, R./ Lipsmeier, A. (Hrsg.): Handbuch der Berufsbildung. Opladen, S. 171-182

Arnold, R. (1997a): Betriebspädagogik. 2. Auflage. Berlin

Arnold, R. (1997b): Von der Weiterbildung zur Kompetenzentwicklung. Neue Denkmodelle und Gestaltungsansätze in einem sich verändernden Handlungsfeld. In: AG QUEM (Hrsg.): Kompetenzentwicklung '97. Berufliche Weiterbildung in der Transformation. Münster u.a., S. 253-307

Arnold, R. (1998): Kompetenzentwicklung. Anmerkungen zur Proklamation einer konzeptionellen Wende in der Berufs- und Wirtschaftspädagogik. In: Zeitschrift für Berufs- und Wirtschaftspädagogik, Band 94, Heft 4, S. 496-504

Arnold, R. (2002): Von der Bildung zur Kompetenzentwicklung. In: Nuissl, E./ Schiersmann, Ch. / Siebert, H. (Hrsg.): Literatur- und Forschungsreport Weiterbildung, Nr. 49, S. 26-38

Arnold, R. (Hrsg.) (1997c): Qualitätssicherung in der Erwachsenbildung. Opladen

Arnold, R./ Krämer-Stürzl, A. (1997): Erfolgskontrolle – Thema professioneller betrieblicher Weiterbildung? In: Arnold, R. (Hrsg.): Qualitätssicherung in der Erwachsenbildung. Opladen, S. 133-150

Arnold, R./ Lipsmeier, A./ Ott, B. (1998): Berufspädagogik kompakt. Berlin

Arnold, R./ Schüßler, I. (2001): Entwicklungen des Kompetenzbegriffes und seine Bedeutung für die Berufsbildung und für die Berufsbildungsforschung. In: Franke, G. (Hrsg.): Komplexität und Kompetenz. Ausgewählte Fragen der Kompetenzforschung. Bonn, S. 52-74

Aufenanger, S. (1992): Entwicklungspädagogik. Die soziogenetische Perspektive. Weinheim

Autorengemeinschaft Schweizerisches Qualifikationsbuch (2000): Schweizerisches Qualifikationsbuch. Zürich

Bader, R. (1989): Berufliche Handlungskompetenz. In: Die berufsbildende Schule, Zeitschrift, Jg. 41, Heft 2, S. 73-77

Bader, R. (1997): Berufliche Handlungskompetenz und ihre didaktischen Implikationen. In: Comenius-Institut (Hrsg.): Handbuch Religionsunterricht an berufsbildenden Schulen. Gütersloh, S. 69-80

Baethge, M. (1992): Die vielfältigen Widersprüche der beruflichen Weiterbildung. In: WSI-Mitteilungen, Jg. 45, Heft 6, S. 313-321

Baethge, M./ Baethge-Kinsky, V./ Holm, R./ Tullius, K. (2003): Anforderungen und Probleme beruflicher und betrieblicher Weiterbildung. Arbeitspapier der Hans-Böckler-Stiftung Nr. 76. Düsseldorf

Baethge, M./ Schiersmann, C. (1998): Prozessorientierte Weiterbildung – Perspektiven und Probleme eines neuen Paradigmas der Kompetenzentwicklung für die Arbeitswelt der Zukunft. In: AG QUEM (Hrsg.): Kompetenzentwicklung '98. Münster u.a., S. 15-87

Baitsch, Ch. (1985): Kompetenzentwicklung und partizipative Arbeitsgestaltung. Bern, Frankfurt/ M., New York

Bauer, H./ Böhle, F./ Munz, C./ Pfeiffer, S. (1999): Erfahrungsgeleitetes Arbeiten und Lernen. In: Dehnbostel, P./ Markert, W./ Novak, H. (Hrsg.): Erfahrungslernen in der beruflichen Bildung. Neusäß

Beck, U./ Giddens, A./ Lash, S. (1996): Reflexive Modernisierung. Eine Kontroverse. Frankfurt/ M.

Becker, M. (1997): Vom Objektbezug zur Subjektorientierung in der betrieblichen Weiterbildung. Betriebswirtschaftliche Diskussionsbeiträge Nr. 97/ 16. Halle

Benner, D. (1973): Hauptströmungen der Erziehungswissenschaft. München

Benner, D. (2000): Reflexive versus affirmative Emanzipation. In: Dietrich, C. / Müller, H. (Hrsg.): Bildung und Emanzipation. Klaus Molenhauer weiterdenken. Weinheim, München, S. 33-48

Bergmann, B. (1996): Lernen im Prozess der Arbeit. In: AG QUEM (Hrsg.): Kompetenzentwicklung '96. Strukturwandel und Trend in der betrieblichen Weiterbildung. Münster u.a., S. 153-262

Berthel, J. (1995): Personalmanagement. 4. Auflage. Stuttgart

Berthel, J./ Becker, F. (2003): Personalmanagement. Stuttgart

BIBB (2004): [www.bibb.de/ de/ 4985.htm vom 28.07.2004]

Björnavold, J. (1997): Die Bewertung nicht formell erworbener Kenntnisse: Qualität und Grenzen verschiedener Verfahrensweisen. In: Berufsbildung – Europäische Zeitschrift, Nr. 12, S. 62-81

Björnavold, J. (2001): Lernen sichtbar machen. Luxembourg

Björnavold, J. (2002): Ermittlung, Bewertung und Anerkennung nicht formal erworbener Kompetenzen: Trends in Europa. In: www.bibb.de/internat/neu_europa/ 4_2002/A5_bjornavold_DE.pdf

Björnavold, J. (2004): Gemeinsame Europäische Grundsätze für die Validierung des nicht formalen und des informellen Lernens. Brüssel

Blankertz, H. (1966): Pädagogische Theorie und empirische Forschung. In: Neue Folge der Ergänzungshefte der Vierteljahrsschrift für wissenschaftliche Pädagogik, Heft 5, Bochum, S. 65-78

BMBF (2000): Berichtssystem Weiterbildung VII. BMBF-Publik. Bonn

BMBF (2003): Zur Entwicklung nationaler Bildungsstandards. Eine Expertise. Berlin

BMBF (2004): Weiterbildungspass mit Zertifizierung informellen Lernens. Machbarkeitsstudie im Rahmen des BLK-Verbundprojektes. Berlin

BMBW (1990): Betriebliche Weiterbildung. Forschungsstand und Forschungsperspektiven. Schriftenreihe: Studien zur Bildung und Wissenschaft 88. Bad Honnef

Bolder, A. (2002): Arbeit, Qualifikation und Kompetenz. In: Tippelt, R. (Hrsg.): Handbuch Bildungsforschung. Opladen, S. 651-674

Büchter, K. (2002): Betriebliche Weiterbildung – Historische Kontinuität und Durchsetzung in Theorie und Praxis. In: Zeitschrift für Pädagogik, Jg. 48, Heft 3, S. 336-355

Bühler-Niederberger, D. (1985): Analytische Induktion als Verfahren qualitativer Methodologie. In: Zeitschrift für Soziologie, Jg. 14, Heft 6, S. 475-485

Bund-Länder-Kommission (2000): Internationales Marketing für den Bildungs- und Forschungsstandort Deutschland – Gemeinsame Initiative von Bund, Ländern, Kommunen, Wissenschaft und Wirtschaft - Aktionsrahmen. Bonn

Bunk, G.P. (1994): Kompetenzvermittlung in der beruflichen Aus- und Weiterbildung. In: Berufsbildung - Europäische Zeitschrift, Heft 1, S. 9-15

Calonder-Gerster, A. (2003): „CH-Q-Kompetenz-Management-Modell" mit integriertem Portfolio-Instrumentarium – Entwicklung und Umsetzung. In: BIBB (Hrsg.): Berufsbildung für eine globale Gesellschaft. Perspektiven im 21. Jahrhundert. 4. BIBB-Fachkongress 2002, Beitrag auf CD-ROM, Forum 3, Arbeitskreis 3.4

Chomsky, N. (1972): Aspekte der Syntax-Theorie. Frankfurt/ M.

Clement, U. (2002): Kompetenzentwicklung im internationalen Kontext. In: Clement, U. / Arnold, R. (Hrsg.): Kompetenzentwicklung in der beruflichen Bildung. Opladen. S. 29-54

Daimler Chrysler AG (o.J.): Bildungspass. Ein Instrument zur beruflichen Standortbestimmung für Mitarbeiter und Mitarbeiterinnen der Daimler Chrysler AG, Werk Gaggenau. Gaggenau

Dehnbostel, P. (2000): Erfahrungslernen im Kontext beruflich-betrieblicher Kompetenzentwicklung und lebensbegleitenden Lernens. Manuskript

Dehnbostel, P. (2001): Perspektiven für das Lernen in der Arbeit. In: AG QUEM (Hrsg.): Kompetenzentwicklung 2001. Tätigsein – Lernen – Innovation. Münster u.a., S. 53-93

Dehnbostel, P. (2002): Informelles Lernen – Aktualität und begrifflich-inhaltliche Einordnungen. In: Dehnbostel. P./ Gonon, P. (Hrsg.): Informelles Lernen – eine Herausforderung für die berufliche Aus- und Weiterbildung. Bielefeld, S. 3-11

Dehnbostel, P. (2003): Das IT-Weiterbildungssystem im historischen Kontext des beruflichen Bildungsweges. In: Dehnbostel, P. u.a. (Hrsg.): Perspektiven moderner Berufsbildung. E-Learning – Didaktische Innovationen – Modellhafte Entwicklungen. Bielefeld, S. 253-267

Dehnbostel, P./ Elsholz, U./ Meister, J./ Meyer-Menk, J. (2001): Vernetzte Kompetenzentwicklung. Berlin

Dehnbostel, P./ Meyer-Menk, J. (2003): Erfahrung und Reflexion als Basis beruflicher Handlungsfähigkeit. In: BIBB (Hrsg.): Berufsbildung für eine globale Gesellschaft. Perspektiven im 21. Jahrhundert. 4. BIBB-Fachkongress 2002. Beitrag auf CD-ROM, Forum 3, Arbeitskreis 3.4, S.1-12

Dehnbostel, P./ Pätzold, G. (2004): Lernförderliche Arbeitsgestaltung und die Neuorientierung betrieblicher Bildungsarbeit. In: Dehnbostel, P./ Pätzold, G. (Hrsg.): Innovationen und Tendenzen der betrieblichen Berufsbildung. Zeitschrift für Berufs- und Wirtschaftspädagogik, Beiheft 18, S. 19-30

Dehnbostel, P./ Rohs, M. (2003): Die Integration von Lernen und Arbeiten im Prozess der Arbeit – Entwicklungsmöglichkeiten arbeitsprozessorientierter Weiterbildung. In: Mattauch, W. / Caumanns, J. (Hrsg.): Innovationen in der IT-Weiterbildung. Bielefeld, S. 103-114

Deutscher Bildungsrat (1970): Empfehlungen der Bildungskommission: Strukturplan für das Bildungswesen. Stuttgart

Deutscher Bildungsrat (1974): Zur Neuordnung der Sekundarstufe II. Konzept für eine Verbindung von allgemeinem und beruflichem Lernen. Bonn

Dewey, J. (1949): Demokratie und Erziehung. Braunschweig

Dewey, J. (1986): Erziehung durch und für Erfahrung. Stuttgart

Dilger, B./ Sloane, P. (2003): Running into e-business!? Auf der Suche nach dem e-Commerce/ e-Business Qualifikationsprofi. Wirtschaftspädagogische Beiträge. Paderborn

Dohmen, G. (2000): 12 Eckpunkte zur Entwicklung lebenslangen Lernens. In: Materialien des Forums Bildung, erster Kongress des Forums Bildung am 14. / 15. Juli 2000, Arbeitsstab Forum Bildung in der Geschäftsstelle der Bund-Länder-Kommission für Bildungsplanung und Forschungsförderung. Bonn, S. 756-771

Dohmen, G. (2001): Das informelle Lernen. BMBF-publik. Bonn

Domsch, M. (1999): Personalplanung und Personalentwicklung für Fach- und Führungskräfte. In: v. Rosenstiel, L./ Regnet, E./ Domsch, M. (Hrsg.): Führung von Mitarbeitern. Stuttgart, S. 467-480

Donat, M. (1991): Selbstbeurteilung. In: Schuler, H. (Hrsg.): Beurteilung und Förderung beruflicher Leistung. Stuttgart, S. 135-145

Drexel, I. (1997): Die bilans de compétences – ein neues Instrument der Arbeits- und Bildungspolitik in Frankreich. In: AG QUEM (Hrsg.): Kompetenzentwicklung '97. Berufliche Weiterbildung in der Transformation. Münster u.a, S. 197-249

Dreyfus, H./ Dreyfus S. (1987): Künstliche Intelligenz: von den Grenzen der Denkmaschine und dem Wert der Intuition. Reinbek bei Hamburg

Dubs, R. (1995): Die Entwicklung von Schlüsselqualifikationen in der Berufsschule. In: Arnold, R./ Lipsmeier, A. (Hrsg.): Handbuch der Berufsbildung. Opladen, S. 171-180

Erler, W./ Gerzer-Saß, A./ Nusshart, Ch./ Saß, J. (2003): Die Kompetenzbilanz – Ein Instrument zur Selbsteinschätzung und beruflichen Entwicklung. In: Erpenbeck, J./ v. Rosenstiel, L. (Hrsg.): Handbuch Kompetenzmessung. Stuttgart, S. 339-352

Erpenbeck, J. (2003a): Kompetenz und Performanz im Bild moderner Selbstorganisationstheorie. In: BIBB (Hrsg.): Berufsbildung für eine globale Gesellschaft. Perspektiven im 21. Jahrhundert. 4. BIBB-Fachkongress 2002. Beitrag auf CD-ROM, Forum 3, Arbeitskreis 3.4

Erpenbeck, J. (2003b): KODE® – Kompetenz-Diagnostik und -Entwicklung. In: Erpenbeck, J. u.a. (Hrsg.): Handbuch Kompetenzmessung. Erkennen, verstehen und bewerten von Kompetenzen in der betrieblichen, pädagogischen und psychologischen Praxis. Stuttgart, S. 365-379

Erpenbeck, J./ Heyse, V. (1996): Berufliche Weiterbildung und berufliche Kompetenzentwicklung. In: AG QUEM (Hrsg.): Kompetenzentwicklung '96. Strukturwandel und Trends in der betrieblichen Weiterbildung. Münster u.a., S. 15-152

Erpenbeck, J./ Heyse, V. (1999a): Die Kompetenzbiographie. Strategien der Kompetenzentwicklung durch selbstorganisiertes Lernen und multimediale Kommunikation. Münster u.a.

Erpenbeck, J./ Heyse, V. (1999b): Kompetenzbiographie – Kompetenzmilieu – Kompetenztransfer. In: AG QUEM (Hrsg.): QUEM-Report, Nr. 62

Erpenbeck, J./ Sauer, J. (2000): Lernkultur Kompetenzentwicklung. In: AG QUEM (Hrsg.): Kompetenzentwicklung 2000. Lernen im Wandel - Wandel durch Lernen. Münster u.a., S. 289-335

Erpenbeck, J./ v. Rosenstiel, L. (Hrsg.) (2003): Handbuch Kompetenzmessung. Stuttgart

Europäische Kommission (1995): Lehren und Lernen auf dem Weg zur kognitiven Gesellschaft. Brüssel

Europäische Kommission (2001): Einen europäischen Raum des lebenslangen Lernens schaffen. Mitteilung der Kommission. Brüssel

Faßhauer, U./ Rützel, J. (2000): Differenzierung und Flexibilisierung in der beruflichen Bildung. In: Berufsbildung, Zeitschrift für Praxis und Theorie in Betrieb und Schule, Jg. 54, Heft 62, S. 3-8

Faulstich, P. (1996): Qualifikationsbegriffe und Personalentwicklung. In: Zeitschrift für Berufs- und Wirtschaftspädagogik, Band 92, Heft 4, S. 366-379

Faulstich, P. (1997): Kompetenz – Zertifikate – Indikatoren im Hinblick auf arbeitsorientierte Erwachsenenbildung. In: AG QUEM (Hrsg.): Kompetenzentwicklung '97. Berufliche Weiterbildung in der Transformation. Münster u.a., S. 141-196

Faulstich, P. (2002): Verteidigung von „Bildung" gegen die Gebildeten unter ihren Verächtern. In: Nuissl, E./ Schiersmann, Ch./ Siebert, H. (Hrsg.): Literatur- und Forschungsreport Weiterbildung, Nr. 49, S. 15-25

Faulstich, P./ Vespermann, P./ Zeuner, C. (2001): Bestandsaufnahme regionaler und überregionaler Kooperationsverbünde – Netzwerke im Bereich lebensbegleitenden Lernens in Deutschland. Hamburger Hefte der Erwachsenenbildung, I/ 2001, Hamburg

Faulstich, P./ Gnahs, D./ Sauter, E. (2003): Qualitätsmanagement in der beruflichen Weiterbildung: ein Gestaltungsvorschlag. Berlin

Fischer-Epe, M. (2004): Coaching: Miteinander Ziele erreichen. Reinbek bei Hamburg

Flick, U. (1995): Stationen des qualitativen Forschungsprozesses. In: Flick, U./ v. Kardorff, E./ Keupp, H./ von Rosenstiel, L./ Wolff, S. (Hrsg.): Handbuch qualitative Sozialforschung. Grundlagen, Konzepte, Methoden und Anwendungen. Weinheim, S. 148-173

Flick, U. (2000a): Designs und Prozess qualitativer Forschung. In: Flick, U./ v. Kardorff, E./ Steinke, I. (Hrsg.): Qualitative Forschung. Ein Handbuch. Hamburg, S. 252-265

Flick, U. (2000b): Qualitative Forschung. Theorie, Methoden, Anwendung in Psychologie und Sozialwissenschaften. 5. Auflage. Hamburg

Frank, I. (2004): Bewertungsverfahren im Kontext individueller Kompetenzentwicklung – gangbare Wege. In: Berufsbildung in Wissenschaft und Praxis, Zeitschrift, Jg. 33, Heft 1, S. 32-35

Frank, I./ Gutschow, K./ Münchhausen, G. (2003): Vom Meistern des Lebens – Dokumentation und Anerkennung informell erworbener Kompetenzen. In: Berufsbildung in Wissenschaft und Praxis, Zeitschrift, Jg. 32, Heft 4, S. 16-20

Franke, G. (1999): Erfahrung und Kompetenzentwicklung. In: Dehnbostel, P./ Markert, W./ Novak, H. (Hrsg.): Workshop: Erfahrungslernen in der beruflichen Bildung – Beiträge zu einem kontroversen Konzept. Neusäß, S. 54-70

Franke, G. (2001): Komplexität und Kompetenz. Bielefeld

Franke, G. (2005): Facetten der Kompetenzentwicklung. Bielefeld

Frei, F./ Duell, W./ Baitsch, Ch. (1984): Arbeit und Kompetenzentwicklung. Theoretische Konzepte zur Psychologie arbeitsimmanenter Qualifizierung. Bern

Fuchs-Brüninghoff, E. (2000): Lernberatung – die Geschichte eines Konzepts zwischen Stigma und Erfolg. In: Nuissl, E./ Schiersmann, Ch./ Siebert, H. (Hrsg.): Literatur- und Forschungsreport Weiterbildung. Thema: Beratung. Bielefeld, S. 81-92

Geißler, K. (1974): Berufserziehung und kritische Kompetenz. Ansätze einer Interaktionspädagogik. München/Basel

Geißler, K./ Orthey, F. (2002): Kompetenz: Ein Begriff für das verwertbare Ungefähre. In: Literatur- und Forschungsreport Weiterbildung. Nr. 49, S. 69-79

Giesecke, H. (1987): Pädagogik als Beruf. Grundformen pädagogischen Handelns. Weinheim

Gieseke, W. (2000): Beratung in der Weiterbildung – Ausdifferenzierung der Beratungsbedarfe. In: Nuissl, E./ Schiersmann, Ch./ Siebert, H. (Hrsg.): Beratung. Literatur und Forschungsreport Weiterbildung, Nr. 46. Bielefeld, S. 10-17

Gieseke, W./ Siebers, R. (1996): Zur Relativität von Methoden in erfahrungsorientierten Lernkontexten. In: Arnold, R. (Hrsg.): Lebendiges Lernen. Baltmannsweiler, S. 207-214

Gillen, J. (2004): Kompetenzanalysen in der betrieblichen Bildung – betriebspädagogische Bezüge und Gestaltungsaspekte. In: Dehnbostel, P./ Pätzold, G. (Hrsg.): Innovationen und Tendenzen der betrieblichen Berufsbildung. Zeitschrift für Berufs- und Wirtschaftspädagogik, Beiheft Nr. 18, S. 76-85

Gillen, J./ Kaufhold, M. (2005): Kompetenzanalysen – kritische Reflexion von Begrifflichkeiten und Messmöglichkeiten. In: Zeitschrift für Berufs- und Wirtschaftspädagogik, Band 101, Heft 3, S. 364-378

Glaser, B./ Strauss, A. (1967): The discovery of grounded theory. Strategies for qualitative research. London

Gloger, A. (2003): Kompetenzmanagement – Erfassen Sie Ihre Pfunde. In: Managerseminare, Heft 64, S. 78-83

Gomez-Tutor, C. (2001): Selbstlernkompetenzen: Arbeitspapier 1 des Forschungsprojektes „Selbstlernfähigkeit, pädagogische Professionalität und Lernkulturwandel". Pädagogische Materialien der Universität Kaiserslautern

Gonon, P. (2002): Der Betrieb als Erzieher – Knappheit als pädagogische Herausforderung. In: Zeitschrift für Pädagogik, Jg. 48, Heft 3, S. 317-335

Grundmann, M. (1999): Dimensionen einer konstruktivistischen Sozialisationsforschung. In: Grundmann, M. (Hrsg.): Konstruktivistische Sozialisationsforschung. Frankfurt/M., S. 20-34

Grünewald, U./ Moraal, D. (2001): Weiterbildung in deutschen Unternehmen – Reaktionen und Strategien vor dem Hintergrund neuer Herausforderungen. Bonn

Habermas, J. (1981): Theorie des kommunikativen Handelns. Frankfurt/M.

Hacker, W. (1978): Allgemeine Arbeits- und Ingenieurpsychologie. 2. Auflage. Bern u.a.

Hänggi, G. (2003): Kompetenz-Kompass®. In: Erpenbeck, J. u.a. (Hrsg.): Handbuch Kompetenzmessung. Erkennen, verstehen und bewerten von Kompetenzen in der betrieblichen, pädagogischen und psychologischen Praxis. Stuttgart, S. 386-404

Hans-Böckler-Stiftung (1998): Diskussionspapiere Nr. 2, Dezember 1998, Sachverständigenrat Bildung, Ein neues Leitbild für das Bildungssystem – Elemente einer künftigen Berufsbildung, Düsseldorf

Harney, K. (1992): Der Trend zum Selbst: Das neue Modernitätsverständnis betrieblicher Rationalität. In: Hessische Blätter für Volkskunde, Heft 4, S. 318-325

Harteis, Ch. (2000): Beschäftigte im Spannungsfeld ökonomischer und pädagogischer Prinzipien betrieblicher Personal- und Organisationsentwicklung. In: Harteis, Ch./ Heid, H./ Kraft, S. (Hrsg.): Kompendium Weiterbildung. Opladen, S. 209-217

Harteis, Ch./ Heid, H./ Bauer, J./ Festner, D. (2001): Kernkompetenzen und ihre Interpretation zwischen ökonomischen und pädagogischen Ansprüchen. In: Zeitschrift für Berufs- und Wirtschaftspädagogik, Band 97, Heft 2, S. 222-246

Härtel, P. (2001): 'Soft Skills' oder 'Harte Herausforderungen'? In: Zeitschrift Grundlagen der Weiterbildung, Jg. 12, Heft 4, S. 158-159

Heid, H. (2000): Unternehmensidentität. Über die Bedingungen ihrer Entwicklung. In: Zeitschrift für Berufs- und Wirtschaftspädagogik, Band 96, Heft 1, S. 1-11

Hendrich, W. (2000): Betriebliche Kompetenzentwicklung oder Lebenskompetenz? In: Harteis, S./ Heid, H./ Kraft, S. (Hrsg.): Kompendium Weiterbildung. Aspekte und Perspektiven betrieblicher Personal- und Organisationsentwicklung. Opladen, S. 33-43

Heuberger, F. (1992): Problemlösendes Handeln: zur Handlungs- und Erkenntnistheorie von George Herbert Mead, Alfred Schütz und Charles Sanders Peirce. Frankfurt/M.

Hillmann, K.-H. (1994): Wörterbuch der Soziologie. 4. Auflage. Stuttgart

Hoff, E. (2003): Kompetenz- und Identitätsentwicklung bei arbeitszentrierter Lebensgestaltung. In: AG QUEM (Hrsg.): QUEM-Bulletin, Heft 4, S. 1-7

Hoff, E./ Ewers, E. (2002): Handlungsebenen, Zielkonflikte und Identität. Zur Integration von Berufs- und Privatleben. In: Moldaschl, M. (Hrsg.): Neue Arbeit – neue Wissenschaft der Arbeit? Heidelberg u.a., S. 221-248

Hoff, E./ Ewers, E./ Petersen, O./ Schraps, U. (2003): KOMPETENT - Neue Formen arbeitszentrierter Lebensgestaltung. Kompetenzentwicklung bei Beschäftigten im IT-Bereich. Vortrag. [www.fu-berlin.de/ arbpsych/ files/ WS_LiSu_ Kompetent_Vortrag.pdf]

Hoffmann-Riem, Chr. (1980): Die Sozialforschung einer interpretativen Soziologie – Der Datengewinn. In: Kölner Zeitschrift für Soziologie und Sozialpsychologie 32, S. 339-372

Hopf, Ch. (2000): Qualitative Interviews - ein Überblick. In: Flick, U./ v. Kardorff, E./ Steinke, I. (Hrsg.): Qualitative Forschung. Ein Handbuch. Hamburg, S. 349-360

Hossiep, R./ Paschen, M./ Mühlhaus, O. (2000): Persönlichkeitstests im Personalmanagement: Grundlagen, Instrumente und Anwendungen. Göttingen

IG Metall (2001): Job Navigator – Benutzerhandbuch. Frankfurt /M.

IG Metall (o.J.): Job Navigator. Frankfurt/M.

ITB (2003): Kompetenzportfolios: Bilanzierung von Kompetenzen – Kompetenzbilanzen. Zwischenbericht. Unveröffentlichtes Manuskript

Jank, W./ Meyer, H. (1994): Didaktische Modelle. Frankfurt/ M.

Jetter, W. (1996) : Effiziente Personalauswahl. Stuttgart

Jung, H. (2000): Potenzialbeurteilung als Grundlage der Personalentwicklung. In: Zeitschrift Grundlagen der Weiterbildung, Jg. 11, Heft 2, S. 198-200

Kade, J. (1982): Grundlinien einer subjektivitäts- und erfahrungsorientierten Erwachsenenbildung. In: Geißler, K./ Kade, J. (Hrsg.): Die Bildung Erwachsener. München, S. 9-66

Kade, S. (1997): Denken kann jeder selber – Das Ethos selbstbestimmten Lernens. In: Nuissl, E./ Schiersmann, Ch./ Siebert, H. (Hrsg.): Literatur- und Forschungsreport Weiterbildung - Pluralisierung des Lehrens und Lernens. Bielefeld, S. 82-91

Kailer, N. (2002): Entwicklungstrends in der betrieblichen Personalentwicklung führen zu neuen Anforderungen an Führungskräfte und PE-Experten. In: Zeitschrift Grundlagen der Weiterbildung, Jg. 13, Heft 1, S. 34-37

Kant, I. (1783): Beantwortung der Frage: Was ist Ausklärung. In: Hinske, N. (1977) (Hrsg.): Was ist Aufklärung? Darmstadt, S. 452-465

Käpplinger, B. (2002): Anerkennung von Kompetenzen: Definitionen, Kontexte und Praxiserfahrungen in Europa. [www.die-bonn.de/ dokumente/ doc-2002/ kaepplinger02_01.pdf]

Käpplinger, B./ Puhl, A. (2003): Zur Zertifizierung informeller Kompetenzen. In: DIE - Zeitschrift für Erwachsenenbildung, Jg. 2003, Heft 2, S. 45-47

Kauffeld, S./ Grote, S./ Frieling, E. (2000): Diagnose der beruflichen Handlungskompetenz bei der Bewältigung von Optimierungsaufgaben in Gruppen. In: Zeitschrift Arbeitswissenschaft, Jg. 54, Heft 3-4, S. 211-219

Keckeisen, W. (1995): Kritische Erziehungswissenschaft. In: Lenzen D. (Hrsg.): Theorien und Grundbegriffe der Erziehung und Bildung. Stuttgart, Dresden, S. 117-138

Kelle, U. (2000): Computergestützte Analyse qualitativer Daten. In: Flick, U. / v. Kardorff, E. / Steinke, I. (Hrsg.): Qualitative Forschung. Ein Handbuch. Hamburg, S. 485-502

Kemper, M./ Klein, R. (1998): Lernberatung. Gestaltung von Lernprozessen in der beruflichen Weiterbildung. Baltmannsweiler

Kerschensteiner, G. (1969): Begriff der Arbeitsschule. München, Stuttgart

Klafki, W. (1976): Aspekte kritisch-konstruktiver Erziehungswissenschaft. Weinheim, Basel

Klafki, W. (1980): Handlungsforschung. In: Wulf, Ch. (Hrsg.): Wörterbuch der Erziehung. 5. Auflage. München, Zürich, S .267-272

Klafki, W. (1985): Neue Studien zur Bildungstheorie und Didaktik. Weinheim, Basel

Klafki, W. (1989): Kann Erziehungswissenschaft zur Begründung pädagogischer Zielsetzungen beitragen? – Über die Notwendigkeit, bei pädagogischen Entscheidungsfragen hermeneutische, empirische und ideologische Untersuchungen mit diskursethischen Erörterungen zu verbinden. In: Scheuerl, H. (Hrsg.): Richtungsstreit in der Erziehungswissenschaft und pädagogische Verständigung. Frankfurt/ M., S. 147-159

Klein, R./ Reutter, G. (2000): Modullernen und Lernberatung. In: Nuissl, E. / Schiersmann, Ch. / Siebert, H. (Hrsg.): Literatur- und Forschungsreport Weiterbildung. Thema: Beratung. Bielefeld, S. 114-126

KMK (1999): Rahmenlehrpläne für die Berufsausbildung in der Bauwirtschaft (Beschluss der Kultusministerkonferenz vom 05.02.1999). [www.kultusministerkonferenz.de/ beruf/ home.htm]

Kommission der Europäischen Gemeinschaft (2000): Memorandum über Lebenslanges Lernen. Arbeitsdokument der Kommissionsdienststellen. Brüssel

König, E. (1990): Bilanz der Theorieentwicklung in der Erziehungswissenschaft. Zeitschrift für Pädagogik, Jg. 36, Heft 25, S. 919-936

König, E./ Bentler, A. (2003): Arbeitsschritte im qualitativen Forschungsprozess – ein Leitfaden. In: Friebertshäuser, B./ Prengel, A. (Hrsg.): Handbuch Qualitative Forschungsmethoden in der Erziehungswissenschaft. Weinheim, München, S. 88-95

König, E./ Zedler, P. (1998): Theorien der Erziehungswissenschaft. Weinheim

Krüger, H.-H. (1997): Einführung in die Theorien und Methoden der Erziehungswissenschaft. Opladen

Krüger, H.-H./ Lersch, R. (1993): Lernen und Erfahrung. 2. Auflage. Opladen

Kühnlein, G. (1997): „Verbetrieblichung" von Weiterbildung als Zukunftstrend. In: Zeitschrift Arbeit, Jg. 6, Heft 3, S. 267-281

Lamnek, S. (1995): Qualitative Sozialforschung. Methodologie. 3. Auflage. Weinheim

Lange, H. (1982): Das Verhältnis von Berufsbildung und Allgemeinbildung in der erziehungswissenschaftlichen Diskussion. In: Zeitschrift für Berufs- und Wirtschaftspädagogik, Band 78, Heft 10, S. 733-748

Lash, S. (1996): Reflexivität und ihre Dopplungen: Struktur, Ästhetik und Gemeinschaft. In: Beck, U./ Giddens, A./ Lash, S. (Hrsg.): Reflexive Modernisierung. Eine Kontroverse. Frankfurt, S. 195-286

Laur-Ernst, U. (2001): Informelles und formalisiertes Lernen in der Wissensgesellschaft: Wie lassen sich beide Lern- und Kompetenzbereiche gleichwertig anerkennen? In: BIBB (Hrsg): Kompetenzentwicklung – Lernen begleitet das Leben. Bonn, S. 111-128

Laur-Ernst, U. (2003): Informelles Lernen und berufliche Erfahrung - Wo liegen die Herausforderungen für die Dokumentation und Anerkennung in Deutschland. In: BIBB (Hrsg.):

Berufsbildung für eine globale Gesellschaft. Perspektiven im 21. Jahrhundert. 4. BIBB-Fachkongress 2002. Dokumentation auf CD-ROM, Forum 3, Arbeitskreis 3.5. Bonn

Laux, J. (2004): Eine Halbzeitbilanz für die berufliche Bildung in Schlaglichtern. In: Gewerkschaftliche Bildungspolitik, Heft 4, S. 20-23

Lempert, W. (1971) (Hrsg.): Leistungsprinzip und Emanzipation. Frankfurt/M.

Lempert, W. (1974): Berufliche Bildung als Beitrag zur gesellschaftlichen Demokratisierung. Frankfurt/M.

Lempert, W. (1989): Berufsbiographische Bedingungen der Persönlichkeitsentwicklung. Ansätze und Hypothesen, Resultate und Perspektiven einer Untersuchung junger Facharbeiter. In: Zeitschrift für Berufs- und Wirtschaftspädagogik, Beiheft 8, S. 52-74

Lenzen, D. (1983): Theorien und Grundbegriffe der Erziehung und Bildung. Stuttgart, Dresden

Leu, H.-R. (1978): Berufsausbildung als allgemeine und fachliche Qualifizierung. In: Zeitschrift für Pädagogik, Jg. 24, Heft 1, S. 21- 35

Liebold, R./ Trinczek, R. (2002): Experteninterview. [www.qualitative-research.net/ organizations/] Stand: 22. April 2002

Lienert, G. A./ Raatz, U. (1994): Testaufbau und Testanalyse. 5. Auflage. Weinheim

Lisop, I. (1999): Bildungsansprüche und Bildungsbedarfe – Zur Ausformulierung von Gesellschaftlichkeit als Existenzbasis pädagogischer Professionalität. In: Arnold, R./ Giesecke, W. (Hrsg.): Die Weiterbildungsgesellschaft. Band 1. Neuwied, S. 15-31

Lisop, I./ Huisinga, R. (1994): Arbeitsorientierte Exemplarik. Frankfurt/ M.

Marty, R. (2001): Das Schweizerische Qualifikationshandbuch CH-Q – Konzept, Stand und Perspektiven. In: Zeitschrift Grundlagen der Weiterbildung, Jg. 12, Heft 2, S. 78-81

Mattauch, W./ Caumanns, J. (2003): Innovationen der IT-Weiterbildung. Bielefeld

Mayring, P. (2002): Einführung in die qualitative Sozialforschung. München

Meier, A. (2002): Bewertung von Kompetenz und Kompetenzentwicklung. In: Staudt, E. u.a. (Hrsg.): Kompetenzentwicklung und Innovation. Münster u.a., S. 437-491

Meinefeld, W. (2000): Hypothesen und Vorwissen in der qualitativen Sozialforschung. In: Flick, U./ v. Kardorff, E./ Steinke, I. (Hrsg.): Qualitative Forschung. Ein Handbuch. Hamburg, S. 265-275

Mertens, D. (1974): Schlüsselqualifikationen. In: Mitteilungen aus der Arbeitsmarkt- und Berufsforschung, Jg. 7, S. 36-43

Merton, R.K./ Kendall, P.L. (1993): Das fokussierte Interview. In: Hopf, Ch./ Weingarten, E. (Hrsg.): Qualitative Sozialforschung. Stuttgart, S.171-204

Meyer-Dohm, P. (2001): Berliner Erklärung: Innovation und Lernen – Lernen mit dem Wandel. In: Arbeiten und Lernen. Lernkultur Kompetenzentwicklung und Innovative Arbeitsgestaltung. Referate auf dem 3. Zukunftsforum Berlin 2001. In: AG QUEM (Hrsg.): QUEM-Report, Nr. 68, S. 97-105

Mollenhauer, K. (1973): Erziehung und Emanzipation. München Erziehung und Emanzipation. München

Moser, H. (1995): Grundlagen der Praxisforschung. Freiburg

Münch, J. (1985): Lernorte und Lernortkombinationen - Begriffliche und theoretische Vorklärungen. In: CEDEFOP (Hrsg.): Lernorte und Lernortkombinationen im internationalen Vergleich. Berlin, S. 23-38

Negt, O. (1975): Soziologische Phantasie und exemplarisches Lernen. Zur Theorie der Arbeiterbildung. Frankfurt/ M.

Ness, H. (2003): Stand und Perspektiven zur Einführung eines Weiterbildungspasses in Deutschland. In: Ministerium für Bildung Kultur und Wissenschaft Saarland (Hrsg.): Bildungspässe - Machbarkeit und Gestaltungsmöglichkeiten. Tagungsband des Internationalen Fachkongresses 21./ 22. Januar 2003 in Saarbrücken, S. 22-29

Obermann, C. (2002): Assessment Center. Wiesbaden 2002

Olbrich, E. (1982): Die Entwicklung der Persönlichkeit im menschlichen Lebenslauf. In: Oerter, R. / Montada, L. (Hrsg.): Entwicklungspsychologie. München u.a., S. 91-123

Ortmann, G./ Sydow, J./ Windeler, A. (1997): Organisation als reflexive Strukturation. In: Ortmann, G./ Sydow, J./ Türk, K. (Hrsg.): Theorien der Organisation. Die Rückkehr der Gesellschaft. 2., durchgesehene Aufl., Wiesbaden, S. 315-354

Ott, B. (2000): Grundlagen des beruflichen Lernens und Lehrens. Ganzheitliches Lernen in der Berufsbildung. Berlin

Paschen, N. (2003): Kompetenzmodelle – konzeptioneller Hintergrund und praktische Empfehlungen. In: Zeitschrift Wirtschaftspsychologie, Jg. 10, Heft 2, S. 54-59

Pätzold, G. (1995): Ansprüche an die pädagogische Begleitforschung im Rahmen von Modellversuchen. In: Benteler, P. u.a. (Hrsg.): Modellversuchsforschung als Berufsbildungsforschung. Köln, S. 45-70

Peukert, U. (1979): Interaktive Kompetenz und Identität: zum sozialen Vorrang sozialen Lernens im Vorschulalter. Düsseldorf

Piaget, J. (1975): Die Entwicklung des Erkennens. Band 3. Stuttgart

Pongratz, H. (2000): System- und Subjektperspektive in der Organisationsberatung. In: Zeitschrift Arbeit, Jg. 9, Heft 1, S. 54-65

Rambow, R./ Bromme, R. (2000): Was Schöns „reflective practitioner" durch die Kommunikation mit Laien lernen könnte. In: Neuweg, G.H. (Hrsg.): Wissen – Können – Reflexion: ausgewählte Verhältnisbestimmungen. Innsbruck, S. 245-263

Rauen, Ch. (2001): Coaching. Innovative Konzepte im Vergleich. Göttingen.

Reetz, L. (1989): Zum Konzept der Schlüsselqualifikationen in der Berufsbildung (Teil 1). In: Zeitschrift Berufsbildung in Wissenschaft und Praxis, Jg. 18, Heft 5, S. 3-10

Reichertz, J. (2000): Abduktion, Deduktion und Induktion in der qualitativen Forschung. In: Flick, U./ v. Kardorff, E./ Steinke, I. (Hrsg.): Qualitative Forschung. Ein Handbuch. Hamburg, S. 276-286

Reinecke, M. (2003): Abschlussbericht: Auswertung von Experteninterviews im Rahmen des DIE-Verbundprojektes „Transparenz und Akzeptanz berufsrelevanter Kompetenzen" (TAK). Deutsches Institut für Erwachsenenbildung. [www.die-bonn/esprid/ dokumente/ doc-2003/ reinecke03.pdf], [www.die-bonn.de/ publikationen/ online-texte/ index.asp]

Reinmann-Rothmeier, G./ Mandl, H. (2001): Lernen in Unternehmen: Von einer gemeinsamen Vision zu einer effektiven Förderung des Lernens. In: Dehnbostel, P./ Erbe, H./ Novak, H. (Hrsg.): Berufliche Bildung im Lernenden Unternehmen. Berlin, S. 195-216

Rohs, M. (2004): Lernprozessbegleitung als konstruktives Element der IT-Weiterbildung. In: Rohs, M./ Käpplinger, B. (Hrsg.) (2004): Lernberatung in der beruflich-betrieblichen Weiterbildung. Konzepte und Praxisbeispiele für die Umsetzung. Münster, S. 133-158

Roth, H. (1971): Pädagogische Anthropologie. Hannover

Ruhloff, J. (2004): Emanzipation. In: Benner, D. / Oelkers, J. (Hrsg.): Historisches Wörterbuch der Pädagogik. Weinheim, Basel, S. 279-287

Rützel, J. (1998): Integration und Ausgrenzung durch neue Formen der Arbeit. In: Jahrbuch für Pädagogik 1998. Frankfurt/M. u.a., S. 27-51

Sager, S./ Brinker, K. (1996): Linguistische Gesprächsanalyse: eine Einführung. Berlin

Sauer, J. (2002): Das Forschungs- und Entwicklungsprogramm „Lernkultur Kompetenzentwicklung". In: Dehnbostel, P. / Elsholz, U. / Meister, J. / Meyer-Menk, J. (Hrsg.): Vernetzte Kompetenzentwicklung. Alternative Positionen zur Weiterbildung. Berlin, S. 45-63

Schäffter, O. (2000): Organisationsberatung als Lernberatung von Organisationen. In: Nuissl, E. / Schiersmann, Ch./ Siebert, H. (Hrsg.): Literatur- und Forschungsreport Weiterbildung. Thema: Beratung. Bielefeld, S. 50-60

Schelten, A. (1994): Einführung in die Berufspädagogik. Stuttgart.

Schemme, D. (2004): Modellversuchsreihe „Prozessorientierung in der Beruflichen Bildung". In: Zeitschrift Berufsbildung in Wissenschaft und Praxis, Jg. 33, Heft 5, S. 15-18

Schiersmann, Ch./ Iller, C./ Remmele, H. (2002): Aktuelle Ergebnisse zur betrieblichen Weiterbildungsforschung. In: Nuissl, E./ Schiersmann, Ch./ Siebert, H. (Hrsg.): Literatur- und Forschungsreport Weiterbildung. Thema: Betriebliche Weiterbildung. Nr. 48, S. 9-36

Schläfli, A. (1998): Akkreditierung von Kompetenzen. In: DIE - Zeitschrift für Erwachsenenbildung, Jg. 1998, Heft 4, S. 27-30

Schön, D.A. (1983): The Reflective Practitioner. London

Schreyögg, A. (2003): Coaching. Eine Einführung für Praxis und Ausbildung. Frankfurt, New York.

Schuler, M./ Skroblin, J.P. (2001/ 02): Kompetenzentwicklung in der Postfordistischen Arbeitswelt. Das Kompetenz-Handbuch des „Job-Navigators" – Eine neue Dienstleistung der IG Metall zur beruflichen Zukunftsberatung in der Erprobung. In: FIAB (Hrsg.): Jahrbuch Arbeit-Bildung-Kultur. Band 19/ 20, S. 153-169

Schulz, B. (1990): Schlüsselqualifikationen in der betrieblichen Ausbildung am Beispiel der „Projekt- und Transferorientierten Ausbildung" (PETRA) dargestellt. In: Reetz, L./ Reitmann, T. (Hrsg.): Schlüsselqualifikationen: Fachwissen in der Krise? Hamburg, S. 56-65

Schulze, H. (1990): Unternehmensprojekte – handlungsorientierte Vermittlung von Fachwissen und Schlüsselqualifikationen im Ausbildungsberuf „Kaufmann/ Kauffrau im Einzelhandel". In: Reetz, L./ Reitmann, T. (Hrsg.): Schlüsselqualifikationen: Fachwissen in der Krise? Hamburg, S. 164-170

Senatskommission für Berufsbildungsforschung (Hrsg.) (1990): Berufsbildungsforschung an den Hochschulen der Bundesrepublik Deutschland. Weinheim

Siebert, H. (2001): Selbstgesteuertes Lernen und Lernberatung. Neuwied

Sloane, P./ Twardy, M./ Buschfeld, D. (1998): Einführung in die Wirtschaftspädagogik. Paderborn u.a.

Soeffer, H. (2000): Sozialwissenschaftliche Hermeneutik. In: Flick, U./ v. Kardorff, E./ Steinke, I. (Hrsg.): Qualitative Forschung. Ein Handbuch. Hamburg, S. 164-175

Sommer, Chr. (2004): Neue Arbeits-Zeit. In: Zeitschrift brandeins, Jg. 6, Heft 1, S. 26-34

Sonntag, K. (1989): Zur Rolle der Personalentwicklung bei technisch-organisatorischen Innovationen. In: Zeitschrift für Berufs- und Wirtschaftspädagogik, Jg. 85, Heft 1, S. 3-20

Sonntag, K. (1996): Lernen im Unternehmen. Effiziente Organisation durch Lernkultur. München.

Sonntag, K./ Schäfer-Rauser, U. (1993): Selbsteinschätzung beruflicher Kompetenzen bei der Evaluation von Bildungsmaßnahmen. In: Zeitschrift für Arbeits- und Organisationspsychologie, Jg. 37, Heft 4, S. 163-169

Staudt, E./ Kriegesmann, B. (1999): Weiterbildung: Ein Mythos zerbricht – Der Widerspruch zwischen überzogenen Erwartungen und Misserfolgen der Weiterbildung. Bochum

Steinke, I. (2000): Gütekriterien qualitativer Forschung. In: Flick, U./ v. Kardorff, E./ Steinke, I. (Hrsg.): Qualitative Forschung. Ein Handbuch. Hamburg, S. 319-331

Strunk, G. (1988): Bildung zwischen Qualifizierung und Aufklärung. Bad Heilbrunn

Sydow, J./ Duschek, S./ Möllring, G./ Rometsch, M. (2003): Kompetenzentwicklung in Netzwerken. Eine typologische Studie. Wiesbaden

Trinczek, R. (1995): Experteninterviews mit Managern: Methodische und methodologische Hintergründe. In: Brinkmann, Ch./ Deeke, A./ Völkel, D. (Hrsg.): Experteninterviews in der Arbeitsmarktforschung. Diskussionsbeiträge zu methodischen Fragen und praktische Erfahrungen (= BeitrAB 191). Nürnberg, S. 59-67

Ulich, E./ Baitsch, Ch. (1987): Arbeitsstrukturierung. In: Enzyklopädie der Psychologie. Themenbereich D: Praxisgebiete. Serie III: Wirtschafts-, Organisations- und Arbeitspsychologie. Band 1: Arbeitspsychologie. Göttingen u.a., S. 493-531

Ulich, E./ Conrad-Betschart, H. / Baitsch, Ch. (1989): Arbeitsform mit Zukunft: ganzheitlich-flexibel statt arbeitsteilig. Bern

Volpert, W. (1974): Handlungsstrukturanalyse als Beitrag zur Qualifikationsforschung. Köln

Weiß, R. (1990): Die 26-Mrd.-Investition – Kosten und Strukturen betrieblicher Weiterbildung. Köln

Weiß, R. (1999a): Erfassung und Bewertung von Kompetenzen - empirische und konzeptionelle Probleme. In: AG QUEM (Hrsg.): Kompetenzentwicklung '99. Aspekte einer neuen Lernkultur. Münster u.a., S. 433-493

Weiß, R. (1999b): Erfassung und Bewertung informell erworbener Kompetenzen – realistische Möglichkeiten oder bildungspolitische Utopie? In: De Cuvry, A. u.a. (Hrsg.): Erlebnis Erwachsenenbildung – Zur Aktualität handlungsorientierter Erwachsenenbildung. Neuwied 1999/ 3, S. 176-191

Wettstein, E. (2003): Anerkennung fremder Lernleistungen in der Schweiz. In: Straka, G. (Hrsg.): Zertifizierung non-formell und informell erworbener beruflicher Kompetenzen. Münster u.a., S. 153-164

Wilkesmann, U./ Rascher, I. (2004): Wissensmanagement. Theorie und Praxis der motivationalen und strukturellen Voraussetzungen. München

Wittwer, W. (1982): Weiterbildung im Betrieb. Darstellung und Analyse. München

Wittwer, W. (2002): Biographieorientierte Kompetenzentwicklung in der betrieblichen Weiterbildung. In: Nuissl, E./ Schiersmann, Ch. / Siebert, H. (Hrsg.): Literatur- und Forschungsreport Weiterbildung. Thema: Betriebliche Weiterbildung. Nr. 48, S. 109-127

Wottawa, H./ Thierau, H. (1998): Lehrbuch Evaluation. 2. Auflage. Bern u.a.

Zielke, D./ Popp, J. (1997): Ganz Individuell?: empirische Studien zur Individualisierung und Binnendifferenzierung in der betrieblichen Berufsausbildung. Bielefeld

Berufliche Bildung für nachhaltiges Wirtschaften

Berufliche Bildung für nachhaltiges Wirtschaften

Konzepte – Curricula – Methoden – Beispiele

ERNST TIEMEYER,
KARL WILBERS

Bielefeld 2006, 542 Seiten,
39,90 €
ISBN 3-7639-3422-7
Best.-Nr. 60.01.712

Eine nachhaltige Wirtschaft und Gesellschaft erfordert sowohl nachhaltig excellent agierende Unternehmen und öffentliche Institutionen als auch Personal, das über eine entsprechend ausgerichtete Gestaltungskompetenz verfügt.
Ernst Tiemeyer und Karl Wilbers skizzieren wesentliche Meilensteine, Konzepte und Lösungen zum Erwerb dieser Gestaltungskompetenz und geben Antworten auf folgende Fragen:
- Wie hat sich die Bildung für nachhaltiges Wirtschaften in der Berufsbildung bisher entwickelt?
- Welche curricularen Konzepte ergeben sich in der Praxis?
- Welche methodischen Konzepte und Module sind entwickelt und erprobt?
- Welche Bildungsangebote zum Nachhaltigen Wirtschaften gibt es bereits?

Ihre Bestellmöglichkeiten: W. Bertelsmann Verlag, Postfach 10 06 33, 33506 Bielefeld
Tel.: (05 21) 9 11 01-11, Fax: (05 21) 9 11 01-19, E-Mail: wbv@wbv.de, Internet: www.wbv.de

W. Bertelsmann Verlag Fachverlag für Bildung und Beruf